中国社会科学院文库
历史考古研究系列
The Selected Works of CASS
History and Archaeology

图书在版编目（CIP）数据

1908—1937年的交通银行／潘晓霞著．—北京：中国社会科学出版社，2015.3

ISBN 978-7-5161-5765-7

Ⅰ．①1…　Ⅱ．①潘…　Ⅲ．①交通银行—银行史—中国—1908～1937　Ⅳ．①F832.33

中国版本图书馆CIP数据核字(2015)第055401号

出 版 人　赵剑英
责任编辑　吴丽平
责任校对　王　斐
责任印制　李寡寡

出　　版　中国社会科学出版社
社　　址　北京鼓楼西大街甲158号
邮　　编　100720
网　　址　http://www.csspw.cn
发 行 部　010-84083685
门 市 部　010-84029450
经　　销　新华书店及其他书店

印　　刷　北京君升印刷有限公司
装　　订　廊坊市广阳区广增装订厂
版　　次　2015年3月第1版
印　　次　2015年3月第1次印刷

开　　本　710×1000　1/16
印　　张　22.5
插　　页　2
字　　数　355千字
定　　价　69.00元

中国社会科学院创新工程学术出版资助项目

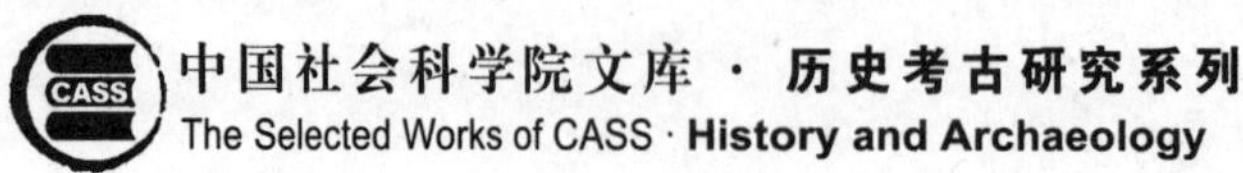

1908-1937年的交通银

THE EVENTFUL YEARS OF BANK OF COMMUNICATIONS, 1908-

潘晓霞 著

中国社会科学出版社

《中国社会科学院文库》出版说明

《中国社会科学院文库》（全称为《中国社会科学院重点研究课题成果文库》）是中国社会科学院组织出版的系列学术丛书。组织出版《中国社会科学院文库》是我院进一步加强课题成果管理和学术成果出版的规范化、制度化建设的重要举措。

建院以来，我院广大科研人员坚持以马克思主义为指导，在中国特色社会主义理论和实践的双重探索中做出了重要贡献，在推进马克思主义理论创新、为建设中国特色社会主义提供智力支持和各学科基础建设方面，推出了大量的研究成果，其中每年完成的专著类成果就有三四百种之多。从现在起，我们经过一定的鉴定、结项、评审程序，逐年从中选出一批通过各类别课题研究工作而完成的具有较高学术水平和一定代表性的著作，编入《中国社会科学院文库》集中出版。我们希望这能够从一个侧面展示我院整体科研状况和学术成就，同时为优秀学术成果的面世创造更好的条件。

《中国社会科学院文库》分设马克思主义研究、文学语言研究、历史考古研究、哲学宗教研究、经济研究、法学社会学研究、国际问题研究七个系列，选收范围包括专著、研究报告集、学术资料、古籍整理、译著、工具书等。

中国社会科学院科研局

2006 年 11 月

目　录

绪论 ……………………………………………………………… (1)

上　篇

第一章　交通银行的起步 …………………………………………… (15)
第一节　交通银行的创立及初期发展 ……………………………… (15)
第二节　文本定位中的交通银行 …………………………………… (22)
第三节　交通系：政治力与交通银行 ……………………………… (29)
第四节　梁士诒：成败萧何 ………………………………………… (37)

第二章　交通银行的维持 …………………………………………… (44)
第一节　垫款与公债 ………………………………………………… (44)
第二节　1916 年停兑风波 …………………………………………… (51)
第三节　京钞整理 …………………………………………………… (64)
第四节　1921 年挤兑风波 …………………………………………… (75)
第五节　交通银行逐渐复苏 ………………………………………… (86)

第三章　绕不过的政治 ……………………………………………… (95)
第一节　北伐风暴中的交通银行 …………………………………… (95)
第二节　交行南迁与初期改组 ……………………………………… (105)
第三节　整旧营新：南京国民政府初期的交通银行 ……………… (111)

第四节 危中之机：1935 年银行改组的背景 …………………………（119）
第五节 1935 年交通银行与中国银行改组 …………………………（131）
第六节 且得且失：法币改革中的交通银行 …………………………（147）

下 篇

第四章 交通银行的业务 …………………………（171）
第一节 存款 …………………………（171）
第二节 放款 …………………………（179）
第三节 发行 …………………………（189）
第四节 汇兑 …………………………（196）
第五节 公债投资 …………………………（204）
第六节 承兑汇票 …………………………（218）
第七节 盈利 …………………………（223）

第五章 治理结构与员工生活 …………………………（228）
第一节 交通银行的治理结构 …………………………（228）
第二节 交通银行的管理层 …………………………（238）
第三节 交通银行的若干管理制度 …………………………（241）
第四节 交通银行的员工生活 …………………………（256）

第六章 交通银行的社会经济关系 …………………………（263）
第一节 交通银行与实体经济 …………………………（263）
第二节 交通银行与钱庄 …………………………（287）
第三节 交通银行与外资银行 …………………………（294）
第四节 交通银行与中资银行 …………………………（300）
第五节 调剂市面与赈济社会 …………………………（309）

结语 …………………………（315）

附录1 交通银行历任总理、协理、帮理姓名 ……………………………（320）

附录2 交通银行招考行员部分试题 ……………………………………（322）

附录3 1932年北平交行行员基本情况一览 ……………………………（329）

参考文献 ………………………………………………………………………（332）

后记 ……………………………………………………………………………（349）

绪　论

一　研究旨趣

金融是经济的核心，银行是金融的主体。以银行为枢纽的金融业，一方面受人信用，一方面授信于人，优越地位不言而喻。银行以融通资金、经营货币为本位，超乎一般工商产业之上，渗透于社会经济生活的各个方面，在促进经济发展、推动社会进步中发挥着重要作用。20世纪前期尤其是二三十年代，银行业的发展可谓独领风骚、盛极一时，正因此，银行业所谓“畸形发展”说亦长期存在。新中国成立前后，经济史学界即形成一种定型看法：近代中国经济总体上“日益凋敝，谈不上发展”，即使“有发展的，如建立新式工厂、修筑铁路等，只是反映半殖民地化的加深；而商业、银行的繁荣则是属于‘畸形发展’”。[①] 近年来，一些经济史、金融史论著虽肯定近代金融业的发展，但“畸形发展”的总体评价似仍在延续。

应该说，北京政府时期，历经1916年、1921年两次挤兑风波，银行业的发展可谓步履艰难。与工商百业相比，银行业状况很难说出类拔萃。1912年全国银行资本总额为36254919元，到1920年增加到51987077元，增长相对有限。1920年后才有较快发展，尤其1927年后绝对值增加更为迅猛，1927年为117049543元，到1936年达到400496027元。[②] 中资银行资产总额数据更为明确地显示了南京国民政府成立后银行业的大发展局面：

---

① 吴承明：《中国近代经济史若干问题的思考》，《市场·近代化·经济史论》，云南大学出版社1996年版，第8页。

② 沈雷春：《中国金融年鉴》，黎明书局1947年版，第A7页。1927年的数据，引自中国银行总管理处经济研究室编：《中国重要银行最近十年营业概况研究》，1933年，第304页。

1922 年中资银行资产总额为 759254117 元，到 1927 年为 1462098581 元①，1936 年则比 1927 年有 4 倍增长，达到 7275890751 元②，正是有了这样的发展速度，才会有所谓银行业一枝独秀、“畸形发展”的判断。

无论是发展还是“畸形发展”，在发展的判断上都是一致的，只是对这种发展相较于整个社会经济发展是否健康，认识有异。之所以如此，关键在于对民国时期社会经济发展状况的认识不尽一致，因此对银行业发展作出的评估也就见仁见智。本书无意对如此之大的命题妄作判断，在争议难见定论的背景下，作为一项专业的银行史研究，不妨先从银行业本身谈起。应该承认，银行业的迅速发展及其特有的社会功能在大变局时期所发挥的作用，无疑有其重要的意义。首先，银行业的发展对国内外贸易提供金融周转的纽带作用，对工业予以信贷支持的杠杆作用，对金融中心、金融市场的扶植作用以及对受资者与投资者双方的沟通作用等，都有助于促进经济近代化的形成。③ 其次，近代金融业的发展对社会意识及社会风尚的树立与衍化亦具促进作用。中国银行元老张嘉璈曾指出，顾客是银行的“第二股东”，将“高、洁、坚”定为行员座右铭；上海商业储蓄银行曾推出“一元起存”业务，交通银行要求行员以“忠、勤、廉、谨”作为服务宗旨，这些进步的理念与意识在当时无疑是难能可贵的。大多数近代新式银行采取严格的人事、业务、会计等管理制度，有的银行办报办刊，出版书籍资料，注重企业文化建设和企业形象塑造，这些对当时企业经济运作机制改革及整体风尚改善不无影响。再次，金融界由于其雄厚财力，对政治变化影响重大。在民国时期的历次政治变动中，金融界的态度在某种程度上直接影响着政局演变。袁世凯谋求帝制，需要中国、交通银行充当财政“内库”；蒋介石建立国民政府，努力争取江浙金融财团的财力支持。可以说，在政治混乱时期，谁争取到金融界支持，谁就获得了主动权。政权更迭中，军事实力固然重要，金融财力亦不可或缺。

在近代中国银行业的发展历程中，交通银行不是执牛耳者，但仍有其

---

① 中国银行总管理处经济研究室编：《中国重要银行最近十年营业概况研究》，第 2 页。

② 中国银行经济研究室编：《全国银行年鉴》（1937 年），沈云龙主编：《近代中国史料丛刊三编》（239），台北文海出版社 1987 年版，第 55 页。

③ 洪葭管：《二十世纪的上海金融》，上海人民出版社 2004 年版，第 33 页。

重要的地位所在。交通银行是中国现有银行中成立最早的全国性大银行之一，是华资银行中历经晚清、民国、新中国三大历史时期的罕见老牌银行。它于1907年12月筹建，成立于1908年3月4日，迄今已有百余年历史。交行百年的命运与各时期的国势休戚相关，折射了不同时期的政治变革与社会兴衰，演绎了近代中国的百年金融镜像。可以说，一部交行史，就是一部中国近代银行业发展史，百年交行堪称华资银行百年发展的一个缩影。

本书以交通银行作为研究对象，选取1908—1937年作为研究时段。1908—1937年是中国近代金融业也是交通银行发展的重要时期。三十年中，虽然经历了政权更迭，但就宏观经济形势与政治环境而言，此时段具有一定的连续性与相似性。纵观近代交通银行发展史，1922年前的交行，政策上紧靠政府，业务上依赖政府，表现出银行资本的财政化趋势，可以视为财政性国家银行①；1922年后，交行政策上逐渐疏离政府，业务上表现出一定的独立性，开始趋向商业银行经营模式；1927年后，交行被逐步纳入国民政府金融统制政策的改革范围。经过两次政府改组，交行成为“四行二局”② 国家金融垄断体系中的“政府特许之发展全国实业”专业银行，即政府主导下的商业银行。交行在此时段表现出了明显的阶段性特征与连续性发展态势，贯穿始终的是政府行政权力与银行资本力量之间的内在博弈。这些既体现了交行与政府间相依相赖又相争相斗的复杂关系，也反映了交行作为经营实体自身的独立性与利益追求。

作为一个政治性极强、具有国家银行性质的商业银行，政治、国家、实业是其成长过程中的关键词。交通银行的存在形式首先表现为金融企业，本书将以其原本的角色形式为基点，将其置于经济史、政治史、企业制度史、社会史的考察范围，在恢复其“本真”的同时，探究其成长发展中的复杂因素及路径选择。另外，强调静态规定和动态运行的辩证统一，尤其注意考察实际运行的层面，也是本书的努力方向。具体而言，本书将从纵横两个层面予以探讨：上篇第一章至三章纵向梳理交通银行自建立到1937

① 交通银行在清末由邮传部奏设，自然成为该部直接的行政隶属机构。北洋时期交行倾力资助袁世凯推行帝制，以此为代价被提升至“中交”并列的国家银行行列。

② “四行”即中央银行、中国银行、交通银行及中国农民银行，简称“中、中、交、农”，以下不一一作注；“二局”即邮政储金汇业总局、中央信托局。

年的发展历程，一方面以文本中的章程则例与具体业务方针为考察对象，尝试从“文本”中初步呈现交行的历史发展轨迹，同时重点对交行这样一个具有国家银行功能的银行，在三次政权更迭中的命运、地位、作用予以揭示，从交行的艰难运作中，透视其与政府的关系演变。在展现交行一贯的政治性特征及这一特征的历史性变化的同时，兼以关照交行在与政府关系中的主动性与被动性，以及与政府博弈中的得与失。透过交行进一步展示晚清、北京政府、南京政府三个不同历史时期政治与社会经济的特质。下篇第四章至六章横向研究交行的架构、业务及社会关系。以企业史研究为视角，将交行视为一个典型的近代企业，通过对交行组织架构、治理结构及内部管理制度的考察，对管理层的群体分析以及企业文化、员工生活的挖掘，从实际运作的层面对交行的具体运作机制予以剖析。同时从具体业务经营的层面上，就交行的一般银行业务、政府特许业务及业务创新状况进行分析，探析其业务方针的落实度与可行性。最后从交通银行与银钱同业间的关系往来、对实业放款投资、对市面社会的捐赈救济方面，就交行在当时社会经济体系中扮演的角色予以揭示。

历史研究常常强调“鉴古以知今”。1908—1937年间中国政局动荡、混战不断。交通银行虽然始终与政府保持紧密联系，但作为新式金融企业，它是如何应对时局变动，在不同政府时期、不同政策环境中发挥常在优势，保持社会信用，求得长期生存与发展，这是本书始终作为研究目标的重要问题之一。时过境迁，在竞争日益激烈的当今社会，交通银行同样面临着生存发展等问题，经济金融与政治的关系，仍是需要人们继续面对、思索的难题。通过阐明历史上交通银行曾诉诸的“政治化”“商业化”及“社会化”等各种发展路径，从中透视其变化脉络与利弊得失，或许尚能为现实认知提供些许启示。

二 学术史回顾

（一）银行史总体研究状况

20世纪二三十年代，伴随着金融业的迅速发展，金融研究曾掀起热潮，涌现出大批金融史论著，主要包括：周葆銮著《中华银行史》（商务印书馆1919年版）、徐寄庼著《最近上海金融史》（华丰印刷所1926年版）、马寅初著《中华银行论》（商务印书馆1929年版）、杨荫溥著《中国金融论》

(上海黎明书局1931年版)、潘子豪著《中国钱庄概要》(1931年版)、王志莘的《中国之储蓄银行史》(人文印书馆1934年版)、朱斯煌著《银行经营论》(商务印书馆1936年版)、吴承禧著《中国的银行》(商务印书馆1934年版)、王世鼐著《新货币政策实录》(财政建设学会1937年版)、吴克刚著《战时金融与币制》(上海文化生活出版社1937年版)、邹宗伊《中国战时金融管制》(财政评论社1943年版)等。

新中国建立后,金融史、经济史研究长期被忽视,研究成果少之又少。张郁兰的《中国银行业发展史》(上海人民出版社1957年版)一书将1896—1937年四十年间的中国银行业发展史按传统政治分期分为1896—1911年兴起、1912—1927年发展、1928—1937年继续发展和集中三个时段予以论述,反映了中国近代社会经济的特点及中国银行业对中国资本主义发展所起的作用。这一时期,经济史研究工作主要放在收集整理史料上,1960年上海人民出版社出版的《上海钱庄史料》,直至目前仍是研究近代钱庄业的主要参考资料。

进入20世纪80年代后期,金融史研究的清淡局面有所改观。张国辉的《晚清钱庄与票号研究》(中华书局1989年版)论述了中国两大传统金融机构钱庄与票号的发展演变过程,可谓这一时期金融史研究中的力作。洪葭管作为民国金融业的亲历者,撰文梳理了1913—1935年张嘉璈在中国银行的历史,从侧面透视江浙资产阶级对蒋介石政权从支持到抗衡到最终被排挤的过程。[①] 邓先宏则把关注点放在中国银行与北京政府的关系上,通过对1916—1921年间的中国银行抵制停兑、京钞整理、修改则例三个关节事件的考察,论述了北京政府与中国银行之间控制与反控制的矛盾关系。[②] 这一时期,海外学界对金融史研究相对比较深入。郑亦芳著《上海钱庄(1843—1937)——中国传统金融业的蜕变》(台北"中央研究院"1981年版)细致考察了上海钱庄的发展、衰落及其内部组织与社会职能,揭示了20世纪30年代上海钱庄衰落之时未能转型为银行的原因,认为除钱庄本身因素之外,社会环境之保守亦为重要原因。王业键著《中国近代货币与银行的演进(1644—1937)》(台北"中央研究院"1981年版)考察了

① 洪葭管:《张嘉璈与中国银行》,《近代史研究》1986年第5期。

② 邓先宏:《试论中国银行与北洋政府的矛盾》,《历史研究》1986年第4期。

传统的货币与金融制度如何运行，在近代如何蜕变及其演变对于经济发展的意义等问题，对近三个世纪间中国货币与银行的演变作了制度层面的探讨。姚崧龄著《中国银行二十四年发展史》（台北传记文学出版社 1977 年版）与毛知砺《张嘉璈与中国银行的经营与发展》（台北“国史馆”1996 年版）两著作以张嘉璈对中国银行发展所作出的贡献为主线，考察中国银行 1912—1935 年的历史。美国学者小科布尔的 *The Shanghai Capitalists and the National Government*（*1927—1937*）一书[①]在 1988 年前后被翻译成中文版，对学界影响很大。此书的主要贡献，一是在研究中大胆引入“上海资本家”或“江浙资产阶级”的命题；二是侧重研究南京政府内部人事、政策等方面的差异和变动，并追索这些变动对于上海金融业与国民政府关系演变造成的影响。

这一时期，学界在银行资料的整理出版上做了很多努力。主要成果包括：《中国农民银行》（中国财政经济出版社 1980 年版）、《金城银行史料》（上海人民出版社 1983 年版）、《中国银行行史资料汇编》（档案出版社 1991 年版）、《上海商业储蓄银行史料》（上海人民出版社 1990 年版）、《四联总处史料》（档案出版社 1993 年版）、《交通银行史料》（中国金融出版社 1995 年版）、《盛宣怀档案资料之五：中国通商银行》（上海人民出版社 2000 年版）、《四联总处会议录》（共 64 册，广西师范大学出版社 2003 年版）、《中央银行史料》（中国金融出版社 2005 年版）等。中国人民银行北京市分行金融研究所和《北京金融志》编委办公室联合编印的《北京金融史料》12 册中有 10 册为各银行简史及资料。外商银行资料方面，有《美国花旗银行在华史料》（中国金融出版社 1990 年版），《日本横滨正金银行在华史料》（中国金融出版社 1992 年版）等。伪政权银行方面，有《伪满洲中央银行史料》（吉林人民出版社 1984 年版）。根据地金融史方面，有《中国革命根据地北海银行史料》（共 4 册，山东人民出版社 1986—1988 年版）、《华南革命根据地货币金融史料选编》（中国钱币学会广东分会 1991 年版）等。

进入 20 世纪 90 年代后，金融史研究呈现纵深发展的总体趋势。若干

---

① 该书现有两种中文译本：《上海资本家与国民政府（1927—1937）》，杨希孟等译，中国社会科学出版社 1988 年版；《江浙财阀与国民政府》，蔡静仪译，南开大学出版社 1987 年版。

中国金融通史著作相继问世，主要有：洪葭管《中国金融史》（西南财经大学出版社 1996 年版），黄鉴晖《中国银行业史》（山西经济出版社 1994 年版），叶世昌、潘连贵《中国古近代金融史》（复旦大学出版社 2001 年版），李飞、赵海宽《中国金融通史》（中国金融出版社 2003 年版），姚遂《中国金融史》（高等教育出版社 2007 年版）等。作为近代金融业运作的主体，银行研究成为金融史研究中的热点、亮点，一批专业论著先后问世，主要包括：姜宏业《中国地方银行史》（湖南人民出版社 1990 年版），孔祥贤《大清银行史》（南京大学出版社 1991 年版），卜明主编《中国银行行史（1912—1949）》（中国金融出版社 1995 年版），刘慧宇《中国中央银行（1928—1949）》（中国财政经济出版社 1997 年版），钟思远、刘基荣《民国私营银行史（1911—1949）》（四川大学出版社 1999 年版）等。总体来看，这些著作资料性较强，研究性上有进一步推进的空间。

杜恂诚等著《上海金融的制度、功能与变迁（1897—1997）》（上海人民出版社 2002 年版）将百年金融发展史从制度层面划分为四个阶段，并概括为四种模式：第一阶段 1897—1927 年为自由市场型金融发展模式；第二阶段 1927—1949 年为政府垄断型发展模式；第三阶段 1949—1978 年为从属计划型；第四阶段 1979—1997 年为调控促进型。此书引入制度经济学的理论构架，予学界较大启发。吴景平主编的《上海金融业与国民政府关系研究（1927—1937）》（上海财经大学出版社 2002 年版）以银行、公债、货币及金融法规等多个方面为切入点，对上海金融业与国民政府的关系演变进行考察，深入分析金融业与政治决策、经济政策间密切而又复杂的关系。蒋立场的《上海银行业与国民政府内债研究（1927—1937 年）》（上海远东出版社 2012 年版）详细考察了银行业对于政府公债政策的应对及其本身的得失，力图揭示政府与银行间的微妙关系。沈祖炜的《近代中国企业：制度和发展》（上海社会科学院出版社 1999 年版）勾勒了近代金融企业从传统走向现代化的发展演进轨迹，并对钱庄、银行两种金融机构的组织结构和运作方式分别进行了剖析。姚会元的《江浙金融财团研究》（中国财政经济出版社 1998 年版）一书对江浙金融财团形成的基础、标志、贡献、独立发展要求及其与国民政府的关系做了全面论述。程霖的《中国近代银行制度建设思想研究》（上海财经大学出版社 1999 年版）、刘平的

《近代中国银行监管制度研究（1897—1949）》（复旦大学出版社 2008 年版）均从制度思想层面上对中国近代银行制度建设进行了考察。

近年的研究中，银行与社会及银钱内部的关系如何，是学者们比较热衷关注的问题。李一翔的《近代中国银行与企业的关系（1897—1945）》（台北正中书局 1997 年版）与《近代中国银行与钱庄关系研究》（学林出版社 2005 年版）两书为银行史研究开辟了新的视角，从银企与银钱关系的角度，反映近代银行业的发展。诸静的《金城银行的放款与投资》（复旦大学出版社 2008 年版）、李丽的《浙江兴业银行的工商业放款与投资研究（1907—1937 年）》（硕士学位论文，复旦大学，2012 年）着重考察个别银行的投资业务。张天政的《上海银行公会研究（1937—1945）》（上海人民出版社 2009 年版）与王晶的《上海银行公会研究（1927—1937）》（上海人民出版社 2009 年版）则对银行业的辅助性组织展开研究。叶文心的 "Corporate Space, Communal Time: Everyday Life in Shanghai's Bank of China"（*American Historical Review*, Vol. 100, No. 1, 1995）一文将社会史引入银行史研究，以对近代中国银行上海分行职员日常生活的研究构建宏观的时空观念，是对传统银行史研究的挑战与突破。

2000 年后，以复旦大学为代表的一批硕博士学位论文对近代重要银行逐个展开个案研究，包括陈礼茂《中国通商银行的创立与早期运作研究（1896—1911）》（复旦大学，2004 年）、何品《从官办、官商合办到商办：浙江实业银行及其前身的制度变迁（1908—1937）》（复旦大学，2006 年）、张启祥《交通银行研究（1908—1927）》（复旦大学，2006 年）等。有的学位论文已经修改出版，如薛念文《上海商业储蓄银行研究》（中国文史出版社 2005 年版）、刘永祥《金城银行——中国近代民营银行的个案研究》（中国社会科学出版社 2006 年版）、董昕《中国银行上海分行研究》（上海人民出版社 2009 年版）、石涛《南京国民政府中央银行研究（1928—1937）》（上海远东出版社 2012 年版）等。

（二）交通银行相关研究

和交通银行在近代中国的地位一样，交通银行的研究相对被忽视，相关研究多散见于金融史、经济史、货币史、民国史等论著中。周葆銮《中华银行史》将交通银行归为特种银行之一，对其创立、章程之改定、总分行之组织、纸币之发行、国库之经理、营业及利益等作了专章介绍。徐寄庼的《最近上海金融史》列出专节介绍交通银行的沿革。王志莘在《中国之储蓄银行史》中将交行列入储蓄银行行列，简要介绍交行的建立、人员、资本、分支机构的沿革发展，并重点提及交行的储蓄业务。汪敬虞主编《中国近代经济史（1895—1927)》（下）（人民出版社 2000 年版）把交行作为近代几家重要的华资银行之一，对其进行简要介绍后，重点论述了华资银行的内外关系。杜恂诚《中国金融通史》（第三卷）（中国金融出版社 2002 年版）认为，北洋政府的交通银行处于自由市场型的金融制度之下，由国家银行向商业银行转化，这与国民政府时期是截然不同的。吴景平主编《上海金融业与国民政府关系研究（1927—1937)》其中一章重点阐述了国民政府对中国银行和交通银行的两次改组，认为这是国民政府建立金融垄断体系的步骤之一，由此可以透视国民政府与交行的关系演变。李一翔《近代中国银行与企业的关系（1897—1945)》以银企关系为研究视角，对交通银行与企业的关系有部分论述，认为交行早期投资企业并不积极，进入国民政府时期也未改变历史传统，直到 1935 年以后，交行与产业关系才逐渐密切。贾熟村《北洋军阀时期的交通系》（河南人民出版社 1993 年版）论述了以梁士诒、曹汝霖为首的旧、新交通系的形成、演变及在袁世凯时期和段祺瑞时期的重要活动，该书并附有一些主要成员的基本情况介绍，为银行家相关研究提供了一定的资料参考。

关于交通银行的专门研究寥寥无几。中国人民银行上海市分行金融研究室编印的《交通银行简史》（1978 年）是第一本较为系统地介绍 1907—1949 年交行历史概况的著作。该书篇幅较小，简单梳理了交通银行在清末、北洋、国民政府时期及抗日、解放战争各时期的基本情况和发展趋势。1982 年台湾方面编辑出版《交通银行七十五年》，之后相继于 1987 年出版《交通银行八十年》、1997 年出版《交通银行九十年》，均侧重介绍 1949 年以后交通银行在台湾的业务经营状况。翁先定的《交通银行官场活动研究（1907—1927)》是较早出现的关于交通银行的专题研究，文章以政府和银行关系为主线，研究了交通系、交通部和交通银行三位一体的关系的形成与演变及交通银行与财政部的关系，并分析了官场活动对交通银行业务的影响，认为“交行利益来源的主要途径无不渗透着官场活动的影响，保持和交通系、交通部、财政部之间的密切联系是交通银行获取高额利润的根本保证”。[1] 洪葭管《从“中、交”到“中、中、交”——记交通银行》一文以交行由“中、交”到“中、中、交”的地位变化为切入点，论述了 1928 年前交行在近代化进程中的趑趄与努力，及 1928 年后交行在经营模式专业经营与综合经营间的彷徨与抉择。[2] 杭斯作为在银行内部工作且长期着力于银行史研究者，20 世纪 90 年代中期发表一批关于交通银行的系列文章，有《交通银行创建史考》（《新金融》1995 年第 1 期），《交行早期的股份制与资本构成》（《新金融》1995 年第 8 期）、《交通银行发行钞券始末》（《新金融》1995 年第 3 期）、《三十年代交行业务的发展》（《新金融》1995 年第 1 期）、《解放前国民党政府对交通银行的两次改组》（《新金融》1995 年第 10 期）、《直奉战争和北伐战争期间的交通银行》（《新金融》1995 年第 9 期）、《抗日战争初期交行的机构和人事变迁》（《新金融》1995 年第 12 期）、《民初的两个中央银行及中交两行合并之争》（《新金融》1995 年第 7 期）等，涉及的主题较多。周晓红的《钱新之与早期交通银行的经营管理》（《上海金融》1997 年第 11 期）、杜恂诚的《交通系与交通银行》（《银行家》2003 年第 4 期）等对交行人物及政治派系与交通银行的关系作了初步探讨。

载于文史资料关于交通银行的回忆性文章，主要有韩宏泰《北洋政府时期的交通银行》[《文史资料选辑（第 88 辑）》，中国文史出版社 1995 年版]，韩宏泰《记上海交通银行》[《20 世纪上海文史资料文库（5）》，上海书店 1999 年版]，刘家琛的《交通银行发展概述》[《天津文史资料选辑（第 48 辑）》，天津人民出版社 1989 年版]，史立之的《我服务交通银行的片断回忆》[《文史资料存稿选编（经济）》（上），中国文史出版社 2002 年版] 等。

与国内研究类似，国外关于交通银行专题性的研究也相当罕见，主要是在相关的金融史研究中稍有涉及。Frederic E. Lee 的 *Currency, Banking and Finance in China*（New York: Garland Publishing, 1982）在论述银行业

① 翁先定：《交通银行官场活动研究（1907—1927）》，《中国社会科学院经济研究所集刊》（第 11 辑），中国社会科学出版社 1988 年版，第 382—430 页。

② 洪葭管：《20 世纪的上海金融》，上海人民出版社 2004 年版。

与实业间的关系时，从交通银行的资本、公积金及发钞几个方面对其资金状况做了简单介绍。Zhaojin Ji 的 *A History of Modern Shanghai Banking: The Rise and Decline of China's Finance Capitalism*（Armonk, N. Y.: M. E. Sharpe, 2003）与 Cheng, Lisun, *Banking in Modern China: Entrepreneurs, Professional Managers, and the Development of Chinese Banks, 1897—1937*（New York: Cambridge University Press, 2007）中对交行也有所提及，但并未系统论述。

近年来，有"后起"学者开始关注交通银行这一"研究薄弱点"。2006年复旦大学博士张启祥以《交通银行研究（1907—1928年）》为题，以交行与政府的关系演变及业务经营发展为主线，主要对交行在晚清和北京政府两个政权下的经营和发展进行了研究论述，得出结论：交行前二十年发展中存在着一个发展和不发展的矛盾。徐锋华《交通银行的贷款机制和投资方式(1927—1937)》（《中国经济史研究》2008年第4期）与《借贷之间的银企关系与实业发展》（《社会科学》2012年第8期）对交通银行对实业的放款与投资机制做了比较细致的考察。王科《清末新政中的邮传部与交通银行》（硕士学位论文，华东师范大学，2011年）将邮传部与交通银行的兴衰相关联，从资金、业务、权利几方面入手，考察邮传部与交通银行的特殊关系，并试图分析国家政治力量对经济变革的影响。台湾东海大学黄德铭《中国、交通银行的发展与政府的关系（1896—1927)》（硕士学位论文，台中东海大学，1984年）重点就北京政局对两行的经营与处境变化进行论述，对中国、交通银行的京钞整理问题论述比较详致。该文指出，中国、交通银行的发展，问题似乎不仅在国有或非国有之上，银行与政府关系密切并不是决定性的因素，更重要的是银行与政府之间存在着何种关系。

总之，就既有的交通银行研究及银行史总体研究状况来看，晚清、北京政府时期研究多，国民政府时期研究少；制度性研究多，业务性研究少；特殊性事件研究多，宏观系统研究少；与政府关系研究多，与企业的关系研究刚刚兴起，与社会关系的研究仍付诸阙如。就交行研究而言，可拓展与挖掘的空间还很大，如交行内外关系（工商产业、社会、政府、银钱业）、章程文本、管理制度、组织架构与运作机制、企业文化以及交行在金融改革等重大事件中的作用地位，金融与政治、金融与经济、金融与社会等方面的问题，都值得深入探讨。

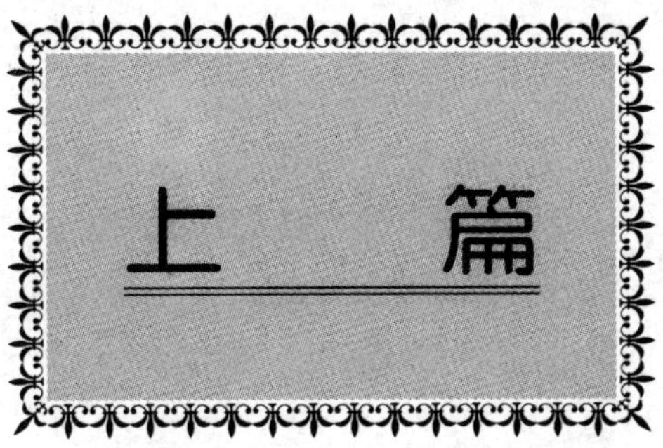

上篇

第一章　交通银行的起步

1908年，交通银行成立。交行之设，既是建构国家财政体系的重要一环，又反映着金融和实业结合的需要，而二者本身又不无抵牾。交行创设逻辑的内在冲突，似乎已预示其日后的命运。晚清至民初数年间，凭借邮传部的特权赋予及交通系的强势维护，交行很快立足发展，然而对政治的过度依赖最终使其难以逃脱成败萧何的历史命运。本章以交通银行设立时的文本定位与最初几年的实践错位为中心，对交行最初几年中的业务、盈利等营运状况进行考察，进而探讨交通银行与交通系的特殊关系，以及梁士诒作为此一时期灵魂人物所发挥的作用。

第一节　交通银行的创立及初期发展

银行在中国是舶来品。西方国家的银行一般是基于产业资本的充分发展，适应商业、贸易和产业发展的需要而产生，中国的情况则有所不同。近代中国开关后，大量西方银行涌入中国，中国旧有的金融体系被打破，创设银行成为官商两界的迫切要求。光绪二十二年（1896），盛宣怀奏呈："商务枢机所系，现又举办铁路，造端宏大，非急设中国银行，无以通华商之气脉，杜洋商之挟持。"[①] 表达出时人对自创银行的认识。1897年中国通商银行正式成立，成为中国自办的第一家新式银行。创立时，招商股500万两，先收半数250万两，并商借度支部库银100万两，议分5年摊还，

① 《盛宣怀奏呈自强大计折附片》（1896年11月1日），陈旭麓主编：《盛宣怀档案资料选辑之五：中国通商银行》，上海人民出版社2000年版，第3页。

至1902年还清，纯留商股。该行成立之初，清政府即授予发行银元、银两两种钞票的特权，本国纸币与外商银行之纸币开始分庭抗礼。

受中国通商银行创设成功之鼓舞，清政府开始筹划设立官办银行，既适应经济金融的格局变化，也满足国家财政的需要。光绪三十年（1904），户部奏请由部拟设银行："整齐币制……自以部库之出纳为本源，而尤须设有银行为之操纵维持，始能畅行无阻"；"特公家未设有银行相维系，则国用盈虚之大局，不足资以辅助……现当整齐币制之际，亟赖设有银行为推行枢纽。"① 1905年户部银行正式成立，成为中国最早由官方开办的国家银行。第二年，商部也奏请："整理商业，必以银行为基础。银行者，所以汇集资本，酌盈剂虚，握商界交通之机关。银行益众多，商业亦发达，国势亦即强盛。"② 要求成立商部所属之银行。

邮传部是交通部的前身，于1906年设置，统辖轮船、铁路、电报、邮政之交通四政。作为实业经营的主管机关，在创办银行蔚成风潮时，自然不甘落后。1907年11月4日，邮传部尚书陈璧奏请创办交通银行。其创设动因，与京汉赎路③直接相关，奏折中明确谈道："现拟赎回京汉铁路，需要巨大款项，因之建议设立银行，以便集中资金，灵活调度，改变分头存储，避免资金分散的弊病；同时还可利用银行经理股票、债券，筹集资金，发展交通事业等。"同时，奏折中亦强调设立银行对收回利权的助力："臣部所管轮、路、电、邮四政总以振兴实业挽回利权为宗旨，即如借款所办各路存放款项向由汇丰、道胜、华比等行分储，各立界限，此盈彼绌，不

① 《户部试办银行折奏》（1904年3月14日），大清银行总清理处编印：《大清银行始末记》，1915年，第1页。

② 杨端六：《清代货币金融史稿》，三联书店1962年版，第369页。

③ 1897年，代表俄、法、比三国金融资本的比利时公司，与清政府签订了芦汉铁路（即京汉铁路）借款合同和附约，获得了该铁路的筑路权和调度管理权。十年借款合同期满后，清政府迫于全国民众要求收回路权的爱国运动热潮，决定收回京汉铁路，交由主管轮路电邮四政的邮传部拟具办法，具体由梁士诒负责。当时邮传部财务困窘，光绪三十三年，仅路政一项，"尚不敷银274万余两"（《年终统计官办各路待拨要需并拟提前筹付办法折》（光绪三十三年十二月二十四日），邮传部编：《邮传部奏议类编》，沈云龙主编：《近代中国史料丛刊》（140），"路政"，台北，文海出版社1967年版，第729页）。为在1908年底前还清借款，免得比国公司节外生枝，借词延宕，梁士诒向邮传部尚书陈璧建议，奏请设立银行办理一切赎路收支事宜。此即交行设立之缘起。

能互相挹注，且由欧汇华、由华汇欧，又不能自为汇划，坐收各银行取利而旁亏之折耗，犹其显者也。”① 交通部以实业管理者的身份，提出创办银行的申请，契合着清末新政发展实业的需要，得到清政府的支持。12 月，邮传部的创办动议获准。

1908 年 3 月 4 日，交通银行在北京正式成立。邮传部强调交通银行“一切经营悉照各国普通商业银行办法，兼采奏准之中国通商银行、四川浚川源银行及咨准之浙江铁路兴业银行各规则”；“官商合办，股本银五百万两，招募商股六成，先由臣部（邮传部）认股四成”。② 交通银行实收股本 5 万股，折银 500 万两，邮传部认购 2 万股，其余 3 万股，由官民认购，交行由此成为官商合股的商业银行。在邮传部的支持帮助下，交通银行开始募集股款，“原定商股每股先收四分之一，至此并收一、二两期股款，商股股份共六万股，合计银三百万两。官股共四万股，合计银二百万两，由邮传部铁路总局陆续拨交，不足之数再由邮传部存款项下补付足额”。但是，商股与官股资本的收入并不尽如人意，商股直到清宣统二年（1910）才如数收齐。邮传部的 200 万两官股，直至宣统三年（1911），“实只交到一百五十八万，尚有四十二万两未交足”。③

《交通银行奏定章程》同时规定：邮传部认 2 万股后，为最大股东，可以选派总理、协理。总理、协理均听邮传部堂官命令。邮传部成为交行的直接领导机构。邮传部选派李经楚（李鸿章之侄）、浚川源银行创办人周克昌分别担任交行第一任总理、协理，帮理由邮传部派参议梁士诒充任。交通银行名义上是股份制银行，但交通部的一股独大使其事实上实现了对交行的行政控制。人们常将交通银行与交通部的关系比作大清银行④与度支部⑤的关系，度支部把大清银行视为“私产”。一个政治实体，一个经济实

① 《邮传部尚书陈璧等折——拟设交通银行》（光绪三十三年十一月初四日），中国人民银行总行参事室金融史料组编：《中国近代货币史资料》下册，中华书局 1964 年版，第 1060 页。

② 《邮传部奏拟设交通银行绾合轮路电邮四政收回利权折》，《政治官报》第 54 号，1907 年 11 月 14 日，第 236 页。

③ 《交通银行卅年行史清稿》，中国第二历史档案馆藏，交通银行档案，398/3274。

④ 大清银行的前身是户部银行。

⑤ 1906 年改户部为度支部，管辖田赋、税收、廉俸、军饷、币制、银行等，即后来的财政部。

体，两者间实际形成行政从属关系。

交通银行之设，一开始就有政府背景，因此存款业务上也享有某种特权。《交通银行奏定章程》第二款规定："该行藉以利便交通、振兴轮、路、电、邮四政为重任"，在第五、六、七款中对这一特许业务做了具体解释：该行为京汉赎路时，总司一切存款汇款、消息磅价、预买法郎克等事宜；赎路债票、股票由该行经理收发；轮、路、电、邮各局所存储、汇兑、揭借等由该行经理。[①]可见，这种业务"照顾"从交行一成立便已有之。邮传部以"筹设者"与"负责人"的领导身份，逐渐将属下各局款项存于交行。1908 年 3 月，邮传部规定电政局存款由交行办理，并委托交行收回电报商股；5 月，邮传部将之前在汇丰银行存款改存交行，下令"本部现有付存汇丰银行规平银一百万两，定于五月二十八日、六月初一、初五、初八、十二等日分期提用，每期提银二十万两，由上海汇丰银行拨交上海交通分行收存，作为本部存款"；1911 年 5 月，邮传部规定京汉路局收款满 5 万元即解送交通银行收存。[②] 最初设立时，交行对交通款项的经营主要限于路款业务方面。自 1909 年始，电、邮、航之款相继加入交行业务。1910 年，邮部设立特别会计，所有业务交由交行管理，交行从此获得全部交通款项的经理权。几年间，受邮部委托，交行先后经手的款项包括收回电报商股 396 万元，筹汇比（比利时）公司借款本息及经手费合法金 22740 万法郎，以及经募京汉路公债 1000 万元等。[③] 每项部款少则几百万，多则上千万。邮传部授予的特权，使交行业务顺利开展，并迅速建立起社会信用。

除经办轮路电邮交通四政所属各局、所的存款、汇兑、拆借等业务外，交通银行还承做普通商业银行的存款、放款、汇兑等业务，并连年赢利，前三年共获利 110 余万两。1910 年是晚清时期交行盈利最高的一年，达到 69 万两，盈利率为 13.8%。据统计，该行在 1909 年各项存款为 1384 万两，1910 年达到 2370 万两，1911 年为 1323 万两。政府机关存款在交行所占比重较高，1911 年时占存款总额的 65%，其中官存 866 万两，私存 457 万两。各项放款，1909 年

---

① 《邮传部新设交通银行章程》（1907 年），《农工商报》1908 年第 25 期，第 35 页。

② 《邮传部系统各局款项存入交通银行》，交通银行总行、中国第二历史档案馆编：《交通银行史料》（第 1 卷），中国金融出版社 1995 年版，第 304—305 页。

③ 贾士毅：《国债与金融》，商务印书馆 1930 年版，"交通部内债概略"，第 93—132 页。

为1711万两，1910年为2842万两，1911年为1798万两。在放款中，包括铁路在内的政府放款约占25.5%，对私营企业放款占有相当比重。1911年各项放款中，对清政府及有关事业放款为458万两，对私放款达到1340万两。[①] 汇兑业务发展很快，国内设立的分行、汇兑所包括天津、汉口、上海、广州、张家口、营口、开封、济南、南京、汕头、厦门、奉天等23处，建立起全国性的汇兑网。同时开创性的发展国际汇兑，交行设立伊始，即议定“于欧美各大埠，设立分行，专办华洋商人来往汇兑事宜，以挽利权”。[②] 1908年12月，在海外最先建立分支机构，始设于香港，之后在越南西贡设代办处。1909年在新加坡设立分行。1910年在仰光开设分行。

辛亥年后，新旧递嬗，原设分行、分号及坐庄相继改组为分行或汇兑所。交通银行营业范围逐步推展，分行遍及直隶、山东、山西、江苏、浙江、安徽、江西、河南、湖北、湖南、福建、广东、四川、奉天、吉林、黑龙江、热河等省以及香港、新加坡等地，及至1916年，营业机关共81处，钞票汇兑机关达1800余处。截至1936年底，交行分行“沿海一带，北起溟渤，以迄南海之滨，已联如贯珠，平汉、粤汉、陇海、浙赣以及其他路线亦节节进展”；“为分行者有七，为支行者有七十，为办事处者三十五，为临时办事处者十，都凡一百二十有二。”[③]

1908年至1911年交通银行初建时期，景象虽不及大清银行恢宏，但已远胜于经营十几年的中国通商银行。1908年至1910年三年里，大清银行的盈利分别为库平银1512548两、1648526两和1189216两。[④] 根据1910年2月10日的报告，中国通商银行亏存两抵尚少股本银148509.47两。[⑤] 交通银行的盈利逊于大清银行，但是营业状况明显好于中国通商银行。1908年交行盈利库平银37979.26两[⑥]，1909年盈利情况见表1—1：

① 中国人民银行上海市分行金融研究室编印：《交通银行简史》，1978年版，第7—8页。

② 《交通银行扩张办法》，《农工商报》1908年第28期，第35页。

③ 《交通银行史料》（第1卷），第127、131页。

④ 孔祥贤：《大清银行行史》，南京大学出版社1991年版，第97—100页。

⑤ 《中国通商银行股本亏存大略》（1910年2月10日），陈旭麓编：《盛宣怀档案资料选辑之五：中国通商银行》，第484—485页。

⑥ 《交通银行卅年行史清稿（乙种营业）》，中国第二历史档案馆藏，交通银行档案，398/3247（10）。

表1—1　　宣统元年（1909）交通银行总分行盈利情况　　（单位：两）

行别	设立年月	盈余	行别	设立年月	盈余
北京总行	1908年二月初二	71639	广州分行	1908年六月初二	93328
天津分行	1908年三月十二日	26647	张家口试办分行	1909年八月十三日	4072
汉口分行	1908年四月二十八日	85598	营口试办分行	1909年九月十二日	10428
上海分行	1908年五月二十日	74847	开封试办分行	1909年十月初三日	8717
总计	375276				

资料来源：《交通银行总分各行一览表》，《邮传部交通统计表》1909年第3卷，“总务”。

据报告，1910年交通银行总分行净余利分别为：北京总行155370.859两，天津分行47431.7两，上海分行69055.8两，汉口分行110028.83两，广东分行142796.288两，张家口试办分行12136.52两，营口试办分行28594.63两，河南试办分行52079.55两，新加坡试办分行52103.92两。各分行净余利库平银695987.348两，除汴营粤张四行共提存备抵欠款38000两外，仍余657987.348两。①

在清末的金融系统中，大清银行和交通银行地位特殊，大清银行尤其如此。1908年度支部改户部银行为大清银行时，曾上言：“国家银行，由国家饬令设立，与以特权，凡通用国币，发行纸币，管理官款收入，担任紧要公债，皆有应尽之义务”；“臣部所设银行，原名户部银行，即为中央银行。”② 可见大清银行一开始就被定位为中央银行。交通银行作为面向实业的专业化银行，虽然定性为商业银行，不具有中央银行的期许，但因其与邮传部的特殊关系，仍然享有其他银行不具备的政治地位和特殊权益。与大清银行享有经理国库特权相类似，在初建几年之中，交行即享有交通款项的经营权。同时，和大清银行一样，交行也获准发行钞券。如前所述，清末首先发钞的为中国通商银行，之后户部银行奏准发行钞票，各省的官银钱号在各自区域内也发行一定数量的兑换券。交通银行成立时，其《奏定章程》规定：“拟仿照京外银号及各国银行印刷通行银纸分一百元、五十

① 《交通银行赢利之报告》，《北洋官报》第2777册，1911年，第8页。

② 《度支部尚书载泽折——改户部银行为大清银行并厘定各银行则例》（光绪三十四年正月三十日），中国人民银行总行参事室金融史料组编：《中国近代货币史资料》下册，第1044页。

元、十元、五元、一元五种，并仿照各银行印出该埠市面习惯通用平色各种银票，以及各项票据，惟不得出国币纸票，待度支部禁止各埠银行出票实行后该行所出通行票纸，即当照章收回与各部银行一律办理权限。”① 据此，交通银行得以印制纸币，并以发行兑换券的名义，获得全国货币的发行权。这些特许权力的取得，使名曰商业银行的交通银行，事实上已经具有一定的国家银行性质。

正由于此，在交通银行和大清银行间，竞争关系几乎与生俱来，时人有言："沪宁铁路签字之时，中国只一通商银行，今则大清、通商俱系交通劲敌，恐将来纵分得存款若干，少则无济于事，多则大清必思分润。"② 交行成立不久，即有人上奏呈请"交通银行与政体不合，宜并入大清银行。"《申报》亦报道："近有人条陈度支部谓邮传部所设之交通银行，妨碍中央财政，且银行系营业性质，该部派左丞为总理亦不相宜，请将邮传部之交通银行收归度支部并入大清银行经理等语，想必度支部必乐为采纳也。"③ 对此，邮传部作出反应，阐述交行应当设立的理由："查度支部奏订厘定各种银行则例，明定大清银行为中央银行，交通银行为殖业银行，权限极为明晰，泰西商业繁荣银行林立，譬如植木必须枝叶扶疏，方足其根本，是以殖业银行愈多则中央银行愈行便利。现在创办伊始，惟虑规模简陋，决无相妨，至邮便储金与中央殖业各银行又自不同。"④ 理论上而言，邮传部陈述的道理可谓充足，对大清银行和交通银行的定位也堪称清晰，但在实际的运作中，交行实际并未完全被定位于殖业银行，而是游走于国家银行和商业银行之间，有时得享其利，有时又深受其害。这种定位的不明确，事实上一开始就埋下了交通银行在近代金融体系中处境尴尬的种子。

晚清时期交通银行经历的最大一次危机就和其官方背景直接相关。作为政府直接管理的银行，交行高管人员多拥有官衔，且同时常任职钱庄或

① 《邮传部新设交通银行章程》（1907 年），《农工商报》1908 年第 25 期，第 37 页。

② 转引自苏全有《邮传部研究》，中华书局 2005 年版，第 135 页。

③ 《条请归并交通银行》，《申报》1910 年 8 月 16 日，第 1 张第 4 版。

④ 《本部奏议覆都察院代奏张光照条陈交通事宜折》，《交通官报》1909 年第 2 期，第 11—12 页。

其他银行，这中间，不可避免地存在利益输送问题，交行作为官营资产常常深受其害。交行第一任总理李经楚为邮传部参议，曾负责江宁银行，其家族还经营在各省拥有 20 余处分号的义善源票号。李以总理之权，经常挪用交行的资金周转义善源票号。1911 年 3 月间，义善源因受上海橡皮股票风潮的牵累，周转失灵，宣告倒闭。清算账务时，发现该票号欠交行的押款银 230 余万两和往来银 56 万余两①，而此时的义善源票号资产可抵者仅 5200 两，交行遭受巨大损失，资金状况空前恶化："市面上对交通银行有种种不信任之意，竞将存款取出，不闻有将款存入者，甚至交通银行之钞票亦不敢使用。"② 官方估计："去年各分行被义善源一家倒欠银 260 余万两之巨，该行股本已搁呆一半，本部派员各处追查，产业照估不值居多，即有可靠之不动产变价尤需几月以后，亏损利息为数必不少。前据陆协理转报各分行单开余利 60 余万，即使属实，亦必不敷抵冲义善源押款之所失。"③ 遭此重大打击，加之管理不力，"继任者胁于权势，狃于习惯，对于各行经理之滥放账款，不能严加取缔，且曾无一字之驳斥，行事益形腐败"④，随后又遇上辛亥前后政局动荡、社会不安，几使交行营业陷于停顿。

第二节　文本定位中的交通银行

1928 年前，对交通银行影响至大的规范性文本主要有二：其一为《交通银行奏定章程》；其二为《交通银行则例》。1907 年 11 月 4 日，邮传部奏设交通银行并颁布《交通银行奏定章程》（以下简称《奏定章程》）。⑤ 该章程是交行创办时期代表政府"意旨"的纲领性文本，是交行组织与行为的基本准则。它既是交行成立的基础，也是交行赖以生存的灵魂，对于交

① 《任锡汾等为清理义善源等号帐款后呈部院文》，中国人民银行上海市分行编：《上海钱庄史料》，上海人民出版社 1960 年版，第 88 页。

② 《交通银行不稳固之谣言》，《申报》1911 年 6 月 8 日，第 1 张第 5 版。

③ 《交通银行派分余利》，《北洋官报》第 2785 册，1911 年，第 8—9 页。

④ 《交通银行上交通部折呈》（民国元年八月七日），交通银行编：《交通银行编制辛亥年前邮传部各路局存欠各款帐略》，1924 年，第 49 页。

⑤ 《邮传部新设交通银行章程》（1907 年），《农工商报》1908 年第 25 期，第 35—41 页。

行成立及运营具有着十分重要的意义。

《奏定章程》由宗旨、营业、权限和股章四部分组成，具体而言，主要包括性质定位、营业范围、权责组织、股本结构等内容。

《奏定章程》首先对交通银行予以性质定位和职能界定："交通银行纯用商业银行性质，由邮传部附股设立，官股四成，商股六成，一切均照奏定商律办理。"依此定性，交行是官商合股的商业银行。第二条则做了职能界定："藉以利便交通，振兴轮、路、电、邮四政。"依此，交行通过经理交通四政实际部分经理了国库，由此兼有了普通商业银行和特许银行的双重身份。不难看出，对交行的性质定位与职能界定之间存在着矛盾与错位，商业银行和政府特许兼具，由此为政府和交行提供了各自的解释空间。政府设法以此控制交行，交行则企图凭借"特许"图一时之利，最终使交行逐渐被纳入政府财政化的发展路径。

其次，《奏定章程》对营业范围做了规定。交行营业包括两部分：特别营业和寻常营业。基于"藉以利便交通，振兴轮、路、电、邮四政"的建行初衷与营业宗旨，交行的特别营业包括：该行为京汉赎路时，总司一切存款、汇款消息镑价，预买佛郎克等事；轮、路、电、邮各局所存储汇兑揭借等事，该行任之。此系指邮传部直接管理之各局而言，商办各局愿归该行经理与否，任听其便。这是交行受邮部"特许"而享受的特别业务。关于交行的寻常营业，第十四条规定：该行专理存放款项，买卖荒金荒银，汇兑划拨公司款项，折收未满期票，及代人收存紧要物件，其余未及详列之款以及各项禁令，均照中外商业银行章程办理。可见政府也试图将交行打造成集存放、汇兑、划拨等多种功能于一身的商业银行。营业范围规定是对交行定性的具体化。

至于权限部分，实际上是确立邮传部对交行的直接领导关系。邮传部通过控制交行主要领导人的任免权控制了交行的人事。《奏定章程》规定：以北京为总行，行内特设总管理处，派总理一人，协理一人，专管总分行事。另派管理铁路人员为帮理，使款目互相关顾，不至有所牵掣。总行、分行均定派总办一人，酌派副办一人，专理一行事务。另明确规定总理、协理均听邮传部堂官命令。邮传部对交行具有监督查核之权。第二十五条规定：该行每季详造营业资财切实报告，送呈邮传部查核。

年终结账，转咨度支部查核。邮传部并可随时调查该行各账。由此，邮传部取得了对交行人事任免与业务监督之权。行政隶属关系通过章程得以合法确立。

至于股章部分，主要规定了交行的股本结构，理论上言，这最能切实反映银行的定性。《奏定章程》规定，先备资本银500 万两，分为5 万股，每股库平足银100 两，由邮传部筹款认购2 万股，其余3 万股，无论官绅商民人等均准购买。依此可以将交行视为官商合股的股份有限公司。《奏定章程》对股份制的具体实践及股本权限也做了具体规定：

> 该行照有限公司办法，股份以外不再向股东添取银钱，即有亏欠，与股东无涉，惟添招股份之时，先尽旧股东承受，如旧股东不买，方可另招新股；凡认买股份券者，均先交足四分之一，其余俟该行贸易应用之时，再行报告，分次收取。惟购买此项股份券者，必须书明姓名、籍贯注册，以本国人为断，外国人不得购买。其原有股份者，亦不得转售及抵押与外国暨入外国籍之人，该行既为官商合办有限公司，则官股、商股本无歧异，所有未经限满以前，股本银两不能随时提用，亦不得藉词挪借；邮传部既认二万股，即为最大股东，可以选派总理、协理。由股东公举董事四人，为稽核总管理处事务之员。会议时总理为议长，如遇一事可否各半者，议长有判决之权。总理如有事故，以协理代之。又各行设监事二人，由股东公举，监察本行一切事务，毋庸常川驻行。此外司账等员，均由总办延订。董事非有百股以上，监事非有四十股以上，不得当其选举。董事选举后，须呈明邮传部冉行任事，监事经由股东公举。

确切地说，晚清时期，现代企业制度开始引入中国企业，交通银行成立，基本顺应了此种大势，股份制的构架体现了现代企业制度的影响。不过，遗憾的是，最初两年，由于股本无法集齐，交行股份制度只限于堂而皇之的“文本”，并未付诸实施：“今日之交通银行资本银仅500 万两，商股之300 万两尚多未齐，规模乃仅能比之一稍大钱店。以是区区而欲收吸引巨资之效，实杯水车薪之类也。虽银行事业重在信用非仅关乎资本至多少，而资本不多决无增长信用之理。”① 未能完整贯彻的不仅是股份制的设计中，即便交行经营范围，“文本”和“现实”也不无抵牾，对此，薛大可曾在《交通官报》上发表论述，指责交行之性质不明，他谈道：

> 交通银行之于交通事业，非负直接供给资金之责者也，乃以暗中作用间接供给之耳。分析言之，其责任可分三种：一曰维持股票价格之责，二曰通融之责，三曰企业之责。
>
> 今日交通银行之内容，则大有异于此原则者，章程中虽有以振兴交通事业为宗旨之语，而其所定营业事项，则仅曰发行通用银纸，曰放资于普通商业，曰经理部款收支，而于交通银行主要责任之营业反未一及是。今日之所谓交通银行不过部中之一银库、私人经营之一商业银行也，于交通事业无与也。②

北京政府时期，交通银行“特许银行”的性质进一步扩大，且被提升为与中国银行并列的国家银行之一，并称为“中交”。1914 年袁世凯政府以大总统令公布《交通银行则例》（以下简称《则例》）③，对交通银行性质、组成、业务、权限做出更完整的定位。

《则例》第一条即规定：交通银行为股份有限公司，这与《奏定章程》对交行的定性不尽相同。《奏定章程》以银行职能为维度，将交行定性为商业银行，是与国家银行相对的；而《则例》将交行定性为股份有限公司，是以股本构成与权责设置为尺度，将其视为一个企业，避开敏感的职能定性问题。不过，这并没有淡化政府赋予交行的特权以及交行特许银行的性质。《则例》第七、八、九、十三条明确规定：交通银行掌管特别会计之国库金；交通银行得受政府之委托分理金库；交通银行受政府之委托，专理国外款项及承办其他事件；交通银行受政府之特许发行兑换券，其办法照财政部所定之银行兑换券则例，但发行式样、数目及期限，另由银行呈请财政部核定。根据此条例，交行代理国库的权力得到进一步扩展，而且被

① 薛大可：《论交通银行之责任》，《交通官报》1909 年第 4 期，第 4 页。

② 同上。

③ 《交通银行则例》（1914 年 4 月 7 日），《交通银行史料》（第 1 卷），第 189—191 页。

政府授权发行兑换券。代理国库与发行国币为国家银行的两大重要标志："国家银行之性质与普通银行不同，凡维持金融，经理国库，发行钞票，代理公债，皆为其特别职务，在在与国家财政社会金融有莫大之关系"。[①] 由此可见，交通银行已经由享受政府特权成为了事实上的国家银行。当时有人评论，交通银行"前既藉梁氏之势力，事实上获得各种特权，此次更有则例第 7、第 8、第 13 等条之规定，以为其保障该行之海内金融界之地位，驾乎中国银行及其他特殊银行之上也。亦固其所可惜者，交通银行所具之势力，并非恃其存款之多资本之厚业务之发展（汇兑不过银行业务之一小部分），不过凭藉政治上之作用以为其利用之具耳。"[②] 说交通银行凌驾于中国银行之上或过甚其辞，但交行地位之蹿升应无疑义。1915 年 10 月 31 日，袁世凯以大总统身份正式申令："中国、交通两银行具有国家银行性质，信用夙著，历年经理国库，流通钞票，成效昭彰。著责成该两银行按照前此办法，切实推行，以为币制、公债进行之辅助。该两银行应共负责任，协力图功，以副国家调护金融、更新财政之至意。"[③] 交行的国家银行性质进一步从法令意义上得到确认。

另外值得注意的是，在特许银行身份进一步得以确认、并向国家银行身份靠拢的同时，交通银行的商业银行性质并未淡化，反倒有所增强。《则例》第六条对交行的营业做出规定：①国内外汇兑及跟单押汇；②各种存款及储蓄；③各种放款；④国库证券及商业妥实期票之贴现；⑤兑换外国货币及买卖生金生银；⑥经收各种票据及保管贵重物件；⑦其他汇业银行及实业银行应有之营业。从以上七项业务内容上看，交行已成为名副其实的集汇兑、划拨、储蓄等业务于一身的多功能的综合性银行。第三、五条使其股本结构设计进一步具体化："交通银行股本总额库平足银一千万两，计分十万股，每股库平足银一百两。除前邮传部为辅助交通事业进行所附入之四万股为固定股本外，其余六万股由人民承购。交通银行如欲增减资本，须经股东总会议决呈明财政部交通部核准。交通银行股票既用记名式，

① 《关于整理财政之公函》，《申报》1915 年 11 月 18 日，第 10 版。

② 惰民：《交通银行之真相》，《财政经济杂志》1914 年第 1 卷第 2 期，第 4—5 页。

③ 《大总统关于中交两行同具国家银行性质申令》（1915 年 10 月 31 日），中国第二历史档案馆编：《中华民国史档案资料汇编》第三辑"金融"（一），江苏古籍出版社 1991 年版，第 68 页。

其卖买让与权另以章程定之，但以中华民国国民为限。”因此，《则例》并未否定《奏定章程》商业银行的定位，反而更加肯定交行的商业银行性质，从而进一步对其股本结构与企业构成方式予以法律规范。

较之《奏定章程》，《则例》还有一点显著的发展，主要体现在股章部分。《则例》第十五条规定：交通银行设总理一人、协理一人、帮理一人。总理由股东总会就四百股以上、协理就三百股以上之股东选出，呈报交通部转咨财政部存案。任期五年，期满得再选再任。帮理以路政局局长充任，由交通部委派。总理、协理由股东总会从具有一定股份的股东中选举产生，这与《奏定章程》中规定的由邮传部派充相比是重大进步。总理、协理选举权的获得，使商股股东地位有所提高，交行在人事任免权上走出了独立发展的第一步。不过，在《则例》颁布时，由于交通部本身拥有大股东的地位，商股还难以与其抗衡，所以交通部实际仍然掌握着选派总理、协理的特权。至于帮理一职，交行更是屈于“交通部的利益照顾”，只能“忍辱听命”，这为交通部控制交通银行提供了直接的渠道。

从股本构成来看，交通部与商股股东共同组成股本，即所谓的官商合股。交通部持有交行股本的一部分，就此而言，交通银行与交通部是银行主体与股东的关系。1928 年前，从总的趋势看，商股比例逐渐扩大，交通部股本比例下降。加之交通部积欠款项增加，交通部只能以股本抵债。1918 年，交通部欠交行债款 1700 多万元，交通部以股抵债，抽走 12838 股，部股由原来的 2/5 降低到 3/10。1922 年，交行增股 2000 万元，交通部“所退官股及旧账上收回旧股，全数改招商股补足”[①]，6 月，交行实行并股，交通部官款被并为 22500 股。1927 年前，交通部又先后让出官股 14700 余股；到 1928 年，官股额仅占 20%。交通部由此变成了一般股东，从而失去了选派总理协理的特权。表 1—2 可以清楚显示自 1910 年至 1928 年国民政府改组前，交行中官股比重的下降趋势。

① 《为增加股本呈财政部、交通部文》，《交通银行月刊》增刊第 1 号，1925 年 5 月 15 日。

表1—2　　交通银行官商股本构成及其变化

年份	额定资本	实收资本	官股		商股	
			实收股本	所占百分比	实收股本	所占百分比
1910	1000万两	500万两	200万两	40.00%	300万两	60.00%
1918①	1000万两	450万两	150万两	33.33%	300万两	66.67%
1921②	1000万两	435.81万两	150万两	34.42%	285.81万两	65.58%
1922③	2000万元	771.51万元	225万元	29.16%	546.51万元	70.84%
1928④	1000万元	871.51万元	178万元	20.42%	693.51万元	79.58%
1935⑤	2000万元	1893.51万元	1200万元	63.37%	693.51万元	36.63%
1936⑥	2000万元	2000万元	1200万元	60.00%	800万元	40.00%
1943	6000万元	6000万元	5200万元	86.67%	800万元	13.33%

资料来源：《交通银行官商股本构成及变化表》，《交通银行史料》（第1卷），第25—26页。

分析至此，清晰可见，《奏定章程》为交通银行设计的特许银行与商业银行的双重发展路径，通过1914年《则例》的修改，均得以强化。不过，文本规定的路径在实际运作中并不尽如所愿，由于北京政府控制力日渐衰微，与之息息相关的交行，其国家银行的性质和功能必然会有所弱化，而商业银行的独立性则显著增强。这是政府行政权力与银行资本能力间的此消彼长。

1925年，鉴于政府控制能力日渐式微，北京政府不得不依据现实，对《则例》进行部分修改。《修正则例》之要点表现为三，即股本总额提高，官股比例下降，增设监事会。⑦

就原文第三条的股本设置，1925年《修正则例》将股本总额改定银元

① 1918年，交通部将一万股股份抵还本行一部分欠款，故实收资本与官股均减少50万两。

② 1921年，因部分商股抵还旧欠，实收资本又有减少。

③ 1922年，股本记账单位由银两改为银元，银一两折合银元一元五角。

④ 1928年，财政部加入官股100万元，交通部官股已大部分转让给金融界，商股比重上升。

⑤ 1935年，财政部再加入官股1000万元，并补交民十七年未交足股本100万元，官股股本增至1200万元。

⑥ 1936年，董事会议决填补商股缺额办法，商股募足800万元。

⑦ 《交通银行修正则例条文》（1925年5月14日），《交通银行史料》（第1卷），第192页，以下简称《修正则例》。

2000万元，分作20万股，每股银元100元，先招10万股，计银元1000万元；在认股方面，规定除交通部为辅助交通事业附入3万股外，其余7万股由民众承购。从《奏定章程》到1914年《则例》，交通银行的官股、商股比重一直是4∶6，1925年的《修正则例》将官股改为三成，商股占到七成；这与1922年后交行的商业银行化发展趋势是一致的，也是交行遭受两次停兑、挤兑风潮后，逐渐走向独立经营的反映。之所以如此，根本原因在于北京政府政权与财力的双重衰落与弱化。

《修正则例》第十四条对董事会设置做了增改。董事会组成规则，1914年则例原文是：交通银行设董事5人以上，11人以下，由股东总会就200股以上之股东选出，呈报财政部及交通部存案，任期4年，期满得再选再任。1925年《则例》修正条文为：交通银行设董事5人以上，11人以下，监事3人以上，5人以下，由股东总会就200股以上之股东选出，呈报财政部及交通部存案。董事任期4年，监事任期2年，期满得再选再任。《则例》修改后增加了监事会，董事会权限也相应地作了修改。1914年《则例》第十六条原文为：交通银行总协帮理及董事之责任权限，另以章程定之。1925年修正为：交通银行总协帮理、董事及监事之责任权限，另以章程定之。监事的增设，使交行股份制配套下的董事会制度更为完善。

易棉阳曾将北京政府时期的中央银行与近代西方中央银行相比，总结出几大特征①，指出北京政府时期的中央银行②业务上商业银行化，并经历了从官办到官商合办再到基本商办的过程。1914年《则例》与1925年《修订则例》，从文本上体现了北京政府时期交行的这一基本发展轨迹。

第三节　交通系：政治力与交通银行

交通银行的出现，和交通系息息相关。民国初年，承接晚清开始的政

---

① 易棉阳将北京政府时期中央银行的特点归为五点：（1）产生途径的独特性；（2）北洋政府中央银行不具备对当时中国金融业的监管能力；（3）业务上商业银行化；（4）没有统一的纸币发行权；（5）经历了从官办到官商合办再到基本商办的过程。易棉阳：《北洋时期中央银行的特点》，《许昌学院学报》2003年第1期。对于“中央银行”在此处的用恰当与否姑不作讨论。

② 指中国银行与交通银行，二者当时被并列称为“中交”。

治中心多元化的倾向，政治局面的混乱与政府职能的弱化导致政治派系林立[①]，交通系即为活跃于当时政坛的派系之一。关于交通系，较早些的研究侧重用阶级观点分析，如刘桂五通过论述旧、新交通系的交通、财政与外交职能，揭示交通系的生存原则：代表买办官僚的利益，一面依靠军阀，另一面依靠帝国主义，交通系的活动反映了北洋军阀统治的真面目。[②] 贾熟村的专著《北洋军阀时期的交通系》指出，交通系既是一个金融财团，也是一个政治派系。交通系不仅是袁世凯的智囊团，也是袁世凯的摇钱树。[③] 近年的研究有所调整。李金全认为交通系在政治上是一个趋于反动的团体，帮助袁世凯巩固个人权势而不择手段，但交通系在经济上的决策和成就是值得肯定的，从财政整顿到兴办实业，赈灾济民等体现了学归实用、爱国利民的思想，对巩固北洋政府和发展中国经济具有一定的积极意义。[④] 于庆祥试图从政治功能角度看待政治派系，指出：交通系既不是古代的朋党，也没有构成近代的政党，而是在清末民初社会转型时期特有的、介于二者之间的利益集团。[⑤]

交通系有旧交通系与新交通系之分。旧交通系的代表人物是梁士诒、叶恭绰；新交通系以曹汝霖、陆宗舆等为代表。交通系与交通银行间的关系，横向来看，主要表现为领导与被领导、控制与被控制的关系；纵向看，这种控制逐渐由间接影响转为直接控制。

唐绍仪[⑥]可称交通系的鼻祖，他的政治资历与权力为交通系的形成提供了充分的政治资本与坚实的政治基础。1905 年，清政府命外务部兼管铁路事宜，外务部侍郎唐绍仪被任命为兼任铁路督办大臣。1906 年，邮传部设立，由唐绍仪主持经管轮、路、电、邮四政。随着权力的巩固与膨胀，唐绍仪开始培植自己的人脉。铁路总局成立后，提升铁路总文案梁士诒为局长，任叶恭绰佐理局务。该局最初只管理沪宁、正太、道清、汴洛四路，

① 如研究系、安福系、政学系等。

② 刘桂五：《“交通系”述论》，《社会科学战线》1982 年第 3 期。

③ 贾熟村：《北洋军阀时期的交通系》，河南人民出版社 1993 年版。

④ 李金全：《交通系与北洋政府初期的经济》，《西安文理学院学报》2009 年第 2 期。

⑤ 于庆祥：《论交通系的政治性格》，《河北建筑科技学院》1999 年第 4 期。

⑥ 唐绍仪（1860—1938），字少川，广东中山人。留学美国。历任津海关道、外务部右侍郎、邮传部左侍郎、奉天巡抚、邮传部尚书、中行民国国务总理。后参加护法军政府。

后来赎回芦汉，即五路，梁士诒被称为“五路财神”。[①] 正是在管理路政的过程中，旧交通系逐渐形成。

交通系形成过程中，正是交通银行创立的时期。交通银行可谓交通系除路政之外，施展手脚的另一个平台，某种程度上，也促成了与交通系的进一步结合。在这其中，梁士诒作为交行创立的重要推手，对交通系和交通银行的发展起了关键作用，梁士诒本人也隐然继唐绍仪之后，成为交通系的领袖。

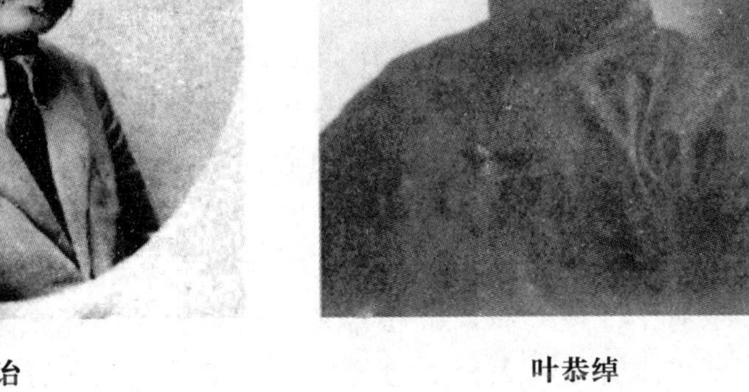

梁士诒　　叶恭绰

图片来源：《民国时期的“交通系”》，《民国春秋》1995 年第 2 期。

梁士诒（1869—1933），字翼夫，号燕孙，广东三水人。1895 年中进士，任翰林院编修。曾在经济特科中荣居榜首，得到唐绍仪的推荐和袁世凯的赏识。1905 年，出任铁路总文案，1907 年升任京汉、沪宁等五路提调。同年，梁士诒以借款所办各路，“存放款项，向由外国银行分储，汇款

① 至 1911 年，铁路总局所管辖铁路有京汉、沪宁、道清、正太、汴洛、京奉、广九、京张、津浦、吉长、株萍 11 条。

亦由外国银行汇划，损失颇多”为由，建议邮传部尚书陈璧：“奏请设立交通银行，官商合办，藉以绾合轮路邮电四政，收回权利。”强调：“轮路电邮四者，互为交通，而必资银行为之枢纽。即中央银行划一全国币制，得铁路、车站、电报、邮政各局所为之经理汇兑储金，使国币通行内地，而乡曲沿用生银之习，亦可渐次改良。交通银行之设，外足以收各国银行之利权，内足以厚中央银行之实力。是轮、路、电、邮实受交通利便之益，而交通利便，固不仅轮、路、电、邮实受其益已也。”之后，梁士诒代拟交通银行章程，据其门生所记，“章程三十八条，亦即先生所手拟者也。奏上，奉旨依议”。“当是时，我国银行，除户部银行（后改名大清）外，仅有中国通商、四川浚川源、浙江铁路兴业等三银行耳。规模粗具，均未足与外人抗衡。自先生提倡成立交行，二十余年来，国人始知银行之业，消息金融至巨。先后集资创立者，若金城、盐业、大陆、保商等数十银行，胥赖先生倡始力赞，否则亦系秉先生之教。而经理其事者，又大都为交行旧人，尝受先生之陶镕而有成者也。我国金融而我得自操之，实自先生始。”①

奏准之后，梁士诒便被派任交通银行的筹设工作。待交行成立时，梁士诒被邮传部派为帮理。帮理的身份是代表部，以部的名义帮办行务，帮理一职法定以路局局长充任。路局局长出任帮理，决定了帮理在行中的实权派地位，因为路局年收入4000余万两，是电、邮、航三政收入的四五倍，交行经理的交通四政之款实际上是以铁路为主。交通系保有了路局大权，就保有了帮理一职。帮理名义上在总理、协理之下，只有辅助、监督之责，却以掌管收入大权的地位，为旧交系渗入交行，并假借邮传部之名间接控制与影响交行提供了条件。

可以说，辛亥革命为交通系完全控制与直接领导交行提供了契机。辛亥政局变动，交通银行“行务顿即停滞，彼时官商存欠达1800余万两，几有不能支持之势”。②“放外之款，既难收回，各处存款遂难应付，以致各

---

① 岑学吕编：《三水梁燕孙先生年谱》上，沈云龙主编：《近代中国史料丛刊》(743)，台北文海出版社1966年版，第66—67页。

② 《交通银行上交通部函》（民国十一年八月二日），交通银行编：《交通银行编制辛亥年前邮传部各路局存欠各款帐略》，1924年，第43页。

机关素与本行有往来者，均改归外国银行，而本行信用二字即无可言矣。"[①] 梁士诒于 1912 年 5 月经股东会选举出任交通银行总理后，首要任务就是带领交行走出危机，在与各股东研究讨论后，决定以划分新旧账为主要方针。8 月，呈文交通部："旧帐责成原经手人分别清理，收存还欠，并将滥放帐款之经理酌量撤换。新事则随时往来，不与旧帐稍有牵涉。各处新存之款亦均可随时提用，不稍短欠。"[②] 以此说明交行复兴之信心，呈请交通部给予支持。但是，因"数月以来官存频来提款，官欠未闻清理，于本行营新前途实多窒碍"，11 月再次致函交通部，呈请："凡系辛亥十二月底以前所存本行款项，仿照大清银行办法，一律暂为缓提。……其本年新历 2 月 13 日以后新账，则仍照常来往，以免牵掣。至官欠仍容分别开单，另行办理。"[③] 交通部核准其呈请。由此，辛亥年前邮传部及轮路电邮四政存款被作为旧账，仿照大清银行办法一律缓提。当时仅原邮传部被冻结的存款就近 180 万两（267 万余元），存在天津交行。[④] 这一时期，梁士诒还用自己私财接济交通银行。由此，因为政权更迭，与政府经济关系密切而一度陷于困境的交行渡过难关，梁士诒也大获人心。交行的领导权被完全控于交通系，交通系势力逐渐走向鼎盛。

担任交行总理后，凭借与北京政府尤其是袁世凯的特殊关系，梁士诒为交通银行争取到代理金库的特权。1913 年，财政部除规定经理交通四政收支的国库金为交行的特许业务外，还委托交行代理部分国库收支，中国银行与交行的比例为 7 ∶ 3。同时，交通系继续为交行争取路政款项来往业务。当时，铁路收入皆存入交行，铁路外债款项也多移存交行，正如时人所言："该行任意发行纸币，所以尚有流通效用者，并非由其固定准备金之足额，实因该行有掌管特别会计之特权。凡属于交通范围之收入，每月约有千万元，均浮存（即无定期存款）于该行并不付息。匪特此也，屡次筑路借款亦多，存入该行，其流动之现款既多，兑换券之发行数遂见增加。

① 《交通银行上交通部函》（民国十一年八月二日），交通银行编：《交通银行编制辛亥年前邮传部各路局存欠各款帐略》，1924 年，第 49 页。

② 同上书，第 47 页。

③ 《交通银行致交通部函》（民国元年十一月一十六日），交通银行编：《交通银行编制辛亥年前邮传部暨各路局存欠各款帐略》，1924 年，第 39 页。

④ 《北洋政府时期交通银行概述》，《北京金融史料》（银行篇五），第 2 页。

此亦当然之结果。”[①] 正由于此，交行资金不像中国银行完全依赖政府供给，自有庞大来源，营运周转一度较中行便给。这使交行地位迅速上升，最终使交行一度与中行齐名，成为北京政府时期的两大国家银行之一。

随着交通系势力的膨胀，对交通银行的控制逐渐登峰造极。交行完全受制于交通系，亦不可避免地成为交通系政治斗争的工具。交通系以交行财力作为袁世凯的后盾，使交通银行变成了袁世凯的“金库”。至 1915 年底，交行即先后为财政部垫借 3115 万多元，筹集公债 1000 多万元，居全国各金融机关之首。[②] 袁世凯阴谋复辟帝制，梁士诒以筹措帝制费用自任，不惜滥发钞票为其巨额垫款，单是为所谓“大典筹备处”而垫费用即达 2000 万元之巨。由此，1914 年交通银行发行额只有 893 万元，1915 年底，就猛增至 3729 万元。[③] 中、交两行同为国家银行，某种程度上都成为北京政府或者曰袁世凯的垫款机器，但两者沦陷程度还是轻重有别。到 1915 年底两行垫款 4750 万元，其中中国银行 1204 万元，交通银行则达 3420 万两。交通银行的垫款数额占它当时全部放款的 94%，占全部存款的 72%。[④] 如此巨额的垫款，舍滥发钞券外别无他途。交行的弊端，时论说得很清楚：“今交通银行之组织，则普通商业之范围也。银行之股东，则为某部少数人之专有也。所负之义务，则取邮电铁路之收入供银行之活动，而谋少数人之利益也。银行总理，则由指挥交通部之梁秘书长任之，财政当局且将仰其鼻息，无丝毫之监督权也。发行纸币，并不具备保证之要件，兑换券之发行额，与正货之准备额，财政部不能派员监视，亦不报部查核也。”[⑤] 1916 年挤兑风潮中，交行大受其害，其深层原因不循而知。

洪宪帝制失败后，梁士诒遭通缉，旧交系骤然没落。1916 年 4 月，段祺瑞任命曹汝霖为交通部总长，曹之后又兼任交行总理，新交系上台。曹

---

① 惰民：《交通银行之真相》，中国人民银行北京市分行金融研究所、《北京金融志》编委会办公室编：《财政经济杂志》1914 年第 1 卷第 2 期，第 4 页。

② 翁先定：《交通银行官场活动研究（1907—1927）》，《中国社会科学院经济研究所集刊》（第 11 辑），第 394 页。

③ 《交通银行民国元年至十六年兑换券发行总额表》，中国人民银行总行参事室编：《中华民国货币史资料》（第 1 辑 1912—1927），上海人民出版社 1986 年版，第 162 页。

④ 洪葭管：《上海中国银行反对停兑事件试析》，《档案与历史》1985 年第 1 期。

⑤ 牟琳：《评交通银行则例》，《中华杂志》第 1 卷第 2 号，1914 年 5 月，第 3—4 页。

汝霖上台后，在交通部裁旧迎新[①]，交通银行内也引用许多新人控制了文书、会计、秘书、稽核等关键部门，如周作民、徐新六、黄浚、丁士源、瞿庆都担任了重要职务。1917 年，曹汝霖兼任财政总长，掌握了交通、财政、外交大权，权倾一时。据曹汝霖回忆，他当时的精力主要放在财政部，“每天到下午四点左右才去交通部办公”，而对于交通银行的重要决策，曹汝霖称自己是“外行”。[②] 不过，曹汝霖在交行任内，还是力图在管理上有所建树。

曹汝霖上任交行总理后，开展业务的一大背景是 1916 年交行刚刚遭遇停兑风潮的冲击。鉴于此，1917 年 2 月 25 日，曹汝霖召集交行各分行经理及代表在北京总管理处聚会讨论日后营业方针，提出“预筹恢复信用，招徕汇兑，推行钞票，吸收存款各种办法，以维大局而谋活动”的经营主旨。“恢复信用”是曹汝霖经营方针的基点。曹汝霖推崇梁士诒的存款和汇兑政策，主张应积极招徕存款和汇兑。在此基础上进一步提出“银行存款，固宜招徕，放款亦应变通”。认为：“盖以轻息存款，转放重息，又以无息钞票之进款内抽提若干成、按照当地情形，酌量放出，以得利息，此乃银行谋利一定不易之理。但放款宜按活期，来往少做定期，又以联络商家及代理国家财政机关为最宜。对于商家，应择其有汇款可做及与来往有存有欠者，方可允其暂行透支，其透支数目，须视该户之殷实与否酌量允许。其国家征收机关放款或透支，亦应设法查知该机关之预算收入数目为限，不得逾越其数。”[③]

推行钞票和联络国库在曹汝霖看来，也是交通银行必须进一步重视的事业。针对停兑后对钞票发行的疑虑，曹汝霖强调：“凡国家征收局所、铁路、邮政、电报、轮船以及衙署、军警收发款项，商民采办货物，日用携带者，均系我行之代行钞票机关，均宜联络招致。用途愈广，流通愈多，只要现金运用得宜，不为积欠所困，决不致有兑现受挤之虞。现在各行钞票已兑现者，亟宜加增发行”。至于得到特许的代理国库，更是交行不能放

---

① 裁一次长、两参事、十佥事、廿主事，共 130 余人。

② 曹汝霖：《一生之回忆》，台北传记文学出版社 1980 年版，第 165 页。

③ 《交通银行总处印送关于经理暨代表会议议定后营业方针致各行函稿》（1917 年 2 月 27 日），《中华民国史档案资料汇编》第三辑“金融”（一），第 364—365 页。

弃的业务，他指出："银行代理国库，固由于国家特许，尤在各分行、支行、汇兑所与各省财政厅及地方征收机关相近者常时联络，设法招徕。有可以投资借款而得地方收入作为抵押者，有可以活期放款而与地方征收机关来往者，相交既密，信托必多，汇解公款自然即由我行汇划，每年公款长流，出纳数目甚巨，利息、汇费亦属不赀，我行钞票亦可借此用途推广流通。中国银行虽得代理国库优胜之权，国家财政支绌之际，时有青黄不接之患，届时需借巨款，中国银行或有未能接济之时，我行当可趁此时机分认借款，要求抵押，国库代理部分自必转入我手。"①

1918 年，梁士诒因帮段祺瑞讨伐张勋有功②，3 月从日本返国，新旧交系聚首，并围绕着交行的控制权展开争夺，给交行造成了很大危害，交行成为新旧交系斗争的牺牲品。如任凤苞以交行协理的地位支持徐世昌反对段祺瑞，使依靠段祺瑞的曹汝霖陷于困境。1919 年五四运动标志着新交系开始没落。曹汝霖、陆宗舆、章宗祥淡出政坛，1922 年，梁士诒、叶恭绰等旧交系主要人物也以战争祸首罪名再次遭到通缉。交通系势力逐渐走向衰弱，其组织也开始解体。

1925 年 3 月至 1928 年，随着梁士诒回国，旧交系在交行卷土重来，梁士诒利用其残余影响将任期未满的张謇、钱永铭赶下台。不过，旧交系虽占据了往日的平台，但时过境迁，交行已不再是交通系"保育下的幼苗"，交行已经成熟，并开始独立。1928 年，梁士诒等人再次遭到南京国民政府的通缉，交通系控制交行的历史彻底终结。

交通系的兴衰变迁，直接决定了交行业务重点的转移。交通系从邮传部发迹，交行最初以经理邮传部轮、路、电、邮四政款项得以立足；当交通系势力迅速扩张，由交通部门扩张到财政、外交等其他领域时，交行的业务范围也从经营邮部款项扩张到分理国库、发行货币等其他属于国家银行经营的业务范围；当交通系衰落之时，交行在官场上失去靠山，业务重心也就随之转移到一般的商业业务。

---

① 《交通银行总处印送关于经理暨代表会议议定后营业方针致各行函稿》（1917 年 2 月 27 日），《中华民国史档案资料汇编》第三辑"金融"（一），第 364 页。

② 在段祺瑞讨伐张勋复辟之时，叶恭绰受梁士诒的遥控指示，从交行提取巨款予以支持。

第四节　梁士诒：成败萧何

从交行创立到1928年梁士诒被通缉，被迫离任交行总理，可以明显看出，梁士诒确为交行创立初期十数年内的灵魂人物，即便他辞职下任时，仍对交行有重要影响，所谓“各股东仍视为行内中坚”。[①] 梁也是这一时期持交行个人股份最多的大股东之一，用他自己的话说：“本为交行最大股东，亦不能置财产于不顾。”[②] 交行初期的成败，和梁士诒有着不可分割的关系，真所谓“成也萧何败也萧何”。

关于梁士诒，学界褒贬不一，因其与洪宪帝制的关系及其对民初财政的把持，对梁的贬抑往往多于褒扬，且多将其视为政客，所谓：“大抵梁氏一生，毁誉参半，名满天下，而谤亦随之。且以喜用权谋之故，往往形迹不尽为人所谅，其衷曲亦无由大白于世。”[③] 事实上，相较而言，在民初政坛上，梁士诒应为不可多得的一位理财高手，且在交行的创立和初期发展中功不可没。陈垣曾论之曰：“国人眼光均以我公为‘大财神’，是可注意。忆曾与公言，谓此所谓财神能运用财而已，非富于财者也。而国人不察，群以为财神者，即富于资财之谓。今之有欲利用公者，多存此观感也。”[④]

梁士诒门下对其曾有这样的记载：

---

① 《致李耆卿述行事艰危嘱其赴南通谒张謇函》，陈奋主编：《北洋政府国务总理梁士诒史料集》，中国文史出版社1991年版，第198页。此函书中标注日期“1920年”有误，应为“1925年4月30日”。

② 《致李耆卿述行事艰危嘱其赴南通谒张謇函》，陈奋主编：《北洋政府国务总理梁士诒史料集》，第198页。另据交通银行总管理处文书科专管股务的董肖骞回忆：“梁士诒名下大约有一二千股，惟自己出面不多，均化名在子女或亲戚名下……而这些托人出面的股票，仍掌握在梁家手中。”直到1931年，梁士诒在交行股本仍持有800股，加之承售其股票之各户800股，共1600股。《交通银行史料》（第1卷），第28、29页。

③ 沈云龙：《〈三水梁燕孙先生年谱〉读后记》，沈云龙：《近代史料考释》（2），台北传记文学出版社1969年版，第121页。

④ 《陈垣论时局并释财神一义函》，陈奋主编：《北洋政府国务总理梁士诒史料集》，第384页。

> 办理交通事业有年，国内推为交通界领袖，外间名之曰“交通系”。用人既多，声气自广。交通为生利事业，故觊觎者亦众多，先生创办交通银行，革政以后，尤发挥光大，支行遍国内，中国银行亦在先生指挥之下。其余国内新立各银行，主持者亦多先生所提携奖助之僚采。即外人对于中国财政事，亦以先生所可者而可之，所否者而否之。筹措一、二千万现金，咄嗟立办。致有财神之号。[①]

《字林西报》一则评论亦说：

> 中国今日所恃以存在者，固为袁总统，而将来所恃以存在者，实为梁秘书长。梁士诒者，在中国财政上最有势力之第一人也，其人赋性坚定，才具极圆滑，不喜大言高论，但求著著踏实，步步为营，及至水到渠成，一举而收其功，此等性格，极似袁总统之生平。总统府中，重大财政事项，袁总统恒倚如左右手，譬如行军者，袁大总统为前路先锋，梁士诒乃为其后路粮台。……中国财政上若无梁士诒其人，不但行政方面不得支撑，恐袁总统赫赫一世之兵威，亦未免小被其影响。[②]

作为官场中人，梁士诒很明白官商结合有可能带来的利益，他本人一直希望通过政治途径为交行谋利，这可以说是梁士诒经营思想的出发点。某种程度上，梁士诒的这种经营理念成为交行初期的指导思想，交行初期的成败和这一点不能说没有关系。

梁士诒具体的业务方针及经营理念主要体现他在1914年5月25日交行股东总会上对各行经理、副理的一次谈话中[③]。这是一次内部谈话，交行在给各分行下发谈话文件时明确指出，这次谈话“为本行对内、对外之办法，

---

① 岑学吕编：《三水梁燕孙先生年谱》上，沈云龙主编：《近代中国史料丛刊》（743），第350页。

② 同上书，第189页。

③ 《梁士诒在交行股东总会上对各行经副理的谈话》（1914年5月25日），《中华民国史档案资料汇编》第三辑“金融”（一），第356—362页。

应严守秘密，幸诫（诫）各伙友勿泄与行外人为要”[1]。此次谈话中，梁士诒首先标揭其总的经营理念为：“银行重要之事务，首在吸收存款，次则汇兑，又其次则买卖生金、生银等事，最不可做者，是信用放款及不动产押款。”[2] 在银行初创阶段，招揽资金是首要条件，所谓“银行经营之道，在于吸收存款，以补资本之不逮”。梁士诒将存款与资本相联系，认为：“存款无资本之性质，而有资本之作用。资本有限而存款无限，但使银行信用昭著，交游宏广，则他人之财悉可供我之驱使。此银行之所以能握市面之枢纽也。”结合当时中国经济金融形势，他具体分析道：“中国当日交通不便，银行业不发达，富者皆窖金于地，置资财于无用。而市面因以紧急，金融不能流通。民国以来，兵事频仍，商民惶恐，信用大失，群相观望，不敢投资兴业”，因此交行要“乘此好机吸收窖藏之金，并设法使我国人存于外国银行之款，逐渐存于我行”。[3]

对于招徕汇集的资金，如何使其融通，为银行本身求取利益呢？在此次谈话中，梁士诒提出几点经营方针，大致可以看出其所看重的消纳资金的途径。他谈道：“对于政府及各官署须时常联络，如有往来，不必专于利息求生活，须于汇兑上取其利益”；“本行今后于盐款之经营已定一种办法，经与五国银行团磋商妥当，尽由本行以六个月期款交纳盐课。此事若成，获利甚巨，而消纳资财之地亦甚多。有此消纳之途便无须放款矣”；“本行对于政府收回滥币及改革币制之计划已定有相助相益之办法，此事亦极可以消纳存款并图厚利”。对最后一点，他举例说：“近日财政部拟有六厘公债之发行，而我行将为政府指定为发行债票之银行之一。政府办理此事，拟指定一确实可靠之收入以为本利归还之保证，按月交付，入款于银行。而此银行者，又代其担负还本付息之责任，政府与以每百元六元之佣钱以酬其劳。以事关系名誉与利益，以我行信用之昭著，倘能多觅经纪人，又

---

① 《交通银行总处分送梁士诒关于营业方法与办事方针之谈话笔录致各行所函稿（1914 年 6 月 16 日）》，《中华民国史档案资料汇编》第三辑“金融”（一），第 356 页。

② 《对各行经理副经理之谈话》（1914 年 5 月 25 日），陈奋主编：《北洋政府国务总理梁士诒史料集》，第 248 页。

③ 同上书，第 249 页。

联络邮电航路中人以为媒介，则吸收人民之资财以为政府之用亦非难事”；[1]“官署往来、盐款经营与及收回滥币、改革币制等事，则需财之地正多。是故本行最大之方针，在乎吸收多数之存款而运用于此重大稳妥事业之中”。[2]

梁士诒高度重视汇兑业务，在他看来，“次于存款而亦为我行所应注意之事，则为汇兑”。之所以如此，关键在于：“中国汇兑事业较之他国，其数为繁，而获利尤厚。欧美各国皆有划一国币，在各国之间皆可通行无滞。中国金币价昂、质小，便于携带，而银币太杂，纸币又不通行于各省，贴水之数所损甚巨，故非由银行为之汇兑不可，而银行乃可以操纵其间。”[3]

放款是银行经营获利的主要来源，但也是重要风险之所在。对此，梁士诒一再强调要慎重行之。他认为：“放出巨款，如无确实抵押，则事至为危险。即有确实抵押，或为动产，或为不动产，然如遇紧急用款时，此种抵押品类不能作现钱使用。”“银行营业，期限时间最为重要，如俟抵押品拍卖出去，变为现银，则此中损失已不知凡几，而银行甚或因迫于现时之需要，竟至倒闭者。即如辛亥以前，我行资产之额超出负债之额，其结果几至不可收拾，此皆原因于注重放款之故。殷鉴不远，吾人岂可蹈其覆辙哉！”[4] 总之，无论有无抵押，期限长短，放款均须极端慎重，这成为其一以贯之的政策。直到1926年，梁士诒在对交通银行津行同人的演讲中依旧强调：“数十年来，对于银行之业务，最注重者曰汇兑，曰贴现，最不赞成者放款，何则，汇兑则无本而可获厚礼，贴现则本轻而利重，至于放款，虽有确实保障，已近呆滞，质言之，即通与不通之分也”。[5] 梁士诒强烈要求慎重放款，尤其对私人放款和商业放款不无轻视，认为：“区区零星个人

---

① 《对各行经理副经理之谈话》（1914年5月25日），陈奋主编：《北洋政府国务总理梁士诒史料集》，第253页。

② 同上。

③ 《梁士诒在交行股东总会上对各行经副理的谈话》（1914年5月），《中华民国史档案资料汇编》第三辑“金融”（一），第359页。

④ 《对各行经理副经理之谈话》（1914年5月25日），陈奋主编：《北洋政府国务总理梁士诒史料集》，第249页。

⑤ 何玮瑁：《梁士诒之演词》，刘绍唐总编：《梁士诒传记资料》（三），天一出版社1979年版，第53页。

及商号之放款，利少害多，本总理实不欲注意及之。”[①] 梁士诒之所以会作出这样的判断，首先是由于当时社会经济发展程度有限，私人和商业放款还不能成为主要利润来源；其次，交行的国家银行性质及梁士诒的官场背景，使其可以为交行争得数额和利润均远为巨大的对政府放款，相对会忽略私人和商业放款；再次，这和梁士诒出身官僚，缺乏现代商业银行经营理念，无法注意到银行与社会、工商各业相辅相成的关系，把银行仅仅视为获利工具密切相关。正是在这一点上，梁士诒和同时经营中国银行的张嘉璈等拉开距离。中国、交通两行后来的不同命运，在此已埋下了伏笔。

自民元接手交行后，梁士诒便把“营新”的业务重点放在争取政府存汇款项及经营上，积极与各部沟通，争取各部局的存汇款项。据梁士诒说：“综计自三月至今陆军部应发各处饷银均已交由本行拨兑汇划，每月约有百余万之巨，内务局、财政部亦时有往来。……海军部又饬令将海军款项交由本行承汇矣。”同时，他请交通部督饬京、津、沪、营（营口）、奉、济、汴等九处邮政分局，存款业务统交交通银行各分行照章办理。[②] 对于梁士诒的请求，交通部积极回应，表示：“本部对于贵行为最大股东，贵行对于本部为经济补助机构，无论自何方面观之，凡可着手均应极力维持”，并“饬会计科将各电局解部报费随收随即送存贵行，并将汇兑事宜统归贵行”。[③] 其时，中国银行上海分行刚刚先行营业，北京总行尚未正式开幕，而交通银行在辛亥战火未息之时已能在京津地区维持市面。

民国元年之后的几年中，梁士诒的关系继续促使交行以特殊路径获得发展：“以1912年营业总额（账面）为基数100，至1915年营业总额猛增至421，增长4倍以上。”[④] 营业纯益，1913年为143.9万元，1914年为

---

① 《对各行经理副经理之谈话》（1914年5月25日），陈奋主编：《北洋政府国务总理梁士诒史料集》，第253页。

② 《交通银行上交通部折呈》（民国元年八月七日），交通银行编：《交通银行编制辛亥年前邮传部暨各路局存欠各款帐略》，1924年，第47、48页。

③ 《交通部复函》（民国元年八月十二日），交通银行编：《交通银行编制辛亥年前邮传部各路局存欠各款帐略》，1924年，第48页。

④ 许宝和：《本行营业之回顾》，《交行通信》第2卷第4、6、8号，《北京金融史料》（银行篇五），第4页。

251.5 万元，1915 年达 500 万元。[①] 尤其 1913 年取得国家银行特许权后，钞票发行额呈猛增态势：1912 年发行额约库平银 80 万两（合 100 余万元），1913 年较 1912 年增长 5 倍以上，达 450 万两；1915 年较 1913 年又增加 5 倍以上，达 2486 万两（合 3000 万元以上）。[②] 1914 年、1915 年，交通银行又因梁士诒的关系，极力投资公债，获益良多，民三公债，“交通银行劝募内国公债计承售票额 633 万余元，逾全额四分之一”，交行推销公债的成绩，得到北京政府的高度肯定，1915 年 1 月 17 日，总统府下令：“交通银行劝募内国公债成绩最优……应由财政部传令嘉奖，以资激励。”[③] 应该说，1912 年至 1915 年是交通银行在银行界地位逐渐上升、优势逐渐凸显的几年，梁士诒利用其手中的政治资源，为交通银行谋求特权利益，成就了交行的一度繁荣。相比在辛亥革命后一度难以走上正常轨道的中国银行，交通银行可谓风头出尽。不过，交行也为此付出代价，如前所述，依靠政治特权的发展路径使银行套上政治的枷锁，不自觉地充当了政府财政的垫款机器。

表 1—3　　交通银行营业概况（1912—1917 年）　　（单位：万元）

年份	1912	1913	1914	1915	1916	1917
存款总额	1440	3543	4905	4748	2579	3853
放款总额	1623	3845	4217	5055	5212	8578
发行纸币	79	449	595	2486	2129	2860
库存现金	465	874	1473	1581	975	1276
公积金	13	20	61	111	111	195
纯利	17	42	167	200	98	190

资料来源：《民国六年交通银行营业纪》，《银行周报》第 2 卷第 40 号，1918 年 10 月 15 日，第 9 页。

应该说，梁士诒对当时政府财政的困窘之状一清二楚，在 1913 年就曾

① 《交通银行第一届行务会议纪事》，转引自《北京金融史料》（银行篇五），第 4 页。

② 《交通银行 1915 年营业报告》，转引自《北京金融史料》（银行篇五），第 4 页。

③ 《大总统令》，《盛京时报》1915 年 1 月 21 日，第 2 版。

总结道："夫一国财政，至岁入岁出之总额公债均居半数，危险何可言喻。盖就收入论，于内债则民心未孚，出售惟艰；于外债则限制綦严，流用为难。就支出论，于内债则关系信用，于外债则关系国权，减无可减，迟无可迟。财政至此，危险何可言喻。若不急起直追，力图补救，破产之祸，近在眉睫。"① 梁士诒把民三、民四公债当作了补救财政的积极手段，因此而不遗余力，但是其全权效力的民三、民四公债募金的去向却使他不得不为之痛惜："所惜者当时未能利用内债收入，整理外债，以恢复国家对外原有之信用，而转以其收入，充国家经常经费，致令军政各费，缘以膨胀，财政基础，随之破坏，故五年以后之国内公债，不能再有良好成绩。"② 依靠政治特权发展银行或可在短期内成为两全之道，但是随着洪宪帝制的筹备，财政需求愈益膨胀，银行已经很难经得起长期财政索取之累。1916 年 6 月 22 日《远东日报》（哈尔滨）曾写道："交通银行久为梁派窟穴，帝制问题兴，梁即筹措财政自任，其实梁并无点金之术，不过恃一交通银行为外府耳。帝政中一切筹备及对付滇、黔义军等费用，泰半出自交通。"③ 梁士诒把自己，也把交通银行的命运押在袁世凯身上，其盛衰已无法自主。因此，当袁世凯败亡时，梁士诒精心构造的交行华厦也就轰然倒塌，交通银行因梁士诒而兴，亦因梁士诒而衰，此正所谓成也萧何，败也萧何。

---

① 《救济目前财政办法及告国人书》（1913 年 5 月），陈奋主编：《北洋政府国务总理梁士诒史料集》，第 232 页。

② 《民国以来财政变迁略述》（1925 年 5 月），陈奋主编：《北洋政府国务总理梁士诒史料集》，第 335 页。

③ 《〈远东日报〉谈中、交两行纸币停兑的内幕》，中国人民银行总行参事室编：《中华民国货币史资料》（第 1 辑 1912—1927），第 207 页。

第二章　交通银行的维持

与政治、政府、政治派系的密切关系，使交通银行业务推展与政府财政、政治形势息息相关，某种程度上，银行的信用是建立在政府信用的基础之上。洪宪帝制之前，交通银行不遗余力地为政府垫借款项、筹发公债，以增加发行填补亏空，两次挤兑风波的根本原因即在于此，由此引发的京钞问题也纠缠银行与政府多年。本章以交通银行与北京政府的关系演变为主线，对两次挤兑风波及京钞整理中的交通银行进行考察，并对1922年后交通银行的逐渐恢复与发展作出梳理。

第一节　垫款与公债

交通银行从创立起，就与政府有着无法分割的关系，自成立之日，在交通系主导下即经理轮路电邮四政款项的相关业务。随着交通系势力的膨胀，交行的业务范围从经营邮部款项扩张到分理国库、发行货币、收解关税等属于国家银行经营的业务范畴。民国肇兴，交通四政收支列为特别会计，由交通部主管[①]，交通四政收支按规定由交通银行代理，因此交通部之特别会计国库金概由交行代理。

在代理交通部特别会计国库金的同时，1913年，交行总理梁士诒居间斡旋，又取得分理财政部国库金及分理省、县金库的特权。1913年5月，

---

① 《代理交通部特别会计国库金之经过（1936）》，财政部财政科学研究所、中国第二历史档案馆编：《国民政府财政金融税收档案史料（1927—1937）》，中国财政经济出版社1997年版，第548页。

财政部部长周学熙辞职，次长梁士诒暂代部务。在梁士诒主持下，财政部颁布《金库条例草案》，其中第五条依照惯例规定："总金库、分金库及支金库，由财政总长委托中国银行掌理之。"但在第六条中，却为交通银行插手金库开了一个口子："中国银行得酌量情形，委托其他银行代理。"此草案后未经国会通过。5月31日，却通过了《财政部委托交通银行代理金库暂行章程》，明确规定，特别会计之岁出入，除法律契约别有规定外，由财政总长、交通总长令管理特别会计出纳官吏，将所有款项统由交通银行收支。具体条文是："本部委托交通银行之范围，以国债收支一部分为主，但租税系统内之出纳，亦得酌量各该地情形，委托交通银行代理"，"应设金库之出纳区域内，无中国银行而有交通银行者，交通银行可行其代理金库之职权"，"有中国银行之金库出纳区域，如款项出纳过巨，或遇特别情形时，交通银行得分任代理"。[①] 交行"分理国库"的特权由此合法化。1914年，袁世凯以大总统令颁布《则例》，第七条规定，交行掌管特别会计国库金。第八条规定，交行得受政府委托分理金库。第九条规定，交行受政府委托专理国外款项及承办其他事件。经理特别会计国库金，即交通部主管的轮路电邮四政收支。因此，交行代理国库的特权包括代理交通部特别会计国库金和分理财政部国库金两部分。1917年8月，又对中、交两行分理金库份额作出明确规定，凡财政部各项收入及应发经常各费以1/3交由交行经理，以2/3交由中国银行经理。例如直省金库分存办法，即为"津海、口北两道所属各县以及厘捐、渔税、火车货捐等各机关经收款项，分归交行收存；其保定、大名两道所属各县以及烟酒公卖、矿税、保定工训捐等各机关经收款项，仍归中行办理"。[②]

金融与财政的结合，是近代中国常见的一种历史现象。像交通银行、中国银行这样具有国家银行性质的金融机构，本身就脱胎于政府，与政府有着千丝万缕的关系，银行的发展和政府的财政支持直接相关，而政府也理所当然地要求银行的回馈。当近代中国政府财政不断陷入赤字困境时，

---

① 周宝銮：《中华银行史》，商务印书馆1919年版，第26页。

② 《天津交通银行申明中交两行经收各项税款地区与范围函》（民国六年十二月十九日），天津市档案馆、天津社会科学院历史研究所等编：《天津商会档案汇编（1912—1928）》（2），天津人民出版社1992年版，第1440页。

与财政紧密结合的交通银行不可避免地会被拖入其中，造成银行业务深受财政赤字的影响，从而出现银行信贷资金的财政化。交通银行在获得代理金库、发行货币的特权之时，亦自觉不自觉地充当了政府的财政工具。而在袁世凯帝制活动发起后，由于短时期的巨额支出，及交通银行总理梁士诒与袁世凯的特殊关系，交行更是越陷越深，完全沦为财政附庸。

交通银行的财政垫款，主要以交行经理国库业务所带来的年度往来款和各种其他垫款为主。入不敷出的北京政府财政主要依靠向中国、交通两行垫借款来维持。从1914年下半年开始，帝制活动进入关键时期，各种开支剧增，到1915年底，交通银行先后为政府垫借款3115万元之多，财政部借款占其中一半以上。到1916年6月底，交行对政府垫借款额达4600万元，其中财政部垫款仍占一半以上①。袁世凯称帝失败后，交行虽然不再需要承受这种短期性的巨额债务膨胀，但仍然无法摆脱财政借款，从以下财政部欠款清单一表中可见，1918—1926年间，财政部欠款金额在10万元以上的即达到25例，其中最大金额达920余万元（见表2—1）。财政部垫款逐年增加，清还数目极小，逐年积欠越来越多，截至1936年底，计达61户，欠本息国币24000余万元。财政部垫款一直占政府在交行欠款项中的首位，占到交行政府垫款的80%以上。

表2—1　　财政部积欠交通银行款项　　（单位：元）

日期	户名	金额
1918.1.26	日金借款户	9216589
1919.3.15	垫付六银行号借款	4100000
1920.1.27	汉口东亚株式会社债权移转户	300000
1920.6.27	驻日公使馆留学生学员借款转移户	276497
1920.9.15	京畿军饷借款	2400000
1920.11.11	元年公债押款	300000
1921.1.5	库券押款	1800000
1921.1.7	垫付顺记借款	100000
1921.10.25	整理积欠借款户	5000000
1921.12.24	正金银行垫款	115000

① 《交通银行董事会议事录》（第1册），1916年6月15日，转引自翁先定《交通银行官场活动研究（1907—1927）》，《中国社会科学院经济研究所集刊》（第11辑），第411页。

续表

日期	户名	金额
1921. 12. 31	借用七长公债欠息户	480000
1921	裕记债权转移	820000
1922. 1	崇文门库券垫款户	259176
1922. 9. 21	九六公债债息垫款户	141584
1923. 6. 30	担保十年秋节借款户	658825
1923. 7. 1	未付存单支令借款	5383562
1924. 1. 1	金库垫款户	999579
1924. 6. 24	平市官钱局整理铜元票借款户	100000
1924. 10. 17	代还道胜银行借款户	400000
1925. 6. 24	九银行合放户	100000
1925. 10. 1	九银行合放户	100000
1925. 10. 24	金库年度账结欠户	6216351
1925. 11. 10	六银行合放款	100000
1925. 11. 24	盐余垫款户	130000
1926. 8. 31	海军舰饷借款户	154438

注：以上所列户名为金额在 10 万元以上者。

资料来源：《财政部积欠交通银行款项清单》，《交通银行史料》（第 1 卷），第 350 页。

交通部也是交通银行的垫款大户。交通部将交行视为其“银库”。从交行一成立就开始对邮传部垫款，在成立的第二年，邮传部全年借款的 15% 即出自交通银行。① 到 1916 年交行停兑时，已先后为交通部垫借款项 1000 余万元。交通部垫款较之财政垫款还款情形略好，虽有拖欠现象，但起初本金多能归还。随着北京政府统治力的日益削弱，交通部垫款拖欠情形日益严重。交通部旧欠款项始于民前漳厦铁路公司借款，主要集中于 1921 年前后，截至 1926 年底，旧欠计达十户。② 截至 1924 年 6 月底，交通部积欠交通银行各款总数已达 299 余万元（见表 2—2）。

① 宣统元年，邮传部所借各款统共 9304189 两，其中收交通银行借款银 1439970 两。《谨将宣统元年正月起至十二月底臣部所收借用各款开具清单恭呈御览》，《邮传部奏议类编》，沈云龙主编：《近代中国史料丛刊》（140），第 2003 页。

② 根据《交通银行史料》（第 1 卷，第 486 页）。1922 年交行重整后，成立清理处，专门清理政府欠款。截至 1936 年，交通部旧欠共 19 户，原借金额国币 700 万元，占旧欠全部一成有余，已收回本息 480 余万元，为原借款七成稍弱，仍欠本息国币 3460 余万元，均当未收回本息一成二分弱。

表2—2　交通部积欠交通银行各款总表（截至1924年6月底）

款目	截至1924年6月底结欠本息数目（银元）	担保
金债存证借款户	409732.41	金融公债额面10737200元1922年3月底之中签还本及到期利息、又各银行所出前项公债存证27纸，计金融公债票额面8737200元
金债存证代借款户	371549.73	以第一次款之担保品为担保
大成借款移转户	410203.86	龙烟铁矿公司股票额面50万元 戊通航业公司股票额面30万元
代财政部筹垫教育经费借款户	74727.04	无
金债押款余欠户	396057.34	北京中行存单192560元 北京交行存单23215元
津行押款二十万元户	321289.97	京绥铁路扩充营业资产债券30万元
津行押款十万元户	149321.53	京绥铁路扩充营业资产债券15万元
津行押款三十万元户	201459.15	交通部所有本行自10年份起之股息
汉行押款户	321486.56	京汉铁路短期债券27万元
短期债券押款户	304417.44	交通部短期债券200万元内之一部分，计40万元即沪宁余利沪杭甬车租车价等之一部分
担保南浔铁路借款户	30195.96	无
共计	2990440.99	

资料来源：交通银行编制：《交通银行编制邮传部暨各路局存欠各款帐略》，1924年，第1—3页。

财政垫款及交通部垫款，成为交通银行发展中一个重要的拖累，两次停兑、挤兑均与垫款过巨有着不可分割的关系。

和垫款一样，公债发行也是制约交行发展的一个重要因素。1914年内国公债局成立后，北京政府开始大规模发行公债，筹募财政款项。交通银行作为两大国家银行之一，成为北京政府推行、经理公债的重要工具。

作为现代金融业务的一环，经营公债，是银行基础性的赢利来源，本无可厚非，但前提是政府财政能够正常运行及信用充分。北京政府财政匮乏，政府信用已全然扫地，如此条件下，银行挑头公债募集，无异于火中取栗，难免惹火烧身：“交行与中行同为经理政府各项公债还本付息之机关。每届各项公债还本付息之时，财部拨款，遇有不敷，交行和中行为维持国家信用期间，辄为筹垫。1920 年以来，国家财政日益支绌，对于本行此项筹垫，每不能如数拨还。日积月累，垫额极巨。就此项垫款性质而论，实为借以填补金库不足之一种。”① 如表 2—3 所示，民国三年、四年公债发行时，交通银行均首当其冲。这固与时任交通银行总理的梁士诒兼任内国公债局总理有关，关键所在还是交通银行已不自觉地被卷入财政体系，政府不仅侵蚀了银行的资金，且利用了银行的信用。

表 2—3　　1914—1915 年公债筹募情况　　（单位：元）

民国三年公债		民国四年公债	
募集机构	数目	募集机构	数目
交通银行	6338375	交通银行	3137685
中国银行	2800000	中国银行	2655900
中法银行	500000	汇丰银行	1155635
殖边银行	100000	怀德堂	346260
敦谊堂	1000000	其他各省	18964310
倡记	500000		
其他	8196150		
合计	19434525		26259790

资料来源：贾士毅：《民国财政史》，商务印书馆 1917 年版，第 1060—1066 页。

作为政府公债的极力倡导者和推行者，交行总理支绌，对于本行此项筹垫，每不能如数拨还。日积月累，垫额积巨。梁士诒对愈演愈烈的公债发行亦不时显露失望。曾检讨道：“自民国五年以降，紊乱财政之事实，日多一日，举起大纲之，如公债紊乱、金融紊乱、借款抵押紊乱、外债紊乱、预算紊乱、金库紊乱是也。”“公债紊乱之最甚者，为元年公债及九六公债。元年公债，于二年始颁公债条例，名实本已不符，而并未正式发行，由财部私行填发，抵押贱卖，实价降至十分之二以下，至民国十年二月止，共发行一万三千五百九十余万元。考其用途，如赔偿汉口及南京损失，以及

① 《财政部积欠交通银行各款缘起及内容》，《北京金融史料》（银行篇五），第 234—235 页。

补发欠饷欠薪，虽未必尽能核实，尚有正当名义；惟收买烟土，用至一千二百七十余万元，实为大谬。”[①] 银行在公债发行中利用推销、折扣等差价表面看几头得利，但公债不能如数归还，沉积资金成为银行的沉疴，所以梁士诒说：“溯自内外债失信以来，中央政府专以盐余抵借款项为暂时通融之唯一方法，加以七年以后，关税收入大增，以盐税担保之外债，如善后大借款，克里斯浦借款之本息，多取给于关税，盐余因之大增；政府以是饵各银行，滥借款项，各银行亦竞欲得盐余为担保。此等短期借款，大半条件严酷，利率甚高，在借款者只图救济目前，不惜饮鸩止渴，在投资者亦惟驱逐近利，未计及政府之不能偿还，日积月累，卒使盐余担保之债款，超过盐余数倍，每逢发放盐余，即生无穷争执。其始政府尚分别借款缓急，略事点缀，最后因欲以盐余移充军政各费，不惜背约失信，将一切应还债务，概置不理。”[②] 交通银行作为分担份额最大的银行，必然遭受此种自杀式财政的拖累。

在遭受垫款挤占资金、公债不能按期归还沉积资金的状况下，交通银行之所以还能维持运行，关键就在于作为国家银行之一，交通银行在分理财政的同时，还被赋予发行货币的权力。中国、交通两银行的钞票发行额本来并不太大，1912年中国、交通银行发行额仅分别为106万元、119万元。1913年扩大发行，中国银行也只有502万元，交通银行发行674万元。两大国家银行扩大发行，并非源于社会财富的增长，主要因为财政支出日益增加，政府缓解财政压力所需。总体而言，起初几年，发行尚在可控范围之内。1914年底，交通银行发行额尚只有893万元；仅一年之隔，1915年底即“洪宪”登基前夕，就猛增至3729万元。表面看，增加发行缓解了银行资金匮乏的危险，但过量的发行，却隐藏了兑换危机，依赖发行解决资金问题的做法无异于饮鸩止渴。而这一切的发生，根本在于政府对银行的控制过于紧密，政府以自己的利益对本应归属市场的金融运作为所欲为，银行的发展自然也就成了镜花水月。

总之，垫款本为短期资金补救，却长期积欠无着；公债本为长期资金

① 《民国以来财政变迁略述》（1925年5月），陈奋主编：《北洋政府国务总理梁士诒史料集》，第336页。

② 同上。

融通，却也一再贬值屡屡延期，成了遥遥无期的呆账。交通银行以相对轻松的状态走出辛亥困境，却不自觉地再度陷入北京政府财政的泥潭，作为以营利为生存前提的金融企业，交通银行最终在两次停兑、挤兑中，为此付出了惨重的代价。

第二节　1916年停兑风波

与政治、政府、政权的多层关系巩固了交通银行国家银行的性质与特权，但也给它带来了无尽的困扰。政府垫款过多、发行准备不足成为困扰交行多年的问题。银行为政府历年责垫款项过巨，导致发行无序、准备不足是造成1916年、1921年两次挤兑风潮的根本原因。两次挤兑风潮的表现大致相似，但触发的时机、形式及后续处理、造成的影响却又不尽相同。

1916年5月12日，段祺瑞内阁以国务院名义下令财政部、交通部转饬中、交两行暂时停止兑现付现。令文如下：

> 溯自欧战发生，金融停滞，商业凋敝。近因国内多故，民生益蹙，言念及此，实切隐忧。查各国当金融紧迫之时，国家银行纸币有暂行停止兑现及禁止提取银行现款之法，以资维持，使现款可以保存，各业咸资周转，法良利溥，亟宜仿照办理。应由财政、交通两部转饬中国、交通两银行，自奉令之日起，所有该两行已发行之纸币及应付款项，暂时一律不准兑现付现，一俟大局定后，即行颁布院令，定期兑付；所存之准备现款，应责成该两行一律封存。至各省地方，应由各将军、都统、巡按使，凡有该两行分设机关，地方官务即酌拨军警，监视该两行不准私自违令兑现付现；并严行弹压，禁止滋扰。如有官商军民人等，不收该两行纸币，或授受者自行低减折扣等情，应随时严行究办，依照国币条例第九条办理。一面与商会及该两行接洽，务期同心协力，一致进行。并饬该两行将所有已发行兑换券种类额数，克日详晰列表，呈报财政部，以防滥发。仰各切实遵行。[①]

---

① 中国银行总行、中国第二历史档案馆合编：《中国银行行史资料汇编》（上编1912—1949年），档案出版社1991年版，第264—265页。

此即北京政府时期下达的第一次停兑令。

交通银行总管理处奉到部令后，当即会同中国银行通电各分行，遵令停止兑现付现，同时制定若干配套办法：（一）商家押汇放款，可酌量放松，利息按月息7厘为限；（二）汇款以国内为限，一律不收汇水，在本国行使，无论何处概不贴水；（三）银两、银元新存款，万数以下按照当地金融情形一律酌加利息，以1厘为率，往来存款亦然；（四）存款、放款利息，比较相差之数不得超过二厘。这些措施旨在停兑同时，通过汇兑不收汇水以增加兑换券使用率，及鼓励存款以紧缩通货等办法，暂时减轻纸币贬值的压力。5月16日，鉴于市面小票紧缺，交易不便，交行决定设立铜元兑换机关，订定兑换办法为：（一）铜元票兑换现铜元，以二十枚为限；（二）银票一元，兑铜元票百枚，余找铜元；（三）以整换零，五元票得全换一元，十元票换五元票二张；（四）铜元及铜元票互换，各不贴水。[①] 此种办法在于融通小票，便利市面交易。

停兑令的发布，源于市场不稳，事实上，挤兑隐然早有成形之势。在1916年3、4月间，中国、交通银行的北京、上海、天津等分行已有存户纷纷提取存款和挤兑钞票[②]，市面也出现钞券不稳的传言，据当时官方呈文："近日市面忽有用日本邮局布送匿名传单之事，阅其词语，系立意破坏中国、交通两银行之信用，使市面恐慌自行扰乱之计……中下程度之商民，不免被其摇惑。"[③] 财政部为此通令各省："近日各报登载政府将发行不兑换纸币，全系谣传，本部并无此项计划，深恐远近传闻失实，影响金融，有碍大局。"[④] 但政府的有意辟谣适得其反，各地挤兑不减反增。根据停兑令下后数天的统计，北京中行总管理处仅存现洋63万元，交行只剩11万

① 周葆銮：《中华银行史》，第139页；余捷琼：《民国五年中交两行的停兑风潮》，《社会科学杂志》第7卷第1期，1936年3月，第79—80页。

② 洪葭管：《金融话旧》，中国金融出版社1991年版，第61页。

③ 《从京师警察厅总监吴炳湘详内务部文——办理日本邮局散发匿名传单经过情形》（1916年3月8日），中国人民银行总行参事室编：《中华民国货币史资料》（第1辑1912—1927），第193页。

④ 《财政部致各省财政厅电——为报载发行不兑换纸币辟谣》（1916年5月3日），中国人民银行总行参事室编：《中华民国货币史资料》（第1辑1912—1927），第195页。

元，经外国银行提取之后，两行合计所余现金不满40万元。[①] 日本驻上海总领事有吉明致日置益公使函电中也谈道："实行停兑的交通银行，关着大门，由武装警察守卫。该行所发之纸币额虽不清楚，估计约200万元。其库存表面上好像有150万元，但实际不过十数万元，据说实情不能兑换云。"[②] 银行储备在挤兑之下已成空壳。

第一次挤兑风潮发生，原因很多，时人多将之归咎于梁士诒。据张嘉璈记述："袁世凯计划以武力震慑西南，保持北洋系原有势力，亟须宽待军饷。当时参预财政人员如梁士诒等，献计将中国、交通两行合并，集中现金，并建议发行一种不兑现钞票。适值北方人心动摇之际，此种计划，传闻市面，京津两行钞票兑现增加，而以交行为甚。于是国务院决定采取钞票停兑，存款止付政策。"[③] 1916年5月15日日本驻华使馆关于中、交停兑的情报片段也认为责任人主要是梁士诒："此番（中国）政府令中、交两行实行停兑之原因，如前所报，实乃梁士诒之献策和主张。"中交停兑之原因，自然由于财政困难，但政府之方针是：今后北京及各省依然使用在市面流通之中、交纸币，关税、订立合同以及官吏薪俸、小额买卖等，亦仍用中、交纸币；惟军、警二方面的饷银，依然支付现银。目下中、交两行之库存现银，即作为上述支付军警之军饷准备。[④] 5月19日，肃政史史纪常更直指停兑应由梁士诒负全责："查中国银行系就大清银行拓充纯属国家银行，交通各银行则半国家银行性质也，故中国银行发行之纸币较交通为整齐，即以现势论，交通空虚已极，亦远不及中国之稳实，今欲双方救护，力有所不能，应请先行设法以全力谋中国银行之巩固免受破产之祸，至交通银行应一面饬财政部派员切实清理，其应如何补救应由梁士诒完全负责。"[⑤]

---

① 《政府不兑现之自杀政策》，《时报》1916年5月17日，第1张第1版。

② 中国人民银行总行参事室编：《中华民国货币史资料》（第1辑1912—1927），第219页。

③ 姚崧龄编：《张公权先生年谱初稿》上册，台北传记文学出版社1981年版，第26页。

④ 《日本驻华使馆关于中、交停兑的情报片段》（1916年5月15日），中国人民银行总行参事室编：《中华民国货币史资料》（第1辑1912—1927），第204页。

⑤ 史纪常：《为中交两银行概禁兑付现币酝害甚烈，请速设法区别救济，以纾国难而拯民生》，《中国银行行史资料汇编》（上编1912—1949），第280页。

表 2—4　交通银行垫借政府数额统计（1912 年—1916 年 5 月）　（单位：元）

中央政府部门	数额	地方政府	数额
财政部	28410000	奉天	1000000
交通部	6640000	湖南	800000
海军部	85000	安徽	500000
内务部	210000	黑龙江	300000
参谋部	166000	四川	500000
教育部	183000	湖北	400000
全国煤油督办	320000	江苏	800000
陆军各师	94000	热河	300000
禁卫军	4000	察哈尔	100000
毅军	12000	河南	500000
讲武堂	26000	陕西	500000
盐务署	600000	吉林	300000
		绥远	200000
		广东	900000
		其他	800000

资料来源：中国人民银行总行参事室编：《中华民国货币史资料》（第 1 辑 1912—1927），第 196 页。

客观而言，第一次停兑直接导火索应为袁世凯阴谋复辟帝制失败，深层原因则是中、交两行为政府财政垫款过多。第一次世界大战爆发后，北京政府转而靠增加各种税收、发行内债度日。袁世凯为谋划帝制，收买地方政权，耗费大量资财，中、交不得不为此埋单，两行对政府垫款日巨。据不完全统计，到 1915 年底，中国银行向政府的垫款共约 1204 万元，交通银行则达 4750 万元。交通银行的垫款数额占到它当时全部放款的 94%，全部存款的 72%。[①] 过高的垫款比，严重影响银行的正常运营。为保持银行的运转，中、交不得不利用手中的发行权，加大兑换券的发行，巨量的发行，又蕴含了潜在的兑换风险，一遇风吹草动，就可能酿成危机。

① 洪葭管：《在金融史园地里漫步》，中国金融出版社 1990 年版，第 297 页。

表 2—5　　中国银行政府欠款额统计（1912—1917 年）

年份	中国银行政府欠款
1912	
1913	144 万余元
1914	406 万余元
1915	654 万余元
1916	1037 万余元
1917 年 9 月止	1425 万余元
合计	3660 万余元

资料来源：张公权：《一年半以来之中国银行》，《银行周报》第 3 卷第 14 号，1919 年 4 月 29 日，第 11 页。

1916 年 4、5 月间，袁世凯帝制宣告失败，段祺瑞重新组阁，南方护国战争愈演愈烈，北京政府信用大减。在此背景下，银行对政府的垫款危机凸显。交通银行以所存准备过少，不足应付当前不良局面为由，数度函请财政部、交通部拨还欠款，以济急需。银行的困境，被一些消息灵通者得知，开始纷纷涌向银行提现，报端记载："近来因时势日急，北方形势日危，一般富有造孽钱之大佬，纷纷将存款提出。最先提去大宗者为某总长，前后积资分存于中交两行者共 220 万之巨。取消帝制时，某见势不妙，首将交通之一百万提去，后去职离京，又将中国之百万提去现款，改存花旗银行，而杨度、孙毓筠、顾鳌、施愚、张镇芳、袁乃宽等一般人物纷纷仿照办理。至不兑换令下之前一晚，某前相国（徐世昌）遣人至该行坐提现款八十万而去。"① 提现风潮犹若星星之火，继续发展，必使发行过巨的银行无法应付。北京政府的停兑令就是在这一背景下发布的。

停兑令下达后，由于南北各省政治上四分五裂，执行情况极不统一。南方各派普遍从政治斗争角度解释这一命令的目的，认为："北京政府宣布此举，系欲使中交纸币跌价，造成独立各省经济上的恐慌，北京则可席卷现金，以发军饷。"② 因此，反段空气愈烈，纷纷电京要求变通办理。长江

① 《记停兑禁提现款之黑幕》，《时报》1916 年 5 月 24 日，第 1 张第 2 版。

② 《金融界兑现之风潮汇志》，《时报》1916 年 5 月 15 日，第 3 张第 7 版。

巡阅使张勋建言："安徽一省向能独异，故惟饬令暂守秘密，勿遂实行，静俟京津等处及通商各大埠确有办法，再行斟酌从逢。盖不欲一隅徇全国尤不欲以一隅抗全国也。"指出："纸币发行，全恃国家信用，故以一纸之微直千直百流行廛下，不啻现金信用之著实。由于当此国家财源匮乏之时，正宜设法维持保持信用于永久，乃竟不此之务而又发此停兑之令，何异自促其亡北。犹其害之大而无形者。即以商务实象而言，中交两行运于各埠所发纸币不下数千万元，上自士夫下至贾贩，多则盈万少则一元，孰不各有挟持。一旦不能兑现，俨如废纸，人心惶惑，自无待言。"①

中、交两行步调亦互不一致。从交行看，由于金融实力比不上中行，加以政治垫款过多，因而停兑行处多于不停兑行处。有的行处，如汉口、九江、安徽、湖南等省市一度停兑，不久即先后恢复兑现。山西、张家口两地交行开始时照常兑现付现，后以不能支持又复停兑。东北三省，处在日、俄势力控制之下，形成一个特殊地区，均照常维持兑现，但禁止现银出境。对交行的困境，当时曾有人客观分析道："辛亥革命后，交行极受困难，迨及则例公布，特权确定，时至民国三年始渐入坦途。当时交行当局接近政权之关系，于是利此时机以谋推广。其时交行在民国三四年之间，殊有长足之进步。所惜垫借政费太巨，致酿成停兑之风潮。未几洪宪失败，交行随以牵累。"②

停兑令在中国银行则遭到激烈抵制。在院令发表后，上海交通银行即致电总管理处，表示"中行照常营业，兑付票款，以维市面；交行明日停止提存兑现，登报广告，并在门口粘贴告白。"③ 了解当时中、交两行积不相能的状况，就可以看出其中两大银行互别苗头的意味，这也是中行上海分行可以顶着压力拒绝停兑的重要原因之一。这一点，当时有人看得很清楚："平心而论，历来政治当局，因调拨资金筹划款项之关系，类均利用中交两行，以为财力之后盾，于是或亲中行以疏交行，又或扬交行以抑中行。此两行当局，有时不免于急功好进，各自为谋，以致发现种种流弊误会。

---

① 《请取消银币停止兑现令由》（1916年5月16日），台北"中研院"近代史研究所档案馆藏，北洋政府外交部档案，03/22/004/01/003。

② 沧水：《交通银行前途之曙光》，《银行周报》第6卷第24号，1922年6月27日，第5—6页。

③ 《上海交通银行致总管理处电》（1916年5月12日），中国人民银行总行参事室编：《中华民国货币史资料》（第1辑1912—1927），第218—219页。

揆其原因，则两雄不能并立，而利用之者，又常操纵其间，以便于私图。”①下文所列，为各地对待停兑令的具体反应情形：

北京：中行、交行，悉遵令停兑。

天津：中行、交行，悉遵令停兑。

汉口：中行、交行，初遵令停兑，15日恢复兑现。

上海：中行未遵令；交行遵令停兑。

南京：中行未遵令；交行遵令停兑。

安徽：中行、交行，未遵令。

山西：中行、交行，未遵令。

湖南：中行、交行，未遵令。

广东：中行、交行，遵令停兑。

四川：中行、交行，遵令停兑。

河南：中行、交行，形式遵令而加以变通。

江西：中行南昌分行初遵令停兑，九江分行未遵令。

浙江：中行未遵令。

东三省：中行、交行，未遵令。

福建：中行未遵令。

陕西：中行遵令停兑。

山东：中行、交行遵令停兑；烟台中交行未遵令。

热河：中行、交行遵令停兑。

张家口：中行、交行，初未遵令，后不能支持再行停兑。②

上海是当时的金融中心，对全国金融形势可谓动见观瞻。中国、交通两行对停兑令应付的差异，在这里体现得至为明显。上海交行由于事先没有充分准备，库存现银亦感不足，只能遵令停兑。上海中行则在停兑令消

① 沧水：《交通银行前途之曙光》，《银行周报》第6卷第24号，1922年6月27日，第6页。

② 余捷琼：《民国五年中交两行的停兑风潮》，《社会科学杂志》第7卷第1期，1936年3月，第75—76页。

息传出后，全力抗拒。中国银行全国各地股东及海外各地股东或以集体或以个人名义纷纷发电发函抗议：“中行成立，则例俱在，股东权利尤为法律所承认，非经国会议决、股东同意，似不容任意更张。”① 5月15日，沪上中国银行由股东决议，通知经理“照旧兑钞付存，不能遵照院令办理，千万合力主持，饬中行遵办”。② 宋汉章、张嘉璈与“浙江兴业银行董事长叶葵初、常务董事蒋抑卮、浙江地方事业银行总经理李馥荪、上海商业储蓄银行总经理陈光甫诸人，商得同意，即由李、蒋、陈三君分别代表中国银行股东、存户及持券人，各请律师向法庭起诉”。沪行并成立股东联合会，张謇为会长，叶葵初为副会长，钱永铭为秘书长，在报纸刊登公告，“藉股东作后盾，以相抵制”。③ 上海中国银行的举动，得到外商银行的支持，时任中国银行上海分行营业专员的冯仲卿回忆：“停兑命令发表后，汇丰、道胜、正金、东方汇理等五家外国银行天天开会，驻在上海的领事团也在英国领事主持下召集会议，他们认为中国银行在国际市场上有相当地位，应该帮助它照常开业兑现。他们的办法是一方面保护个人的安全；另一方面维持银行的经营。”④

上海中国银行对停兑的抵制，应该说面临着巨大的风险。停兑令的发布，造成社会上急于兑换的心理预期，此时，上海中行继续兑付，必然会涌进大批的挤兑者，能否顺利挺过挤兑难关，就成为银行实力的大考。一旦资金告罄，山穷水尽，则银行信用、资金全失，势必彻底崩溃。正因此，银行主事者在作出继续兑换决定时，可谓战战兢兢，张嘉璈回忆：“我与宋经理汉章接电令后，惶恐万分……随即核算上海分行所存现金准备，计合发出纸币，与活期存款数额，总在六成以上，足敷数日兑现付存之需，应可渡过挤兑及提存风潮。即使不敷兑现与提存，尚有其他资产可以抵押变现，提供兑现付存准备。”⑤

① 《民国五年六月十日上海电》，《中国银行行史资料汇编》（上编1912—1949），第266页。

② 《民国五年五月十五日上海电》，《中国银行行史资料汇编》（上编1912—1949），第265页。

③ 姚崧龄编：《张公权先生年谱初稿》上册，第29页。

④ “访问冯仲卿记录”，1961年8月30日，中国人民银行总行参事室编：《中华民国货币史资料》（第1辑1912—1927），第251—252页。

⑤ 姚崧龄编：《张公权先生年谱初稿》上册，第29页。

上海中国银行之所以敢于顶着压力，坚持兑付，和其自身体质大有关联。中行上海分行副经理史久鳌认为："中国和交通两银行同是北洋政府的金融机关，它们的上海分行设在上海租界里，都在上海地区发行钞票，为什么奉到停兑院令后，中国沪行拒绝执行，照常营业，而交通沪行则遵令办理，闭门停业呢？这是与两行的政治背景、经济力量以及负责人的胆量和经营作风等都有关的。"① 这应该属于中肯之言。

其实，单纯就发行和准备言，上海中行并不比上海交行占多大优势。从表2—6看，尽管中国、交通两行的发行额，交行超过中行，但是交行的发行主要集中在京津，交行京津行的发行是中行京津行发行的两倍。在几大分行中，上海中行的发行是上海交行的两倍以上。据当时报载，交通银行上海分行"发行本埠纸币计洋140余万元，库存现洋银及其他银行钱庄立时可以收进者，综计合洋70万元"②；而据日本驻上海总领事有吉明发给外务大臣石井菊次郎的密报："上海中国银行钞票发行额约400万元，内250万元系中国银行直接发行，150万元系取得浙江银行及浙江兴业银行确实担保的领券③发行。本分行的准备中，有二百余万元的现金准备。"④ 另据张嘉璈的记述："当时中国、交通两银行发行之兑换券统计7000余万元，现金准备约2300余万元。内中：中国银行存有现银350万两、银币488万元；交通银行存有现银600万两，银币540万元。此项现金准备之半数，属于上海中国、交通两分行。"⑤ 如若以此数据和表2—6所列发行总额相

① 《做派不同、手段各异的央行大佬——民国三大国家银行领军人物面面观》，文昊编：《我所知道的金融巨头》，中国文史出版社2006年版，第28页。

② 《交通银行之内容》，《时报》1916年5月17日，第3张第7版。

③ 由领券银行按照一定条件（一般是缴六成现金准备和四成公债与期票）向发行银行领用一定额度的兑换券，加印上一个暗记后代为发行。此项制度对领券银行因所缴准备金中有一部分可收取利息，钞票发出后长期在外流通，流通时间愈长愈有利息上的好处；对发行银行则在收受现金和其他准备的条件下，推广发行可以扩大其兑换券的流通范围。参见中国银行上海分行编《中国银行上海分行史（1912—1949）》，经济科学出版社1991年版，第11页。

④ 《日本驻上海总领事有吉明致外务大臣石井菊次郎的机密报告——宋汉章、张嘉璈谈停兑令后上海中国银行的措施》（1916年5月20日），中国人民银行总行参事室编：《中华民国货币史资料》（第1辑1912—1927），第222—223页。

⑤ 姚崧龄编：《张公权先生年谱初稿》上册，第26页。另有报载："5月10日时，中国银行存现款35万两银元，448万元；交通银行存现款60万两银元、540万元。"《中交停兑之京中情形》，《申报》1916年5月16日，第2张第6版。综合其他资料佐证，张嘉璈所述数据比较可靠。

除，核算所得，上海中国银行现金准备与发行数额比为 25.9%，交通银行为 34.6%，都低于准备金的六成标准，上海交行甚至略高于上海中行。起码可以说，单就上海分行而言，中、交两行承受的压力相当。

表 2—6　　中国银行、交通银行几大分行发行数额　　（单位：元）

	中国银行	交通银行
京行	7532326	15105710
津行	3103267	4167700
沪行	4016319	1864000
汉行	1545161	1998541

注：数据调查日期为 1916 年 4 月 20 日至 5 月 16 日。

资料来源：中国人民银行总行参事室编：《中华民国货币史资料》（第 1 辑 1912—1927），第 237—238 页。

不过，就整体而言，中国银行经营无疑要比交通银行稳健，中行没有像交行那样深陷袁世凯政府的危机之中，使其无须承受交行那样巨大的政治信用危机。曾任中国银行北京分行副理的吴震修说道：“交通银行情形就完全不同。交行自 1908 年成立以后，一向在交通系梁士诒直接控制之下，政府积欠款项，为数甚巨。社会各方面均认为交行是袁世凯称帝的筹款机关，不能与中行相提并论。”① 尽管这一评论来自中行，但大体是当时真实状况的反映。社会一般舆论也有分析：“辛亥革命后，交行极受困难，迨及则例公布，特权确定，时至民国三年始渐入坦途。当时交行当局接近政权之关系，于是利此时机以谋推广。其时交行在民国三四年之间，殊有长足之进步。所惜垫借政费太巨，致酿成停兑之风潮。未几洪宪失败，交行随以牵累。”② 更有甚者，当时甚至传出弃交行而单独维持中行的消息，乃至有中交合并之议，以致中国银行全国各地股东及海外各地股东闻听消息后，纷纷发电发函抗议：“近闻政府又力主中交合并之议，交行自停止

① 《做派不同、手段各异的央行大佬——民国三大国家银行领军人物面面观》，文昊编：《我所知道的金融巨头》，第 29 页。

② 沧水：《交通银行前途之曙光》，《银行周报》第 6 卷第 24 号，1922 年 6 月 27 日，第 5—6 页。

兑现，信用已全丧失，若强使合并，必致淆惑视听，扰乱人心，中行信用随以俱亡。”① 政治信用下降与社会普遍观感，自会影响到两行作出的抉择。

中行坚持兑付的措施获得了成功。从5月11日接到停兑令，到5月19日兑现风潮平息，中行上海分行一度站到了风口浪尖。成功抵抗的结果，不仅使上海分行，也使整个中国银行信誉大增。张嘉璈自述：“上海中国银行之钞票信用，从此日益昭著。南京、汉口两分行鉴于上海分行措施之适当，并获当地官厅之合作，对于发行之钞票，及所收存款，照常兑付现金。影响所及，浙江、安徽、江西三省，对于中国银行在当地发行之钞票，十足使用。”② 中国银行上海分行在抗拒停兑令之前的发行额为400余万元，占全国中国银行发行额10%，抗拒停兑令后沪券流通地区扩大，到1917年一跃而为508万元，以后逐年增加，1920年已增为1220万元，约占全国中行总发行额的20%。③ 中行和交行的距离于此可谓彻底拉开。

在中行上海分行占尽风头时，交行、中行京津分行却举步维艰。5月25日，中国银行、交通银行总管理处向财政部的联合致函中谈道：“查北京自奉停止兑现院令之后，市面金融顿行停滞，上下交困，百货不流，其中如洋货米面各商，近以现货不通，悉受绝大困难，人心惶惶不可终日之势，长此不已，必致商业倒闭民不聊生，后患之来何堪设想?”④ 凄惨之状，可见一斑。6月1日，为缓和局面，袁世凯不得不发布安定市面命令，声称停兑令“实系一时权宜之计，非不兑换纸币可比”；“所有该两行纸币，为全国信用所关，本与现金无异，政府负完全责任。一俟金融活动，即照纸币面额定数，担保照常兑现。”对此，张嘉璈评论道：“此项命令无补实际。盖自中国、交通两总行奉令停兑纸币之后，其在京津地区所发钞票，已由面价跌至八折，继复跌至六折。不独商民拒收纸币，即政府所辖各铁路，对于顾客购买客票货票，均须搭收现银，显然已视该令为具文矣。”⑤

---

① 《民国五年六月十日上海电》，《中国银行行史资料汇编》（上编1912—1949），第266页。

② 姚崧龄编：《张公权先生年谱初稿》上册，第29页。

③ 中国银行上海分行编：《中国银行上海分行史（1912—1949）》，第22页。

④ 《中国、交通银行总管理处致财政部函》（1916年5月25日），《中国银行行史资料汇编》（上编1912—1949），第286页。

⑤ 姚崧龄编：《张公权先生年谱初稿》上册，第30页。

作为交行总理，梁士诒也在寻求自救之道，与多家外商银行洽商接济交行事宜。5月16日，梁士诒前往日本横滨正金银行，提出由银行团承兑中交两行纸币的方案，“银行团给予不超过三千万元的借款，俾便恢复两家政府银行钞票的发行，此项借款以盐余担保”。[①]“目下停兑中之中交两行纸币，由银行团承受，其溢出准备金之差额即作为对该两行之透支，将来由盐税剩余部分偿还。”[②]日本横滨正金银行北京分行经理密报正金银行总裁请示后，5月22日致梁士诒书面备忘录，陈列九条理由，结论是：“即使银行团方面接受贵督办的要求，其结果也只有融通目前两行发行额减去其准备金的差额部分，这与贵督办所希望的使两行纸币能顺利循环流通的目的，还很难达到。”[③]上海方面，中国银行率先得到外国银行允诺200万元借款，财政部试图分一半给交通银行，财政部致电外交总长：“闻上海商人与上海各外国银行商议拟向各外国银行借出二百万两借与上海中国银行藉以维持市面。……惟中国银行与交通银行同为国家银行，本无区别且中国银行库款尚较交通银行为多，似应分交两行协同办理。如能照本部上开办法办理，则此款子应由中国政府担负偿还。”[④]此议遭到上海中国银行的反对，所陈原因是：“银行团既因交通银行分借半数以致犹豫不允”[⑤]，财政部只好作罢。山穷水尽的交行一度风传要被中行合并，交行的困窘局面可见一斑。6月16日，交通银行上海股东龚庆余、余锡之、罗奇纪、朱常记、张德记等请求政府归还交行欠款，致函总管理处及黎元洪、段祺瑞说：

---

① 《英国驻华公使朱尔典致英国外交大臣格雷函——中国政府要求借款，梁士诒并提出全面维持中、交两行的非正式建议》（1916年5月16日），中国人民银行总行参事室编：《中华民国货币史资料》（第1辑1912—1927），第241页。

② 《日本横滨正金银行北京分行经理实相寺致正金银行总裁井上准之密报——梁士诒提出由银行团承兑中、交两行纸币的方案》（1916年5月22日），中国人民银行总行参事室编：《中华民国货币史资料》（第1辑1912—1927），第236页。

③ 《日本横滨正金银行北京分行经理实相寺致税务处督办梁士诒的书面备忘录——对梁士诒提出由银行团承兑中、交两行纸币方案的答复》（1916年5月22日），中国人民银行总行参事室编：《中华民国货币史资料》（第1辑1912—1927），第240页。

④ 《上海商人拟向各外国银行借中国银行款二百万如中交两行协同办理政府担负偿还》（1916年5月17日），台北“中研院”近代史研究所档案馆藏，北洋政府外交部档案，03/22/004/02/001。

⑤ 《二百万两一款仍归中行承借交行七十万元一节亦请转询速办》（1916年5月31日），台北中研院近代史研究所档案馆藏，北洋政府外交部档案，03/22/004/02/018。

"闻政府将筹款与中国银行开兑，政府所欠交通银行至三千余万并不归还，单独维持中行等语，如果属实，将置交行股东及持票并存款人等之权利于何地，实属无此情理。应请赶将政府欠款全数归还，俾得照常兑现，免致交行信用股东血本均受其累。"① 挤兑惨状及困境无以言状。

1916 年的停兑事件，中、交为伍，交行显然要比中行困难得多。中行除北京分行外，其他各地分行到 6、7 月间，基本恢复兑现。交行金融实力不敌中行，加以政治垫款、发行亏空过多，整个交行基本处于全面停兑状态，业务几近停滞。这种局面维持了差不多一年。1917 年 4 月 30 日，前后两次向日本兴业银行、朝鲜银行和台湾银行借款②，用于解决上海和江、浙地区的兑现问题后，交行始宣布恢复兑现。③ 中国银行上海分行副经理潘久芬回忆："上海商会认为中、交两行事同一律，曾一再代交行向北洋政府呼吁，请为转商外商银行添借 70 万元，指拨交行为收兑钞票之用，始终没有结果。6 月袁世凯死后，黎元洪继任大总统，陈锦涛任财政总长，曾一度有撤销交行的拟议，后因交行股东反对，方作罢论。直到第二年 2 月 1 日交行向日本兴业、朝鲜、台湾三银行借到日金 500 万元，沪行才于这年 4 月 30 日起照常营业，恢复钞票兑现，距离奉令停兑时，已将近一年了。"④

1916 年停兑对交行打击相当巨大，而由此直接引起的京钞问题，继续困扰交行数年，直到 1920 年才得以基本解决。

---

① 《龚庆余等请政府归还交通银行欠款电》（1916 年 6 月 16 日），天津历史博物馆编：《北洋军阀史料》（第 6 卷），天津古籍出版社 1996 年版，第 17—18 页。

② 第一次是 1917 年 1 月 20 日，借款金额日金 500 万元，期限 3 年，年息七厘半，借款条件，除以政府国库券担保外，还有特殊条件是交通银行须由日本聘请顾问一人。第二次借款是同年 9 月 28 日，金额 2000 万日元，期限 3 年，年息七厘半。这两笔借款就是历史上通称的西原借款的一部分。

③ 《交通银行陈报各行停兑及筹备开兑情形呈稿》（1917 年 4 月 20 日），中国第二历史档案馆编：《中华民国史档案资料汇编》第三辑"金融"（一），第 492 页。

④ 《做派不同、手段各异的央行大佬——民国三大国家银行领军人物面面观》，文昊编：《我所知道的金融巨头》，第 30 页。

第三节 京钞整理

京钞[①]是中国、交通两行在北京地区（包括北京、天津、济南、热河等地）发行并流通的钞票。[②] 根据日本横滨正金银行北京支行（分行）对中交两行发行状况的调查，至 1916 年 5 月 16 日止，交通银行总发行额为 4161 万元，其中京钞为 1510 万元，占全行发行额的 39%；中国银行发行纸币 3914 万元（内缺无锡、扬州、芜湖、宜昌四分行发行数），其中京行发行京钞为 753 万元，占总发行额 19%。[③] 由于京行钞票发行量远远高于各地分行，可用于兑换的现银储备与发行钞票间缺口巨大，当 1916 年 5 月 12 日停兑令发布后，北京地区的恐慌特别突出。从停兑之日到 6 月袁世凯死去，钞价迅速跌落，不数日即至 6 折左右。[④] 中、交作为国家银行，只要银行未曾倒闭，终究还需兑付钞票。8 月 20 日，众议院通过中国银行先行开兑、交通银行速筹兑现的决议。10 月 26 日，中行恢复兑现。中行开兑初时，市面平稳，第一日约兑出 90 万元，第二日约兑出 115 万元，第三日约兑出 105 万元。[⑤] 同时交钞市价由 78 增至 83，再由 83 增至 87、92，市面呈现停兑以来前所未有的活跃景象。[⑥]

但是，中行开兑，并没有建立在充足保证金的基础之上，“中行开始兑

---

① 1916 年 6 月 1 日的总统令，否定了 5 月 12 日的国务院停兑令，声明“一俟金融活动，即照纸币额面全数担保照常兑现”，即 1916 年 6 月 2 日是京钞的上限。1920 年发行“整理金融短期公债”以收回京钞，到 1921 年 1 月 31 日，京钞问题得以解决，这是京钞的下限。江苏省钱币学会主编：《中国近代纸币史》，中国金融出版社 2001 年版，第 156 页。

② 关于京钞的停兑与整理，余捷琼《民国五年中交两行的停兑风潮》将整理京钞划为五个时期；姚崧龄《中国银行二十年发展史》有四个步骤之说；张公权《一年半以来之中国银行》分六个步骤之说；邓先宏《试论中国银行与北洋政府的矛盾》有五个时期之说。

③ 于彤：《略论民初的京钞风潮及北京政府对京钞的整理》，北京市档案馆编：《档案与北京史国际学术讨论会论文集（上）》，中国档案出版社 2003 年版，第 421 页。

④ 《财政部民国五年债款报告书》（截至 7 月底），余捷琼：《民国五年中交两行的停兑风潮》，《社会科学杂志》第 7 卷第 1 期，1936 年 3 月，第 87 页。

⑤ 余捷琼：《民国五年中交两行的停兑风潮》，《社会科学杂志》第 7 卷第 1 期，1936 年 3 月，第 88 页。

⑥ 同上书，第 89 页。

现时原只有现款1030万元，而此时京钞流通及存款数已达46137422元"[①]，以1000万现金应付近5000万流通筹码，困难可以想见。由于停兑已久，人们对钞票未来又缺乏信心，因此普遍急于兑换，这使捉襟见肘的现金储备雪上加霜。最重要的是，在停兑这一段时间里，中行一直在继续发行钞票，开兑后更是加速发行。5月12日，停兑时中行的京钞流通额与存款额分别为5311501元、20784558元，10月26日京钞开兑时分别增加到20461741元、25675681元。到11月30日京钞开始限制兑现时，流通额和存款额又分别增加到22160033元、26163740元。[②] 余捷琼谈道："估计自10月26日开兑至11月30日五周内，钞票收回当在1500万元以上，是在此五周之内，实新发中行京钞约2000万元。收回者远不如增发者之多，结果钞票愈兑而愈多，任何兑现计划，都难免失败。"[③] 而且，财政当局借银行恢复兑现为名，趁机筹款。据统计，1916年6月底陈锦涛就任财长时，财政部结欠中行垫款已达15203168元，欠交行垫款更是达到16879838元。[④] 1917年，经过停兑风波，政府垫款仍有增无减，计自1月至6月逐月增垫，共增垫6411580元。

巨额的钞票和有限的现银，加上其他种种压力，使敞开兑现的政策难以为继。11月3日，中行发出布告，每日限制兑现4万元，每人每次限兑200元，但仍无法满足兑现之需求。不得已，11月30日，又改为每人每次以10元为限。自1916年10月26日中行开兑至1917年6月，8个月中，中行实际上大规模兑现只限于1916年11月3日之前数天，其后兑现已成有名无实。

1917年5月，黎元洪和段祺瑞的府院之争爆发，5月24日段内阁辞

① 张公权：《一年半以来之中国银行》，《银行周报》第3卷第14号，1919年4月29日，第13页。

② 张家骧：《中华币制史》下册，民国大学出版社1925年版，第163—164页。据张公权统计，10月26日开兑时，中行京钞流通额和存款两项共50023740元，到11月30日，京钞不但没有因兑现而减少，反而增为54793397元。张公权：《一年半以来之中国银行》，《银行周报》第3卷第14号，1919年4月29日，第13页。

③ 余捷琼：《民国五年中交两行的停兑风潮》，《社会科学杂志》第7卷第1期，1936年3月，第93页。

④ 《财政部民国五年债款报告书》（截至7月底），余捷琼：《民国五年中交两行的停兑风潮》，《社会科学杂志》第7卷第1期，1936年3月，第87页。

职，政局不稳再次导致钞价狂跌。6月4日，中行总裁徐恩元免职，更是雪上加霜。5月24日至6月6日，两周之内中钞市价跌去12.1%，交钞市价跌去6.3%。此后政局继续恶化，7月1日，张勋复辟，京行总管理处移至天津，京钞全无行市。中行实际上再次停兑。

中国银行开兑、限兑的同时，交通银行亦在谋求解决之道。停兑风波时，时任财政总长的周自齐曾建议将交行并入中行整理，准中行专理国库及发行，同时将中行改为商股，限制政府垫款。国会方面，主张停办交行、改中行为中央的银行的更不乏其人。[①] 交行总理梁士诒在袁世凯死后的第二天，即提出中交合并，以图把交行的困难转嫁给中行。这一提议很快招致中行旅沪商股联合会的坚决反对，交行的股东也反对中交合并。1916年6月11日，天津交行股东联合致电大总统及交行等部门，认为交行实力本在中行之上，"后因政府借款过巨，积欠未偿，加以此次院令停止兑现，蜚语所中，遂致困难。今只需政府将积欠之款4600万元如数清还本行，即绰有余裕，原状可立时恢复"，希望政府"竭力维持，撤销原议"。[②] 7月8日，交行股东在天津成立商股股东联合会，陆宗舆为会长，提出三项决议，强调交行商股占六成，有关交行一切处分须先征得商股同意；要求政府对于交行不应歧视，应力予维持，与中国银行一律待遇。[③] 不过，在开兑问题上，鉴于中行开兑未取得预期效果，处境更为困难的交行不得不谨慎行事，虽在1917年1月得到日本借款500万日金（相当于银元480万元），但是并没有立即开兑。

张勋复辟失败后，梁启超任财政总长。王克敏、张嘉璈任中国银行正、副总裁。梁、张决议更张财政，推出全力提高钞价办法：（1）减少京钞流通：归复京钞汇兑办法（1917年8月下旬）、创设京钞星期存款（1917年10月下旬）、委托各行吸收钞票（1917年10月下旬）、中行添招京钞股本（1917年11月中旬）。（2）推广京钞用途：路局停止搭现（1917年10月

① 余捷琼：《民国五年中交两行的停兑风潮》，《社会科学杂志》第7卷第1期，1936年3月，第88页。

② 江苏省钱币学会主编：《中国近代纸币史》，第161页。

③ 《交通银行简史》，第31页。

16日起)、征收机关照收京钞(1917年10月16日起)。[①] 但是效果仍然甚微。11月，南方战事又起，票价再趋下落。11月23日内阁改组，梁启超随段祺瑞去职，钞价10天内跌去10%。[②]

表2—7　　京钞价格变动表

月份	1917年		1918年		1919年		1920年		1921年	
	中钞	交钞	中钞	交钞	中钞	交钞	中钞	交钞	中钞	交钞
1			612.0	610.2	605.9	605.9	555.7	560.2	687.9	681.9
2	955.5	856.7	589.7	588.3	721.2	721.4	644.8	645.8	697.4	697.4
3	973.3	861.2	589.8	580.0	684.2	684.3	668.2	680.7		
4	978.2	856.5	653.3	652.6	669.7	669.7	683.3	690.7		
5	960.2	836.7	633.5	635.6	641.2	638.2	667.1	673.7		
6	861.2	796.6	610.2	609.6	621.2	619.5	604.7	620.8		
7	795.5	754.1	591.7	591.0	543.5	561.8	502.6	507.2		
8	753.0	731.3	582.3	581.2	549.4	552.0	528.9	535.4		
9	735.9	724.0	532.7	531.2	512.1	515.8	595.5	615.5		
10	749.7	756.7	517.1	516.9	490.5	502.9	625.4	626.1		
11	690.9	692.9	496.4	493.7	517.7	529.1	649.1	647.0		
12	627.9	624.0	488.7	488.6	507.9	511.7	696.2	689.3		

资料来源：根据余捷琼《民国五年中交两行的停兑风潮》“附录二”，《社会科学杂志》第7卷第1期，1936年3月，第149—153页）数据编制。

垫款与日俱增，京钞不断增发，势难根本解决京钞问题。1917年7月至9月三个月中行共垫款7838500元。10月到翌年1月中行逐月分别垫借1497728元、1527045元、2261657元、1494882元。[③] 这一时期，京钞数

① 余捷琼：《民国五年中交两行的停兑风潮》，《社会科学杂志》第7卷第1期，1936年3月，第100页。

② 同上书，第101页。

③ 张公权：《一年半以来之中国银行》，《银行周报》第3卷第14号，1919年4月29日，第11页。

额已超过8000万元以上，约为停兑时的3倍。[①] 1918年1月后，钞票行市已在五八折、五九折之间，跌破六折，到12月，交钞更是跌至四八折，创下历史新低。[②]

1918年3月，曹汝霖接任财政总长。时当中国参加欧战，协约国允将庚子赔款展期五年，中国银行即“约同交通银行呈请政府，以展期之赔款作为担保，发行五年为期之六厘短期公债4800万元，以供收回中、交两行京钞之用”。[③] 经过交通银行总理梁士诒、中行副总裁张嘉璈的极力倡议，财政总长曹汝霖决议发行公债救济中交。1918年5月发行六厘短期公债4800万元、长期公债4500万元，以归还中国、交通两银行欠款及补助两行之准备金。到6月底，公债募集期满，两个月中，中行共募长、短公债各12409830元，交行募得长、短公债各9750120元，总计44319900元，以之收回两行京钞共44319900元。[④] 由于京钞总量太过巨大，用于回收京钞的公债不及京钞总额之半数。5、6月钞价仍延续下跌之势。民国七年公债不仅未能全数收回京钞，也未达到提高钞价的目的。

京钞问题难以解决的症结，还在于不断增加的发行，而发行所要应付的主要又是逐年增多的政府垫款。只有停止垫款，才有可能减少京钞发行，彻底解决京钞问题。张嘉璈连任中行副总裁后，鉴于当时京钞泛滥、垫款剧增、钞价猛跌的态势，提出：“收缩京钞与停止政府垫款，必须同时并进。……如垫款继续增加，则京钞发行额亦必随之增加，而票价跌落将无底止。”[⑤] 同时，交行董事长梁士诒也撰国民须知数千言，印刷十万册，分发各地，请一致信赖与爱护中国、交通两行：“夫中国、交通两银行，为中华民国四万万人民之金融机关，非大总统个人之金融机关，亦非独立各省都督个人之金融机关，我国四万万人断不能听此两银行受两方政治上之影

① 余捷琼：《民国五年中交两行的停兑风潮》，《社会科学杂志》第7卷第1期，1936年3月，第102页。

② 同上书，第149—153页。

③ 姚崧龄编：《张公权先生年谱初稿》上册，第40页。

④ 中国第二历史档案馆编：《中华民国史档案资料汇编》第三辑“财政”（二），江苏古籍出版社1991年版，第897页。

⑤ 姚崧龄编：《张公权先生年谱初稿》上册，第40页。

响而牺牲。"① 他进一步提出拯救两行的几个办法：一、请中央政府与独立及非独立各省，凡军事及行政费用，不得以劳力迫两银行总分行担负。二、请中央政府与独立及非独立各省，认中国、交通两银行为全国人民之金融机关，不能认为一方之机关，对于两银行之事务，视为中立，双方一同保护，照旧营业。三、由各地商会劝告人民，对于两银行持绝对的信用态度，由商会任维持之责。② 这其中，关键就是要政府切实自律，不向银行伸手，减轻银行的负担。

表2—8　　1918年1—6月中行对政府垫款及钞价

1918年	中行对政府垫款（元）	钞价	
		中钞	交钞
1月	59392724	612.0	610.2
2月	59587759	587.9	588.3
3月	62734343	589.8	590.0
4月	66867739	653.3	652.6
5月	63545008	633.5	635.6
6月	58477262	610.2	609.6

资料来源：张公权：《一年半以来之中国银行》，《银行周报》第3卷第14号，1919年4月29日。

在中国、交通两行的强烈要求下，1918年9月18日，财政部正式发布命令："本部为整顿京钞起见，前经订定整顿各办法，分别遵照在案。兹特声明，自七年十月十二日起，不再令两行垫付京钞。两行除付京钞存款外，亦不得以京钞作为营业资金。"③ 政府主动停止向中、交两行垫借款项，是京钞整理中关键的一步，收到了立竿见影的效果。张嘉璈"随笔"云："此举实为京钞结束之先声，于整理京钞有极重要之关系。盖中、交两行之各分行知两京行之漏洞已塞，敢将现金接济京行，收缩京钞。在社会方面，知京钞发行，已有限制，迟早有清理之一日，对于两行，渐具信心。自七

① 岑学吕编：《三水梁燕孙先生年谱》上，沈云龙主编：《近代中国史料丛刊》（743），第419页。

② 同上书，第420页。

③ 《财政部复中、交两行函》（1918年9月18日），中国人民银行总行参事室编：《中华民国货币史资料》（第1辑1912—1927），第355页。

年十二月起，京钞市价逐月回涨：十二月底为51.4折，次年一月底为64.1折，二月底为72.7折，三月底为64.8折。”[①] 交钞也在1919年2月一度反弹到七二折的高度。[②] 不过，由于市场信心长期遭遇打击，所以京钞价格在短暂反弹后仍然不振，迅速回落。

为继续收回京钞，财政部决定将未售完之公债提归公债局继续发募。自1918年10月12日至1919年10月4日近一年中，共募得长期、短期公债各13243520元，以之悉数收回京钞26487040元。全数分批切毁。[③] 到发行金融整理公债之前，“中交两行尚未收回之京钞，其总数共约3600万元之谱”。[④] 据梁士诒分析：“中交两行尚未收回京钞数目虽仅有3600万元，而财政部两三年来所借各银行京钞债款，尚负有京钞2450余万元之债务，此外交通部及各铁路积收京钞2100余万元，亦押在各银钱行号，作为借款押品，均未清理”[⑤]；“此项京钞，其由交通部积存者约有2100万元，再向中交两行调查各银钱行号共约存有700万元，投机富商所积存者约有二三百万元；其个人零星存入银行者，不过100万元左右。观此可知所有之京钞，以积存于交通部者为最多，其余均在各银钱行号及投机商人之手，实际上真正流通于市面者，为数绝少。观于市面上买卖日用货物，并无京钞进出，要可见京钞已纯为投机物，如能收回，则裨益于商业民生者，为利至溥也。”[⑥] 值得注意的是，此一时期，京钞未曾增发，且陆续收回，京钞流通已渐为减少，但价格却依然未见提高。1918年4月底，长短期公债发行前京钞数额达9300万元，1919年10月4日停募公债时，两行京钞约为3800万元，约为发行前的40%。[⑦] 然而中交京钞价格却仍然在五折左右。

---

① 姚崧龄编：《张公权先生年谱初稿》上册，第42页。

② 余捷琼：《民国五年中交两行的停兑风潮》，《社会科学杂志》第7卷第1期，1936年3月，“附录二”，第149—153页。

③ 余捷琼：《民国五年中交两行的停兑风潮》，《社会科学杂志》第7卷第1期，1936年3月，第114页；《交通银行简史》，第26页。

④ 岑学吕编：《三水梁燕孙先生年谱》下，沈云龙主编：《近代中国史料丛刊》（743），第94—95页。

⑤ 同上书，第95页。

⑥ 同上书。

⑦ 余捷琼：《民国五年中交两行的停兑风潮》，《社会科学杂志》第7卷第1期，1936年3月，第115页。

表 2—9　　京钞总额与京钞市价变化统计　　（单位：元）

日期	京钞额	指数	钞价	指数
1916. 5. 12	26106059	39	1000	152
1916. 10. 26	46147422	69	999	152
1916. 11. 30	48323773	72	965	147
1917. 8. 31	61341846	92	760	116
1917. 9. 30	61826650	92	745	113
1917. 10. 31	61680436	91	741	113
1917. 11. 30	63555334	95	638	99
1917. 12. 31	65028402	97	613	93
1918. 1. 31	59392724	89	592	90
1918. 2. 30	59587759	89	592	90
1918. 3. 31	62734346	94	660	100
1918. 4. 30	66867739	100	658	100
1918. 5. 31	63515000	95	609	93
1918. 6. 30	58477262	87	605	92
1918. 7. 31	40702698	61	585	89
1918. 8. 31	35789246	54	559	85
1918. 9. 30	44024309	66	528	80
1918. 10. 31	42186106	63	507	77
1918. 11. 30	38376199	57	476	72
1918. 12. 31	26516411	40	514	78
1919. 1. 31	26584076	40	642	98
1919. 2. 28	26717951	40	727	110
1919. 3. 31	27639288	41	648	98
1919. 10. 04	33260479	50	494	75
1920. 10. 06	48532060	73	611	93
1921. 3. 09	25406125	38	725	110

资料来源：余捷琼：《民国五年中交两行的停兑风潮》，《社会科学杂志》第 7 卷第 1 期，1936 年 3 月，第 130 页。

1920 年 3 月，梁士诒再次出任内国公债局局长，借着钞价的暂时抬高，本有再度发行公债以整理京钞之举。未料随后的南北和议破裂，南方战事再起，京津发生变乱，遂使整理再度推后。1920 年 7 月，中、交钞价于半月内下跌 20%，为停兑后最低值，一度跌至 4 折左右。财政部乃再度积极筹备发行公债以谋彻底整理。9 月 19 日，财政部呈文大总统："查中央财政，近年以来无日不恃借债为生活，自外债停止，不得不求之内债。现计各银行号零星借款已达三四千万，其中京钞借款有二千四百余万元之多……京钞借款一项利息既高，偿期又短，且有保价办法，亏耗甚巨，若不从速整理，受亏何所底止"；"国家收入所赖以挹注者，交通收入实为大宗。该部近数年来积收京钞共 3000 余万，不啻于无形之中收入减少 1000 余万……倘对于积存之京钞无根本办法，匪特无形损失，年甚一年，即现洋押款纷纷到期，恐亦穷于应付。"[①] 为此，财政部决定发行整理金融公债 6000 万元，其中 3600 万用来专收京钞，2400 万作为偿还部欠京钞借款之用。9 月底，贾士毅等奉部令前往中国、交通两行调查京钞流通、库存等各数。调查结果如下：

交通银行：

流通数计 4317637 元。

库存数计 12938387 元。

存款数内，交钞存数计 15011484.28 元，中钞存款计 8647112.58 元，共计 23658596.86 元。

中国银行：

流通数共 7743073.50 元。

库存数计 8091157 元。

外存数计 16337441 元。

存款数内，中钞存款计 21893820.67 元，交钞存款计 15887.76

① 《财政部关于发行整理金融公债结束停兑京钞办法呈》（1920 年 9 月 19 日），中国第二历史档案馆编：《中华民国史档案资料汇编》第三辑"财政"（二），第 910—911 页。

元，共计21909708.43元。[1]

整理金融公债自1920年10月1日开始发售，至1921年1月31日截止，计第一月份售出债额34884465元，第二月份售出债额11641165元，第三月份售出债额3947935元，第四月份售出债额7605277元，总共售出债额58079242元，内除债额2400万元系以清理财政部京钞借款不计外，计实收回中国银行京钞22103223元、交通银行京钞11976019元，共计收回京钞34079242元。[2] 另规定持有京钞者也可以换取定期存单。这种定期存单几年之后可以十足付现，在未付现的几年内照给利息，这对京钞持有者诱惑较大。拖延近五年的停兑京钞问题，至此终算勉强获得解决。

金融公债筹议发行之时，财政总长对其抱有很大期望，认为"如此中、交两行停兑京钞既可肃清，本部京钞借款亦可整理，而交通收入可望增加，一举而数善咸备"。[3] 事后，梁士诒与财政总长周自齐也为他们的整理之举自鸣得意："数月以来，仰赖国务院毅力主持，交通部通力协助，中交两行暨各银行一致匡持兼筹巨款，且能于指定范围内一律办理完结，金融活动，市面安宁，数载困难，一时洗涤。自齐、士诒亦庶可稍轻罪戾，徐图整理公债之方。"[4] 而事实上，京钞问题虽然得到了解决，但是对于北京政府本身而言，财政困难的问题并没有得到任何缓解。为整理京钞，北京政府发行的三种公债总计达15300万元，约占民国元年以来公债发行总额的40%，比收回京钞之数要多5000万元。因此，所消纳的京钞事实上都是由政府埋单。根据财政部统计，到1922年10月，财政部向各银行的垫款仍达31436523元，其中结欠中国银行现洋

① 《中国银行行史资料汇编》（上编1912—1949年），第983页。

② 岑学吕编：《三水梁燕孙先生年谱》下，沈云龙主编：《近代中国史料丛刊》（743），第99页。

③ 《财政部关于发行整理金融公债结束停兑京钞办法呈》（1920年9月19日），中国第二历史档案馆编：《中华民国史档案资料汇编》第三辑"财政"（二），第911页。

④ 岑学吕编：《三水梁燕孙先生年谱》下，沈云龙主编：《近代中国史料丛刊》（743），第100页。

27948316 元，结欠交通银行 256897 元。[1] 这与 1916 年 6 月时的财政垫款相比有增无减。因此，整理京钞，对于维持金融稳定意义重大，但北京政府的财政困境并未如预期的从此实现缓解，反而使财政进一步陷入外债、内债的双重压力之中。

表 2—10　　北京政府整理京钞发行公债表（1918—1920 年）　　（单位：元）

公债名称	民国七年六厘短期公债	民国七年六厘长期公债	民国九年整理金融短期公债
发行日期	1918. 5. 1	1918. 5. 1	1920. 9. 6
发行总额	4800000	4500000	6000000
中行配额	2400000	2500000	2400000
交行配额	2400000	2000000	1200000
中行募款	24819960	17487740	22883000
交行募款	19499940	8999330	11650000
财政总长	曹汝霖	曹汝霖	周自齐
备注	以庚款展期五年为担保	以庚款展期五年为担保	以关税余额作抵，以盐税余额补充

资料来源：毛知砺：《张嘉璈与中国银行的经营与发展》，台北“国史馆”1996 年版，第 208 页。

如果说整理京钞使政府财政走向更为困窘的话，以发行公债收回京钞，却在重塑中国、交通两大国家银行信用的同时，为金融投机者创造了机会。1918—1921 年，是新设银行数量最多的几年。1918 年发行的民国七年六厘短期、长期公债是北京政府时期数额最大的一笔公债，这一年新设银行数量从之前的三五家突然猛增到 10 家。1919 年、1920 年，新设银行数量持续增加。1921 年，整理金融公债 6000 万元的发行，使一年内新增银行 23 家。[2] 1922 年新设银行 18 家，1923 年新设 15 家。千家驹认为：“民十、十一年银行业之特殊发达，决不是因为中国那几年的产业有什么长足的进展，所以需要这许多金融机关来融通资金。”关键在于公债发行给了这些小银行

① 《李景铭统计国内各银行垫款数目的报告》，中国第二历史档案馆编：《中华民国史档案资料汇编》第三辑“财政”（二），第 989 页。

② 《北京政府发行各种内债及借款与新设银行对照表》，黄德铭：《中国、交通银行的发展与政府的关系（1896—1927）》，硕士学位论文，台中东海大学历史研究所，1984 年，第 145 页。

倒手的机会，投机者兴风作浪，不仅平时在行市上翻手为云，覆手为雨，逢低吸进，逢高抛出，而且还由于与当权者联系密切，而大获其利。所以，“许多新设的银行并不开设在产业中心的上海，而为政治中心的北京。据民十四年之调查，全国中国银行数为141（家），开设在京兆及直隶之银行，计有37个，占总数26%以上，但到了1932年，北平及河北所占全国银行的百分数仅有9.9%了”。①

京钞整理以公债购进京钞，收回的京钞被全部逐出市面，金融市场由通货膨胀即转为通货紧缩，但让人意外的是，挤兑仍然未能避免。张嘉璈后来反省：“津钞挤兑中，吾始体会银行论所谓通货膨胀遏止之结果，为通货收缩之语。京津两处，向有中交两行不兑现京钞数千万流通市面。今一旦收回，市面筹码顿形减少，银根自必紧迫，吾当时尚无此经验。一心注意于收束京钞，而尚未想及收束之后果，致累及津行，铸此大错。”② 因此，1921年挤兑风潮一定程度上又和整理京钞无法脱掉干系。

第四节　1921年挤兑风波

1916年停兑后，经过数年的努力，交行逐渐走出低谷。就在此时，1921年11月中交两行钞票出现严重挤兑，对恢复中的中国金融尤其是交通银行再次予以重击。

关于此次挤兑的原因，当时即有多种说法，时任交通银行总理的曹汝霖日后回忆中就绘声绘色讲了一个故事：

> 交通协理任振采仓皇而来说，“不得了，今天午间起不知何故，发生挤兑（以钞兑银元），我行特意中午不休息，以示镇定，半日间已兑出七十余万元，如此下去，将不得了”。我听了即说，“我行还有千万日金储备，索性敞兑，风潮自会平息”。振采说，“那千万日元早已借给财部了，哪里再有预备金？”余即吃一惊，不客气厉声叱道，“我再三嘱咐你，这千万日金不可动用，以备万一，怎么又一声不响借给财

① 千家驹：《中国的内债》，北平社会调查所1933年版，第35页。

② 姚崧龄编：《张公权先生年谱初稿》上册，第56页。

政部呢?”他说,“那时总理在医院养伤,故未报告,然后久之遂忘记了。……笔江建议将多余之款,活用生利,振采不听,反而背地里借给财政部。我是外行不知运用,振采为老银行家,连有备无患的常识,也不知道吗?假使今日手里有此千万日金,即使挤兑,不但不必担忧,还可能增加银行声誉”。①

曹汝霖把停兑归于下属擅自拆借款项导致的偶然事件,且和自身毫无关系,这是在时人回忆中常常可以看到的现象,不足为训。除曹的说法外,较具代表性的还有金融界人士投机行为说、某华人绅士故意造谣说、新下野某系政客造谣说、某国阴谋造谣说等。②

其实,观察这样重大的金融事件,首先应该从当时当地的实际经济金融态势中入手。1921年的国内和国际形势,相较于第一次风潮时期,更为恶化。正因此,对风暴的起源,当时政府人士更多将其归咎于国际和国内破坏势力的造谣等外部原因,北京全国商会联合会召开的紧急会议中,就认为中、交挤兑是某国人利用华盛顿会议召开之际,阴谋国际共管中国之所为。为此,全国商会联合会特致电华盛顿会议,“我们内地钞票照常通用,随时兑现。万勿轻信奸人谣传”。③不过,谣言或可推波助澜,停兑危机的根本原因尚须从自身素质中具体分析。吴震修谈道:“这次风潮发生时……中行头寸很紧,库存现金几等于零,全靠我和襄理王绍贤(寿彭)等临时向联行和北京银钱同业张罗应付,每天勉强度过难关,情形早已不妙。就在这年十一月十六日那天傍晚应付票据很多,一时头寸轧缺,竟无法弥补。这一消息传到市面上,立即引起风潮,中、交两行同时挤兑。这完全是由于中、交两行内部早已空虚,市面上偶有风吹草动,便弄得不可收拾。”④张煊也谈道:“此次挤兑风潮虽原因至为复杂,而两行发钞票过多,亦未始非一原因”;“窃考交行历年营业皆

---

① 曹汝霖:《一生之回忆》,香港春秋出版社1966年版,第165—168页。

② 《北京金融界之小风波》,《申报》1921年11月18日,第3张第10版。

③ 《本埠新闻 全国商会紧急会议》,(天津)《大公报》1921年11月25日,第2张。

④ “吴震修访问录”,1961年11月18日,中国人民银行总行参事室编:《中华民国货币史资料》(第1辑1912—1927),第1250页。

有盈余，每岁分红甚巨，可以为证。惟被五大、戊通等公司之垫款所累，该公司等营业损失无以为偿，遂使交行亦受累。……今五大、戊通等公司，以为与行中有关系之人所经营，故无确实可恃之担保品，而拖用款项至数百万。”[①] 这应该是业内人士站在金融运行角度作出的内行观察，比之一般的阴谋论更具参考意义。

在金融风潮这种纷繁复杂的环境中，阴谋论的确极易发酵，但并不一定切于实际。吴震修对这种说法就不以为然，他谈道：“有人说：是由于某派某政客所指使；有人说：是日本在太平洋会议时期有意造谣，破坏中国金融；也有人说：是因为总税务司安格联命令各海关不再收受中、交钞票。我认为这些说法，都是报纸上外间推测之词，不尽可信。”“在风潮未发生前，总税务司确曾一度拒绝拨付公债本息，并命令各海关不收受中、交钞票，对于中、交的信用，大有影响，但是远在几个月以前，不能说是挤兑的主要原因。至于政客们在报纸上利用中、交两行，互相攻击，更是常见的事，不可信以为真。”[②] 1921 年 11 月 18 日，日本驻华公使小幡致内田外相密电也曾分析道：“这次事件的原因，在一般中国人中间，相传系由于英美人特别是英国人的阴谋。至于其阴谋之动机，则又有各种分析。一说是英国人想尽快破坏现政府，使陷于无政府状态，再推动吴佩孚出来掌握政权。另一说是为了促进在华盛顿会议上通过对中国共同管理的议案，首先破坏其市面，使其内政财政陷于绝望的混乱状态。这二说多不免有些过分的猜测，难以置信，但多数中国人几乎都相信这是事实。”[③]

一定意义上，第二次挤兑风潮是之前几年京钞整理的直接产物，而两次停兑危机的直接原因则是信用危机。1920 年 7 月，直皖两军在京津发

① 《张煊呈国务院总理文——呈请稽核中、交钞票，清理交行账目》（1921 年 12 月 12 日），中国人民银行总行参事室编：《中华民国货币史资料》（第 1 辑 1912—1927），第 1259 页。

② “吴震修访问录”，1961 年 11 月 18 日，中国人民银行总行参事室编：《中华民国货币史资料》（第 1 辑 1912—1927），第 1250—1251 页。

③ 《日本驻华公使小幡致内田外相密电——关于中、交挤兑之原因的报告》（1921 年 11 月 18 日），中国人民银行总行参事室编：《中华民国货币史资料》（第 1 辑 1912—1927），第 1252—1253 页。

生剧烈战争，京师金融大乱。中、交钞价于半月之内下跌20%以上，中钞从612.5跌至406，交钞从615.5跌至406。“其后战争重心虽移至他处，而京中人心不定，金融紊乱，钞价依然徘徊于五折之间。”[①] 1921年南北统一谈判破裂，新四国银行团借款迟迟未能实现，由奉直两系共同控制的北京政府财政陷于极度困境之中。政府各部门的欠薪已达20个月以上，陆军、海军、司法、教育等各部总长都因部员的索薪而下台。从1921年7月起津券风潮发生，交行先后为财政部垫付款项十余笔，总额达2000多万元。当时交行京、津两地的发行总额1050万元，现金准备只有40万元；尤其是财政部的垫借款中有500多万元是由交行为财政部向其他商业银行借款所开出的担保性保单，保单到期兑现，交行头寸不足，信用破产势在必然。[②]

当时中、交两行对政府的垫借款，大致可分为京钞借款和津钞借款两种。京钞借款虽于1918年10月停止垫付，津钞借款却有增无减，至1921年下半年又累积甚巨，加以时局动荡，金融紧迫，外国报纸又散布中交两行库存空虚消息，终于在11月中旬酿成北京、天津、张家口三行发行的天津和张家口地名券的挤兑风潮。中国银行也很快被卷入风潮。张嘉璈曾分析事端造成的因素：（1）国用窘困，各地报刊披露，认为财政濒临破产，人心惶恐；（2）续发公债，新任财政总长高凌霨，拟发行民国十年公债3000万元，银行因此基金空虚而反对，人民深信财政以至末路；（3）政治混乱，北方直、奉暗斗，南北对峙，统一无望；（4）通货收缩，为解决停兑问题，收回流通市面数千万元京钞。[③]

---

① 余捷琼：《民国五年中、交两行的停兑风潮》，《社会科学杂志》第7卷第1期，1936年3月，第104—118页。

② 《交通银行简史》，第28页。

③ 姚崧龄编：《张公权先生年谱初稿》上册，第55—56页。

表 2—11　　1921 挤兑时交通银行之发行钞票及准备数目　　（单位：元）

分支行	钞票发行额	准备金		
		现金准备	本票准备	保证准备
总管理处	7518	0	7518	0
北京分行	7129890	0	7129890	0
天津分行	3400000	400000	3000000	0
上海分行	8979044.38	2303839	6145215.38	530000
汉口分行	3910655.5	910655.5	3000000	0
哈尔滨分行	5682506.35	764600	4917906.35	0
奉天分行	8125936.67	0	8125936.67	0
河南分行	448593.55	80295	368298.55	0
芜湖分行	404960	234960	170000	0
张家口分行	792910	42910	750000	0
重庆分行	71953	86	71867	0
长沙分行	67289	0	67289	0
长春分行	221563.27	0	221563.27	0
归化分行	224402	24402	200000	0
济南支行	522005.88	282005.88	240000	0
包头镇支行	40000	27000	13000	0
九江支行	138345	28345	110000	0
多伦支行	85997	15997	70000	0
烟台支行	438255.08	36255.08	402000	0
热河支行	1867.08	1867.08	0	0
合计	40693754.76	5153294.54	35010547.22	530000

资料来源：《发行独立准备公开制度之创设及实行》，《交通银行月刊》增刊第 1 号，1925 年 5 月，第 4 页，上海档案馆藏，Q55/2/234。

表2—12 交通银行两次停兑之时的钞票发行额比较 （单位：元）

分支行	第一次停兑	第二次停兑
总管理处		7518
北京分行	12369119	7129890
天津分行	3473700	3400000
上海分行	2058700	8979044.38
汉口分行	1478046	3910655.5
奉天分行	1820321	8125936.67
张家口分行	1478046	792910
重庆分行	972127	71953
长沙分行	1767804	67289
长春分行	3771688.50	221563.27
济南支行	760629.09	522005.88
烟台支行	380197	438255.08
河南分行	1793327	448593.55
杭州分（支）行	385000	
浦口分（支）行	1029539	
无锡分（支）行	177722	
徐州分（支）行	353907	
扬州分（支）行	585569	
营口分（支）行	2357370	
哈尔滨分行		5682506.35
芜湖分行		404960
归化分行		224402
包头镇支行		40000
九江支行		138345
多伦支行		85997
热河支行		1867.08
合计	37012812.59	40693754.76

资料来源：《发行独立准备公开制度之创设及实行》，《交通银行月刊》增刊第1号，1925年5月，第4页，上海档案馆藏，Q55/2/234。

11 月初，津券在京津出现挤兑现象。12 日，津行出现挤兑风潮。据当时报载："11 月 15 日下午一时北京交通银行忽然发生挤兑风潮。初由各代兑之钱铺到京行声明，持天津及张家口钞票之人纷纷来兑现，问之则曰：交行将不稳。于是该行一方面嘱其照常代兑，一方面则设法筹集现金。中国银行之挤兑为时较迟，然在下午数小时已纷扰不可名状。……16 日挤兑情形昨尤急……市面人心颇觉浮动，所有小商店均皆拒用两行之票，亦有跌落其价至七八折者。17 日个带队之小钱庄已将代兑牌子撤去，因此兑现之人乃集中于两总行。……各商店钱庄对于两行纸币多拒绝不用。交票每元竟跌至九角。……有警察厅分别劝导，京师总商会约集各商互约维持，直至 20 日稍见效果，市上已能通用。21 日，中、交门首持票兑现者人数颇稀，24 日，每日不过兑出五六千元。"① 冯耿光描述当时限兑的场景："于付款时，故意将现洋反复敲打，手续异常缓慢。只听见叮当叮当的声音不绝于耳，十分热闹，实际上是为了多拖延时间，少兑出现洋。后来连一点现洋亦不搭付，等于停兑了，于是中交钞票在市面上又有了行市。其情形的严重，不亚于 1916 年的停兑风潮。中交两行都感到内部空虚，彼此相互探听对方实力情形，生怕倒闭在对方的前头。"②

和 1916 年停兑时一样，1921 挤兑风波中，中国银行再次率先出手，控制危机蔓延。11 月 30 日，天津中行调集了充足的现款，为消除社会疑虑，培植银行信誉，特请英国名会计师司塔门审计，并将资产负债等审计结果登报公告。③ 同时，天津中行经理卞白眉"要求当地商会、钱业公会、银行公会及政府检查该行帐目及库存"，检查结果，"发现京、津两行在外流通的钞票共约 370 万元，而该行现金库存为 210 万元，即发行的现金准备为 57%。该行保持的现金准备不仅高出法定要求，而且该行营业情况亦甚良

---

① 《民国十年北京中交两行挤兑的经过》，中国人民银行总行参事室编：《中华民国货币史资料》（第 1 辑 1912—1927），第 1255 页。

② 冯耿光口述、林汉甫整理：《旧中国银行二三事》，《近代银行业秘辛》，香港中原出版社 1985 年版，第 53 页。

③ 姚崧龄：《中国银行二十四年发展史》，台北传记文学出版社 1976 年版，第 66 页。

好。"[①] 卞白眉日记称，到24日中行"准备大致不离"。[②] 11月30日，天津中行特请英国名会计师司塔门审计其财务状况，并将资产负债等审计结果登报公告。[③] 截至1921年11月29日，因各处现款陆续运到，中国银行天津分行库存现金2590233.64元，存放各银行476093.87元，对应的发行券为3319531.5元[④]，放开兑付有了充足的现金支持。12月1日，中国银行在京津恢复无限制兑现。中行之所以能做到这一点，当时有人分析其原因是："当风潮发生时……因中行内部的人心比较团结，平时虽然彼此斤斤较量，遇有实际需要，还能缓急相助，而且这时上海、天津、汉口等地中行的业务都较京行为发达，我又和它们尽量联络，多给垫款利息，因此京行挤兑时，经过各方面筹划协助，终于在两星期后，无限制兑现，把风潮平息下来。继于民国十二年总处召集济南会议，大家同意由上海、天津、汉口、浙江、南京等行共同负担三百万元，交由钱琴西（宗瀚）驻在京行负责清理清欠，才把京行的多年积亏，从根本上解决了。"[⑤]

中国、交通两行相较，交通银行的挤兑情形严重得多："交行的情形，与中行有所不同，内部人心涣散，上海、天津等处分行的实力，并不比京行强。平时对于汇拨款项，各行之间早已具有戒心。一旦发生风潮，竟致呼应不灵。"[⑥] 美国驻华公使舒尔曼致电美国国务卿报告："交通银行情况尤为严重。两行北京分行限制每人兑现十元。已不似通常的做法允许小的兑换钱店代兑这两年的钞票为五千元为度了。但是持有人都指向两行的办事处去。铁路和其他政府机构仍然收受钞票。无法估计流通在外的钞票数量和两行的一般情况。"[⑦] 之所以如此，梁士诒的汇报很能说明问题："今

① 《津中行挤兑系日人煽动》，中国人民银行总行参事室编：《中华民国货币史资料》（第1辑），第1248页。

② 卞白眉日记，1921年11月24日，《卞白眉日记》第1卷，天津古籍出版社2008年版，第168页。

③ 姚崧龄：《中国银行二十四年发展史》，第66页。

④ 同上。

⑤ "吴震修访问录"，1961年11月18日，中国人民银行总行参事室编：《中华民国货币史资料》（第1辑1912—1927），第1251页。

⑥ 同上。

⑦ 《美驻华公使舒尔曼致美国国务卿电——京、津中、交两行发生挤兑风潮》（1921年11月16日），中国人民银行总行参事室编：《中华民国货币史资料》（第1辑1912—1927），第1254页。

姑就交通银行一方面言之，所发津、张两处钞票为数七百余万元，本非至巨，积存财产公债数复不赀，徒以京、津意外各处分行同时感此风潮，彼此不能挹注，因之现金来源益形枯竭，不得已，津、张两处钞票始与中行同时限制兑现。……虽有日金二千万借款以为周转，但比年借与政府及代政府担保之款已至三千四百余万元之多，其中即有日金借款在内。……政府方面，财政部负本行最重之债务，交通部则为本行最大之股东。当此京、津两行现状岌岌，调护金融维持大局悉惟政府是赖。"[①] 冯耿光则从派系倾轧角度予以解释："张志潭是直系大将，在靳云鹏内阁中先后做过农商、内务、交通三部总长，对于中交的态度，显然有所不同。遇有关于银行方面的事，处处与交行为难，大有非挤垮不可之势。这次风潮发生后，他时常问我交行内容如何，我和他原有世交，彼此相识多年，交情不错，但他为什么对交行如此痛恨，最初我还不大明白。直等到梁士诒由张作霖保驾做了国务总理，吴佩孚通电攻击张、梁，常要牵涉到交行，才知道这完全是一种派系的倾轧。"[②] 固然，不排除冯之所言确有其事，但对于银行而言，风波中自身体质才是决定命运的关键。

困境中的交行也在努力寻找脱身之道。时任上海《密勒氏评论报》驻津记者的董显光记述："当交行发生挤兑时，交行领导人不得不承认他们无法应付挤兑风波，甚至还请求财政部发布停兑令，宣布交行破产。"交行此议遭到中行张嘉璈和卞白眉等的坚决抵制。11 月 19 日，张嘉璈与曹汝霖在北京银行公会办公处开会，会上张嘉璈答应帮助曹汝霖，中、交两行携手共度时艰。同时交行的主要股东曹汝霖、梁士诒等人也纷纷出资接济交行。[③] 11 月 23 日美国驻华公使舒尔曼致国务卿电文："虽然基本的事实很少变化，但由于心理的因素，危机已显然缓和下来。这种变化一部分是由于资金到达，其中包括张作霖的约 75 万元，但他还未交给银行，外加中国银行公会的援助；一部分也是由于大家激于爱国情绪，重新支持这些中国

① 《交通银行董事梁士诒等陈述京津挤兑风潮情由暨拟解决办法致大总统等呈稿》（1921 年 12 月 1 日），中国第二历史档案馆编：《中华民国史档案资料汇编》第三辑"金融"（二），第 517 页。

② 冯耿光口述、林汉甫整理：《旧中国银行二三事》，《近代银行业秘辛》，第 55 页。

③ 马建标：《谣言与金融危机：以 1921 年中交挤兑为中心》，《史林》2010 年第 1 期，第 30 页。

银行以反对本地报纸上所断言的外国银行在华盛顿会议期间危害中国银行的阴谋”。[①] 1922 年 1 月 7 日，经梁士诒密派交行协理叶恭绰与奉系军阀张作霖进行整治交易，由东三省官银号和奉天兴业银行借银 400 万元，交行终于恢复兑现。[②]

两次挤兑，除对交行造成业务上的直接影响外，最严重者为信誉大跌，交行的纸币信用在以后的很长一段时间内都未能恢复，直接表现为存款总额和库存现金均显著下降。1915 年底，交行存款总额为 4749 万元，现金库存为 3088 万元，第一次停兑后，存款总额下降为 2579 万元，下降了 46%；库存现金下降为 975 万元，下降了 68%。[③] 1918 年，财政部迫于形势，正式通知中、交两行：“自民国七年十月十二日起，不再令两行垫付京钞。两行除付京钞存款外，亦不得以京钞作为营业资金。”[④] 交行存款由此有所回升，1919 年达到 7509 万元。而 1921 年交行京钞第二次停兑后，存款额比 1919 年又下降了 27%。同时，1921 年和 1922 年连续亏损，纯损额分别为 587268.55 元、3810912.61 元。[⑤] 1921 年，兑换损失 1345787.94 元。1922 年兑换损失 908278.50 元。[⑥] 到 1922 年底，交行的存款总额和库存现金都下降了 100 多万元。直到 1924 年以后，业务才渐有起色。

两次挤兑，中国、交通两行同遭损失，但最终结果却不尽相同。中行很快复苏，交行却沉疴不起。1912 年底交行的存款总额比中行多 10.74

---

① 《美驻华公使舒尔曼致美国国务卿电——中国金融危机业已缓和》（1921 年 11 月 23 日），中国人民银行总行参事室编：《中华民国货币史资料》（第 1 辑 1912—1927），第 1254—1255 页。

② 1921 年冬，北京中交两行发生挤兑津钞风潮（当时中交两行京钞自 1916 年停兑后，尚未收回，故在京市行使的均是天津地名钞票，交行是加印一红 H 字暗记，以示区别），交行以各项公债向东三省官银号抵借 400 万现银元开兑。该款是在北京拨付的，交行收到现银后开箱点数时，发现有 25 箱内装的不是银元而是铜元（当时纸包的新银元每箱装 5000 元，麻袋装用过的银元，每箱只装得下 4000 元）。由于债权方面实际是奉天军阀张作霖，因此交行就没有敢声张，认吃暗亏，由行中付账了事。史立之：《我服务交通银行的片段回忆》，全国政协文史资料委员会：《文史资料存稿选编》经济（上），中国文史出版社 2002 年版，第 388 页。

③ 杭斯：《旧中国中行、交行的两次停兑风潮》，《新金融》1995 年第 5 期。

④ 《财政部复中、交两行函——不再令垫付京钞》（1918 年 9 月 18 日），中国银行北京分行、北京市档案馆编：《北京的中国银行（1914—1949）》，中国金融出版社 1989 年版，第 149 页。

⑤ 《交通银行历年纯益纯损数额表》，《交通银行史料》第 1 卷，第 721 页。

⑥ 《交通银行全体损益计算表》，《交通银行史料》第 1 卷，第 783、784 页。

倍，但至1926年交行仅及中行的20%。[①] 从营业总额指数来看，1912年为100，1915年为421，1916年大跌至288，1919年则升为510，1920年为494。至1921年底交行营业总额指数落至1915年的水平，存款总额为6000万元，降至1914年的水平。[②]

交通银行和中国银行的同与不同，耐人寻味。两行在初期阶段，都走的是与财政密切结合的道路，交行尤其如此。财政与银行是政府赖以积聚和分配社会资金的两条主要渠道，理论上二者对立且统一。但是金融财政化的历史怪象，却在历史上多次重演。在国家银行与国家财政之间，共同的“国家”性质将二者拴在一起。在初期的结合中，银行依赖政府发展，政府依靠银行解决财政困难。但长此以往，对于银行必将引起信贷资金的财政化。政府积欠无着，致使银行资金沉淀，周转失灵，信用受挫；同时资金信贷方向的财政化、政府化，必将导致银行脱离银行业务发展的正常轨道而走向畸形。政府亦在长期的借垫关系中，逐渐使自身形象大跌，由最初的主动优势变为劣势，从而逐渐走向衰亡。停兑、挤兑风潮的发生，是交行业务与国家财政结合甚密出现危机的征兆，此所谓：“按中交两行相提并称，观于两行则例之规定，隐然同具国家银行之资格。换言之，即同享代理国库及发行兑换券之特权也。……然而交通银行每为政潮牵累之原由，实则正患在取得特权，致为应酬对付之波及。故代理国库徒为供给政费之源泉，发行纸币仅成垫借款项之工具。”[③] 交通银行最终为银行资本财政化的发展道路付出了惨痛的代价。

相比之下，中国银行在民国初期没有像梁士诒这样的财政官员可以依靠，反而不得不另辟蹊径，较早地与江浙金融势力联结，从而走上商业化道路，得以尽早摆脱危机，最大程度规避损失。中国银行因此而得三大觉悟：

---

① 吴景平：《上海金融业与国民政府关系研究（1927—1937）》，上海财经大学出版社2002年版，第232页。

② 许宝和：《本行营业之回顾》，《交行通信》第2卷第4、6、8号，《北京金融史料》（银行篇五），第7页。

③ 沧水：《交通银行前途之新曙光》，《银行周报》第6卷第24号，1922年6月27日，第5—6页。

> 第一，发行银行不可不求业务上之独立，因于六年十一月呈准政府修改则例，总裁副总裁本由政府简任，改为由股东总会选出之董事中任命。同时确定股本先招足一千万元，官商各半，俾股东总会为本行之最高机关。此十余年来，政变频仍。而中行得维持独立之精神，不受政潮之波荡者，实受民国六年则例之赐而有以奠定其基础也。第二，各地分行应维持其相当之独立。盖因民五停兑之教训……使各地分行维持相当之独立，各以各地社会之利益为前提，并首先将分行发行之纸币式样、颜色完全区别，兑换准备金亦各自独立。……是以民十以后，连年皖直战争、奉直战争、南北战争，以及民国十六年武汉政府停兑汉券之举，各地分行未受影响，未始不由于此。第三，营业方针不可不侧重于商业方面。民五以后，国家统一既经破坏，统一财政、统一币制之举，已属绝望。故中国银行之营业方针不能不及早变更，由政府方面转移于商业方面，类如纸币之发行不以金库支出为主，而以购买或贴现商业期票为主；顾客之招徕不趋重于官厅之存贷，而注意于商民之往来。①

中国银行的经验，无疑为交通银行提供了正面的范例和生动的参考，也为我们更为客观全面理解两次挤兑提供了正反两面的案例。

第五节 交通银行逐渐复苏

1916 年、1921 年两次挤兑风潮，使交通系在交行几近失势，交行业务受到致命打击，甚至传出以中国银行合并交行的消息。尤其是 1921 年挤兑风潮后，交行群龙无首，曹汝霖被迫去职，梁士诒组阁失败出逃，高层领导组织陷于瘫痪，交行面临严重的危机。

1922 年 2 月 5 日，交通银行的商股股东在北京西皮市银行公会召开临时股东总会，商议交行何去何从，会议通过董事会提出的四条营业意见：（1）营业方针，改变过去趋重于政治借款，而应趋重于工商事业；（2）发

① 《中国银行十八年份报告》，《中国银行行史资料汇编》（上编 1912—1949 年），第 1989 页。

行独立，准备公开，定准备金为七成现金三成证券，不得与营业金混合，随时任凭官商检查；（3）整理行务、严行裁员；（4）核实账目，将辛亥旧账及历年各行呆账亏耗，由历年盈余滚存公积金项下提补。① 并提出增收股款变更股额四项办法：（1）股本为银元2000万元，分作20万股，先招二分之一，即1000万元，每股收足100元，旧股东每股已缴足75元，应补收25元，凑作100元，作为全数缴齐；（2）本行京钞分年定期存单（即收回之停兑京钞分年兑付之存单）得代现金入股；（3）交通部所退官股及旧账上收回的股，应全数改招商股补足之；（4）开始收款及详细办法由董事会议决办理。此议3月由交通部会同财政部呈奉大总统指令准予办理。② 由此，自1922年5月起至1925年4月止，增收股款共211875元（现洋及渝钞、湘钞59197.88元，京钞7351元，京钞存单20014.62元，抵交十年份股息125311.50元），连同原收股本，现计共7711875元整。③ 增收股本，直接目标是为交行注入资金，客观上达到增强商股比重的效果。1921年，商股占实收股本的65.58%，到1922年，商股增加到70.84%。其后，交通部官股又大部分转让给金融界，旧交通系官员也纷纷出转股份，有报道言："交通系失败后，恐政府没收，于是纷纷以股票转让于他人，其业已过户者约十之六七。此次新董事亦无交系之重要分子。"④ 此后，商股比重更趋上升："交通部原有官股四万股中，因陆续抵还各银行旧欠，到1927年，已由原来占股权之百分之四十，下降到占百分之十左右，其余约百分之九十均为商股所拥有了。"⑤

为应对外界传出的交通银行被中行合并的传言，1922年5月初，交通银行江浙地区的股东在上海集议成立"股东联合会"。5月16日，股东联合会公推张謇为会长，一致通过交行不与中行合并的决议，并以张謇的名义出面致电北洋政府总统徐世昌，申明不与中行合并的理由："金融机关本应独立政治之外。交通银行况系组合官商而成，与'中国'为兄弟之机关，

① 《交通银行临时股会议记录》，《银行月刊》第2卷第3号，1922年3月5日。

② 《为增加股本呈财政部、交通部文》，《交通银行史料》（第1卷），第21页。

③ 《交通银行月刊》增刊第1号，1925年5月15日。

④ 《交通银行之新计划》，《银行周报》第6卷第49号，1922年12月19日，第20页。

⑤ 韩宏泰：《北洋军阀时期的交通银行》，全国政协文史资料研究委员会编：《文史资料选辑》第88辑，文史资料出版社1983年版，第109—110页。

论机关，为商市之泉府。自野心家用之，而国体一厄；自党派者用之，而民视一变。然人害机关，非机关害人也……迩来南北交讧，中交挤兑，国中实业受金融之累巨矣。"[①] 两行合并，牵涉甚广，北京政府也不想碰这个烫手山芋，交行最终保全独立。1922年6月18日，交行在北京银行公会召开股东大会，选举董事会，张謇、钱永铭当选总理、协理。张謇不到行视事，以其声望作政治上之斡旋，实际业务由钱永铭直接掌握。

钱永铭（1885—1958），字新之，浙江吴兴人。早年在上海育才学堂读书，1902年考入天津北洋大学。1903年官费留学日本，专攻财政经济。1908年回国后，先在商业学校任教，后在北洋政府农工商部做会计科长。1917年进入交通银行上海分行任职。1920年为上海分行经理。1920年至1922年还担任上海银行公会的副会长。[②] 钱永铭主持沪行期间，成绩斐然。由于营业发展，交通银行沪行购置地皮，建置新址。1919年初报端记载："交通银行已购买四川路四十一号之空地，不久将于其地建筑一新式之银行屋，空地面积计一亩五分……计价十三万五千两。"且有分析："交行上海分行以去岁营业之发达且有蒸蒸日上之势……而所以能发达如此者，大率由新经理陶君及钱君所采之新式营业方法云。"[③] 沪行在交通银行中的优势与带头地位，使钱永铭在新领导遴选时优势凸显。

张謇、钱永铭的上任，为交通银行带来了新的生机，得到行内及行外各界认可。交行元老谢霖说："自张、钱二公就职以来，新延揽者或系声望隆著，或系学有专门，惠然肯来，行誉渐隆。但求延揽出自诚意，即不患人才之不至。"[④] 当时著名金融学家徐沧水认为，此次选举的重员，"或曾在交行担任重要职掌，熟悉行务者，或现在他行从事银行事务，通晓商情。交行重员，经此更新，或为前途之曙光矣"。[⑤] 业内对交通银行的新一届领

---

① 《交通银行股东联合会电文》（1922年5月18日），《银行周报》第6卷19号，1922年5月23日，第23页。

② 洪葭管：《金融话旧》，中国金融出版社1991年版，第237页。

③ 《交通沪行将建新屋》，《银行周报》第3卷第2号，1919年1月14日，第22页。

④ 谢霖：《交通银行总秘书谢霖在第一届行务会议上关于行务状况的演说》（1922年11月），《中华民国史档案资料汇编》第三辑"金融"（一），第370页。

⑤ 沧水：《交通银行前途之曙光》，《银行周报》第6卷第24号，1922年6月27日，第5页。

导充满希望。

不过，摆在张、钱二人面前的是问题重重、举步维艰的交行，社会对交行前途仍不乐观。交行总秘书谢霖将众议归纳为四点：（1）营业方向无轨道，公家放款太多，以致呆滞不易转动；（2）行务腐败已久，不易根本革新；（3）人才缺乏，不易延揽；（4）向有党派之臭味，又为官商股份所合组，难脱政治范围取信社会。① 因此，此时当务之急是要让交行起死回生，走出困境。其中，理顺关系又是重中之重。

毫无疑问，随着北京政府的日渐式微，交行不可避免地要从倚重于政府的财政性国家银行逐渐走向疏离政府、寻求银行商业化的道路，坚持银行的商业化原则是张、钱时期交行的主要发展取向。总秘书谢霖在1922年第一届行务会议上就说道："本行当局关系政治，在昔勿论，自经屡次惩创，全行同人殆已改组一新，毫无政治臭味，此后营业亦从商业入手，不致复受何党派之利用，交通部官股实与商股同其权利，行务如依轨道进行，社会必予辅助，政府无从强迫，似亦可以见信社会也。"② 交行两次挤兑风潮，均因财政借款拖欠所致。有些垫借款因年长日久，凭证不全，加之人事更迭频繁，事过境迁，往往成了一笔糊涂账。各分支行其他放款，"无论抵押、透支，信用手续异常疏忽"，导致放款拖欠，甚至因借款人破产而收不回放款。钱永铭通过董事会修改了交通银行章程，将其在上海分行内实行的一系列严密的管理制度在整个交通银行内推广实施，尤其是完善了抵押放款手续。规定军政借款一概婉拒，非贷不可的则须有可靠的抵押品，杜绝了无休止的军政借款的漏洞。

张謇虽投身实业多年，却不乏睿智的政治头脑。他明白，交行虽要走商业化的道路，但又不能彻底脱离政府。交行需要打着政府的旗号，挂着中央银行的大名，恢复声誉，谋取权益。他强调"交通银行，国家中央银行也"，"交通银行者，中央银行之一，政府之隶而人民之资，夫人民之资，亦政府之利也"。③ 交行在强调和极力维持中央银行地位的同时，在具体实践中却尽量

① 交通银行总管理处编：《交通银行第一届行务会议纪事》，《北京金融史料》（银行篇五），第171页。

② 同上。

③ 《交通银行第二届行务会议记事叙言》，《交通银行史料》（第1卷），第276页。

避免承担相应的“义务”。对于北京政府，交行总是“为自卫计，只得委屈陈情，婉词以谢之”；对于工商业的救助，交行虽然声称“营业主旨，则趋重工商事业”，却以“时事蜩螗，市景萧条，欲对工商方面，略尽协助之责，亦有种种困难，且极危险，故为培植元气起见，不得不审慎熟筹，以策安全，一切业务之进行，宁求稳固，勿贪近利”来回避；对于代理金库，张謇等认识到“官厅藉代理金库要求垫款，日增月累，有加无已。一遇政潮发生，恒受巨大损失”，因此，“自应缩小范围，倘仍以代理金库要求加增垫款，应即严予拒绝”。[①] 交通银行沪行行长盛竹书不无自豪地说道：“总行对于今次十一年公债事，并未参与发行。则其宗旨已可瞭然矣。”[②]

停止向政府垫款只是治标，发行独立公开才是治本之策。张謇指出：“首以求谅，政府停止垫款治其标，继以发行独立、准备公开治其本。”[③] 钱永铭依此精神展开了“发行独立、准备公开”的大改革。具体措施：第一，发行独立。专设机关，办理发行事务，与各行营业完全分开，“发行钞票之部，直辖于总管理处。各处行长用钞票，亦须照章缴现洋向发行部领取钞票”。[④] 第二，实行四六准备制，即发行额定准备现金六成，有价证券四成（以市价面额五成折合，不及五折的应予以补足），并实行准备公开，按期公布发行准备情况，让公众监督，以取信于社会。第三，试行分区管理制度，将交行在全国的分支划为上海、天津、汉口、奉天（沈阳）、哈尔滨五区。每区设一总库，总库之下设分库。[⑤] 同时，对交行机构进行了合理的精简整顿。“各处分行支行汇兑所等机关，由六十余处裁至三十余所，民国十二年度全体开支预算较十年度减少一百三十万元以上。”[⑥] 这些措施，使交行此后的发行维持相对稳定的态势。

---

① 《交通银行民国十二年营业报告（一）》，《银行周报》第8卷第21号，1924年6月3日，第22页。

② 《交行行长盛竹书君之谈话》，《银行周报》第6卷第41号，1922年10月24日，第27页。

③ 《交通银行月刊》增刊第1号，1925年5月。

④ 《交通银行整顿行务》，《银行月刊》第3卷第1号，1923年1月，第4页。

⑤ 《交通银行民国十二年营业报告（一）》，《银行周报》第8卷第21号，1924年6月3日，第22页。

⑥ 《交通银行整顿行务》，《银行月刊》第2卷第11号，1922年11月，第3页。

表 2—13　　1921—1927 年交通银行兑换券流通额　　（单位：千元）

年度	发行额	指数
1921	30143	78
1922	32524	84
1923	38518	100
1924	41613	108
1925	48337	124
1926	57136	148
1927	65097	169

资料来源：《交通银行编历年兑换券流通额一览表》，中国第二历史档案馆编：《中华民国史档案资料汇编》第三辑“金融”（二），第 554—555 页。

民国初期，中国、交通两行作为竞争对手，互不相让，内耗严重。此所谓：“两行因政治关系，种种牵制，层出不穷，使银行当局，苦劳其心智，以谋各方面无聊之对付，致不能按部就班，从容不迫，以谋其本身之改善。两行当局亦可谓饱经世变矣。间尝考其原因，则俗谚有云，同行是冤家，此语大可遗赠。中交营业上之焦点，患在与政治关系太为接近，因其经营之径路，每多兢走于一途。因此各利其所利，各私其所私，稍不得其平，则问题起矣。”[①] 有鉴于此，交行新一届领导层上任时，即有人呼吁：“中交两行，本届均皆改选，两方面之重员，类均银行界知名人士。而并彼此互有深厚之个人私交者，亟应相互谅解，彼此觉悟，从竞争以互为提携，未始非吾国金融界之福利也。”[②] 张謇、钱永铭上任后，的确践行了这一方针，中、交两行关系明显好转，形成良性互动的局面。

放款是银行盈利的主要来源，也是交行改革的重中之重，采取了一系列措施。首先，针对政府欠款过多导致业务混乱、屡屡受累等情况，对放款业务进行了整顿，重新确立放款方针，完善放款制度。1922 年 12 月，交行召开行务会议，规定了放款的五项原则：一是军政借款一概婉拒；二是凡官厅及在职人员，须有相当实在押品方能放款；三是上项规定，不得以代理金库之故有所通

① 沧水：《交通银行前途之曙光》，《银行周报》第 6 卷第 24 号，1922 年 6 月 27 日，第 6 页。

② 同上。

融；四是从前政府欠款应速整理；五是商业投资应严格限制。①

其次，加紧清理旧欠工作，在行内特设政府欠款处，专门负责清理和催讨政府机关欠款。旧债的清偿有几个关键的步骤：一是在1922年9月经董事会议决，交行成立政府欠款处，派员专办；二是对1922年前政府各部门的欠款进行专门稽核，将政府账务分为财务部账、交通部账和其他政府各机关欠款三类，并将前两类账目公开出版，这一方式是交行历史上的首次；三是认真清理行外债务，同时还对香港、新加坡以及重庆三交行进行清理。② 催账重点是政府欠款，根据欠款的不同性质，采用不同的办法催讨。例如1924年，财政部因归还湖广铁路借款本息，向交通银行借款85万元。交行遂与中国银行一起请财政部先致函海关税务司，将财政部原以海关税收担保向该行借支的旧欠137万元先行归还。这样，交行不仅收回了137万元的旧债，而且85万元的新放债款也得到了海关按期偿还的承诺，信用较为可靠。此外，交行从交通部也催还了不少拖欠已久的债款。在催讨欠款的同时，钱永铭也设法及早归还本身欠款。③ 综计1923年和1924年两年间，交行清还债务总额达362.8万元。④

再次，除注重放款和清收欠款外，特别强调“注意存款之吸收，以裕资金之来源”。不仅注重大宗收入的公私机构，还注意小额存款的吸收。吸收存款使银行资本增加，运营有了更多活力。同时，经营的改善，又使交行的社会信誉得到提高，反过来促进了存款的增加。1924年，交行的存款较1922年增加了34.8%，达到了7254万元。⑤

对于交通银行的大张兴革，当时《银行周报》讲得比较清楚：“交通银行今后之营业方针，现闻将有所变更。闻交行当局之意见，因力求避除政潮计，内部稍加改组。京行营业拟酌量收缩，移其资力，集中于天津、汉口、上海等处分行，以在商业上力求正当业务之发展，并拟注重商业票据再贴现之营业，即普通商业银行承受之商业票据，遇必要时，交行拟减轻利息为再贴现，又发行准备，除至少必存六成现金之外，余均以确实公债票为保证。关于代理国库

① 《交通银行简史》，第32页。

② 《民国十二三年来清理各项债务之经过》，《交通银行月刊》增刊第1号，1925年5月。

③ 程麟荪：《钱新之》，孔令仁、李德征主编：《中国近代企业的开拓者》（下），山东人民出版社1991年版，第405页。

④ 《民国十二三年来清理各项债务之经过》，《交通银行月刊》增刊第1号，1925年5月。

⑤ 《交通银行简史》，第19页。

之特权，交行拟不注重于此，俾免因此而感受政府垫款之苦痛。至于总行方面，闻拟由谢霖担任总秘书，发券事项，拟暂由津行统辖，以期避免政潮。再则兑换券准备金公开一层，已先由津行试办。”① 交行的改革的确实践了这一计划。

在张謇、钱永铭的稳健、务实的经营方针指导下，交行逐渐走出 1921 年挤兑风潮后的低谷，经过 1922 年、1923 年两年的恢复，1924 年起银行各项指标迅速转好，行务开始走上正轨。当年政府欠款已大为减少，发行则扩大了 908 万元。到 1925 年 1 月底，交行钞票发行额已达 4528 万元，超过了该行的历史纪录，比 1922 年 6 月钱永铭主持行务前增加了将近一倍。其中天津分行的发行额从 125 万元增至 890 万元，增加了 6 倍有余。全行业务开支从 1921 年的 256 万元减至 1924 年的 185 万元，减少了近 30%。从利润指标看，1921 年和 1922 年，交行连续亏损，1922 年上半年亏损达 179 万元，累计亏损高达 720 万元。实行改革后，尽管国内军阀混战仍连绵不休，业务深受影响，交行却在 1923 年和 1924 年分别盈利 200 万元。② 在讨论盈余分配办法时，有人主张多分股息以弥补前两年的亏损。钱永铭从长远业务需要考虑，坚持首先用盈余归还以往欠款。结果，1923 年和 1924 年 75% 的盈余都用于归还旧欠，再按周息六厘发放 1923 年的股息，既提高了交行的信誉，也为交通银行日后的进一步发展打下了基础。③

正当交通银行业务转暖之际，1925 年，流亡在外的交行原总理梁士诒，在段祺瑞的支持下重返北京，主持财政善后委员会。梁士诒回京后，即谋求重新执掌交通银行，致函张謇：“新之屡述难状，力求摆脱，辞意坚决，已难强留，此间同人及重要各股东，亦以行事艰危，难任延阁。公既不获北来，新之又志在必去，均望迅筹办法，共资救济。弟承各方责望，又以与行关系稍深，情切同舟，谊难独逸。”④ 表现出驱走张、钱，另换交行原班人马的意图。为逼走张謇，梁士诒致函李耆卿，托其持函面见张謇，进一步逼迫道：“行事表面平静而实际艰窘。啬公不获北来，新兄以一人支持内外，备极艰苦。弟此次北来，观

① 《交通银行变更营业方针》，《银行周报》第 6 卷第 40 号，1922 年 10 月 17 日，第 24 页。

② 程麟荪：《钱新之》，孔令仁、李德征主编：《中国近代企业的开拓者》（下），第 406 页。

③ 同上。

④ 《致张謇述行事艰危等函》，陈奋主编：《北洋政府国务总理梁士诒史料集》，第 197 页。按：原标注日期“1920 年”有误，应为“1925 年 4 月 30 日”。

察各方面情形，新兄一人实难久支，迭向各方辞职。此间同人及重要各股东，以行事日趋疲敝，难任迁延，均渴望迅筹办法，藉资救济。弟承各方责望，又以与行关系稍深，为公为私，均难坐视，不得已曲徇众意，勉与周旋。”“协理一席，新之志在必去，各方面都属意剑泉。剑泉在财部及公债局有年，于行事本极熟悉。交行与财部往来款项，纠葛甚多，得剑泉佐理，尤多裨益。且剑兄与银行界及各外界情感均好，各行同事亦多旧识，更不虑其隔阂。剑泉已表同意。”“常务董事公推瀛生担任。瀛生现任交部所长，将来办理部行两方之事，亦多便利。以上各节，各方意见大致均趋一致。”[①] 在梁士诒的压力下，5 月 7 日，张謇致函钱永铭：“行事决定卸去。另函致股东会，届时乞提出。走任事之始，本约暂救危局。今行基少固，已遂初愿。何必以察察之身，随漩涡而浮沉耶！”[②] 张謇与钱永铭被迫辞职。

1925 年 5 月中旬，交行召开股东会，梁士诒当选为总理，卢学溥为协理。这次股东会还讨论修订了交行《则例》，制定交行章程 61 条。梁士诒再度接管交行。

---

① 《致李耆卿述行事艰危嘱其赴南通谒张謇函》，陈奋主编：《北洋政府国务总理梁士诒史料集》，第 198 页。按：原标注日期“1920 年”有误，应为“1925 年 4 月 30 日”。

② 杨立强等编：《张謇存稿》，上海人民出版社 1987 年版，第 492—493 页。

第三章　绕不过的政治

如果说，北京政府时期“财政本位”占主导的经济政策，使困入其中的交通银行最终惨遭两次挤兑危机的侵袭；那么在南京国民政府“政府统制”为主导的金融政策下，交通银行处境又如何呢？改组银行和统一币制是国民政府推行其金融统制政策的两大步骤。本章即从经历北伐风暴后的交通银行被纳入南京政府金融体系谈起，重点考察交通银行在国民政府推行的银行改组与货币改革中的态度及得失，试图从宏观的金融环境与经济政策中，探寻南京政府时期交通银行与政府的关系变迁。

第一节　北伐风暴中的交通银行

梁士诒是北京政府老臣，在北京政府工作十几年间，曾先后出任多届政府的财政官员，包括财政部次长、内国公债局局长、财政善后委员会委员长、交通银行总理等。其中，时间最长、影响力也最深的则是其对交通银行的执掌，几乎贯穿整个北京政府时期。1925 年，在失去交行总理之职近十年后，梁重新出山，再度接过交行总理一职直到 1928 年去职。

由于有两次挤兑的惨痛教训，1925 年接管交行后，梁士诒继续秉持谨慎的经营策略，商业化方向也得到坚持。时人评论，梁士诒再度入主后，“益务保守，减发纸币。连年战祸绵延而业务不殆，且有赢利者”。[①] 这一评判尚属客观。1926 年，中国、交通两行更是在民族主义浪潮下，以国家

① 岑学吕编：《三水梁燕孙先生年谱》下，沈云龙主编：《近代中国史料丛刊》（743），第 444—445 页。

银行的身份，接收大批从外国银行转来的存款，获得业务发展的一个契机。1926 年 5 月股东常会记录：“五卅惨案发生后，国人对于吾金融界陡然而增其信任，上海华商各银行存款骤然增多，而以中、交两行为最。上海之罢工，系自上年 6 月 6 日起，至 6 月 25 日止。在沪市开市以前，吾华商银行与外银行收交之结算，外银行实长 400 余万，即华商银行应找拨外银行之数。乃开市前一日（即 25 日）结算，收交已平。而 26 日开市时，外商银行反应找拨华商银行 500 余万。至 26 日下午，更超过 1300 余万”；“吸收此项存款最巨者，首推中交两行。交行收取存款，终夜未息，直至次日之 7 时半，而中国银行亦直至次日之 11 时。此项存款闻自外银行提来者达 1400 余万之巨。此种情形大足纪念。”① 1926 年交行全体账面增至 7800 余万元，与 1924 年比较，计增多 2400 余万元，与 1925 年比较，计增多 1700 余万元。② 1926 年 5 月股东会上梁士诒对此也作了详细报告：“一年以来，本行增加现金至 800 余万元，而此 800 余万现金之来源，并非借入，其所自来，计分下列六款：（甲）总税务司拨还垫付内债本息银洋约 180 万元；（乙）中法工商银行拨还代兑中法实业银行钞票垫款银洋 60 万元；（丙）不动产抵押品照章没收变卖得洋 70 余万元；（丁）收回交通部兑换券价 100 万元；（戊）结束哈尔滨戊通公司案得价 300 万元；（己）奉行增收现款约 120 万元。”③

虽然梁士诒重新执掌后，交行的商业化方向没有改变，但作为北京政府的常青树，梁士诒经营银行仍难以摆脱利用政治身份的惯性，这一点在北伐前后他的活动中体现得至为明显。梁士诒亦官亦商，政治路离不开财商，财商路也离不开政治，交通银行在他手中常常是进退伸缩的棋子，其身份也不断在银行家和政治家之间交错变换。

20 世纪 20 年代前后，随着南方的崛起，中国政治版图发生南移，梁士诒对此表现得特别敏感。1918 年，梁士诒和孙中山身边的股肱汪精卫文电往还，8 月，汪精卫给梁士诒电报说道：“本日兆铭与中山谈及燕老近来筹划及桂老所谈大要。中山谓据年来经验，知实现理想中之政治，断非其时，

① 《交通银行 1926 年 5 月股东常会记录》，《北京金融史料》（银行篇五），第 10 页。
② 《交通银行 1927 年 5 月 1 日股东常会记录》，《北京金融史料》（银行篇五），第 9 页。
③ 《1926 年 5 月 18 日股东常会纪》，《北京金融史料》（银行篇五），第 157 页。

故拟取消极态度，将在著述方面，启发国民。”[1] 可见此时梁、孙之间已有接触。[2] 1921 年 12 月，时为交通银行总理的梁士诒得到张作霖支持，准备组阁时，吴佩孚致电浙江督军卢永祥谈及梁与孙中山等的来往：“前此梁士诒赴粤与陈炯明接洽，亦与孙文有所晤谈，此次拟出组阁，将合粤、皖、奉为一炉，垄断铁路，合并中央，危及国家，殊堪懔栗。”[3] 吴佩孚所言固然有其派系斗争的立场，但所谈及的梁士诒和孙中山关系，应该不是无的放矢。梁孙接触，原因很多，首先两者都是粤籍政治领袖，这在重视乡籍关系的传统中国，很容易成为接近的理由；其次，梁士诒一贯主张南北调和，反对武力解决，两人接触没有太多的政治障碍；再次，梁士诒以文人厕身政治，不能不长袖善舞，妥洽各方，这是军阀时代没有武力支撑、仅靠派系和财力活跃政坛者求取生存的必要门径。

1922 年直奉战争爆发，梁士诒依附的奉系战败，梁一度避居香港。1923 年陈炯明叛变后，孙中山重整旗鼓，政治上联俄联共，同时和奉系也有接触。此时赋闲在港、以奉系为靠山的梁士诒，成为居间联络的重要角色，据其门生记述：“奉天张作霖、浙江卢永祥与先生信使往还，大元帅孙中山且欲邀先生共襄国事。先生以身在局外，尤易联络，因允以叶（恭绰）郑（洪年）二氏佐之。”[4] 与梁同属旧交通系的叶恭绰、郑洪年赴港拜谒梁士诒后，到广州分任大元帅府财政部部长、次长，直接支持孙中山第三次开府广州。10 月，郑洪年致函身在香港的梁士诒，告以：“公如在港与各界接洽，应拿定一视同仁宗旨，不偏于何党何派，概牢笼之，方不至反响无成。以大氛包举之，过此背时，至统一后，何党何派可提携，或何派应拒绝，系另一问题。此时非尽入我包涵中，时局无收拾之望。且恐半路即

① 岑学吕编：《三水梁燕孙先生年谱》上，沈云龙主编：《近代中国史料丛刊》（743），第 428—429 页。文中“燕老”即梁士诒。

② 关于梁士诒 1920 年代前后和孙中山的接触，可参看林家有《孙中山与梁士诒》，《近代史研究》1990 年第 6 期。

③ 岑学吕编：《三水梁燕孙先生年谱》下，沈云龙主编：《近代中国史料丛刊》（743），第 176 页。

④ 同上书，第 255 页。

生枝节，公亦不宜过于消极。"[①] 可见，牢笼南北、尽人包涵，是梁士诒一系此时应对时局变化的基点。

然而好景不长。1924 年，随着国民党改组，梁士诒一系在广州的生存空间流失，叶、郑先后离开广州，梁不得不另谋出路，在给友人信中，他谈道："天有阴暗晌晦，外国政治家亦常淡置数年不谈也；盖政治家无不投机者，以时当泯泯棼棼，我则手无寸铁，不如藏以待时。"[②] 9 月 5 日，梁致函陈光甫谈及叶恭绰、郑洪年离粤北上，说道："誉甫（叶恭绰——引者注）仍是郢人不忘故都之意，久居北方，凡事似较与北人共事较有趣味而合拍。"[③] 梁士诒和南方孙中山的短暂蜜月就这样无疾而终，不过，这一段经历毕竟为后来梁士诒与南方革命党人的继续接触埋下了种子。

梁士诒活动于南北之间时，梁身为最大股东的交通银行也正经历官商调整及业务重心的南北转换。1921 年，中、交两行爆发挤兑风潮，交通银行北京分行所受打击最为严重。1922 年 11 月第一届行务会议上，交行已有将京行改为支行之提案。会后，京行虽勉强保住分行名义，但地位已在天津分行之下。[④] 12 月，京行宣布暂时停业清理。清理一年复业后，面对金融界"独立政治之外"[⑤] 的一致呼声，原本主要依靠政府业务获利的京行，地位、规模大不如前。《1923 年下期营业报告》中说，"京行未复业以前固无营业可言，而任务依然筹付，债权则不易催收，故现金只有流出而鲜收入，厥状至窘。复业以后亦复困于头寸汲深绠短，应付维艰"。1923 年下期京行仅盈余 8600 余元。当时京行所负债务与可收债权相较，计缺洋 226 万余元，只能依赖津、沪、汉、哈、长等行接济头寸，勉强维持营业。[⑥] 之后的几年连年亏损，1926 年下期北京分行营业纯损洋 49302.10 元，1927

---

① 《郑洪年陈述唐绍仪推许即叶恭绰借英债函》（1923 年 10 月 21 日），陈奋主编：《北洋政府国务总理梁士诒史料集》，第 380 页。

② 岑学吕编：《三水梁燕孙先生年谱》下，沈云龙主编：《近代中国史料丛刊》（743），第 290 页。

③ 《梁士诒致陈光甫函》（1924 年 9 月 5 日），《上海商业储蓄银行有关政治官僚梁士诒、叶恭绰等劝导银行投资广东造币厂等事项致陈光甫来函》，上海档案馆藏，上海商业储蓄银行档案，Q275/1/2364。

④ 《北京交通银行历史沿革与营业概况》，《北京金融史料》（银行篇五），第 27 页。

⑤ 《交通银行股东联合会电文》，《银行周报》第 6 卷第 19 号，1922 年 5 月 23 日，第 23 页。

⑥ 《北京交通银行历史沿革与营业概况》，《北京金融史料》（银行篇五），第 27 页。

年上期纯损洋 98367.01 元。①

京行趋于没落之时，交行上海分行业务却稳步上升。1921 年挤兑风潮后，江浙一带的各分支行在沪行带领下，减少政府放款和对特许业务的依赖，发行独立，准备公开，修订则例，逐渐走上商业化的发展道路，业务优势逐渐凸显。表 3—1 为 1921—1923 年京、津、沪三地交行业务状况，可以看出，从发行、存款，到年度纯益，1923 年时，沪行优势日渐明显，业务中心南移已不可避免。

表 3—1　　交通银行京津沪分行业务比较

年份	存款（两）			发行（元）			纯益（元）		
	京行	津行	沪行	京行	津行	沪行	京行	津行	沪行
1921 年上期	35814321.30	16174681.13	14900023.86	7552937	3999700	10777004.38	917278.660	229836.60	165079.94
1921 年下期	27744454.35	11986916.50	8519860.52	4662316	1920000	5617317.38	1149948.140	13337.27	9913.08
1922 年上期	26524345.83	9303880.22	10575544.97	439873	582390	5948154.00	96511.700	59890.69	79780.07
1922 年下期	5218018.97	7189623.46	13764332.01		2450000	9486716.00			
1923 年上期	2827991.88	8484621.77	10258849.58	2382500	4957750	9817616.00	95038.530	71132.22	226747.64
1923 年下期	3893527.61	7298749.02	11421141.12	2590000	6972800	11708484.00	9247.690	77696.12	385745.85

资料来源：根据《交通银行各分支行历年业务概况》（上海档案馆藏，交通银行档案，Q55/2/282）编制。

交行业务中心的南移，直接影响着梁士诒的利益取向。1925 年，当广州方面挟国民革命之威，日渐壮大，表现出明显的上升势头时，重新出任交行总理的梁士诒以北京政府老臣的身份，开始其明显的“南向”行动。1925 年底 1926 年春，梁士诒以“交行总管理处设北京，每受政局影响，且被军阀迭勒垫款”②，“京津间交通阻滞，总管理处于各行之匡计头寸与调拨资金均感弗便”为由，将总管理处之会计股、稽核股及文书股之一部分移至天津。虽然声称：“此乃临时应变之办法”，但此项举措当时就被判

① 《有关业务联系及其他事项我行张经理署名发函稿》（1927 年 8 月 22 日），北京市档案馆藏，交通银行档案，J032/001/00607。

② 《交通银行总管理处移津》，《申报》1926 年 5 月 27 日，第 1 张第 4 版。

断为："注重工商事业脱离北京政治之牵掣"[①]，表现出梁促使交行进一步脱离北方政府控制的意图。1927年梁士诒作为交行总理在一次股东会上总结说："近两年来本行营业方针完全趋重于工商事业，渐已脱离政治上之羁绊。"[②] 可见，梁士诒已经有意识地带领交行脱离政治的羁绊，尤其与北京政府拉开距离。

再看梁士诒1926年的活动。1月13日，梁离开北京，先后到天津、上海、香港，3月下旬返回上海，在南方江浙沪宁各处"视察各分行及考核人事"。[③] 梁的行迹透露出其进一步加重南方业务的考虑，当然以梁对政治的敏感，其中或也不乏对正在准备北伐的广州政府的窥察。4月20日，梁结束南方之行，北上天津，以行务缠身为由，未进北京。梁氏南行及最终因行务为由滞留天津，大体显示了北京分行的没落及交行的商业化趋向，此时，交行股权结构状况是："交通部原有官股四万股中，因陆续抵还各银行旧欠，到1927年，已由原来占股权之百分之四十，下降到占百分之十左右，其余约百分之九十均为商股所拥有了。"[④] 这意味着北京已不再是交行业务的重心，体现了北方政府对交行控制的严重松动，这既为交行赢得了更大的生存空间，也为梁士诒运筹南北减少了羁绊。故此，当北伐开始后，梁士诒把握时机，在南北间极尽暧昧之能事。

1926年12月，国民政府由广州迁驻武汉。宋子文执掌汉方财政，邀梁士诒到武汉，梁年谱记载："（宋子文）屡电先生，极致钦崇，请先生赴汉，共商大计。"[⑤] 1927年2月，梁方派赵庆华为代表到武汉同宋子文商谈。赵回去后笔述："相见之后，连日讨论财政计划，皆遵三水（梁士诒——引者注）所转达，并加以管见，彼此皆是惬洽。对于军需借款巨数，当时市况，势难办到。往返电商结果，许中国银行在同行往来项下透支，

① 《1927年5月1日股东常会记》，《北京金融史料》（银行篇五），第161页。

② 李飞、赵海宽主编，杜恂诚著：《中国金融通史》（第3卷），中国金融出版社2002年版，第135页。

③ 《梁士诒昨日来沪》，《申报》1926年3月22日，第4张第14版。

④ 韩宏泰：《北洋军阀时期的交通银行》，全国政协文史资料研究委员会编：《文史资料选辑》第88辑，第109—110页。

⑤ 岑学吕编：《三水梁燕孙先生年谱》下，沈云龙主编：《近代中国史料丛刊》（743），第492—493页。

以五十万元为限，订明所取交通汉行钞票，必须运往湘豫赣皖四省前敌使用，以免即来兑现。汉口中央银行钞票，就地发行，由交通汉行代兑。如此一转移间，市面不致牵动，中国银行及他银行若能照此办法，中央银行至少可有三四百万元往来之活动，于军事商业均有裨益，国民军财政，从此可宽裕矣。至对于银行将来之事业，拟以三行合作为最有便利之结合，凡属通商大埠，有中交两行分行之处，均设立中央银行分行，互相扶助，则无往不利矣。宋陈极端赞同。三水以为此行会商既到恰好之处，电令北返。陈宋约定，俟国民军到沪，即约会进行。"① 从稳定财政出发，宋子文本就力主维持中国、交通等银行正常的业务活动，认为："此等银行既有相当准备金，且基础巩固，故国民政府不加以何等之干涉，希望其照前自由营业。"② 双方交流后，关系更加顺畅。梁士诒从南方这里得到"自由营业"的承诺，以梁的北方身份，似应满意。

对南方形势的进一步发展，梁士诒也有期待。1927 年 1 月 16 日，梁士诒会访英国公使兰浦生时分析道："现党军内部，未能统一，其中可分三派：一曰青年及共产派，二曰旧国民党即反共派，三曰黄埔学生队除外之老军队派。汉口事件，乃由左右二派竞争政权而生，现在暗潮极烈，不过在汉口之势力，仍以右派为胜利。"③ 梁士诒的观察应该不是无稽之谈。随着南京、武汉分裂趋势日渐明显，梁期许的右派胜利逐渐有可能成为现实，这让梁看到了希望。不过，由于毕竟分属南北两个阵营，梁士诒要和南方取得更密切联系，更是难上加难，所以，对南方，尽管他竭力示好，但在未得到明确回应时，仍只能暂时"袖手且处旁观"，并不无自我解嘲地表示："若事机未臻纯熟，袖手且处旁观，亦未尝非致胜之道。"④

当和南方秋波暗送时，梁士诒对张作霖则谨慎保持一定距离。1926 年 12 月 1 日，张作霖在天津就任"安国军总司令"，力邀梁士诒组阁，梁婉

① 岑学吕编：《三水梁燕孙先生年谱》下，沈云龙主编：《近代中国史料丛刊》（743），第 510 页。

② 《宋子文与日记者谈话》，《申报》1927 年 1 月 28 日，第 3 张第 9 版。

③ 岑学吕编：《三水梁燕孙先生年谱》下，沈云龙主编：《近代中国史料丛刊》（743），第 503 页。

④ 同上。

言拒绝，致函张作霖解释："弟与公之关系人所共知，如果登台，不但不能缓冲，且必徒为射的。……弟为公计，伸缩进退，尚当从远大着想。"① 很明显，梁不希望站到台前，要在南北间留余地。而且，在梁看来，与国民党武力对峙实属不智，所谓："先生与叶君恭绰逆知此局之不能持久而世界形势不久即将剧变，北方政治立场，既甚薄弱，宜急与国民党相结，庶足安内攘外。"②

不过，梁士诒的观望未能一直持续。在南方迟迟对其示意没有明确回应时，1927 年 3 月，以推动南北调和为旗号，梁士诒准备入府。为尽可能避免此举给交行全国业务尤其是南方业务带来冲击，梁欲交卸交行总理一职，对继任人选苦心焦虑。3 月 4 日，梁士诒致函陈光甫，表示自己对交行"自应舍其职务以免拖累"，并劝陈接掌交行，陈述理由："（一）居北之人必遭疑忌，故必择居南之人。（二）我兄向主南北妥协者，则人不疑藉交行以济北。（三）我兄金融老手，信仰播于全国，声誉一播，行基自巩。"③ 交行元老、协理卢学溥亦致函陈光甫，从旁相劝："今日交行地位于社会经济金融全局关系极巨，固无南北之分，更无官商之别。倘有意补牵一发而动全身，固非交行之利，亦为诸公之福。"④ 二人都强调陈光甫的南方背景，希望陈能调和南北，帮交行渡过难关。政治的影响、南方业务的重要分量可见一斑。

关于梁士诒辞职的若干细节在陈光甫和贝祖诒的通信中可见一二。陈光甫接到梁、卢的邀请函后，便写信给贝祖诒："燕荪因须出山，欲摆脱交通总理，嘱弟以董事资格代理，时局如此，弟不愿担任，惟友人颇有难，

① 岑学吕编：《三水梁燕孙先生年谱》下，沈云龙主编：《近代中国史料丛刊》（743），第 500 页。

② 同上书，第 525 页。

③ 《梁士诒致函陈光甫》，1927 年 3 月 4 日，《上海商业储蓄银行有关接收上海总商会、共商政局、代理交行总理等事项国民党上海临时政委会、曹汝霖等致陈光甫函件》，上海档案馆藏，上海商业储蓄银行档案，Q275/1/2379。

④ 《卢学溥回复陈光甫》，1927 年 3 月 6 日，《上海商业储蓄银行有关接收上海总商会、共商政局、代理交行总理等事项国民党上海临时政委会、曹汝霖等致陈光甫函件》，上海档案馆藏，上海商业储蓄银行档案，Q275/1/2379。

就此请兄一决。"[①] 17 日，贝祖诒回复陈光甫，对梁之出山和交行前途不表乐观："时局愈趋纠纷，南北两方均有派别。燕老出山，能以和平统一之政策与南方谋妥协，本系福国利民之举，我侪小民皆宜馨香祷祝以求之。无如诒在汉耳闻目见，内容情形异常复杂，终恐难于成功。"贝具体分析了国民党的政治状况："盖党中有一部分绝无与北方妥协之可能性。若使北方完全归顺，又恐难以办到。如政局无解决之希望，交行分支行跨南北各省，当局困苦情状不言而喻。"[②] 或许为贝言所动，陈光甫回函卢学溥，婉言拒绝出任交行："推弟代理一节，拳拳盛意，奉诵之余，且感且痛。为公谊私交，弟又何敢推诿。奈敝行董事会议皆以当此多事之秋不允。"[③]

1927 年 3 月，北方的张作霖政府筹组财政讨论会。此时，梁士诒及交通系全力以赴，通过银行界、经济人士的身份邀请南方银行界北上共商国是。曹汝霖、叶恭绰为此专函陈光甫："此次组织财政讨论会，张雨帅极为注重，对于诸公尤深钦仰，目前政局更新，诸待盘划，极盼命驾来京共商一是。"[④] 作为上海金融界的代表，陈光甫当然不会倒向北方，回函中婉言相劝："燕老救国志切，但时势已成社会革命，民心所向系非兵力所得征服。燕老复出恐于大局亦无一补耳。"[⑤] 梁士诒看到了国民党内部的空隙，陈光甫看到的却是社会革命的潮流，或许，双方从各自的立场和利益，都看到了自己希望看到的国民革命的一角。

对于陈光甫的说辞，梁士诒似乎无动于衷，数月后仍然出任张作霖政

---

① 《陈光甫致贝祖贻函》，（1927 年 3 月），《上海商业储蓄银行有关接收上海总商会、共商政局、代理交行总理等事项国民党上海临时政委会、曹汝霖等致陈光甫函件》，上海档案馆藏，上海商业储蓄银行档案，Q275/1/2379。

② 上海市档案馆编：《上海银行家书信集（1918—1949）》，上海辞书出版社 2009 年版，第 37 页。

③ 《陈光甫致函卢涧泉》，（1927 年 3 月），《上海商业储蓄银行有关接收上海总商会、共商政局、代理交行总理等事项国民党上海临时政委会、曹汝霖等致陈光甫函件》，上海档案馆藏，上海商业储蓄银行档案，Q275/1/2379。

④ 《曹汝霖叶恭绰致陈光甫函》，（1927 年 3 月）《上海商业储蓄银行有关接收上海总商会、共商政局、代理交行总理等事项国民党上海临时政委会、曹汝霖等致陈光甫函件》，上海档案馆藏，上海商业储蓄银行档案，Q275/1/2379。

⑤ 《陈光甫致函卢涧泉》，（1927 年 3 月），《上海商业储蓄银行有关接收上海总商会、共商政局、代理交行总理等事项国民党上海临时政委会、曹汝霖等致陈光甫函件》，上海档案馆藏，上海商业储蓄银行档案，Q275/1/2379。

府税务处督办。对此，其门生解释："三水与奉派联络，强半为交通银行关系，奉派中人，不明大势……此中苦心，未知将来交通银行中人尚有知之者否也?"[①] 这一解释多半为自饰之词，不过也不无些许参考价值。交通银行业务横跨南北，北方业务 1926 年、1927 年两年虽遭连年亏损，业务中心明显南移，但是总管理处等大部分机构尚在京津，且 1927 年前，财政、交通两部的政府旧欠仍多半为京行所放，因此交行北方各行利益及北方业务不能不在主事者考虑之中。具有官僚和银行家双重身份的梁士诒，对政治在银行发展中的影响应该深有体会，准备投身北京政府时，即欲辞卸交行总理以减轻交行在南方的压力；而在北方，挺身入府的同时又不忘记争取交行生存的空间。政治与银行的牵绊，何其复杂。

近代中国的大背景下，银行家们利用政治的结果，多是被政治所用。1928 年初，南京国民政府二次北伐，北军节节败退。5 月 3 日，国民政府发出命令通缉梁士诒。交行继任人选问题提上日程。据张嘉璈日记载："梁当然辞职，宁政府拟派钱新之，正在商议中。"[②] 7 日，交通银行上海各董事决定报告南京政府，南方行务由董事会监督，"因张静江本主张新之继任，但沪董事会，以政府委派，不合手续，故劝新之不就"[③]，"董事会拟推卢涧泉暂代"。[④] 5 月 30 日张作霖决定下达总退却令。6 月 1 日，梁士诒离开北京暂住天津。

国民革命军进入京、津后，梁士诒潜往香港，仍挂念交行事宜。在给汪有龄的函件中说到他对于交行总理人选的意见，依次是：一、陈光甫，二、李馥荪，三、卢涧泉。对卢尤其推崇："弟与涧泉，共事三年。对行忠诚公正，毫无私意，亦无得失心。从前或有一二人视为北人，今日业无南北矣。但弟未尝征其同意，亦未露丝毫之意也。涧泉因一月以来，种种刺激，稍有灰心。故盼兄六月二日以后各事，亦不必有南北之形迹矣。""至

---

① 岑学吕编：《三水梁燕孙先生年谱》下，沈云龙主编：《近代中国史料丛刊》（743），第 510 页。

② 《张嘉璈日记》，1928 年 5 月 4 日，上海市图书馆藏，以下不一一注明藏所。

③ 《张嘉璈日记》，1928 年 5 月 7 日。

④ 《张嘉璈日记》，1928 年 5 月 4 日。

于协理人选，将来听总理自行征辟，而协商于董事可也。弟不置一词。”①

其实，此时已不是梁士诒想不想置词，而是南京国民政府不容他置词。11 月，南京国民政府完成对交通银行的资本及人事改组，胡祖同、卢学溥分任总经理、董事长。同时，“因国都建宁后，内务公务诸多不便，特将北平总管处迁入沪行”。② 自此，梁士诒及交通系在交通银行的历史宣告终结。

在国民革命的大潮流下，梁士诒这一北方旧人，终于在政治和商业领域都没有逃脱被弃之如敝屣的命运。应该说，在北京政府中，梁士诒不是立场僵硬的顽固分子，早在 20 世纪 20 年代初，他即以政治兼银行家的敏感，嗅到了时局丕变的气息，并主动向南方伸出橄榄枝。同为银行家的卞白眉曾写道：“彼辈善趋附，即目前身仍在北而与南已眉目传情者，大有其人矣。”③ 梁士诒应该是其中的典型代表。在社会政治处于转型的阶段中，他的这种左右逢源的确为自己找到了更多的活动空间，也使交行顺利完成业务的南北重心转换。但是，随着南北形势的逐渐明朗，梁士诒的长袖善舞开始显得乏力，最后不得不殉身于北京政府的战车。相比银行家的身份，梁更多还是被定位为北洋遗老，其离开交行应为以革命自居的南方得势后的必然。从此，梁士诒时代彻底结束，交行进入一个和北京政府时期大异其趣的新时期。

第二节　交行南迁与初期改组

北京政府时期，中国、交通两行借国家银行的特权与地位，无论在业务实力上还是社会认可度上，都形成了绝对优势，南京国民政府建立时，中、交两行的总管理处仍在北京，因此，两行的处置问题便引起极大关注。此时，南迁是两行首要的问题，而对于新生的南京政权，更为迫切的任务则是建立自己的中央银行。而这两个看似并无交集的意愿，又在央行机制

① 《梁士诒致汪有龄函》（1928 年 6 月 11 日），《交通银行史料》（第 1 卷），第 124 页。汪有龄（1879—1947），字子健，浙江杭县人。毕业于日本法政大学。曾任北京政府司法部次长，法律编查会副会长。1920 年任《公言报》社长。1921 年至 1931 年任北京朝阳大学校长。1931 年后到上海以律师为业，是民国时期著名的法律专家。

② 《交通银行总管理处迁沪》，《银行周报》第 12 卷第 40 号，1928 年 12 月 16 日，第 31 页。

③ 卞白眉日记，1927 年 2 月 28 日，《卞白眉日记》第 1 卷，第 436 页。

的建立中被不可避免地纠缠在一起。因为金融体系的建立不可能一蹴而就，国民政府要对经济金融实现有效管理，仍然不得不借助中、交两行，因此，无论从银行本身利益考虑还是源于政府的意图，中、交两行的南迁都变得难以避免。尽管对于中、交两行而言，这是维护它们国家银行地位的契机，但对于国民政府而言，这只是不得已的暂时妥协。

实际上，早在北京政府消亡之前，中、交两行已经有南迁动作，业务中心南移则更为明显。上海区域的经济发展及政治力量的变化是其中最重要的动力，而不可忽视的大背景即是两次挤兑风潮的影响。两次挤兑主要集中于京津地区，与京行的衰落相对应的是，两行沪行在风潮后表现出强劲发展的势头。因此，早在 20 世纪 20 年代初，随着时局的动荡，中、交两行逐渐商股化，与中央政府的关系渐远，加之上海地区经济的发展，两行已有将总管理处迁出北京的苗头。

中国、交通两行的南迁是渐进的。1924 年，交通银行将发行股迁至天津。1925 年底 1926 年春，交行总理梁士诒决定将会计股、稽核股及文书股之一部分移至天津，仍留国库股及文书股之一部分在京办事。中国银行南移的步伐要早于交通银行。应该说，自 1916 年沪行抗兑成功，中国银行的实际领导核心已转至上海方面。1920 年前后，更有人明确主张为维护中行的独立性，应将总处设在经济中心上海，“庶几消息灵通，便于施展”。[①] 1926 年 6 月，鉴于时局变化，议定总裁与副总裁分驻京沪。随后，张嘉璈以副总裁名义驻沪办公，指导南方各分行。[②] 中、交两行设在北京的总管理处某种程度上已成虚设。

国民政府底定南京后，急于掌控现有的金融经济资源，对于中、交两行势在必得。而中、交两行，尽管业务重心已经南移，但基于历史原因，仍是名义上的北京政府的国家银行，因此处境十分尴尬。1927 年 11 月 11 日，财政部金融监理局对中交两行训令：“自本年十一月十五日起，应将管辖内各分支行号、兑换券发行数目、准备状况以及营业日计表，每逢星期

① 徐永祚（徐沧水）：《永久维护中行之独立》，《银行周报》第 3 卷第 16 号，1919 年 5 月 13 日。

② 姚崧龄编：《张公权先生年谱初稿》上册，第 72 页。

六分别编制各一份呈报本局，以备考核。”[①] 11 月 14 日，金融监理局即派员前往中、交两行检查发行准备等账簿、文据、库存等，遭到中国银行、交通银行的拒绝。中国银行副总裁贝祖诒称：“本市银行公会对于金融监理局之成立尚未正式承认，本行未便遂受检查。”此时，上海银行业联合会、上海银行公会似乎有备而来，提前几日已发出通告：“此后无论何种机关，如向会内银行查账，认为关系市面金融者，非经本会大会通过，不得任意检查。”[②] 这应该是新生政权建立后，中、交两行对其的公开对抗。对于两行的拖延慢待，金融监理局却也无实际举措。只是于 1927 年 12 月 1 日，再次下令，要求两行按期呈报各项业务表册：“本局前令该行按期呈报表册一案，意存合作，势在必行”；“勿再玩延，自侪于法律之外也”。[③] 虽然以违法相要挟，最终还是不了了之。这次中、交抗命，令国民政府感受到无法掌管金融带来的问题，对此，财政次长徐堪论及：“中交两行习染北京政府时代之恶习太深，不仅目无政府，且常以银行地位，操纵政权，以达其剥削国库、危害民生之目的。国府奠都南京后，该两行总行虽先后南迁，而积习未改，甚或变本加厉。闻且利用金融力量，广交反动分子，以为玩弄政治之手段。初则多方设法，力阻中央银行之开业。继则提出中央银行发行之兑换券，全国不得超过四千万元，银行同业每日收到之中央兑换券须当日轧现，以及央行理监事名额与监事会主席人名等种种限制与要求，非由财政部完全应允与实行，中央银行不得开业。当时北伐军事初告完成，政府财政基础，尚未确立，不得不委曲求全，以资因应。惟以此中央银行虽于十七年十一月一日正式在上海开门营业，而因受上述种种无理限制，无法藉金融力量以调节财政，国库之艰窘，仍难稍减。”[④] 不难看出，改组

---

① 《金融监理局要求交通银行将各项营业状况定期呈报的训令》（1927 年 11 月 11 日），中国第二历史档案馆编：《中华民国史档案资料汇编》第五辑第一编“财政经济”（四），江苏古籍出版社 1991 年版，第 384—385 页。

② 《金融监理局派员检查上海中国银行各项业务遭张公权等拒绝情形呈》（1927 年 11 月），《中华民国史档案资料汇编》第五辑第一编“财政经济”（四），第 386—387 页。

③ 《金融监理局令上海交通银行按期呈报各项业务表册勿再玩延》（1927 年 12 月 1 日），《中华民国史档案资料汇编》第五辑第一编“财政经济”（四），第 389 页。

④ 徐堪：《中交两行增资改组案经过》，《徐可亭先生文存》，台北徐可亭先生文存编印委员会 1970 年版，第 31—32 页。

中、交通银行对于国民政府来说亦有不得不为之苦。

财政工作推展艰难，两大银行不能有效合作，使国民政府建立中央银行的计划提上日程。财政部部长宋子文最初试图改现成的中国银行作为中央银行，以便很快树立央行信用。在与中国银行总裁张嘉璈相商时，此项提议遭到了婉拒，张建议，“中国、交通两银行创办时，曾采用若干日本的制度，何妨即仿照日本式的日本银行、横滨正金银行及日本兴业银行三行鼎立的制度”，提出将中国银行改组为“特许国际汇兑银行”，交通银行改组为“特许发展全国实业银行”，与中央银行分工合作。并表示“如政府能将过去中国银行所垫政府用款归还，中行自愿放弃发行权，俾发行早日完全集中于中央银行。惟当时政府财政困难，尚须中国银行垫款周转，深恐取消中行发行，不免引起人们疑虑，发生不利影响，故未予同意”。① 宋子文权衡利弊后，接受了张的建议。此后由张嘉璈全权负责起草中国银行、交通银行新条例。11 月 1 日，南京国民政府在上海组建中央银行。

就在中央银行正式营业前后，南京国民政府对中交两行进行了改组。1928 年 11 月 16 日公布《交通银行条例》，对交行性质、地位、组成及营业范围作出明确界定。

首先，规定交通银行为“发展全国实业之银行”。交行成为政府特许的发展全国实业的银行，其享有的特权和业务范围为：代理公共实业机关发行债票及经理还本付息事宜；代理交通事业之公款收入事项；办理其他奖励及发展实业计划；经理一部分国库事宜，并经财政部特准发行兑换券。

其次，规定交行资本总额定为国币 1000 万元，政府先后认股 200 万元。“交行股本总额，原为二千万元，已收七百七十一万四千六百元，新条例减为一千万元，亦由财部拨足官股二百万元之数。”② 官股在当时交行总股本额中仅占 1/6，比重尚少，但毕竟实现初步参股，开始渗入交行。

再次，总协理制改为董事制。主要变化有四：“交行新条例第十及十一条，关于干部组织之规定……比较该行旧条例时，其主要异点有四：旧定

① 姚崧龄编：《张公权先生年谱初稿》上册，第 84 页。

② 谦益：《论中交两银行之新条例》（1928 年 12 月 3 日），《钱业月报》1929 年第 9 卷第 1 期，第 21 页。

董事为五人以上、十一人以下，兹则改为十五人，一也。董事之产生，旧定须由股东总会，就二百股以上之股东中选出，兹则改由财部指派三人。余就百股以上之股东，由股东总会中选任之，二也。旧无监察人之规定，兹则定为五人，三也。旧设总理一人、由股东总会就四百股以上之股东选出，协理一人，就三百股以上之股东选出之。选出后须由交通部转咨财政部备案。此外更设帮理一人，以路政局局长充任，由交部委派。兹则将协理、帮理，一概取消。仅由常务董事中互选总理一人而已，四也。”[①] 11月24日，交通银行召开股东总会，选举商股董事钱永铭、卢学溥、胡祖同、王承祖、陈光甫、李馥荪、杨德森、陈福颐、张嘉璈、李承翼等12人，商股监察人梁定蓟、叶崇勋、贾士毅、于宝轩4人。12月7日，财政部指派官股董事顾立仁、徐寄庼、唐寿民为官股董事，许修直为官股监察人。12月8日，交通银行召开董事会，选举钱永铭、卢学溥、胡祖同、顾立仁、李承翼为常务董事，互选胡祖同为总经理，许修直为常驻监察人，并由财政部指定卢学溥为董事长。

值得注意的一点，这次改组，交通银行直属机关发生转移，交通银行由直属交通部转由财政部统一管理，如当时报端所述：“交行在清季为邮传部所创办，系为交通事业之专门金融机关，故入民国后，仍归交通部直辖，交通部有直接指挥监督之权。至财部仅以职权上之关系，对该行可为相对的干涉，多不过与交部共同管辖而已。……今该行新条例，完全将该行改归财部管辖，故董监事得由财部指派，营业年限期满延长时，须得财部之核准，他如增加资本、修订章程、修改条例等，经股东总会议决后，均须得财部之核准，交部不复再有干预之权，自为当然之处置。”[②]

中国银行在这次改组中，被特许为国际汇兑银行，享有的特权和业务范围为：经理政府发行海外公债及还本付息事宜；经理政府存在国外的各项公款及收付事宜；发展及扶植海外贸易事宜；代理一部分国库事宜，并仍有发行兑换券之特权。同时还经理国内外汇兑及货物押汇、商业期票及

① 谦益：《论中交两银行之新条例》（1928年12月3日），《钱业月报》1929年第9卷第1期，第12—13页。

② 同上书，第13—14页。

汇票之贴现。同时对中国银行亦增加官股，“中行股本总额原为六千万元，实收一千九百七十六万〇二百元，而新条例则将资本总额减为二千五百五万元，由财部新条例拨足官股五百万元之数”。[①] 官股500万元，占到中行股额的1/5。在人事上也作了相应改组，张嘉璈随笔云：“董事长虽由财政部指定，而总经理则由常务董事互推，较之民六则例正副总裁均由政府直接任命，又更进一层，使人事方面不致因政局变化，而发生动荡。为银行首长者得以久于其任，而贯彻其计划，自由发展。”[②] 事后他不禁感慨：“幸将中国银行之独立保全。”[③]

在改组条例发布之前，交行总管理处的部分机构于1928年7月间已迁至上海，原留北平的国库股提前南下，迁入交行上海分行办公。当时有报道称：“因首都南迁，国库股应设在国都所在地。该行遂将国库股文件，由领股刘展超督率行员，押运平浦车南下赴沪，附设于上海交通分行之内。”[④] 11月16日国民政府颁布《交通银行条例》，明确规定将总行设在上海。此后，已移设天津的各股相继迁沪。[⑤]

中国、交通两行南迁，引起银行界的一次大迁徙，许多银行纷纷将总行处由北方迁至上海。1930年中孚银行和中国实业银行从天津移往上海，1931年新华商业银行和中国农工银行从北平迁到上海，1933年东莱银行从天津迁至上海。1935年、1936年，“北四行”之首的盐业银行和金城银行亦将总行南迁至沪。其中固然有银行自身的业务考虑，政治上的趋同及转向亦不可否认。

对于中、交两行的第一次改组，当时的金融界似乎比较乐观，认为1928年一年间，“中央银行之设立、中交两行之改组、中国银行之检查发行准备等”，皆为金融界“新生命之基础”，此种兴革，“在我国尚属创举，前途之荣辱系之”。[⑥] 社会上对中、交在各自的特许使命上寄予极高的期望，

① 谦益：《论中交两银行之新条例》（1928年12月3日），《钱业月报》1929年第9卷第1期，第21页。

② 姚崧龄编：《张公权先生年谱初稿》上册，第86页。

③ 同上书，第87页。

④ 《交通银行国库股迁沪》，《银行周报》第12卷第44号，1928年11月13日，第30页。

⑤ 《交通银行史料》（第1卷），第97页。

⑥ 霭庐：《今年金融界之新希望》，《银行周报》第13卷第2号，1929年1月8日，第1页。

报端有论："我国银行以实业名者多矣，然求其能名实相符者甚鲜，故实业银行虽林立，而卒无补于实业者，即名实不符之弊有以致之。当此庶政更新之际，欲建立健全之经济基础，尤须有一机关确能胜调节全国实业界金融之大任，而后始可收发展之效，此政府毅然改交通银行为发展全国实业银行之由来也。"①

事实上，改组后，中、交两行在各自被赋予的特许业务中，基础薄弱，困难重重，并未做出太多建树。中国银行转向外汇业务方面发展，起初基础薄弱，外汇基金只有100万英镑，是在第一次世界大战期间，以中国政府在海外发行的金公债，其时价值低落而购进的英钞证券。人才方面也只有香港分行的办理外汇业务的职员受过训练。因此资力与人才，俱见缺乏。② 交通银行在改组后，曾试图增加对工业资金的供给，以达成其任务。无奈国内政治不宁，日本侵略东北，国共内战，加上1932年的十省大水灾，国内多数工业都陷于困境。在这种情况下，如张嘉璈分析的："银行虽欲为工业尽力而竟致无从下手。因此除了增建若干仓库并多做栈单押款外，不能有所进展。1928年至1934年之间，交行的钞票发行额增加了65%，从国币6807万元，增加到11251万元，而存款只增加了16%，从15094万元，增加到25321万元。"③ 中、交两行虽被名义上纳入国民政府主导下的国家银行体系，但并未实现真正的专业化，仍然在各业务领域中，不仅与商业银行竞争，且与中央银行较量。国民政府的金融改组任重道远。

第三节　整旧营新：南京国民政府初期的交通银行

1928年11月，国民政府以行政院院令颁布《交通银行条例》，从法律上改变了交行的国家银行性质，交行作为"政府特许之发展实业之银行"，

---

① 贾士毅：《民国续财政史（六）》，商务印书馆1934年版，第58页。

② 张嘉璈：《中国货币与银行的朝向现代化》，薛光前主编：《艰苦建国的十年》，台北正中书局1971年版，第146—147页。

③ 同上书，第147—148页。

被赋予专业化的定位。面对此一定位转变，交行在新时期首要的宗旨便是“整旧营新”。整旧，即“审查各该管旧账历史性质，分别呆滞，列具清册，详晰叙明，一面妥拟整理方案，陈候核办”；营新，即“转移目标，注意于社会经济繁荣，妥筹安定之策”。①

11 月 24 日，交行第十七届股东总会在上海召开，股东总会停选总理、协理。总管理处由总协理制改为董事制，设董事长兼设总经理。1928 年 12 月财政部指派卢学溥为董事长，常务董事选举胡祖同为总经理。胡祖同成为交行的实际管理者。

胡祖同（1888—1936），浙江宁波人，字孟嘉。早年赴英国留学，在伯明翰大学获商科硕士，回国后任浙江公立法政专门学校教授。1921 年进入交通银行，1927 年任上海分行经理。同年参与发起上海商业联合会。南京国民政府成立后，交通银行总处迁至上海，国民政府计划增加官股改组交行，胡与政府达成协议，增加官方股份 20%，胡被选为董事并任总经理。1933 年交行再次改组，胡被迫离职，转任中央银行国库局总理。1935 年交行大改组后，担任常务董事。

胡祖同主持行务时期，中国金融业经过北京政府时期的两次停兑、挤兑风波后，开始逐渐恢复生机，交行的发展也出现良好苗头。适应这种形势，胡祖同提出了一些新的比较成熟、适时的业务方针。1930 年交行呈财政部核准添设储蓄部及信托部，实行营业独立，会计公开；在总管理处增设设计部，相当于研究部，编辑出版《交行通信》，延揽人才，革故鼎新，力图振兴；1931 年，延聘上海钱业领袖秦润卿担任交行沪行经理；在陕、甘两省增设支行，贷款农业、改良棉种，开发泾、渭二渠，兴修水利。适应发展实业银行的定位，在投资实业方面力图有所举措，刘鸿生创办的章华呢绒厂、大中华火柴厂、水泥厂等，荣宗敬的纺织厂、面粉厂粉厂，李康年创办的中国国货公司、中国化学工业社等都曾得到过交行的扶持。不过，无论是相对于交通银行的整体资力，还是相较于同业对实业的支持力度，1933 年前交行对实业的贷款投资力度尚乏善可陈。

① 陆子培编订：《交通银行行务纪录汇编》（1933—1936），上海档案馆藏，交通银行档案，Q55/2/270。

1933 年，交行第二次改组，唐寿民、胡笔江[①]分别被选举和指派为总经理和董事长，交行进入唐寿民主持时期。

唐寿民（1892—1974），江苏镇江人，1891 年生。辛亥革命后即从事金融业，先后担任上海商业储蓄银行副总经理兼汉口分行经理，上海造币厂厂长、中央造币厂厂长，中央银行理事、常务理事兼业务局总经理，交通银行上海分行经理、总经理，大通煤矿公司董事长等。上海沦陷期间，出任交通银行“复业”后的总经理兼董事长，1943 年 3 月，任汪伪全国商业统制会理事长。战后以汉奸罪被判有期徒刑。唐寿民一生在交行任职时间最长，是宋子文的亲信人物。据知情者回忆，当时“周作民、谈荔孙等些原先看不起他的人，现在都反过来拍他的马屁了。有段时间，他是少数几个可以直接见蒋的红人之一，连张嘉璈也略逊一筹”。[②]

上任交行伊始，唐寿民便借着政府改组中、交两行的机会，对交通银行展开大刀阔斧的改革。基于其多年的经验，他认为过去银行业“处理业务，自身无研究、无规划、事事盲从，动落后尘，又或食人余唾，受人支配，以及专从内部讨取便宜，不向外界发展，喜与官府往还，为无关业务之酬酢，不在商业实业上谋接近〔捷径〕、求出路，更有依赖一部分库债券投资，以为便尽营业能事，于工商业押款、汇款，完全忽略，凡此种种皆与目前银行业之作风，极不适宜”。因此，“照目前情势，如仍抱定昔日之经营方式，可断言必无发展可能”。[③] 唐寿民这一总结，可谓切中交行此前的要害，在工商业上下功夫，既符合交行的定位，也切合国民政府成立后社会发展的主流。方针既定，唐寿民即“规定方案，逐次设施：为划一事权，便于统制计，则有总行制度之改组；为服务社会，因地制宜计，则有各处支行寄庄之增设；为辅助实业调剂农村计，则酌减其他投资，增加企

① 胡笔江（1881—1938），名筠，字笔江，江苏江都人。早年在江苏泰县一小钱庄当学徒，后经人介绍进入交通银行北京分行任调查专员。后经梁士诒提拔，从总行稽核到北京分行副理，1914 年任北京分行总理。他主持行务，成绩斐然。1921 年离开交行，与南洋富商黄奕柱合办中南银行，任总经理。北四行联营后，胡笔江任四库总监。1933 年交行改组，胡被宋子文指派为交行董事长。抗战爆发后，胡笔江积极支持抗战，1938 年乘机时遭敌袭击遇难身亡。

② 邢建榕：《民国银行家唐寿民的一生（上）》，《档案与史学》2003 年第 1 期，第 59 页。

③ 《唐总经理告全体同人书》（1934 年 7 月 4 日），《交行通信》第 5 卷第 1 号，1934 年 7 月 31 日，第 1—2 页。

业放款；为支配人员，节省开支计，则于新设机关，先仅旧员尽量调遣。总期开源节流，兼筹并顾，广开途径，顺应潮流，而归结于不忘发展实业之主旨而已”。①

1933年6月，唐寿民着手修订组织规程。之前，交通银行的组织规程一直沿用1917年所定之组织大纲，“设董事会暨总管理处。总管理处执行总行之职务”。② 唐寿民认为：“旧总管理处对于分、支行之指挥，中间多一层阶级，既难收令出事行之效，犹每多失落时机。譬如军队之统制，阶级重重，为主将者反不能直接指使下级之士兵。故本行为求行务上管辖之灵捷，节省经费，并适合本行条例起见，实有改组总管理处为总行之必要。”③ 1933年新修订的组织规程规定：“设总行于上海，总揽全行事务。总行由总经理商同董事长、常务董事处理全行事务。分行库部直隶于总行，支行库部归分行库部管辖，但因事实上之便利，支行库部得直隶于总行，称为直隶支行库部。”④ 7月，依照条例章程之规定，改组总管理处为总行，总揽全行事务。总管理处至此废止，总行于管理外，兼营业务。同时，撤销上海分行沪区总库及沪区储蓄分部，改设三部：一、业务部，主管营业事务；二、发行部，主管发行业务；三、储蓄信托部。又设两处：事务处和稽核处。⑤ 胡笔江、唐寿民分别兼任发行、业务部经理，将分行头寸集中于总行统一调度使用。全行公债、证券业务统一由总行业务部经营。胡、唐二人就此掌握了总行和上海分行的管理、业务大权。由此，自“1933年7月以来，对于各分支行资金悉由总行酌剂盈虚，量予调拨，多款之行，除在当地自筹出路外，准其将余款调存总行或开立定期户或由总行代为搭放，其利率比较当地存息酌加，最高年息1分，最低年息8厘，此项定期及搭放款项，截至1933年底，总数共计1590万元。截至1936年底，定期户总数共计4615万元。搭放户暂行停止。缺款之行，准其透用总行之款，以资营运，其利率比照当地放款利息酌减，最高月息8厘，最低月息6厘。此

① 《交通银行营业报告书》（1933年），交通银行总管理处编印，第1页。

② 《交通银行组织大纲》（1917年），《交通银行史料》（第1卷），第240页。

③ 《唐总经理（寿民）莅平训话纪录》（1934年4月30日），《北京金融史料》（银行篇五），第445页。

④ 《交通银行组织规程》（1933年），《交通银行史料》（第1卷），第240—241页。

⑤ 《交通银行史料》（第1卷），第98页。

项透用款项，1933 年底总共 928 万元，至 1936 年底止，总数共计 2666 万元”。[①] 实行效果，“在总行实行统制，不免多加负担，在各分支行，得以尽量经营，款无虚搁，全行通盘计算，实有裨益”。[②]

唐寿民非常重视发行业务，指出“发行为交行生命线之一，就发行说，惟有努力前进，庶不负政府所授之特权。就准备说，总当依法保持，庶不失社会相需之本旨也”。[③] 1933 年 7 月，交通银行变更分区发行制，改为集中发行制，总管理处、上海分行及沪区发行总库合并改组为总行的同时，券务部及沪区发行总库改为总行发行部。集中库的设置，“在使每一发行区域有一重心，职责非常重要。除秉承本总行调度区内准备及支配票料以外，并负计划督促及稽核之责，所有区内各行发钞途径与是否合算及压搁暗钞等事，亦责成集中库任其考核”。[④] 同时改进发行组织，取消津区、沪区等分区名称，以原设各区总、分库为各地分、支库。改津总库为津分库，除燕库仍隶属于津库外，又以原属津库之济南、青岛、烟台三库改隶总行。自改组之后，“增设分支行办事处，益见增多，统计新旧各行，截至今年八月底止，已近数百（凡九十有九），如连同发行分支库（凡四十有八）暨储蓄信托分支部（凡六十有一）等，一并计算，总分支机关，共达 208 处之多，如连同已经干部议决而未发布者并计……总分支机关，已多至一百有六，分支库多至五十有二，营业机关共二百十二处矣”。[⑤]

另外，为逐渐膨胀的存款资金寻求出路亦是唐寿民特别注意的问题。进入 20 世纪 30 年代，整体社会财富增长，但因国内战乱、世界经济动荡，整体投资环境并不理想，社会游资无处可去，银行存款日增，据交通银行 1933 年营业报告统计：“就存款户数比较，工商业及个人存户，约占全体 94%。”[⑥] 存款的

---

① 陆子培编订：《交通银行行务纪录汇编》（1933—1936），上海档案馆藏，交通银行档案，Q55/2/270。

② 同上。

③ 同上。

④ 《唐总经理告全体同人书》（1934 年 7 月 4 日），《交行通信》第 5 卷第 1 号，1934 年 7 月 31 日，第 3 页。

⑤ 顾绍衣：《交通银行总分支行所在地分区编次法之试编》，《交行通信》第 5 卷第 2 号，1934 年 8 月 31 日，第 4—5 页。

⑥ 《交通银行营业报告书》（1933 年），第 2 页。

增长，固然有利于银行资本的充裕，但银行为营利机关，也需要考虑资金的投资，因此“年来都市游资过剩，是以银行存款日增而运用之途径日狭，殆为一般银行所最感痛苦之事”。[①] 为此，交行强调加大对实业的融资，努力为资金开辟出路：“自改组之后，即于二十二、二十三两年度内，择国内较大之纺织厂、染织厂、面粉厂、糖厂、纸厂及化学工厂等，就其经营稳健而缺乏流动资金者，酌予贷放，其金额均较以往年度为多。至投资方法，除力求手续严密，还款基金稳固外，对于厂方收入，尤极注意。”[②]

作为发展实业银行，对全国经济社会乃至交通发展状况必须有充分了解和全盘把握。唐寿民上任不久，即从沪海道出发，经过青岛、济南、天津、北平、石家庄、郑州等处，再绕道至太原、西安，折由汉口返沪，进行了长达40天的行务视察。按照唐寿民所言：“此次出外视察，即希于原有之营业范围外，另辟一条出路，以期业务日渐扩充，范围日渐广大。”[③] 此次视察，可谓收获颇丰。经过实地考察，唐寿民加大实业投资的发展路径进一步明确：“今后行务之趋势，注重于实业上之投资。苟其地有营业可做，即于是地创设支行或办事处。”对于放款方针，指出：“嗣后放款，应注重对物信用，避免对人信用，务期扶助国内生产事业，以免趋于分利之途。其事前准备，则实地调查，必详必尽，庶几可策万全。”[④]

唐寿民长途视察，很重要的一个目标还在于锐意开发营业线网，他谈道：“此番考察，自岛而烟而鲁，深察此三处地方情形……近又决定出发平汉路沿线各行视察，并顺道至山西、陕西一带实地察看，或可打开新出路，谋业务之扩大发展也。”[⑤]“统北方全局观察，似只有西北部分，从郑州起点，向西推进之一带地方，最可开拓。”[⑥] 根据其亲身考察结果，交行决定

① 《交通银行营业报告书》（1933年），第2页。

② 陆子培编订：《交通银行行务纪录汇编》（1933—1936），上海档案馆藏，交通银行档案，Q55/2/270。

③ 《唐总经理（寿民）莅平训话纪录》（1934年4月30日），《北京金融史料》（银行篇五），第445页。

④ 同上。

⑤ 同上书，第446页。

⑥ 《唐总经理视察北部分行行务纪略》，《交行通信》第5卷第1号，1934年7月31日，第12页。

将经营江北、开发西北、发展闽粤作为区域开拓的重点。[①] 纵以海岸线，横以铁路线及江河流域为主要区域。1933 年度下半期及 1934 年度上半期，交行“即已着手经营江北一带，沿运河及里下河两线以达陇海线滨海东岸连云港各地，分别添设机关，行处密集。其次，由瓯海而达闽粤沿陇海平汉直向秦晋推进”。同时，“发展华南与开发西北诸计划，亦复于二十三年度下期及二十四五年度内次第完成”。[②]

1933 年交行改组及唐寿民的改革举措，对交行影响重大，营业方针有了实质性调整：“自改组以来，推进业务之方针，原以辅助实业，平衡都市与内地之金融为主义。”[③] 1933 年由此成为交通银行发展史上的一大转折点，实业投资开始按计划稳步推进，交行的发展实业银行功能逐渐显现：“在二十二年度下期及二十三年度上期间，本行即已着手经营江北一带……发展华南与开发西北诸计划，亦复于二十三年度下期及二十四、五年度内次第完成。现值全国统一西南政局，已告安定。本行除继续计划向闽江及珠江上游一带推进义务外，并拟伺机向广西及南洋方面逐步推展，以期形成西南与海外营业线网，俾与内地各行处之移转管辖，或加以调整裁改，则不外因时制宜，为适应环境之必要措置。”[④] 1934 年，既是出于交行本身发展的要求，亦是响应政府开发抗战根据地的大潮，西北成为交通银行着力开发的地区：“自二十三年唐总经理亲赴西北实地视察之后，认为本行负有发展全国实业使命，对于重要实业原料产地，有投资开发之必要，虽决定沿陇海路线向西推展业务计划，经派员迭往调查，择定洛阳、陕州、灵宝、潼关、朝邑、渭

① 江北物产丰饶，南通、如皋为江苏省产棉中心，两淮之盐，下河之米，产销尤广。除早在南通、扬州、泰县、徐州等重要地方设有支行外，又沿里下河与运河两线建立网点，东线依里下河北上，以南通为起点，经如皋、东台、盐城、板浦以达连云港之新浦；西线沿运河北上，以扬州为起点，经高邮、宝应、淮安、清江浦、宿迁以达徐州，两线之间则有黄桥、泰兴、姜埝、溱潼等行处，形成一个贯若联珠的支行网络。开发西北则沿陇海路向西推进，在洛阳、陕州、灵宝、潼关、朝邑、渭南、西安、咸阳、泾阳等处设立机构，促进了西北棉业的发展，闽粤方面，在厦门、鼓浪屿、漳州、石码、泉州、福州、涵江、马尾、建瓯及香港、广州、汕头等处，先后设立分支行处。

② 《交通银行民国二十四年度营业报告》，交通银行总管理处编印，第 1 页。

③ 陆子培编订：《交通银行行务纪录汇编》（1933—1936），上海档案馆藏，交通银行档案，Q55/2/270。

④ 同上。

南、西安、咸阳、泾阳等处，先后设立机关，开业以来，进行各项棉业投资，如棉花押汇、棉票买汇以及打包厂收条押款等书的，逐年增加。”①

表 3—2　　　　交通银行运输线分布表

运输类别		运输线路	主办行处	承运机关
铁路		京沪全线	总行仓库	京沪铁路管理局
			沿京沪路	
			各行仓库	
		津浦南段	徐蚌行仓库	津浦铁路管理局
		陇海全线		陇海铁路管理局
		西段由郑州至潼关	郑行	
		由潼关至咸阳	渭行	
		东段由徐转口陆路		
		联运南至上海、无锡		
		东至济南、青岛等处	徐行	
轮船		徐海线		招商局轮船公司
		陇海车运由连云港		
		转口联运南至上海		
		东至青岛、天津等处	总行	
		长江线		招商局轮船公司
		芜湖、九江	浔、芜行	
		汉口、沙市	沙行	
		长沙	湘行	
内河帆船		江北线		薛鸿记转运公司
		运河里下河	江北区域各行	
		朝潼	朝处	潼关义兴转运公司
公路	汽车	渭南线	渭行	渭南利通汽车公司
	大车	泾咸、泾西两线	泾处	西安正谊转运公司

资料来源：陆子培编订：《交通银行行务纪录汇编》（1933—1936），上海档案馆藏，交通银行档案，Q55/2/270。

① 陆子培编订：《交通银行行务纪录汇编》（1933—1936），上海档案馆藏，交通银行档案，Q55/2/270。

唐寿民的“营业方针，注意恢复农村经济为目的”，[①] 农产放款大幅度增加是其上任后交行发展引人注目的方面。1932 年农产放款总数不过 330 万余元，1933 年为 572 万余元，1934 年猛增到 2469 万余元，到 1936 年又在 1934 年基础上，增加 2401 万余元，总数达 4870 万元，与改组前相比，增加 13 倍以上。[②] 交行对西北地区农业发展的支持尤其突出，档案记载：“自本行业务推进秦中之后，本投资农产、开发西北之方针，首先注重合作事业，两年半以来，所投资之合作社，已有 660 余所，在调剂金融指导生产之原则下进行发展实业之使命，就陕西一省之棉产数量而言，二十一年度全年产额不过 157813 石，二十三年度骤增至 1004114 石，二十四、五两年产额均在 140 万石左右。”[③]

1928 年和 1933 年对交行的两次改组，使之在管理和发行上初步实现统一。唐寿民在任内切实推行国民政府指导下之“发展实业”使命，不仅为交通银行开拓了发展空间，也为国民政府随后实施的金融统制打下了基础。

第四节　危中之机：1935 年银行改组的背景

1935 年是中国金融史也是交行历史上具有划时代意义的一年。上半年，国民政府对中、交二行进行大改组，中国两大银行的结构为之一变；下半年，国民政府开展法币改革，中国金融体制发生巨大变化。要理解这一年金融界的重大变革及交行在其中的遭际，首先要对 1935 年年初的金融、经济形势有一个整体的把握。

1935 年年初，金融混乱引发中国经济遭受严重冲击，当时中国银行报告中称：“通货紧缩”“银根枯窘”“地产呆滞”“提存挤兑”风险，一触即发。[④] 与此同时，蒋介石日记也忧心忡忡地提到：“财政困难，社会经济日渐衰败，可虑之至。”[⑤] 一幅危机深重的景象。但令人困惑的是，就在 1936 年，中国却树

---

① 《交通银行扩充营业》，《中行月刊》第 7 卷第 4 期，1933 年 10 月，第 75 页。

② 陆子培编订：《交通银行行务纪录汇编》（1933—1936），上海档案馆藏，交通银行档案，Q55/2/270。

③ 《1936 年交通银行营业报告》，上海档案馆藏，交通银行档案，Q55/2/204。

④ 《二十四年度中国银行报告》，《社会经济月报》第 3 卷第 5 期，1936 年 5 月，第 100、101 页。

⑤ 《蒋介石日记》（手稿），1935 年 3 月 2 日，斯坦福大学胡佛研究所档案馆藏，下同。

立起通常被认为是1949年前的经济标杆：这一年，许多经济数据都达到了战前乃至1949年前的最高值。1935年，到底发生了什么?[①]

谈论20世纪30年代的中国经济，白银危机是一个无法回避的话题。中国是当时世界上为数不多的银本位国家之一，白银在中国国内市场是可流通货币，因此，白银价格的涨跌直接关乎货币的稳定，对金融、经济影响巨大。

1870年以来，世界白银价格长期处于下降通道，第一次世界大战期间短暂反弹后，1919年起又开始下跌。作为世界白银产销大国，美国在20世纪30年代初，即表现出干预白银价格的意图。1934年6月，美国总统罗斯福签署购银法案，规定政府通过购买方式，设法使每盎司白银价格提高到1.29美元；或者将白银在美国货币储备金中的比重提高到1/4。购银法案通过后，世界银价报复性上涨。白银价格的上涨，对银本位的中国经济形成巨大冲击，使在中国作为通货的白银大量外流，银行银根速现紧缩，这与20世纪30年代世界经济危机在中国的滞后反应结合在一起，导致金融吃紧、市场混乱、经济发展遇阻。现有研究都强调白银危机造成中国经济的巨大困难,[②] 认为20世纪30年代中国经济遭受了严重危机。[③]

1929年开始的世界经济危机席卷全球，对英美等西方国家的经济造成

① 之前学者多从国民政府推行金融统制的角度考察中交改组，如吴景平编《上海金融业与国民政府关系研究（1927—1937)》，上海财经大学出版社2002年版。徐锋华《企业、政府、银行之间的利益纠葛——以1935年荣氏申新七厂被拍卖事件为中心》（《历史研究》2011年第6期，第53—69页）一文中指出1935年申新七厂及工商企业面临破产危机，政府以此为契机展开改组中交的金融统制，以借中交实力救济市面。此结论似具启发，但是对1935年的经济形势缺乏总体深入的判断，对国民政府改组中交的具体决策过程也欠全面的考察。至于对1935年中国经济的判断，几乎众口一词，多认为此时生产下降、销售不畅、企业倒闭、经济运行出现严重危机。如小科布尔《上海资本家与国民政府（1927—1937)》，杨希孟、武莲珍译，中国社会科学出版社1988年版；城山智子《大萧条时期的中国——市场、国家与世界经济》，孟凡礼等译，江苏人民出版社2010年版。

② 如小科布尔提到，就从农业、工业、商业、金融、资本家等方面全面论证了白银危机对中国经济造成的巨大危害。参见小科布尔著《上海资本家与国民政府（1927—1937)》，第162—190页。

③ 有学者提出不同看法，罗斯基以制造业、金融业与交通通讯业等经济部门为主要关注对象，对第二次世界大战之前近半个世纪的中国整体经济形势进行了长时段的分析判断，认为战前中国经济经历了一个实质性且持续的增长。托马斯·罗斯基：《战前中国经济的增长》，唐巧天等译，浙江大学出版社2009年版。

惨重打击。以美国为例，1932 年其工业产量只相当于 1929 年的 53.8%，农业收入仅存一半。相比之下，中国在这场危机初始，所受冲击要小得多，作为一个欠发展国家，中国纳入世界经济体系有限，尤其世界白银价格在这一时期连续下跌使中国在汇率上反倒受益，白银流入，局部经济意外活跃。杨格即认为："就中国来说，大萧条的开始日期不是 1929 年，而是 1931—1932 年的冬春之交。直到那时中国没有受到严重影响。"①

1932 年后白银价格回涨，改变了中国在世界性经济大危机下独善其身的局面。这一年，美元贬值，刺激长期处于下行通道的银价开始回升，银价指数开始迅速反弹，1933 年为 61，1934 年涨到 85。② 购银法案通过后，银价更大幅上涨，纽约银价从 1932 年底每盎司 25 美分涨到 1935 年初的 55 美分，4 月更达到 81 美分的高点。③ 1933 年，白银在国外的价格已超过国内，到 1935 年时，白银在国外的购买力高出国内购买力近 2/3。银价上涨，使其作为商品的交易功能凸显，导致白银由中国大量流出，1934 年 12 月流出白银达 66542638 元，1935 年 1 月又流出 15416432 元。1934 年全年，净流出白银 256728151 元。④ 对于银本位的中国，白银大量外流势必扰乱经济、金融的正常运行，兼具官、商、金融家身份的穆藕初警示："国内存银本属无多，且有一部分存在外国银行之手，若再源源流出，则因存银减少而发生之影响，有可虑者三事：第一，存户因恐惧存银减少而提存；第二，持有钞票者因恐惧存银减少而挤兑；第三，因银行需要现款而影响公债跌价。"⑤

为控制白银外流，1934 年 10 月 14 日，国民政府通令全国各海关征收白银出口税及平衡税，提高白银流出的投机成本。这一措施对华资金融机构的白银外流起到了一定抑制作用，但无法控制外资银行。实际上，当时

① 阿瑟·恩·杨格：《1927 至 1937 年中国财政经济状况》，陈泽宪、陈霞飞译，中国社会科学出版社 1981 年版，第 213 页。

② 《1880—1934 年中美两国之银购买力》，实业部银价物价讨论委员会编：《中国银价物价问题》，上海商务印书馆 1936 年版，第 8 页。

③ 阿瑟·恩·杨格：《1927 至 1937 年中国财政经济状况》，第 218、219 页。

④ 《中国金银出入统计表》，《社会经济月报》第 3 卷第 5 期，1936 年 5 月，第 112 页。

⑤ 《穆藕初致上海银行公会函》，1934 年 2 月 28 日，上海市档案馆编：《上海银行家书信集（1918—1949）》，第 126 页。

白银主要是通过外资银行流出。如 1933 年底，上海华资银行和外资银行的白银储备分别是：27178.6 万元、27568 万元；1934 年底则分别为：28032.5 万元、5467.2 万元，[①] 两相比照，华资银行存银前后保持平稳，而外资银行则流出 21000 多万元。外资银行存银大量减少，必然使其在“营业上要收缩信用”。[②] 尽管此时由于华资银行的崛起，外资银行已不再能垄断中国金融，但其举足轻重的风向标作用，仍会对上海乃至全国市场造成巨大震荡。

银钱业间的同业拆息和钱业公单收解额的变化可以直接反映市面银根的松紧和资金流转状况。银行间拆息对资金运行状况高度敏感。1934 年初，上海各银行拆息月息在五六分之间。7 月以后，开始上涨；8 月平均 9 分，9 月平均 1 角 2 分；10 月因公布征收出口税平衡税等，降为平均 7 分；11 月涨至平均 1 角 9 分，12 月达 6 角之多，创淞沪战役以来最高。[③] 拆息的高涨，意味着资金紧张、银根紧缺。杨格写道：1934 年下半年，“由于中国内部继续保持银本位币制，通货收缩如此剧烈，以致迫使银行信贷骤形减少。银根紧张已达极点。1934 年间中国钱庄收取的利息从每年 6% 上升到 16%，据说还有更高的。1935 年 1 月间出售一个月交款的外汇期货，贴水高达年息 27%。在上海几乎是无论出多大利息也借不到钱”。[④] 钱业公单收解额也是商业活动的寒暑表。上海钱业收解的数据显示，1934 年上海各金融机构的收解额合计为 14560784000 元，比上年的 13811358000 元，有所增加，[⑤] 而且总体上前低后高，尚看不出工商业遭受太大挫折的迹象。但是，进入 1935 年后，问题开始严重，1934 年 1—5 月钱业公单收解额为 516702 万元，1935 年 1—5 月大幅下降，5 个月共 399517 万元，仅为前一

① 《民国十年来上海各银行现银存底统计表》，《中外商业金融会报》第 2 卷第 1—3 期，1935 年 3 月，第 47 页。

② 章乃器：《上海地产之今昔》，《社会经济月报》第 2 卷第 6 期，1935 年 6 月，第 14 页。

③ 贺渡人：《民国二十三年国内经济与金融之回顾》，《社会经济月报》第 2 卷第 2 期，1935 年 2 月，第 81 页。

④ 阿瑟·恩·杨格：《1927 至 1937 年中国财政经济状况》，第 244 页。

⑤ 《上海银钱业票据交换按月统计表》，《社会经济月报》第 3 卷第 5 期，1936 年 5 月，第 113 页。

年的 77.3%。[①]

1935 年春节前后市场资金的紧张，不可避免地影响到工商业的运行。上海市长吴铁城报告蒋介石，认为上海困窘局面出现，"主因由于白银外溢筹码空虚，金融业自顾不暇，遂采取极端保守政策，工商业乃受严重之影响"。[②] 时人描述："只是上海一隅，在上月（五月）大结束的当儿，破产的商店商号，就达二百多家。其次，就是所谓'国货工厂'的困厄。在去年一年中间，比较重要的工业，如丝厂、纱厂、面粉厂、火柴厂、水泥厂、橡胶厂和卷烟厂差不多都是亏多赢少。丝厂、纱厂和橡胶厂的遭遇，尤为恶劣。"[③] 刘鸿生在家书中也描述了此种困境："我并没有让我所有的鸡蛋都放在一个筐子里，那就是说，所有我的资财都是分开投资的。如果一个企业组织亏损了，其余的还可以赚到大量利润。总起来看，在收支差额上还会表现出一种盈余的情况。但是我现在感到最恐慌的是缺乏现金。我无法使我们的营业能提供我迫切需要的款项。企业的衰落，使到处都感到这种困难。趋势所至，在当地银行界造成一种人为的恐慌，突然地硬行收缩它们对于企业组织以及私人的放款。这样，当然使矛盾愈形恶化，结果几家有名的厂商被迫宣告破产。上海几家有势力的大银行亟须迅速改变政策，整个中国工商业的前途赖此一举。总之，没有工商企业，一个银行就不能长久存在；没有银行，工商业也就要归于毁灭。"[④]

吊诡的是，银根紧缩导致工商业资金紧张，却与银行存款大幅增加同步。1935 年，中国银行存款 766291628 元，比 1934 年增加 219577725 元，增幅为 40.2%，[⑤] 这是一个相当大的增长。交通银行 1934 年存款总额为

---

① 《上海钱业收解按月数额表》，姚庆三：《民国廿四年上半年国内经济与金融之回顾》，《社会经济月报》第 2 卷第 7 期，1935 年 7 月，第 4 页。

② 《吴铁城电蒋中正上海市况奇困原因并防范绸缪已与地方合作求人心镇定》，1935 年 3 月 9 日，台北"国史馆"藏，蒋中正"总统"档案，002/080200/213/035。

③ 章乃器：《由农村恐慌说到都市恐慌》，《申报月刊》第 3 卷第 4 期，1934 年 4 月，第 10 页。

④ 《刘鸿生致刘念孝函》，1935 年 9 月 11 日，上海社会科学院经济研究所编：《刘鸿生企业史料》中，上海人民出版社 1981 年版，第 29 页。

⑤ 《二十四年度中国银行报告》，《社会经济月报》第 3 卷第 5 期，1936 年 5 月，第 103 页。

236584729 元，[①] 1935 年为 320230263 元，[②] 增幅为 35.3%。外地银行业绩也不俗，江苏银行 1934 年存款总额为 11569931 元，[③] 1935 年为 14031770 元，[④] 增长 21.3%。1934 年江西省存款额最高的是中央银行南昌分行，为 434 万余元，1935 年为江西裕民银行，达 2975 万余元，平均每家银行存款额由 85 万余元增至 176 万余元，增加一倍有余。[⑤] 从总体来看，全国银行存款总额也是较快增长，1932 年至 1934 年国内包括中国银行、中央银行、交通银行等 28 家银行的存款数据分别是：1974097476 元、2418589782 元、2751362925 元，[⑥] 年增幅平均在 15%以上。[⑦] 表 3—3 同样显示出全国银行存款的持续增长态势。

表 3—3　　1932—1936 年全国银行存款增加　　（单位：万元，%）

年份	存款	比上一年增长额	比上一年增长比例
1932	218376	32311	17.37
1933	261514	43138	19.75
1934	299776	38262	14.63
1935	378937	79161	26.41
1936	455126	76189	20.11

注：1931 年存款额为 186065 万元。

资料来源：《历年银行业全国存款统计表》，朱斯煌编：《民国经济史》，银行学会 1948 年编印，第 509 页。

① 《交通银行营业报告》（1934 年），第 2 页。

② 《交通银行营业报告》（1935 年），第 2 页。

③ 《江苏银行民国二十三年度营业报告》，《银行周报》第 19 卷第 15 号，1935 年 4 月 23 日，第 4 页。

④ 《江苏银行民国二十四年度营业报告》，《银行周报》第 20 卷第 14 号，1936 年 4 月 14 日，第 3 页。

⑤ 景瑞：《民国二十四年江西之银行业》，江西省政府秘书处统计室编：《经济旬刊》第 7 卷第 18 期，1936 年 12 月 25 日，第 9 页。

⑥ 《最近三年各行各项存款比较表》，中国银行总管理处经济研究室编：《民国二十三年度中国重要银行营业概况研究》，1935 年，第 18 页。

⑦ 银行存款业务的大幅度增长，虽然与钱庄一定程度的衰落有关，但也有资料显示，钱庄衰落并不像想象的那样严重。1932 年至 1935 年上海钱庄折合成银元的资本总额分别为：2138.5 万元、2179.8 万元、2070.2 万元、1938.0 万元，四年间下降约 200 万元，这和银行资本的大幅度增加难以相提并论。魏友棐：《现阶段的中国金融》，上海华丰印刷铸字所 1936 年版，第 88 页。

值得注意的是，1932 年后银行存款的增长，是在通货紧缩、物价下降、银元升值背景下出现的，表明社会财富在增长，而 1935 年初的金融危机正是与这种社会财富增长相伴而生，这就提示我们，对这场金融危机的评断不能简单建立在经济萧条这样固有的解释定式上。上述财富增长和金融混乱同时出现，看似相悖的状况，或许也正是理解当时经济金融形势的锁钥。时人曾有评论："形成目下此种恐慌之原因，实在于金融界本身之冻而不流，不在于金融之枯竭。"[①] 征诸上述数据，此论不无一语中的之感。其间，因白银价格波动导致白银大量外流及其影响向地产、金融的迅速传导，是造成金融"冻而不流"的重要因素。

细究 20 世纪 30 年代中期中国的经济，不仅金融并不枯竭，实业界也不像通常所说的那样竭蹶。表 3—4 是 1932—1935 年实业发展状况及 1935 年与 1927 年的比值：

表 3—4　　1932—1935 年实业发展概况

年份		1932	1933	1934	1935	
机械	厂数	145	195	228	275	是 1927 年的 19 倍多
	资本	5875146	6701446	7433546	8028746	是 1927 年的 38 倍
	工人	8973	10725	11701	13213	
纺织	厂数	675	772	880	1058	是 1927 年的 3.6 倍
	资本	139856452	145614002	156195302	191309207	是 1927 年的 2 倍
	工人	214573	228979	241710	283243	
化学工业	厂数	277	317	362	398	是 1927 年的 3 倍
	资本	34184039	37327439	40995439	42791439	是 1927 年的近 2 倍
	工人	41308	44552	49009	51638	
农产工业	厂数	412	513	607	714	是 1927 年的 3.7 倍
	资本	51647500	54824800	55763000	56763500	是 1927 年的 1.3 倍
	工人	29899	33549	35493	37832	

① 汪中：《一万万元金融公债之经济意义》，《钱业月报》第 15 卷第 5 号，1935 年 4 月 15 日，第 19 页。

续表

年份		1932	1933	1934	1935	
发电量	国资外资指数比	58 ∶ 49	62 ∶ 50	66 ∶ 50	77 ∶ 53	以1928年为100，国资外资发电量之比为48 ∶ 52

注：厂数与工人单位是“个”，资本单位是“元”。

资料来源：《1927—1936年工业统计资料·十年来之中国机械工业》、《1927—1936年工业统计资料·十年来之中国纺织工业》、《1927—1936年工业统计资料·十年来之中国化学工业》、《1927—1936年工业统计资料·十年来之中国农产工业》、《1927—1936年工业统计资料·中国近十年来之发电容量》，中国第二历史档案馆编：《中华民国史档案资料汇编》第五辑第一编“财政经济”（五），江苏古籍出版社1994年版，第201—202页。

从表3—4可看出，1932—1935年，无论机械、纺织、化学工业还是农产工业，其工厂数与资本额均处于增长趋势。机械工业发展最快，1935年投入资本相当于1927年的38倍。即使在经济危机中受创最重的纺织业，厂家总数与投入资本也处于稳步增长态势。另外，发电总量及国资比重也持续增长，发电量是工业企业产能的直接指标，这一指标的增长表明产能的不断提高。

1934年、1935年的实业状况，事实上也不像时人及后人普遍认为的那样糟糕。纺织业是当年中国实业发展的领头羊，在20世纪30年代世界经济危机中，受创较重。值得注意的是，尽管1934年及1935年上半年，纱厂停工倒闭现象屡见不鲜，但同时存货减少的趋势也十分明显，1934年6月，上海存纱107825包，12月降至78725包，1935年6月又减至74816包，9月更减到33013包，“为近年来最低之存数”。而开工总锭数实际一直是增长的，[①] 存货却显示递减，可见销售逐渐转旺当属事实，正因如此，1935年年底，棉纺业出现复苏就显得顺理成章。和棉纺业相比，同属纺织业的丝织业经营状况更为乐观：“本年我国生丝业，实有勃兴的气象。丝价较去年大为增加，上海生丝出口数量较去年增加二倍半，丝厂开工平均较去年增加一倍。”面粉业是当年中国的第二大工业产业。面粉价格虽有波

① 1933年下半年、1934年上半年、1934年下半年、1935年上半年开工锭数分别为4640206锭、4678272锭、4680832锭、4809559锭。

动，但1933—1935年产量、销量也是逐年递增。1934年上半年产量、销量分别为27615679包、33506569包，1935年上半年产量、销量分别增加至37695013包、39500245包。[①] 作为重工业基础行业的煤炭业，产煤量在1930年前后增长较快，1929年，“产煤总量为1500万吨，出超为120万吨”；“九一八”事变后，东北煤田被占，国内产煤不敷所需，故外煤入超每年在100万吨以上。1934年，国内产煤增至2090万吨，入超仅为22万吨；1935年产煤“增至2100余万吨，而输出超过输入为10.2万吨……关内各省产煤，不但可以自给，抑且有过剩之趋势”。[②] 1935年上半年的全国生产指数也表明，以1933年的生产指数为100，1934年则为100.4，1935年1—6月分别为109.1、76.5、102.3、118.6、111、116.2，[③] 除2月份有较大下降外，其余5个月都远高于1933年的基数。

表3—5　　1933—1935年进出口总额　　（单位：千元）

年份	进口额	出口额	贸易总额	入超额
1933	1345567	611828	1957395	733739
1934	1029665	535214	1564879	494451
1935	919211	575810	1495020	343402

资料来源：《中国国际贸易价值表》，《社会经济月报》1936年第3卷第5期，第112页。

再看1933年至1935年的对外贸易状况，由于银价上涨，贸易总额不断下降，但出口的下降明显低于进口的下降，由此导致的直接变化就是入超减少，如表3—5所示。作为亚洲乃至世界商贸大港，上海港的进出口总额也显示了此种趋势。1933年至1935年，上海港进出口总吨数分别为39325941吨、39879836吨、39564819吨，1935年较1934年有0.8%的下降，但这反映的主要是出口的下降；往来内港的数据则为4103598吨、

① 何炳贤：《民国二十四年我国工商业之回顾》，《工商半月刊》纪念号，1936年1月15日，第2、5、9、12页。

② 吴鼎昌：《我国煤产运销问题——实业部煤业会议开会词》，《实业部月刊》第1卷第3期，1936年6月，第1页。

③ 《中国生产指数》，《经济统计月刊》第3卷第2期，1936年2月，第10页。

4381102吨、5638016吨，1935年较1934年增幅达26.8%，[①] 这反映出内地经济活跃的趋势没有改变。

由此可见，无论是全国范围的宏观数据，还是各行各业的微观动态，均可说明1934年、1935年的中国经济基本延续了南京政府建立后的发展趋势。当然，经济落后、外资凌掠、财政困窘、农村贫穷，加上世界经济危机、战乱频仍等，都是真实的存在，始终会制约经济的顺利发展，但这些更多是近代中国的长时段背景，许多问题可以不假思索地套用这些原因，却不足以解释为什么在某个时段会出现某些特殊的问题。具体而言，首先需要回答的是为什么在实体经济并不十分困难的背景下，会出现1935年年初的金融危机、市场恐慌。追索当年的市场运行状况，可以发现，危机的导火索还是白银价格上涨，而危机前上海地产的疯狂投机及金融组织本身的不健全，则是这场危机的引线。

1932年前，白银价格总体低位运行，使在中国作为通货的白银与在国外作为商品的白银形成投机差价，资金流入中国迹象明显，而上海作为一个国际都市，其地产业即成为各方资金竞逐和热钱追捧的对象。20世纪以降，上海地产经历了长时段的上涨。上海地产上涨有多重推手，时人谈道："从别处刮了地皮而来的军阀官僚，开始其为海上寓公的时候，第一步就是买一些上海租界内的地产，自觉可以高枕无忧。内地的土豪劣绅，觉得本地的财产，似乎有些儿'不稳妥'，也无疑的要想到投资于上海租界内的地产。再有一般专门投资兼投机的外国资本家，眼见世界各国都闹不景气，而上海租界内的地产，因为'大家都望着租界上跑'，反而'几乎没有跌价的可能'，于是也放弃了固有的经营地盘，到上海来大量的购买地产。"[②] 多方原因致使上海地产价格一路上升，公共租界地价，1900年均价为每亩5400元，1933年均价高达47000余元。[③] 短短30余年间，上涨8倍有余。1932年后，上海地产虽有降温迹象，但在大量游资冲击下，仍维持高位活

---

① 《上海关商船进出口只数及吨数》，《经济统计月刊》第3卷第2期，1936年2月，第10页。

② 章植：《上海地产之观察》，《文化月刊》第1卷第1—6期合刊，1934年9月，第297页。

③ 朱斯煌：《信托总论》，全国图书馆文献缩微复制中心，2002年，第355页。

跃运行，1932年1—9月，上海地产成交金额达11700余万两。[①] 而1932年上海银行钱庄的存款额合计仅约101332万两，[②] 3个季度的地产成交额就占到全年总存款额的1/10以上，可见上海地产交易的狂热。

在上海地产的疯狂投机中，外资扮演了原始推动力的角色。章乃器指出："地产要成为流通性最高的信用工具，这本来是举世所无的怪事，是畸形发展中最畸形的一种现象。这种现象的成因，是因为上海租界的外商，企图运用他们的资金，企图造成租界的虚伪繁荣……他们在开发一个他们自己的资本市场之后，只有半有意半盲目地向地产方面开展。"[③] 尤其1929年世界经济危机爆发后，白银价格下落，银本位的中国成为资金的避风港，所以，"1929年世界恐慌开始的时候，远东市场的上海却反而日进益上。到了1932年，上海更有高度的上涨"。[④] 1932年近亿白银经由外资银行流入上海，[⑤] 与同年巨额的地产交易金额不无关系。由于外资银行的示范作用，银行把累积资金直接或间接投向房地产，地产和金融形成纽带关系："近几年来上海的金融业者，大都从事地皮买卖，地价之高，异乎寻常，地契等文件便如橡皮股票一般，处处受着银行钱庄的欢迎，都可以抵押现款。间接的地契、土地证等，都变成了流通的交易筹码。但是地契等物的所以受欢迎，能做抵押，都是因地价的逐次上涨。"[⑥] "上海的工商业特殊发展，使房地产之固定财产也就趋于商品化，因此，所有游资，就以地产为对象，又使地产契券成为金融社会中移转最易的信用筹码。"[⑦] 地产契据成为向金

---

① 《一年来之上海地产事业》，《时事新报》馆编：《时事大观（1933—1934年）》，上册，1934年12月，第272页。

② 《1932年上海银行钱庄的资本、存款、放款比较表》，中国人民银行上海市分行编：《上海钱庄史料》，第270页。

③ 章乃器：《上海地产之今昔》，《社会经济月报》第2卷第6期，1935年6月，第13页，

④ 魏友棐：《现阶段的中国金融》，第94页。

⑤ 《上海各银行现银存底统计表》，《社会经济月报》第3卷第5期，1936年5月，第115页。1931年上海各外资银行现银存底为86883千元，1932年底增加到185050千元。外资银行在全部银行中现银存底比率由32.64%，骤增到42.22%，1935年又增加到50.35%。1934年地产价格下落后，这一比例暴跌到16.32%，外资的逐利动机显露无遗。

⑥ 尹伯端：《救济沪市与金融公债一亿元》，《国闻周报》第12卷第12期，1935年4月1日，第2页。

⑦ 魏友棐：《现阶段的中国金融》，第62页。

融机构获取款项的抵押品，变成流通筹码，1934年5月上海房产公会报告："上海三十万万元房地产之中，有二十万万元是握在上海银钱界手里，作为流行于市面的筹码和准备的担保品。"[①] 另一项调查说："根据上海银行对于抵押放款性质的报告加以分析，则是房地产押款占百分之三五，有价证券占百分之三一，农产品押款占百分之一八，存单及农村贷款各占百分之八。"[②] 上海福源钱庄1932年后持有的地产抵押品甚至占到其贷款抵押品的3/4。[③] 地产契据的筹码功能，使其容易变现，进一步刺激人们的投机热情，促成地产价格上涨："上海的房地产、证券，却又为金融市场中信用筹码之一。在前几年上海显示了资金过剩时代，许多游资即是增加地产投资的原动力。"[④]

上海金融和地产的紧密捆绑，蕴藏着巨大的经营风险。1933年，随着白银价格回升，上海地产成交已现不振之势，但仍有4313.6万元。[⑤] 1934年、1935年，白银价格加速上涨，"在中国购买白银并将其发往国外是一项有利可图的交易，外国人首先行事，接着中国人也效仿他们。所有这些人都从事出口交易并很快地获得巨大利润"。[⑥] 其结果是巨额热钱通过外资银行迅速流出，投机对象转移，上海房地产出现量价齐跌局面，1934年成交仅1299万元，1935年为1446万元，[⑦] 仅相当于高峰时期一个月的成交量。

金融、地产因为抵押形成纽带关系，地产的恶劣局面迅速传导至金融界。外资银行首先意识到风险，停止地产抵押："不单是拒做新的地产抵押，而且催赎已做的地产抵押。"[⑧] 外资银行示范，各银行纷纷跟进，纠纷首先在银行与钱庄间发生。当时，中国的银行与工商界直接关系并不多，

---

① 秦伯瑞：《民国二十四年上半期的中国经济》，《中山文化教育馆季刊》第2卷第3期，1935年秋季号，第837页。

② 魏友棐：《现阶段的中国金融》，第75页。

③ 中国人民银行上海市分行编：《上海钱庄史料》，第805页。

④ 魏友棐：《现阶段的中国金融》，第62页。

⑤ 同上书，第63页。

⑥ 梅远谋：《中国的货币危机》，西南财经大学出版社1994年版，第64页。

⑦ 魏友棐：《现阶段的中国金融》，第63页。

⑧ 章乃器：《上海地产之今昔》，《社会经济月报》第2卷第6期，1935年6月，第14页，

银行发放贷款要求担保，“但我国的工商业，甫在萌芽，资本不具，必先有借款，而后能致货物”。[①] 因此工商界贷款往往假手于可以信用担保的钱庄，通过钱庄再从银行获取款项——银行对钱庄放款，钱庄再对工商界放款。银行为应对外资流出造成的银根紧张，纷纷向钱庄追索放款，钱庄偿付无力，以平时所做地契转向银行抵押，寻求救济，鉴于地产已趋崩盘，银行界对此予以拒绝，越发加剧资金紧张的恐慌。工商界身处银钱纠葛当中，无法得到维持运转所需资金，被迫卷入危机。由此可以看出，这场危机的大致路线是：“白银外流与地产跌价，无人再做地契的抵押放款，交易筹码，不敷应用”；“银行拒绝抵押，于是此具有货币效能的数万契纸，失其作用，恐慌便因此展开。”此正如当时人们所分析的：“中国的金融业者，有资本而无正当投放之途，遂转而从事投机业务，银行除对政府借款，所余的资金皆用于标金、公债、地产等投机买卖，这次地产的落价，以及银行拒绝地契抵押放款，酿成二三十年来未曾有过的风潮，都是这种疯狂投机的结果，而尤以地产的投机为甚。”[②] 热钱的疯狂涌入和涌出，形成巨大的投机风险，首先伤及的是对资金高度敏感的地产和金融，之后必然会伤及实体经济。当时，面对危机，政府一度声称：“欲使金融回复流通，首须使地产免于呆滞。”[③] 然而，欲使投机过度的地产重获生机谈何容易，揭开地产—金融—实业危机的连环套，现实可行的还是从金融入手，而这也正符合扮演救市角色的国民政府的期望。

第五节　1935 年交通银行与中国银行改组

民国建立后，无论是北京政府还是国民政府，都有掌控金融的意愿，却又缺乏足够的能力和实力。作为一个自命革命的新兴政府，国民政府统制金融的目标更为迫切。1930 年代中期，随着内外环境的逐渐好转，国民

---

① 尹伯端：《救济沪市与金融公债一亿元》，《国闻周报》第 12 卷第 12 期，1935 年 4 月 1 日，第 3 页。

② 同上书，第 1、2 页。

③ 《蒋中正电孔祥熙为上海地方协会呈中央迅筹救济工商业令央行受抵该市有生产地押款等办法请酌办》，1935 年 3 月 3 日，台北“国史馆”藏，蒋中正“总统”档案，002/080200/212/111。

政府开始筹划在金融方面有所举措。此时，金融危机的出现，为其干预、统制金融提供了一个极好的机会，国民政府通过改组、控股中国、交通两大银行，向建立国家银行体系迈出关键一步。

建立中央银行，通过中央银行驾驭和支配全国金融，是孙中山和国民党的一贯主张。1912年拟定的《国民党政见宣言》即明确指出，要建立"规模宏大之中央银行"，并"集中纸币发行权于中央银行"，使之"有支配全国金融界之能力"。[①] 南京国民政府成立后，1928年6月召开的全国经济会议上，决定筹组中央银行、建立国家银行体系。随后召开的全国财政会议上，财政部草拟的"整理财政大纲"议案中提出：必须着手组织中央银行，筹备汇业银行，提倡储蓄银行。[②] 1928年11月1日，中央银行在上海正式开业，财政部部长兼中央银行总裁宋子文在开幕词中宣称："创设中央银行的目的有三：统一国家之币制；统一全国之金库；调剂国内之金融。"[③] 蒋介石所作训词中指出："总理在粤组中行，资本仅五十万，今中央资本，十余倍于昔，以良好经济之发展，进行建设事业，则三数年后，其成绩可期。中央银行为中国人民银行，即为国家银行，中央政府基础巩固，政治之建设，实有赖此。"[④] 国民党人认为，他们要建立的金融体系："系以中央银行立货币发行权，运用贴现政策，以操纵各银行放款，使金融市场有合理之调节，内地生产有合理之发展，此与资本主义之金融体系仅利于资本家者性质不同。"[⑤]

中央银行成立后，政府赋予其国家银行的特权与地位，业务发展迅速。1928年到1933年，资产总额增加近10倍，纯益增加达60倍，[⑥] 规模日益扩大。但无论从实力上还是社会影响力上，中央银行仍然难以与中国、交

① 秦孝仪主编：《国父全集》第2册，台北近代中国出版社1989年版，第80页。

② 全国财政会议秘书处编：《全国财政会议汇编》，上海大东书局1928年版，第18页。

③ 《中央银行开幕记》，《银行周报》第12卷第43号，1928年11月6日，第4—5页。

④ 洪葭管主编：《中央银行史料（1928.11—1949.5）》上卷，中国金融出版社2005年版，第14页。

⑤ 《朱家骅呈蒋中正陈述审视关于改变政策意见书有关其改变经济路线政治制度确定外交方案与确定中国国民党立场等意见》，1938年1月24日，台北"国史馆"藏，蒋中正"总统"档案，002/080101/016/001。

⑥ 石毓符：《中国货币金融史略》，天津人民出版社1984年版，第288页。

通两行抗衡。1934 年底，中国银行和交通银行分别拥有资产 97565 万元和 41150 万元，两行的资产总和是中央银行的 3 倍。[①] 中央银行的钞票，在市场上信誉也不高，到 1935 年发行额仅及中国银行的 60%。可以说，中央银行无论在财政领域还是在金融领域，都不能真正起到央行的作用，[②] 且有与普通商业银行争利之嫌，所以马寅初批评："中央银行仅有其名，不但不能负责调节，且与普通银行竞争营业，不但与普通银行竞争营业，且以政府命令剥夺他行之营业而归于己手。"[③]

对中央银行迟迟不能上位的状态，国民政府和蒋介石当然不能满意，建立中央银行，实现统一发行、集中准备的货币制度被国民政府视为生存之根本，一直是国民政府金融改革的中心。正因此，1935 年初，国民政府和蒋介石敏感于金融形势的变化，加紧金融统制预筹，1935 年 1 月 2 日，蒋介石在日记中写道："金融币制筹备统制。"[④] 次日，又在注意一栏记："统制金融之设计。"[⑤] 17 日更有"下午商决政制、金融与币制入手办法甚久，得有解决亦一大事也。"[⑥] 此后半月内，又计划"拟定统一币制步骤"，[⑦]"银行制度，减轻放款机关之利率"。[⑧]

正值蒋介石思考以上问题时，上海的经济问题已日渐表面化。银根紧缩、资金匮乏导致工商业年关资金全面紧张，实业界如履薄冰，"救济市面""救济工商业"之呼声风起云涌，1934 年年底，金城银行总经理周作民致函国防设计委员会副秘书长钱昌照，强调金融贸易"较为紧张"，呼吁："介公以此问题与军事政治并重，抽暇主持，俾臻妥善，以万一不幸而发生事端，于军事政治俱有关系也。"[⑨] 因此，无论为应对危机还是统制金

① 《中国银行民国二十三年度营业报告》，中国银行总管理处 1935 年编印，第 62 页；《交通银行营业报告》（1934 年），第 3 页。

② 吴景平编：《上海金融业与国民政府关系研究（1927—1937）》，第 241 页。

③ 马寅初：《统制经济问题》，《时事月报》第 10 卷第 1—6 期，1934 年 6 月，第 109 页。

④ 《蒋介石日记》（手稿），1935 年 1 月 2 日。

⑤ 《蒋介石日记》（手稿），1935 年 1 月 3 日。

⑥ 《蒋介石日记》（手稿），1935 年 1 月 17 日。

⑦ 《蒋介石日记》（手稿），1935 年 1 月 19 日。

⑧ 《蒋介石日记》（手稿），1935 年 1 月 26 日。

⑨ 《周作民致钱昌照函稿》，1934 年 12 月 1 日，上海档案馆编：《上海银行家书信集（1918—1949）》，第 140 页。

融，国民政府都不能再无动于衷，“自政府以至于商民，一是皆以救济市面为急务”。[①] 政府首先从金融问题上下手。2月16日，财政部组织金融顾问委员会，孔祥熙任主席，张嘉璈任副主席，研究关于改进通货现状、改善国际收付、安定汇兑、调剂内地金融等事项。[②] 23日，上海银钱两会、上海市商会、上海市地方协会召开联席会议，讨论如何应付恐慌。由于自身无力拯救危机，因此对政府均寄予很大期望。上海金融业和商界联合派出6名代表向财政部部长孔祥熙请愿。孔祥熙表示：“只要有办法，政府愿作后盾”，[③] 政府亦久在筹维挽救之中。[④] 应该说，孔的说法不能完全视为虚言，此时政府已在考虑发行公债救市，2月下旬，孔祥熙致蒋介石电中提到：“关于发行公债事，前在京商谈后，及弟还沪，适值废历年关，市面恐慌，异常紧急，勉筹应付，已获平安。但现已灯节，向例钱庄发送商号之来往银折，迄今未发，市面困窘可见一斑。今日迭商各方，咸认此时发债，既将影响旧债价值，且必引起市面绝大恐慌，现正另筹应急办法，已有端倪，发债之举，决定暂缓。”[⑤]

3月6日，财政、实业、铁道各部举行联席会议，讨论救济沪市金融。[⑥] 9日，孔祥熙在沪召集各界领袖会商救济市面办法，对于各商业团体请求救济沪市金融事，表示“中央对整个金融，正在统筹办法，俟筹划就绪，沪市金融，自可同时解决……将来由中央银行尽量放款一层，较易办到，可提先实现，至请求地产押款，尚待详细研究办法”。[⑦] 金融危机的主要源头是地产危机，上海市场呼吁，政府应严令银钱界“尽量受抵本市有生产之

① 《救济工商业与金融问题》，《工商半月刊》第7卷第8号，1935年4月15日，第1页。工商业救济协会提出信用放款与物产抵押借款500万，一般地产商人提出发放地产流通券5亿元，政府与银行方面商定工商信用借款500万。

② 《银行周报》第19卷第5号，1935年2月12日，“国内要闻”，第3—4页。

③ 上海银行公会档案，S173/1/92，上海市档案馆藏，转引自吴景平编《上海金融业与国民政府关系研究（1927—1937）》，第269页。

④ 《救济工商业与金融问题》，《工商半月刊》第7卷第8号，1935年4月15日，第5页。

⑤ 《孔祥熙等电蒋中正此时发行公债将影响旧债价值引起市面恐慌应另筹应急办法暂缓公债发行等文电日报表》，1935年2月23日，台北“国史馆”藏，蒋中正“总统”档案，002/080200/447/166。

⑥ 《蒋介石日记》（手稿），1935年3月6日。

⑦ 《中央对整个金融正在统筹办法》，《申报》1935年3月11日，第2张第7版。

地产押款及以地产充缴储蓄保证等治标办法，不容再缓”。[1] 对此，孔祥熙答复：“沪市金融，本部早经设法救济，数月以来，迭商中中交三行抵放巨款调剂市面……地产呆滞，固属实情，惟中央银行为条例所限，对于道契及土地执业证押款不能抵做，其他各银行则已由部令饬尽力抵做。”[2] 从市场的呼吁可以看出，市场对政府寄予很高期望，正如上海市商会致电蒋介石所言：“现在银钱业如无政府之救济，匪独不能维持市面，亦属自顾不遑，请政府当局当机立断之处置，挽救非常事变。”[3]

13 日，政商各界达成的救济市面办法出台，议决由银钱两业协同政府一共发放信用贷款 500 万元，以救济沪市。对拟承担的 250 万元信用放款份额，政府方面态度积极。孔祥熙在谈话中表示：“各方请求政府担任工商业小借款之半数（250 万元），当竭尽全力以赴之。正如儿子有急难，为父者岂可坐视而不救乎。”[4] 相比之下，银钱业方面令人失望。银行业公会还算积极，钱业公会则因担心此举将予银行业与小工商业接近之机遇，态度保留。[5] 银钱业无法达成一致，500 万元小额贷款被无限期拖延。

在金融危机造成经济运行窒碍的大背景下，银钱业对小额贷款这种最低限度救市措施的拖延，凸显了资本唯利是图的根性，同时又一次显现中国金融体系中银行和钱庄并立的特殊性。小额信用放款的夭折，使社会舆论尤其是工商界进一步对金融界丧失信任，也给了政府改组金融的借口和决心。正因此，决定改组中国银行和交通银行时，蒋介石致电财政部部长孔祥熙和中央党部秘书长叶楚伧时高调声言：“国家社会皆濒破产。致此之由，其结症乃在金融币制与发行之不能统一，其中关键，全在中交两行固执其历来吸吮国脉民膏之反时代之传统政策，而置国家社会于不顾，若不

① 《上海市地方协会电孔祥熙为沪绸缎业等公会呈请迅筹救济工商业宜令央行受抵本市有生产之地产押款等治标办法》，1935 年 3 月 3 日，台北“国史馆”藏，蒋中正“总统”档案，002/080200/212/095。

② 《孔祥熙电蒋中正上海市金融迭商中中交三行抵放巨款调剂已设法救济》，1935 年 3 月 6 日，台北“国史馆”藏，蒋中正“总统”档案，002/080200/213/001。

③ 《蒋中正电汪兆铭孔祥熙上海金融紧迫工商停滞请速筹救济》，1935 年 3 月 12 日，台北“国史馆”藏，蒋中正“总统”档案，002/080200/213/084。

④ 《孔祥熙昨抵沪谈救济工商业问题》，《申报》1935 年 3 月 16 日，第 4 张第 14 版。

⑤ 秦省如：《救济市面与钱业信用放款》，《钱业月报》第 15 卷第 5 号，1935 年 4 月，第 13 页。

断然矫正，则革命绝望，而民命亦被中、交二行所断送，此事实较军阀割据、破坏革命为尤甚也。今日国家险象，无论为政府与社会计，只有使三行绝对听命于中央，彻底合作，乃为国家民族唯一之生路。”①

表面看来，似乎是银钱界对500万元救市资金的拖延给了政府启示，非以政治力改变资本的自私自利，建立强大的政府银行体系，不能真正实现救济。然而，实际的幕后运作远非如此简单。早在1935年2月初，孔祥熙就明确提出：“我们也应当认识中国的币制和金融组织、颇有应行改善之处。”② 2月28日、3月1日，孔祥熙专程赴汉口，与蒋介石密议两日，“商财政事”。会商结果，按蒋介石日记所言，大致为：“发展地方经济，先使各省能自给自足，与互助通惠，不计关税之减少。而中央以统制金融与统一币制为财政之命脉。”③ 其统制金融的财政目标昭然若揭。要达到此目标，除继续扶持、加强中央银行外，设法通过改组控制中国银行界的两大巨擘——中国银行和交通银行，应在计议之中。

正因此，当危机出现后，国民政府竭力将舆论向改组金融界方向引导。孔祥熙召集上海官商各界讨论救济办法时强调：“中央对整个金融，正在统筹办法，俟筹划就绪，沪市金融，自可同时解决”；④“根本办法，端赖金融实力充足，方足以胜任调剂金融之任。”⑤ 3月19日，孔祥熙致电蒋介石提出：“近年以来，政府时向中交两行借款济急，中行既有官股500万元，似应再增2500万元，交行既有官股100万元，似应再增1000万元。拟即发行廿四年金融公债一万万元，作为拨还垫款，增加资本之需，庶几银行资力充实，工商亦获救济。”⑥ 同日，蒋致电汪精卫，转告孔祥熙提出的发行动议，同时表示：“弟甚赞成，务请诸兄设法维持俾得通过。”⑦ 20日，

---

① 高素兰编注：《蒋中正总统档案·事略稿本》第30册，台北“国史馆”2008年版，第170—171页。

② 《金融顾问委员会成立》，《银行周报》第19卷第7号，1935年2月26日，第3页。

③ 《蒋介石日记》（手稿），1935年2月28日。

④ 《中央对整个金融正在统筹办法》，《申报》1935年3月11日，第2张第7版。

⑤ 《救济工商业与金融问题》，《工商半月刊》第7卷第8号，1935年4月15日，第5页。

⑥ 《孔祥熙电蒋中正拟提出发行金融公债》，1935年3月19日，台北“国史馆”藏，蒋中正“总统”档案，002/080200/215/026。

⑦ 《蒋中正电汪兆铭孙科叶楚伧接孔祥熙电拟提出发行金融公债请设法维持并通过》，1935年3月19日，台北“国史馆”藏，蒋中正“总统”档案，002/080200/215/021。

汪精卫主持的中政会通过发行金融公债1亿元，汪致电蒋介石报告："金融公债一万万元昨经行政院通过，今经中政会议通过，原则交立法院矣。"①公债计划用于安定金融，救济工商业。22日，1亿元公债的分配计划提交立法院讨论：分别增加中央、中国、交通三银行之资本，计6500万元，②余额仍拨中央银行为活动周转之资。预定4月发行，不流通市面，仅由各银行互相承受。财政部指定以关税为担保，按月在关税收入项下拨付本息基金，交国债基金保管会保管。具体放款办法，由各方筹议，使工商各业，在可能范围内，向上项银行借款。③ 方案的核心当然是借此实现对中、交二行的控股。

计划出台后，各界反应虽不尽一致，但大体多持肯定态度，如时人所论："因这次的风潮，其近因纯然由于交易筹码的缺乏，同时银行与钱庄均兢兢自保，纵然稍有库存，也不肯轻易放出，自蹈危险。现在是政府出来借债，再交给他们拆放，虽然款仍由金融界本身拿出，但是却换进了一万万的金融公债，无形中是政府给了保证，并且有关税做还本付息的担保，这比凭空向工商业放款强多了。所以银行界的'颇表赞同'自然是意中事，其余受救济的工商业界，更不用说了。"④ 汪精卫3月23日给蒋介石的电报也称，计划出台，"沪人心市面，大无初变，政府政策或可推行无阻"。⑤中国银行天津分行经理卞白眉也说到天津的状况："津市对于此次我行改组，无坏印象。"⑥

中国、交通两银行为官商合办银行，增加官股须经股东大会接受，始具法律效力。中国、交通银行分别于3月30日、4月20日召开股东大会，中国银行把官股增资由2500万元降至2000万元，保持官、商各半比例，

---

① 《汪兆铭电蒋中正金融公债业经院会中政会议通过送交立法院》，1935年3月20日，台北"国史馆"藏，蒋中正"总统"档案，002/080200/215/045。

② 最初的议案是，以3000万元拨充中央银行资本，2500万元拨充中国银行资本，1000万元拨充交通银行资本，三行会拟押放款项办法，实行救济市面。

③ 《发行金融公债将提立法院讨论》，《申报》1935年3月22日，第1张第3版。

④ 尹伯端：《救济沪市与金融公债一亿元》，《国闻周报》第12卷第12期，1935年4月1日，第6页。

⑤ 《汪兆铭电蒋中正政府政策在沪或可推行无阻》，1935年3月23日，台北"国史馆"藏，蒋中正"总统"档案，002/080200/216/039。

⑥ 《卞白眉日记》，1935年4月5日，第2卷，天津古籍出版社2008年版，第283页。

两行增资计划均获得通过。最终，一亿金融公债的用途主要有二：一为充实银行资金，以3000万元拨充中央银行资金，2000万元拨作中国银行官股，1000万元拨作交通各银行官股；二为拨还银行垫款。[①] 改组中、交，无疑会对中、交二行形成重大利益冲击，在两行激起震荡。财政部钱币司司长戴铭礼回忆："（改组中、交）做得很机密，由行政院会议通过即付实施。据闻两行原负责人得此消息，恍如晴天霹雳，大为震动。"[②] 汪精卫给蒋介石的电文中亦提到："庸之事前并未征得中交两行张公权等同意，恐将引起风潮，庸之即夜赴沪，能调解否未可知。弟已托吴震修即晚赴沪，切嘱公权等万勿决裂。"[③] 不过，汪精卫的说法引起孔祥熙的强力辩解，他在致蒋介石询问电中说："金融公债案，弟事前已对张公权等表示意见，决定提出时，复约面告，适外出。唐寿民则因病均未到。此举完全为统一发行，便于救济工商起见，不能不增厚三行资力，且为押放款项事，工商各界，多已集怨中国银行，亦当设法筹助。对于公权个人，弟并拟约为副总裁。至精卫所云，恐系仅听一面之词，当提出时，有壬（唐有壬——引者注）即有种种议论，及弟来沪再晤公权等，亦无汪电所云之甚。"[④] 孔所谓的事前已征求张嘉璈等意见的说法，张嘉璈日记中有记载："此次中国银行增加官股，与更动人事，于三月中旬，孔、宋两先生自汉口归来后，方始知之。"[⑤]

虽然，孔祥熙事前可能确实知会过张嘉璈，但两行尤其是中行高层的不满也显而易见，卞白眉记到，"公权等均见面详谈，彼等态度过于悻悻"。[⑥] 中国银行接到财政部增资改组训令后，即召开董事会，列席董事纷

---

① 汪中：《一万万元金融公债之经济意义》，《钱业月报》第15卷第5号，1935年4月，第19—20页。

② 文思主编：《我所知道的孔祥熙》，中国文史出版社2003年版，第32页。

③ 《汪兆铭电蒋中正因孔祥熙发行公债中交两行官股增资事未征张嘉璈等同意请去电安慰》，1935年3月21日，台北"国史馆"藏，蒋中正"总统"档案，002/080200/215/062。

④ 《孔祥熙电蒋中正增厚三银行资力俾早日通过立法院对中交两行而言为救国也自救对反对之意见乞全力沟通》，1935年3月23日，台北"国史馆"藏，蒋中正"总统"档案，002/080200/216/084。

⑤ 张嘉璈日记，1935年4月1日，中国银行总行、中国第二历史档案馆合编：《中国银行行史资料汇编》（上编1912—1949年），第393页。

⑥ 卞白眉日记，1935年3月28日，《卞白眉日记》第2卷，第282页。

纷提出异议，并“一致主张质问政府”。张嘉璈解释道：“孔财长决定派宋子文为本行董事长，调本人为中央银行副总裁，交行人事未予更动。显见其中尚有人事关系。部行对抗，难免不牵动市面。本人已决定辞职，希望各位董事予以谅解。”① 黄郛亦指出：“统制金融，与其著重人事方面打算，不如著重方法方面之较为稳妥。”② 因此，中、交改组前后对核心的人事处理方面，国民政府更是处心积虑。张嘉璈被迫离开中国银行之后，对于其去向，政府方面至为谨慎。试看蒋介石与孔祥熙的两则电函：“实业部事以先任公权为妥，如此时由子文兼任，则更为众矢之的，而于政局亦必生龃龉，化更多不利，请以兄意直商汪院长，即任公权为实业部长，则于公权方面，亦可略与面子，不使其不安也。”③ 7月，孔祥熙请示蒋介石：“张公权事，弟本与洽妥允就副总裁职，嗣因子文不肯许其兼任中国银行常董，精卫又告以实业部长事，渠乃希望兼任部长。后有人劝以公博与精卫关系甚深，不宜争其地位，遂又希望予以全国经济委员会常委但常委定额五人如再增加必须先将组织交由立法院通过修正始可提议，经弟以渠尚未就副总裁，政府为微信计不便再发表任何职务相劝并允其就副总裁后再为设法帮忙。现已于感日宣誓就职可告段落。但渠既嫌屈就，应否再令担任部长或常委或其他职务益示鼓励，尚祈核夺。电示且精卫曾向其表示拟用以公使，弟亦以为银价及借款事或有派人出洋之必要，并希参酌为祷。”④

对两行的反应，政府早有准备。事前，蒋介石即电秘书长叶楚伧：“政府增加三行资本，救济社会金融政策，应设法密嘱京沪各报一致拥护主张，促成其事，使反对派不能造谣惑众，俾定人心。”⑤ 汪精卫、孔祥熙关于金融公债谈话中，一再强调改组目的在于增加中央、中国、交通三银行资本，便利工商业通融资金。孔祥熙宣称：“诚以工商界通融资金，向以中央、中国、交通三行为中心，博施济众，三行自难应付，故政府在此财政极端困

---

① 《中国银行行史资料汇编》（上编1912—1949年），第386页。

② 沈云龙编：《黄膺白先生年谱长编》下册，台北联经出版事业公司1976年版，第855页。

③ 《蒋中正电孔祥熙实业部事以先任张嘉璈为妥如此时由宋子文兼任则更为众矢之的》，1935年5月5日，台北“国史馆”藏，蒋介石“总统”文物档案，0020/080200/00222/064。

④ 《孔祥熙电询蒋中正二十七日张嘉璈就任中央银行副总裁应否再令其担任部长或常委及其他职务》，1935年7月3日，台北“国史馆”藏，蒋介石“总统”档案，002/080200/00235/048。

⑤ 高素兰编注：《蒋中正总统档案·事略稿本》，第30册，第171—172页。

难之时，犹发行公债以为三行充实资本，用意即在于此。”[①] 汪精卫则更明确辩解：“金融公债之发行，其目的在于增加中央及中国交通三行之资本，藉以活泼金融、便工商业有所挹注，绝无纵横捭阖之意存乎其间。”[②] 孔、汪二人之言，多少有点此地无银三百两的味道。

可以看出，1935年的危机，国民政府一开始就将其定位于金融危机，危机既给了国民政府可乘之机，同时又在理论上证实了实施金融统制的正当性，蒋介石为请立法院通过法案致孙科院长电中说：“此事不仅为本党成败所系，亦即为能否造成现代国家组织之一生死关键。请兄一致主张，贯彻到底。垂危党国，或有一线之光明也。”[③] 法案通过后蒋又在日记中不吝赞誉：“通过公债增加中交二行资本统一金融，此为财政之策第一步之实施”[④]，“统制中中交三银行之金融，此为最大之成功也。”[⑤] 孔祥熙也直言不讳：“政府举措之最重要者，莫如改组中、交两行，增加政府资本，俾于救济改革币制之设施上得与中央银行通力合作，借收事半功倍之效。”[⑥] 足以看出，改组中、交二行是国民政府推行其币制改革与金融统制的关键一步。

中、交二行改组结束后，国民政府在中国银行控股50%、在交通银行控股60%，事实上达到控股二行的目的。同时，国民政府立即对中、交二行展开人事改组，3月28日，任命张嘉璈为中央银行副总裁，由宋子文兼任中国银行董事长。张嘉璈被调离中国银行，并在此基础上增派官董。5月23日通过《中央银行法》；6月4日，颁布《中国银行条例》和《交通银行条例》，国家银行体系呼之欲出。

1931年11月，刘鸿生曾在南京“励志社”蒋介石召开的谈话会上发言：“最痛苦的是地产可以随时押款，工厂则无人过问。有时银行即勉强通

① 《发行金融公债将提立法院讨论》，《申报》1935年3月22日，第1张第3版。

② 同上。

③ 高素兰编注：《蒋中正总统档案·事略稿本》，第30册，第173页。

④ 《蒋介石日记》（手稿），1935年3月23日。

⑤ 《蒋介石日记》（手稿），1935年3月31日。

⑥ 孔祥熙：《民国廿三年会计年度及该期以后财政情形报告》，《中央银行月报》第5卷第8—12期，1936年12月，第2918页。

融，利息却比平常要高好几倍。此非政府出而提倡，很难有发展希望。”① 此言道出了当时工商企业家的实际困难，而刘对政府干预的呼吁，毋宁说是对可控经济秩序的一种期盼。

四年之后，在政府发行金融公债，中国、交通银行实施改组后，刘鸿生与虞和德、荣宗敬、郭顺、聂潞生等联名呈送蒋介石“请求政府救济实业请愿书”，内中提道：“各项实业，则仍以缺乏周转资金”，“国内之银行，类多商业组织，每以资力不足，未能从事于实业放款。且事实上即使稍有通融，亦多以所产之货品担保为度，而不愿接受不动产之借款”。建言“筹设特种金融机关，由政府主持其事，略仿各国公约兴业或劝业银行之制度，专事救助实业”。② 虽然仍强调资金困难，但请愿书重心已不在前而在后，企业家希望政府在“财力集中、信用已树”背景下，能够建立一个更倾向实业发展的银行体系，政府的形象与信用在企业界大为提升，这与政府成功改组中、交不无关系。

中国、交通银行的改组，受益最大的自是国民政府及其中央银行。就1935年的金融危机本身言，危机是标而不是本，也就是说，是金融出了问题，而不是经济运行发生了大问题，因此，政府抓住金融下手，通过银行改组稳定人心，尽管实际投入市场的资金有限，却在一定程度上稳住了人心。事实上，虽然中国当时还是银本位，但市场上纸币已占相当份额，在白银存底急剧减少、“人心浮动”③ 的背景下，如果发生大规模的挤兑，后果不堪设想：“挤兑风潮在这一时刻是可以因出现任何料想不到的严重政治或经济事态而一触即发的。”④ 通过改组银行振奋市场信心，有效稳住金融市场，防止金融连环套式的崩溃，对政府而言，不能不说尚属成功，尤其这一处理又恰和国民政府统制金融的企图吻合，更可谓一箭双雕。

中、交改组，二行的社会信用和社会认同度得到进一步提高。存款额

---

① 《刘鸿生企业史料》中，第26页。

② 同上书，第26—27页。

③ 《张嘉璈致周作民函》，1935年1月21日，上海档案馆编：《上海银行家书信集(1918—1949)》，第141页。

④ 阿瑟·恩·杨格：《1927至1937年中国财政经济状况》，第245页。

和发行额是其重要的衡量标准。中国银行存款在 1934 年为 685381656 元，到 1936 年增为 1206305176 元；交通银行 1934 年为 293203141 元，1936 年增为 554162852 元，均增长近 1 倍。发行额三年内增长幅度更大（详见表 3—6）。

表 3—6　　中央、中国、交通银行业务收益情况（1934—1936 年）　（单位：元）

		1934 年	1935 年	1936 年
中央银行	存款	272592827	634000095	757043176
	发行	86048617	179923546	340375372
	纯益	14821505	9048340	17095868
中国银行	存款	685381656	992941425	1206305176
	发行	204713465	286245042	465691272
	纯益	1933317	3700070	2835923
交通银行	存款	293203141	398951343	554162852
	发行	112512472	180825650	302140925
	纯益	993963	1401814	1528635
中国农民银行	存款	16337338	80368113	158855454
	发行	5663382	29846807	162013831
	纯益	210541	387398	537594

资料来源：根据中国银行经济研究室编《全国银行年鉴（民国二十六年)》上，沈云龙主编：《近代中国史料丛刊三编》(239)，第 63、71、76、82 页编制。

国民政府统制金融，前提必须是中央银行及政府银行整体实力的增强。1934 年末中央银行存款为 272592827 元，1935 年末为 634000095 元，1936 年末增至 757043176 元。年度纯益由 1935 年的 9048340 元增为 1936 年的 17095868 元，增加 800 万元。[①] 1936 年中央银行业务已超过交通银行，逐渐逼近中国银行，收益则始终大于中、交二行。中央银行优势已逐渐显现。

---

① 洪葭管主编：《中央银行史料（1928. 11—1949. 5）》上卷，第 290—295 页。1935 年年末中央银行存款为 48819 万元，1936 年年末为 64559 万元，增加幅度为 32. 2%。年度纯益由 1935 年的 1310 万元，增为 1936 年的 1920 万元，增加 610 万元，增幅为 46. 6%。

对国民政府而言，中央、中国、交通、农业四大国家银行实力的整体增强，才是最具意义的，因为中央银行尚没有达到“银行之银行”的实力。中、中、交、农四行与省银行和商业银行所拥有的存款额的比例，1928 年分别为 44%、56%，到 1935 年年末，已分别占到 62%、38%。[①] 如表 3—7 所示，中、中、交、农四家银行存款，1934 年合计 126751 万元，1935 年金融危机中，存款不但没有减少，反而增为 210626 万元，增幅达 66.2%；1936 年再增为 267637 万元，增幅为 27.1%，[②] 四家国家银行 1936 年的存款额是 1934 年的两倍。相反，25 家主要商业银行，1934 年合计存款 139592 万元，1935 年降为 124726 万元，降幅为 10.7%；1936 年增为 136370 万元，增幅为 9.3%，但还是没有恢复到 1934 年的水平。到抗战爆发前，政府控制下的银行资产总值共约 54 亿元，约占全部银行业资产总值的 74%。其他私营银行约 120 家，仅占全部银行业资产总值的 26%。[③] 国家银行实力占到绝对优势，使国民政府信用大涨，也使北京政府以来一直依赖银行的局面在一定程度上得以改变。徐堪作为改组两行的提

表 3—7　1933—1936 年国家银行与 25 家主要银行存款额比较表　（单位：元）

年份	中、中、交、农	25 家主要银行
1933	1156440628	1193729673
1934	1267514962	1395926274
1935	2106260976	1247263876
1936	2676366658	1363699961

注：1932 年和丰银行停业，其实 25 家为 24 家，1935 年资料缺通商、四明、中国实业 3 家银行，这一年只有 21 家。

资料来源：中国人民银行上海市分行金融研究室编：《金城银行史料》，上海人民出版社 1983 年版，第 348 页。

① 李飞、赵海宽主编，洪葭管著：《中国金融通史》（第 4 卷），中国金融出版社 2008 年版，第 312 页。关于四行存款总额所占比重，说法不一，张郁兰一书中，1934 年占全业 42%，1935 年占 56%，1936 年占 59%（张郁兰：《中国银行业发展史》，上海人民出版社 1957 年版，第 112 页）；杨格统计为：42%、55%、77%（阿瑟·恩·杨格：《1927—1937 年中国财政经济情况》，第 538—541 页）。

② 中国人民银行上海市分行金融研究室编：《金城银行史料》，上海人民出版社 1983 年版，第 348 页。

③ 许涤新、吴承明主编：《中国资本主义发展史》第 3 卷，人民出版社 2003 年版，第 85 页。

议者和筹划者，曾谈道："中交二行的改组，是民国初期历史发展过程中，由金融支配财政的情况，转变为财政管理金融的重要因素，使财政与金融关系正常化。另外，还是日后法币政策实施成败的关键。"[①]

对钱业的救济，从侧面体现了政府已可全盘运筹，将以中央、中国、交通三行为首的金融界控制于股掌之中。从《银行法》的出台，到废两改元，钱庄在金融近代化的过程中逐渐被排挤，而钱庄的经营模式、对地产的依赖，使其在这场金融危机中又首当其冲。金融公债发行，中、交改组，使市场资金有所缓解，并提振市场信心，有助于钱庄暂时脱困。1935 年 4 月，经中、中、交三银行奉令办理同业拆放发放，钱庄渡过难关，但其处境仍不容乐观。5 月底，逢各业端午结账之期，钱业再度面临危机。6 月 1 日，孔祥熙召集金融界领袖会议，决定中、中、交等银行组织放款委员会，办理救济及监督钱业事宜，同时财政部拨发金融公债 2500 万元作为各钱庄向银行借款时之第二重担保，钱业准备库担任 300 万元，中南、金城、盐业、大陆、国货、国华、上海、浙江兴业、浙江实业等行各担任 50 万元，余由中央、中国、交通三行担任之。[②] 对此，孔祥熙曾解释："因连日对于救济银行，已由中、中、交三行垫借巨款，三行实力不得不加顾及，遂决定饬钱业准备库提出押品，由财部拨借公债，先拨两千万元，并派徐次长堪等组织委员会负责办理贷款。"[③] 政府这一措施，大大缓解了又一次的资金风险："苟政府不以金融公债余额二千五百万元拨充基金，使钱庄得以抵押借款之方式稍资调剂，金融紊乱更不堪设想矣。"[④]

当然，也有人再进一步，揭示国民政府改组中交的背后意图，点出其统制金融的动机。张嘉璈早就指出，政府利用国家银行扩大信用来救济经济困难，增加中、中、交三行的股本，加强了对中国和交通两行的控制，

① 徐堪：《徐可亭先生文存》，台北徐可亭先生文存编印委员会 1970 年版，第 32 页。

② 吴承禧：《民国二十四年度的中国银行界》，《东方杂志》第 33 卷第 7 号，1936 年 4 月 1 日，第 86 页。

③ 《孔祥熙电蒋中正召集钱业领袖说明维持上海金融办法并由财部拨借公债组织委员会办理贷放情形等文电日报表》，1935 年 6 月 3 日，台北"国史馆"藏，蒋中正"总统"档案，002/080200/452/027。

④ 姚庆三：《民国廿四年国内经济与金融之回顾》》，《社会经济月报》第 2 卷第 7 期，1935 年 7 月，第 5 页。

带来商界、银行界以及民众的不安：“一则商界和银行界都害怕政府对私人企业的政策，有所改变。二则中国银行高级负责人更换，使顾客对于银行今后的政策，不免有所疑虑。”① 上海商业储蓄银行一向运营稳健，对重大事件反应灵敏。1935 年 5 月 21 日陈光甫即通函各行，“政府对银行已渐采统制政策，今后银行之业务，将不如目前之复杂，利益有渐薄之趋势，应办理新的业务”。之后不久，又有详论：“是年来政府对于银行，已自不干涉状态，进而为统制主义，去年有国外汇兑投机之取缔，储蓄银行法之实行，今年有中、中、交三行之增资改组，中央银行法之公布，最近中国银行开办储蓄，中央银行设立信托局，可见以前中央银行所放弃之发行统一，规定利率及票据交换各权，其势必将收回，往昔各行庄所恃以为武器者，其势必将缴械。”② 金融统制的冲击显而易见。当时日文版《上海日报》登载新闻一则即点明，“谓三银行之增资，一在获得全中国之金融权，实现其金融统制，策财部为统一各省纸币已拟订兑换券办法三条，使全国币制统一。二、第二步政府更将令三银行强硬统一国内金融，派优秀党员加入三行，调查三银行及各银行存放款金额，及存户巨额汇款，以备国家非常时对民间所持财产，助以某种限制防止反蒋或反南京势力一派之调度军费，注意内外人士之汇款，必要时加以没收，已在筹备制定法规，此实与德国之国社党政策无异，此项政策实施反对派于经济上移动结果，殆被封锁之将来所得税之征收，亦为开发新财源之一策。蒋氏藉三银行统一国内政策，各方极为注意。”③

一般认为，改组中、交二行，是政府试图通过扩大国家银行信用来救济经济恐慌。此种政治策略运用于经济问题的解决，应属国民政府的高明之举。1935 年上半年从金融恐慌发生、救济，到改组银行，乃至下半年的币制改革、发行统一，国民政府抓住救济这一环节，名正言顺地推行中央银行制度、实现金融统制，既在一定程度上达到救市目的，并借此笼络人

① 张公权：《中国货币与银行的现代朝向》，《抗战前国家建设史料——货币金融》，秦孝仪主编：《革命文献》第 74 辑，台北“国民党中央党史委员会”1978 年版，第 83 页。

② 中国人民银行上海市分行金融研究所编：《上海商业储蓄银行史料》，上海人民出版社 1990 年版，第 360、371 页。

③《吴铁城电蒋中正已向日领交涉四月十日日文上海日报登载关于三银行增资是为实现金融统制并防止反蒋或反南京势力之调度军费藉三银行统一国内政策等不实报导》（1935 年 4 月 10 日），台北“国史馆”藏。蒋中正“总统”档案，002/090102/00010/185。

心，改善与工商界的关系，又顺利实现控制金融的意图。国民政府以政治切入经济，通过解决经济问题实现政治目的，可谓使用政治手段解决经济问题的一次成功尝试。国民政府召集金融界会商拟定放款原则以救济上海工商业，对贷款条件、利率、时限等均作规定，确实作出了一些救市举措。[①] 如图 3—1 所示，1935 年、1936 年上海地产成交额较 1934 年已有所回升。尤其是 1935 年 12 月，地产交易明显回苏，时报载："一周以来，出口汇票较前复见稀少，而进口方面，于外汇之需要，亦复稍逊于前……地产交易则略有回苏气象。据报告已有数项产业成交，其价格较之一月以前所开者为高。按此点固不据为商业复兴之例。但地价上涨，终为人心安定之证。"[②] 市面银根紧张的局面似也稍有缓解。1934 年 12 月上海钱业日拆最高达 0.60，平均也要 0.33，高低幅度也比较大，可见当时银根之紧缺。

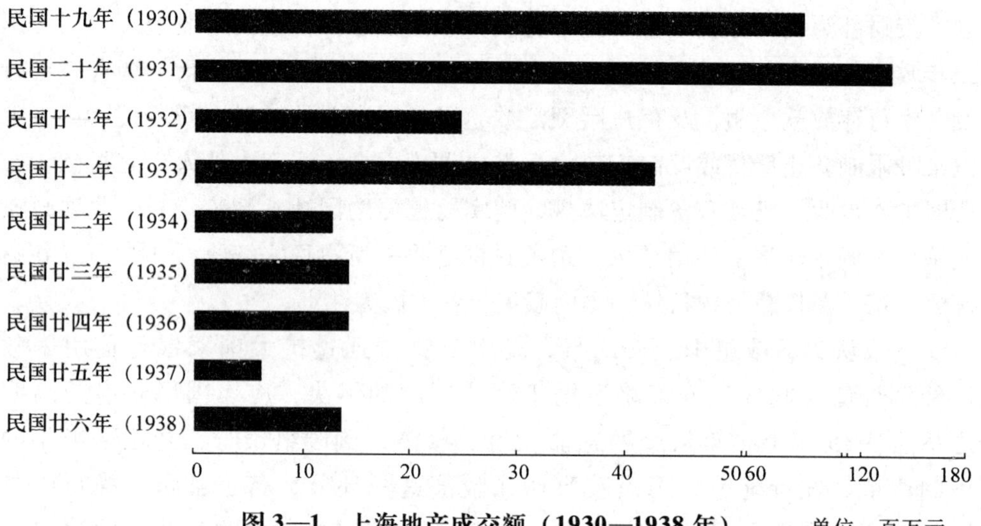

图 3—1　上海地产成交额（1930—1938 年）　　单位：百万元

资料来源：《经济统计月志》1939 年第 6 卷第 1 期，第 37 页。

① 《孔祥熙电蒋中正除充实中央中国交通三行资力外，兹召集金融界会商拟定放款原则以救济上海工商业文电日报表》（1935 年 5 月 3 日），台北"国史馆"藏，蒋中正"总统"档案，002/080200/00451/012。

② 《地产交易之回苏》，《银行周报》第 19 卷第 49 号，1935 年 12 月 17 日，第 37 页。

中交改组后，拆息逐渐压低且趋于平稳，1935 年 4—12 月上海钱业拆息在 0.08—0.20 间波动。[①]

国民政府之所以在这场危机中显得游刃有余，关键在于危机本质上还是属于热钱投机过度引起局部的金融恐慌。尽管 20 世纪 30 年代中国经济遭遇许多困难，但应该承认，经济发展总体上还是在困难局面下呈现出向前发展的势头，和 1927 年国民政府初创时期相比，无论社会财富、政府资源还是管理能力均有大的提高，危机处理经验更为丰富，将这场危机的发生和结局放到这种大背景下理解，才可能有比较清楚的定位。由于危机没有改变总体的经济运行格局，所以它既是危，更是机，政府方面在危机中捕捉到了实现统制金融计划的机会。1935 年中交改组为之后的法币改革铺平了道路，也为 1936 年中国经济的强力发展奠定了一块坚实的基石。

第六节　且得且失：法币改革中的交通银行

近代以来中国货币制度庞杂紊乱，美国财政顾问甘末尔曾在报告中写道："中国的币制是在任何一个重要国家里所仅见的最坏制度。"杨格补充说："它是乱七八糟一大堆铸币、重量单位和纸币凑成的大杂烩。"[②] 当时，银元银两并用，发行分散，发行准备金不集中，准备金多由各发行机关保管，没有集中统一的保管制度。政府很难调控管理，对内不能运用通货，保护和发展本国经济；对外不能利用币值涨缩，争取外汇主动权，国家财政金融长期处于极不稳定的状态。南京国民政府时期，力图改革混乱的通货流通状况与币制发行，推进币制的近代化。其中，交通银行都发挥了重要的支持和协助作用。

一　支持废两改元

南京政府币制改革的目标是统一货币、集中发行。1933 年废两改元初步实现货币统一，1935 年法币改革则推进了货币发行统一。作为具有发行

---

① 《日拆按月最高最低及平均行市统计表（1872—1952 年）》，中国人民银行上海分行编：《上海钱庄史料》，第 638—640 页。日拆是同业间相互拆借款项的利率，按每千元每日计算。

② 阿瑟·恩·杨格：《1927 至 1937 年中国财政经济状况》，第 177 页。

特权的银行业航母，币制改革不仅直接关涉交通银行本身的利益，其支持与否直接影响着币制改革的进程。

清末民初以来，一些有识之士就提出改革币制的种种主张，币改的呼声一直没有停止过。[①] 宋子文就任国民政府财政部部长后，一再强调币制改革的重要性："我国币制紊乱，久为世所诟病，亟思彻底改革，以期利国福民。往者聘用专家共同研究，原欲逐渐推行金本位制，以合世界潮流，而利对外贸易。乃年来环顾世界经济状况，衰落日甚。我国又外侮方殷，金融当立图安定，未可多所更张。不获已惟有先从统一银币入手，以确立银本位之基础。"[②] 宋并指出，中国不宜采行金本位制，而应先建立统一的银本位制。1928年6月全国财政会议确定币制方针为："宜遵总理钱币革命计划，并确定分步进行方法。"规定首先应该着手完成两个任务，即推行纸币集中主义和金汇兑本位。其中，"最适用于今日情形者，第一步，废两改元，确定银本位；第二步，推行金汇兑本位制度"。[③] 废两改元成为币制改革准备的第一步。

1932年7月7日，宋子文召集银行界会议，讨论废两改元，表明三点原则："（1）实行废银两计算，完全采用银元制度，以统一币制；（2）完全采用银元制度时，旧铸银元仍照旧使用；（3）凡以前银两计算之往来，须俟政府取决后，再行讨论详细办法。"[④] 对这一举措的背景，张嘉璈记道：

---

① 1903年，中国海关总税务司赫德提出"中国银币确立金价论"，建议中国实行金本位制。1903年，美国康奈尔大学教授精琦来华，提出以每单位等于0.5美元为基础，逐步推行金本位制，1907年清驻英大使汪大燮奏请朝廷，支持上述改用金本位制的方案。孙中山1912年12月发表《钱币革命》著名讲演，提出中国资产阶级革命派对于币制改革的设想。孙中山认为中国之所以如此穷困，"钱币之不足也"，他主张"以国家法令所制定纸币为钱币，而悉贬金银为货物，国家收支，市里交易，悉用纸币，严禁金银"。1909年清政府设立币制局，拟订了《币制则例》。1912年北京民国政府设立币制委员会，决定先以银本位币统一币制，然后再向金本位币过渡。1914年颁布了《国币条例》及《实施细则》。1918年曹汝霖继任财长，公布一个《金券条例》。1915年公布《取缔纸币条例》，规定除中国银行外"凡官商银钱行号"停止以印刷或缮写等方式发行纸币；限期收回已发纸币，并指定在中国银行货币兑换所，以法定比价兑换或领用由中国、交通两行发行的钞票。这些币制整理的措施由于政府财政危机，以及政府对银行金融业的失控而成效甚微。

② 贾士毅：《民国续财政史（六）》，第475—476页；《宋子文思想研究》，第224、225页。

③ 《全国财政会议汇编》，中国人民银行总行参事室编：《中华民国货币史资料》（第2辑1924—1949），上海人民出版社1991年版，第61页。

④ 《宋子文与银钱业商定废两改元之原则》，《申报》1932年7月9日，第4张第13版。

“民国十七年至廿年间，平均银元价格为每百银元值上海规元银两七十三两，民国廿一年降为六十九两九钱五分。银元之购买力低落，即物价上涨，市民称苦，各界盼望从速废两改元。”① 宋子文后来则回忆：“数月前召集各界领袖研究废两办法，虽各人立场不同，主张缓急互异，而银两之应废除则意见咸趋一致”；“子文筹维再四，以为银两之沿用过久，欲达废除之目的，必分定步骤，逐渐推行，使民众咸知废两之便利，不敢改革之痛苦，故谓因势利导，或能事半功倍。”②

1933年3月10日，废两改元首先在上海实施。4月5日财政部正式颁布《废两改元布告》：

> 自四月六日起，所有公私款项之收付，与订立契约票据，及一切交易，须一律改用银币，不得再用银两。其在是日以前原订以银两收付者，在上海应以规元银七钱一分五厘，折合银币一元为标准，概以银币收付。如在上海以外各地方，应按四月五日中汇行市，先行折合规元，再以规元七钱一分五厘，折合银币一元为标准，概以银币收付。其在是日以后新立契约票据，与公私款项之收付，及一切交易，而仍用银两者，在法律上无效。至持有银两者，得依照银本位币铸造例条之规定，请求中央造币厂代铸银币，或送交就地中央、中国、交通三银行，兑换银币行使，以资便利。③

根据布告所示，废两改元是要变双重银本位的银两银元并用制为单一的银元本位制。按规定，交通银行和中央银行、中国银行一起担负特殊赋予的银元银两兑换任务：“银两、银元兑换事宜，由中央、中国、交通三家银行合组上海银行银两兑换管理委员会，专司此职。……多银或缺银者与多洋或缺洋者，均可依照此项标准，径向该管理委员会以两兑元，或以元

---

① 姚崧龄编：《张公权先生年谱初稿》上册，第126页。

② 《宋子文关于废两改元之提案》，洪葭管主编：《中央银行史料（1928.11—1949.5）》上卷，第75页。

③ 《上海先施行废两改元训令》（1933年3月1日），财政部财政科学研究所、中国第二历史档案馆编：《国民政府财政金融税收档案史料（1927—1937）》，第397页。

兑两，均称便利。”①

废两改元消息传出后，对银元需求预期增大，市面上出现短暂的银元供不应求的迹象，所谓“银两废止，难免不生银元滥铸，成色参差，甚至银元流通，增加国家银行货币之滥发。再则上海造币厂尚未成立，难免不生银元供不应求之现象”。② 废两改元面临着相当的压力。

对废两改元，银钱两业态度不尽一致，钱业多持反对态度。钱庄起源于兑换，兑换业务一直是其利润的主要来源之一。上海钱庄经营兑换的做法，是在银两银元兑换之间取得洋厘的差价，在银元的一进或一出，收取一定的手续费。钱庄业的运作优势全在银元银两的差价上，废止银两，实行单一的银元本位，直接影响着钱庄业的业务优势和存在空间。鉴于废两改元制度的影响，上海钱业公会于 1932 年 7 月乘例会之便召开全体会员临时大会，讨论结果，原则上同意废两改元，但强调“须假以时日，不应操之过急”。③

银行业中，外商银行多持观望态度。1933 年 4 月正金银行的调查显示：“外商银行则待中国方面能够保证做到，将银两兑换为银元时为止，目下仍未全废用两的业务（如今还保留着以两清算的存款、放款以及汇兑业务，等等），采取观望的态度。”④ 作为实力最大的两大政府银行，中、交两行一直积极支持废两改元，直接推动了废两改元的顺利推行。废两改元计划拟定后，交通银行与中国银行一面向外商银行说明中、中、交发行货币实行准备公开检查，绝无滥发货币之虑，并告以库存银元丰富，随时可供应市面；一面催促政府不再踌躇，毅然实行。⑤ 由于中、交二行在业内的地位和影响，他们的努力使外资银行不再反对，中国银行业大多接受，逐渐式微的钱庄业也只能遵行。

废两改元的改革在全国顺利实现，使延续了四百多年的中国银两制从

① 沈麟玉：《我国币制改革之经过》，《中央银行月刊》第 4 卷第 11 期，1935 年 11 月，第 2475 页。

② 《中国银行行史资料汇编》（上编 1912—1949 年），第 550 页。

③ 《废两改元问题面面观》，《银行周报》第 16 卷第 27 号，1932 年 7 月 19 日，第 32—33 页。

④ 《日本驻天津总领事桑岛主计致外务大臣内田康哉函——正金银行的调查结果》（1933 年 4 月 18 日），《中华民国货币史资料》（第 2 辑 1924—1949），第 98 页。

⑤ 《中国银行行史资料汇编》（上编 1912—1949 年），第 550 页。

此结束。[①] 宋子文感叹："十七年来企求未得之理想，幸而见诸实施。"[②] 废两改元是一项使货币单位单一化的有力决策，是走向货币制度近代化的必要一步。废两改元的成功，导致银本位币制度正式确立，实现了币制的初步统一，将货币铸发权统归中央。尽管银元本位仍未摆脱金属主义的樊篱，没有从根本上改变银币的不稳定性，纸币和辅币的发行依然混乱，但银两的废除，完成了对币制的一次真正而有用的简化工作，是"货币改革的第一步"[③]，为1935年币制的进一步改革奠定了基础。

二 法币改革的推行

1935年的法币改革，是中国货币制度的一个重大变革。1934年5月美国推出购银法案，中国白银大量外流，经济金融顿现恐慌。财政部部长孔祥熙致函蒋介石说："自上月国税收入已只等于支出三分之一，本月关税且不敷还债，所幸三银行在握，尚可通融，预计十月勉可渡过，但已煞费苦心，至十一月则无办法。因现在已无筹码可资运用，即有筹码，银行亦无力承受。是银行方面已无办法，此种情形前已谈及。当弟就职时，子文即言只能维持三个月现已勉逾二年之久，原冀江西匪患肃清后即可喘息稍苏。不料四川问题、陕甘军事又相继紧急，实际上去年军费已较前年为多，而今年又比去年增加900万元，另外，国防军械购置尚不在内。敬之兄云军费支出每月尚短200万元，似此情形，中国破产实已迫在目前。如不速筹根本办法，行将同归于尽。弟并非杞人忧天，过甚其词，实情如此不敢不告耳。"[④] 孔祥熙分析当时形势，指出："为救济工商业亦非先整顿币制不可，整顿币制必需巨款，需款必须借债，循环关系相互为用，更有待于兼筹并顾，目前财政危机，似又不能不先有救济之法。"[⑤] 对孔祥熙瞻前顾后、犹豫不决的态度，蒋介石颇为不满，在

---

① 虞宝棠：《国民政府与民国经济》，华东师范大学出版社1998年版，第102页。

② 《中国银行行史资料汇编》（上编1912—1949年），第548页。文中所谓"十七年"是指1914年曾有国币条例之颁布，确定以银元为本位币，即含有废除银两之意，至此时废两改元，大略计为十七年。

③ 阿瑟·恩·杨格：《1927至1937年中国财政经济情况》，第206页。

④ 《孔祥熙呈蒋中正对币制改革之意见及经济方案与工业发展等》，1935年9月30日，台北"国史馆"藏，蒋中正"总统"档案，002/080109/00023/001。

⑤ 《孔祥熙呈蒋中正对币制改革之意见及经济方案与工业发展等》，1935年9月30日，台北"国史馆"藏，蒋中正"总统"档案，002/080109/00023/001。

日记中写道："庸之对于统一发行、公库保管之政策议决而不实行，必待英人李斯之到达。殊不知中国之政治经济之生死关头皆在日本。今彼未估量倭寇之心理与毒计，而一意以英款为依靠，且不信己之政策，而遥望李斯洋鬼之赐惠，舍本逐末，可痛之至！李斯来华后，倭之毒计必更激成，中国因拉西门之故，而促东北四省之亡。今李斯来华又促华北之危也。"① 蒋要求加速推进拟议中的币制改革。

事实上，1935年初，改革币制的准备工作即秘密展开，财政部钱币司司长徐堪负责起草币制改革方案，据徐堪自述："于二十四年夏奉命筹划改革币制后，独居南京郊区，经若干时日，废寝忘食，然后草定实施法币政策办法六条，拟定后复字斟句酌，逐条检讨，然后定稿。其后虽经财经首长宋子文、孔祥熙及最高当局之研究审阅，复征询李滋罗斯之认可，但并无一字修改"；"最初亦考虑实行金本位制与虚金本位制，均难适合现况。最后乃根据国父钱币革命之理论，实施法币，对内不兑现，然必须确立信用，除以现金为准备外，一切完粮纳税均用之，方可示民信。但对外则无限制买卖外汇，以稳定汇价。于是豁然贯通，乃拟具实施法币政策六条。"②

1935年9月，法币改革准备基本就绪，进入实施阶段。虽然币制改革草案并非传统所认为的系英国特使李滋罗斯所拟，但李氏来华，对于法币改革的最终实施应该说起到很大的推进作用。③ 李一到中国，便拜会

---

① 《蒋介石日记》（手稿），1935年9月30日。

② 徐堪：《徐可亭先生文存》，第5—6页。

③ 关于李滋罗斯在法币改革中的作用，根据顾翊群的呈报："罗斯调查及设计未完，而中国已因金融市场危殆，被迫采取新货币政策。罗斯除电本国政府请训令其在华人民遵守我国法令外，并电嘱其新闻界著文欢迎。但因此大触日人之怒，认为我国新政策系罗氏指使，而事前未商诸日方，有违前此之默契。然事实上我国新政策准备已久，且系自主的实施，初非罗氏所建议也。"（《顾翊群呈英美日三国对我新币制政策之态度及我国应取之对策》（1936年），台北"国史馆"藏，蒋中正"总统"档案，/002/080109/00007/001）曾在华经营金融二三十年的英国人耿爱德（Edward Kann），于1954年发表《1935年中国币制改革之回顾》（China Currency Reform of 1935 in Retrospect），提到："关于中国之改革币制方案，过去以及现在，仍有许多人认为系李滋罗斯之杰作。兹为保持记载之正确，符合事实，以及纠正误传，本人深愿指出此项完善之改革币制方案，并非出自李滋罗斯之手，李滋罗斯应中国政府邀请赴华，在华时间为自1935年9月至1936年6月止，为时很暂。改革币制之方案，系由中国官方人士起草妥善，而后实施的，仅在实施之前，将此草案交李滋罗斯阅及，请他提供意见而已。"（转见瑜亮《孔祥熙》，香港开源书店1955年版，第72—73页）

孔祥熙和宋子文，商讨金融改革的技术性问题。针对孔宋提供的4份机密备忘录中提出建议，并讨论修改。根据李滋罗斯自己的报告，会谈要点主要有："孔和宋同意根据解决第四个问题的原则（即中国币制与英镑相连），采取措施来改革币制；但从政治缘故考虑应加一些补充，使之看起来与日本的政策不至于相悖。他们提出根据解决第五个问题的原则（即各银行由公众以现银兑换新的纸币），由中央银行集中纸币发行和准备；中国银行和交通银行在过渡时期里作为中央银行的助手继续发行纸币。应随着外币的收入和售出，来进行纸币的投放和回笼，中央银行针对纸币和存款至少应保持50%的准备。他们原则上同意中央银行应尽可能的独立……将继续征收银出口税或禁止出口，使国内存银全部国有化，也许以后会向献银者提供贴水。他们赞成采取限制商品投机的措施，并在初期保持信贷紧缩，采取包括建立专门的抵押款，机构在内的各种措施，来处理银行业的困难。"① 看得出来，中国方面对币制改革的准备堪称充分，预估了各种各样的可能性，对此，李滋罗斯的判断是："各项建议在技术上看来是合理和可行的，只要能实行有关的保证，尤其是预算上的。他们也意识到非技术方面的困难，认为方案会由于国内和国外两方面的原因而失败。国内的困难在于建立信心。许多人（尤其是外籍人士）怀疑，不能兑现为白银的纸币是否会获得中国民众特别是农民的信任。但中国部长们相信他们会接受纸币，对于他们这种从纸币实际流通中所得出的结论，我难以表示怀疑……如果让像宋那样的人来负责，管理会合理有效。"②

基于如上判断，李滋罗斯倾向支持法币改革，他说："不管怎样，我倾向于把币制改革方案付诸实施，即使涉及1000万镑的风险，这远胜于无所事事。我们在长江流域的利益及在这一地区的任何发展，都将加强南京政府在国内的地位。通过制止通货紧缩和允许某种程度的扩大信用，拟议中的方案将会有助于经济和银行局势。为解决政府债务而出售白银的收入，将使对预算影响甚大的国内债务问题大为改观，我认为没有其

① 《李滋罗斯致霍尔电》（1935年10月9日），《李滋罗斯远东之行和1935—1936年的中英日关系——英国外交档案选译》（上），《民国档案》1989年第4期，第53—54页。

② 同上书，第53—54页。

他的更保险的调剂办法了。如果发生最坏的事态，日本进一步扩张，南京政府也会同意在不增加军费开支的情况下，进行守势抵抗。即使方案失败，只要中央政府还存在，我就不相信币制就必然会彻底崩溃，其后果也未必比现在的‘任其所为’更坏些。”[①] 由于国民政府的币制改革准备与英国挂钩，因此，得到英国方面的支持至关重要，而作为英国方面的特使，李滋罗斯的态度自然成为问题的关键。李对法币改革计划的首肯，使中国方面实行改革的信心大增。

经过往返数度讨论后，孔祥熙向李滋罗斯阐明态度，据李氏转述："由中央银行集中纸币发行和准备；中国银行和交通银行在过渡时期里作为中央银行的助手继续发行纸币。应随着外币的收入和售出，来进行纸币的投放和回笼，中央银行针对纸币和存款至少应保持50%的准备。他们原则上同意中央银行应尽可能地独立，但强调，中央银行如完全独立不会增强在中国的信誉，反而会减少吸引力；在目前局势吃紧的情况下，中央银行的股份不能出售。但他们同意尽可能快地出售一部分股份，并据此由股东们选举除了总裁和副总裁之外的董事会成员。”[②] 孔祥熙亦致函蒋介石进一步说明："惟此种办法原系第一步意在统一发行，集中准备。如将来实行第二步准备而不兑现之办法，始能奏效。若第二步不能实行，只此第一步，则属无益。盖此种办法以之保障发行信用则可欲利用之，以为活动金融，其力仍有未足。因（一）中中交三行现既在我掌握，现金散在外间，其他各行者为数不多，实际已与集中相差无几。（二）六成现金准备，既经决定统计各行现金不过30000万元，已发行50000万元，适合六成之数，即实施统一，若现金准备不能增加，仍不能扩充发行。（三）现在财部检查中交各行业务发行，尚可通融，如设立公库、公开检查，则两项现款不便流用其他各小银行。现金不足，令其补充，亦势有未能真象一揭，必致发生恐慌，似此情形，恐金融益不活动，

① 《李滋罗斯致霍尔电》（1935年10月9日），《李滋罗斯远东之行和1935—1936年的中英日关系——英国外交档案选译》（上），《民国档案》1989年第4期，第54页。

② 《李滋罗斯致霍尔电》（1935年10月12日），《李滋罗斯远东之行和1935—1936年的中英日关系——英国外交档案选译》（上），《民国档案》1989年第4期，第55页。

实于公家无甚利益。”①

10 月 29 日，孔祥熙与李滋罗斯的谈话中透露即将推出法币改革：“孔预计说，在今后几天内他将不得不宣布统一纸币发行、集中准备和停止兑现。他意识到对汇率所带来的风险，但希望通过下列措施加以抵消，即宣布不会实行通货膨胀，政府只是要保护国家的白银资源；他将用政府的储备暂时维持汇率。”②

在法币政策正式宣布前，国民政府努力与金融界沟通，尽力取得他们的理解与支持。中国银行董事长宋子文代表官方与上海银钱业沟通，之后财政部部长孔祥熙又与沪市金融界领袖咨商。11 月 3 日晚 10 点，银行同业公会召开临时会议，并于翌日上午 12 时召集执委会议，议决因应办法：（一）自本日起，款项收付，依照财部规定，概以法币为限，不得行使现金，所有同业间须解划头银元，应先向中、中、交三行调换法币行使。（二）同业间如有多汇划而缺汇划头者，暂时可以汇划银元，商由中、交两行平掉，其详细办法，由本会准备库与钱业准备库及中、交两行，会同讨论办法。（三）嗣后同业间所出各种票据（如定期存单、本票等），其票面应统书国币字样，以示一律。③ 看得出来，银行界基本持支持态度，起码表面上是这样。不过，亦有史料呈现另一面相，当时有情报资料显示：“最近一般银行界章乃器、张公权等酝酿反对政府金融统制计划，维持中国固有货币本位。”④ 结合档案材料看，这些情报并非空穴来风。英国方面报告，张嘉璈对法币改革的态度是：“局势非常困难，币制崩溃的风险相当大。孔不愿意进行中央银行的改革，他无法控制预算开支”；“张曾对蒋介石说预算必须平衡，但不准备迫使孔在形式上采取更激烈的行动而招致孔的不满。张本人对白银国有是否明智持怀疑态度，

① 《孔祥熙电蒋中正金融统一发行办法宋子文主张与李滋罗斯商议后再行决定》，1935 年 9 月 29 日，台北“国史馆”藏，蒋中正“总统”档案，002/080200/00252/083。

② 《李滋罗斯致霍尔电》（1935 年 10 月 29 日），《李滋罗斯远东之行和 1935—1936 年的中英日关系——英国外交档案选译》（上），《民国档案》1989 年第 4 期，第 59 页。

③ 《议决业务办法三项》，《申报》1935 年 11 月 5 日，第 3 张第 10 版。

④ 《戴笠电蒋中正将续查银行界章乃器张嘉璈等酝酿反对政府金融统制计划借口维持中国固有货币本位内幕情形》（1935 年 10 月 9 日），台北“国史馆”藏，蒋中正“总统”档案，002/080200/00255/027。

他主张向公众提供少量补偿。”①

除来自国内的潜在压力外，国际方面的压力更为沉重，这种压力主要来自日本。孔祥熙发给施肇基的绝密信函中说：“供售的白银是纯粹的财务交易，不包含任何意义可解释为这是对我们内部安排的限制，或美国的某种约束。日本对币制改革命令已感到极大冲动，怀疑我们与英国有所协议并与英镑联系，虽然都是莫须有的。币制改革令谨慎地措辞，不确切地说出与任何特种通货联系，其中一部分理由，也就是为了避免遭人反对。若我们同意与美元或黄金联系，我们不禁要问：美国是否准备协助向日本解释。全国对命令出乎意外地拥护接受，外商对于现在新币可兑换任何外币的安排也感到满意。为了我们自己的利益，我们必须保持现在的水平，因为任何破裂，将意味着对新币全部信心的丧失。”② 孔事后回忆：“对于计划法币政策，又极端秘密，审慎进行，所拟实施办法六条，除宋前部长参与外，甚至事前未送立法院审议，事后乃送请追认。宣布之后，日本政府大为恐慌，因事前未得消息，认为外交上之重大失败。”③

法币改革令颁布后，日本立即作出激烈反应，11月6日，驻日大使丁绍为致函南京外交部：“我国颁布银国有令，日本异常嫉视，对英国之援华，大肆抨击，拟令日人银行勿卖库存银，其舆论界有谓中国此举为无亲日诚意者，川岛陆相亦有此表示。”外交部次长唐有壬会晤日本驻南京总领事须磨弥吉郎时，须磨质问：“此次贵国颁布币制紧急法令事，敝方事前毫未与闻，仅于2日张公权经理访有吉大使，略行谈及，4日即已公布施行。”对此，唐有壬的答复是：“币制改革已成世界各国共通的趋势，非谋一国之单独问题，中国早已有此计划，且亦成为公开的秘密，但实施上须看适切之时机，因关系金银比价，比价之适合机会与否为偶然的，故实施之时期亦为骤然的，最近以金银比价已达预期之比率，故

① 《贾德干致外交部电》（1935年12月20日），《李滋罗斯远东之行和1935—1936年的中英日关系——英国外交档案选译》（上），《民国档案》1989年第4期，第66页。

② 《孔祥熙致施肇基电——不便宣布法币与任何外币有着联系》（1935年11月8日），《中华民国货币史资料》（第2辑1924—1949），第246页。

③ 郭荣生编著：《民国孔庸之先生祥熙年谱》，台湾商务印书馆1981年版，第105页。

断然实行。”12月9日，日本驻上海使馆附属武官矶谷声明：“此案事前既缺乏转变，复缺乏实行人才，又未得各国谅解，恐早晚数个月之内，必发生破绽。而国民政府此次之处置，乃为最不得已之办法。其后决无收拾之道，已属甚明。”① 自然，这只是日本一厢情愿的期望，事实证明，这一期望完全落空。

1935年11月3日，财政部公布《币制改革布告》，宣布实行法币改革：

> 自近年世界经济恐慌，各重要国家相率改定货币政策，不许流通硬币。我国以银为币，白银价格剧烈变动以来，遂致大受影响，国内通货紧缩之现象，至为显著。因之，工商凋敝，百业不振。又而资金源源外流，国际收支大蒙不利，国民经济日就萎败，种种不良状况，纷然并起。计自上年七月至十月中旬三个半月之间，白银流出几达二万万元以上。设当时不采取有效措施，则国内现银存底必有外流罄尽之虞，此为国人所昭见者。本部特于上年十月十五日，施行征收银出口税，兼课平衡税，藉以制止资源外流，保存国家经济命脉，紧急危机得以挽救。顾成效虽已著于一时，而究非根本挽救办法。一年以来，各界人士纷纷呈请政府设法挽救。近来国内通货益加紧缩，人心恐慌，市面更形萧条，长此以往，经济崩溃必有不堪设想者。政府为努力自救，复兴经济，必须保全国家命脉所系之通货准备金，以谋货币金融之永久安定。②

依照财政部对法币政策的解释，新货币制度之精义包括：统一发行、集中准备、保存现银、复兴产业四项。发行统一，可以维持价值之稳定，

① 《中央法币改革案及孔祥熙电蒋中正通令公布中央中国交通等银行钞票定为法币及已通电各军政长官切实协助保护实施改良钱币统一发行集中准备办法案等》，1935年11月3日—1935年12月28日，台北“国史馆”藏，蒋中正“总统”档案，002/080109/00006/002。

② 《孔祥熙电蒋中正林森我国必须实施法币政策的原因及持有银币生银等自十一月四日起兑换法币旧有银币或契约照原数额到期日概以法币计算等实施办法》，1935年11月4日，台北“国史馆”藏，蒋中正“总统”档案，002/090102/00010/096。

同时并可利用发行之伸缩，适应社会之实际需要，促进一国经济之合理发展。[①] 法令规定，“自 11 月 4 日起，以中央、中国、交通三银行（1936 年 2 月后又加中国农民银行）所发行的钞票定为法币。而其他曾经核准发行之银行，亦将在整一步骤之下，奠定集中发行之基础”。[②] 集中准备之优点，在平常时期可以充分发挥资金之效用，在恐慌时期可以充分发挥准备之功能。法令规定“法币准备金之保管及其发行收换事宜，特设发行准备管理委员会办理”。[③] 这个委员会由公私银行的代表组成，总会设在上海、广州，在天津和武汉等地设分会。法币准备金，由发行准备委员会指定中、中、交三行之库房为准备库，其各地分存数目，由发行准备管理委员会决定。关于保存现银，法令规定，“所有完粮、纳税及一切公私款项之收付，概以法币为限，不得行使现金”；又规定“凡银钱行号及其他公私机关或个人，持有银本位币或其他银币、生银等银类者，应自 11 月 4 日起交由发行准备管理委员会或其指定之银行兑换法币”。这就是说，白银在国有化政策下集中到政府手中，政府用储积的白银作为准备金发行法币，以之为全国统一的本位币。关于复兴产业，法令规定：“为使法币对外汇价按照目前价格稳定起见，应由中央、中国、交通三银行无限制买卖外汇。”[④] 法币与英镑挂钩，当时规定法币 1 元等于英镑 1 先令 2.5 便士。由中、中、交三行无限制买卖外汇趋于稳定，可调整国际贸易，增加资金流动，满足工业工商需要，达到复兴产业之效。

三 协助法币改革

银行的密切配合对法币改革成败至关重要，中央、中国、交通三行构

---

① 《新货币制度说明书》（1935 年 11 月），财政部财政科学研究所、中国第二历史档案馆编：《国民政府财政金融税收档案史料（1927—1937）》，第 419 页。

② 同上书，第 420 页。

③ 《发行准备管理委员会章程》（1935 年 11 月 5 日），财政部财政科学研究所、中国第二历史档案馆编：《国民政府财政金融税收档案史料（1927—1937）》，第 436 页。1935 年 11 月 5 日公布《发行准备管理委员会章程》：财政部为统一发行，巩固法币信用起见，特设发行准备管理委员会。其职责：保管法币准备金，并办理法币之发行收换事宜。发行委员会由财政部派五人、中央中国交通三行代表各二人，银钱业公会代表各二人，商会代表 2 人，及各发行银行由财政部长指定代表 5 人。中央银行总裁任主席。

④ 《交通银行史料》（第 1 卷），第 935—936 页。

建的银行体系中，交通银行以排行第三的地位，在法币改革中承担了重要使命，扮演着重要角色。

早在1935年11月3日法币政策发布前，交通银行总行在得悉消息后，即致函各分支行："近来币制改革空气日紧，极易引起误会，发生提存兑钞之事，亟应预为注意。临时应付办法如下：（一）对于提存概以本钞支付同业往来大数可做申汇。（二）本钞仍照常兑现，但宜延缓手续，减少兑出数目，至于对付态度，必须和平客气，以期保持本行声誉。希即镇静处理，并就近与当地中行洽同一致，仍将办理情形及提存兑现之趋势随时密报。"①胡笔江也以交通银行总经理的名义，通电各分支行："为筹备应付市面起见，特规定暂行办法：一、如同业有以现币来行调换钞券者，应尽量照换。二、所有尊处库存现币应即封存，不再付出，并将今日库存钞票即行分别详晰电报总行，其逐日增加现币之数，亦应随时电报之。……四、尊处库存钞券设虑不敷应付，希即日匡计，需要种类数目电告，以便装运。五、同业中设有头寸不敷，需三行接济时，其总行在上海者，应由该分行电该总行与三总行接洽，其总行不在上海者，应查明其需要原因及提供可靠押品，随时电请总行核准。"②

11月政府颁发实施法币布告，财政部指定交通、中央、中国三银行券为法币，指令交行发行准备管理委员会，与中央、中国二行协同办理推行法币事务，交行发行使命自是加重。当年的年度营业报告中记述道："政府实施新货币政策，本行所负责任颇为繁重。论其要者，一为接收各行之发行，浙江兴业、中国垦业、中国实业、边业、大中及湖北省等银行之库存券及准备金均全部由本行接收。此外，又点收劝业银行存沪部分之库存券，并会同中国银行接收四行准备库津区发行之库存券及准备金。二为收换现银。除委托同业邮局及各地政务机关等代为收换外，其北平、天津、青岛等地外商银行所存银币，本行亦参加收换。三为买卖外汇。稳定外汇行市，为推行新货币政策之重要设施，本行均遵照法令切实办理。四为推行辅币

① 《交通银行业务部关于伪财政部统一发行、集中准备，实行法币、对各分支行指示应付办法和各分支行有关金融市面情况的报告及其他来往文书》，上海档案馆藏，交通银行档案，Q55/2/721。

② 同上。

十进制之新辅币，本行亦协力推行，流通渐广，旧辅币则遵照财政部核定之价格标准尽量收兑，余如收换破旧钞券、整理粤省币制等工作亦参与从事。”① 交行在法币改革中扮演的角色的确不能低估。

具体而言，交行在法币改革中所承担的任务主要体现在五个方面：一、接收停止发行各银行之兑换券及准备金；二、兑换现银；三、买卖外汇；四、收换旧券和收换旧辅币；五、检查准备。

（一）接收发行

交通银行奉财政部发行准备管理委员会委办，接收浙江兴业、中国垦业、中国实业、边业、大中、保商、湖北省银行等停止发行银行的旧有行券。与中国银行合作接收的，有四行库津区发行券②。交行分别接洽并积极办理。表3—8为交行接收各银行发行的兑换券一览表：

表3—8　交通银行接收各银行发行兑换券　（单位：元）

银行名称	项目		定制券额合计
	应接收券	流通券	
浙江兴业银行	29182292	9448773	38631065
中国垦业银行	12504000	7496000	20000000
中国实业银行	77788191	54211809	132000000
边业银行	2649200	350800	3000000
湖北省银行	16557144	3442856	20000000
大中银行	18015315	1714685	19730000
天津四行分库	6192200	12457800	18650000

注：天津四行分库，即盐业、中南、金城、大陆银行准备库天津分库。

资料来源：根据《交通银行史料》（第1卷），第916—920页编制。

（二）兑换现银

法币改革的实行，有赖于白银国有措施的圆满完成。财政部实施法币布告第四项规定：凡银钱行号、商店及其他公私机关或个人持有银本位币

① 《1936年交通银行营业报告》，上海档案馆藏，交通银行档案，Q55/2/204，第47页。

② 四行库由中南、大陆、盐业、金城四银行共同组织，发行中南银行兑换券。

或其他银币、生金银等银类者，应自二十四年十一月四日起交由发行准备管理委员会或其指定之银行兑换法币，除银本位币按照面额兑换法币外，其余银类各依实含纯银数量兑换。发行法币银行既由发行准备管理委员会之委托，便有收受现银兑换法币之责任。交行及中央、中国两银行为便利内地商民就近以现银兑换法币。根据1935年11月15日公布的兑换法币办法，[①] 交行商定收兑办法五项：一、由三银行分支机关各自收兑，二、委托各地省银行代理收兑；三、请由各省、市、县政府机关协助办理，四、委托邮政机关代为收兑；五、外商银行所有现银之收兑。白银收归国有。如此规定目的有三：废除白银作为交易媒介，集中白银以充法币的准备，维持法币的对外汇价。国民政府对法币收兑有严格的规定，要求所有私人及公私机关收藏的白银，都应送交政府换取法币。违法私藏者如经发现，除白银没收充公外，并处以一年至七年的有期徒刑。各地的银行、邮政局、税捐稽征处以及其他机构都充作手机白银及兑换法币的机构。[②] 据张嘉璈估计，全国收集白银总额，达8亿银元之多。[③]

（三）买卖外汇

平衡外汇市价原为交通银行的特殊任务之一。法币条例第六项规定稳定法币，按照目前价格由中央、中国、交通三行无限制买卖外汇。12月，财政部又密令由三行买卖外汇。所有现存银币银类应陆续酌量运出购入外汇存储以充准备，此项售银余利统归国库，为稳定汇市及增加发行准备金之用。具体操作程序是：首先，在国内凡中央银行发行局及中国、交通两行交到中央银行业务局之现银，均按中央银行挂牌美金行市29.75元折合，其汇兑所售得之盈余，即由中央银行发行局与中、交两行分别拨交中央银行业务局代政府开立专户。其次，在国外现银售出后所得之外币，除按照

---

① 1935年11月15日公布《兑换法币办法》。第一条：各地银钱行号、商店及其他公共团体或个人，持有银币、厂条、生银、银锭、银块及其他银类者，应于1935年11月4日起，三个月以内，就近交各地兑换机关换取法币。第二条：兑换法币机关如下：1. 中央、中国、交通三银行及其分支行或代理行；2. 三银行委托之银行、钱庄、典当、邮政、铁路、轮船、电报各局及其他公共机关或公共团体；3. 各处内地税务机关；4. 各县政府。

② 王业键：《中国近代货币与银行的演进（1644—1937）》，台北“中央研究院”1981年版，第57页。

③ 张嘉璈：《中国货币与银行的朝向现代化》，薛光前主编：《艰苦建国的十年》，第158页。

中央银行挂牌行市1先令2便士半或29.75元分折合归还中国、交通两行及中央银行发行局抵付所交现银外，余款由中央银行代政府开立专户存储，由中央银行业务局负责办理。

表3—9　　法币改革前后中央、中国、交通银行现金准备的构成比例（单位：%）

类别	中央银行			中国银行			交通银行		
	1935.11.2	1935.12.31	1936.1.25	1935.11.2	1935.12.31	1936.1.25	1935.11.2	1935.12.31	1936.1.25
白银	64.59	53.52	59.90	96.65	65.59	60.66	86.80	51.18	37.79
外汇		23.13	17.17		24.91	29.03		25.57	39.61
黄金	17.09	11.56	9.26				1.84	4.47	2.02
存款	14.68	11.79	8.78	3.35	4.51		3.48	2.03	
其他	3.64		4.89		4.99	10.31	7.88	16.48	20.58

资料来源：《法币改革前后中央、中国、交通银行现金准备的构成比例表》，上海档案馆藏，上海商业储蓄银行档案，Q275/1/2501。

截至1937年底，交通银行运出现银共计五批，总数为5200万元，除其中1955万元系交由中央银行代运存美尚未购成外币外，计已购存纯金227961.07盎司、1685040.95美元。这些纯金和美元，均以中央银行发行准备委员会户名存放美国纽约联邦准备银行，交通银行以“寄出现金准备金”科目，列付“中央银行发行局户”账，由中央银行出立收据，交给交通银行存执。[①] 法币制度实行前，交通银行发行钞券总额为10450余万元，其现金准备数额为6450余万元。迨至1936年底，钞券流通总额增至30210万元，其现金准备金数额为18510余万元。两相比较，实行法币制度后，所有现金准备金，除其中现银元比数由千分之九〇八减至千分之三八二点九，美金比数由千分之十增高至千分之三二七点一外，并增多纯金、他行券及铜元三项。[②]

① 中国第二历史档案馆藏，交通银行档案，398/11402，转引自张秀莉《币信悖论：南京国民政府纸币发行准备政策研究》，第121页。

② 陆子培编订：《交通银行行务纪录汇编》（1933—1936），上海档案馆藏，交通银行档案，Q55/2/270。

表 3—10　　　法币改革前后交通银行现金准备类别及比例

1935 年 11 月 3 日			1936 年底		
类别	数额（元）	比例（%）	类别	数额（元）	比例（%）
现银元及厂条	58700000	90.8	现银元及厂条 *	70890000	38.29
金条	1190000	1.8	金条	2120000	1.14
公单	3090000	4.7	公单	1160000	0.63
英金	930000	1.7	英金	14070000	7.6
美金	670000	1.0	美金	60570000	32.71
			纯金	26830000	14.49
			他行券	9450000	5.1
			铜元	80000	0.04

注：* 该项准备中已有 1955 万元交中央银行代为运存美国。

说明：现金准备包括：银币、生银、外币、生金、存放同业、公单、公库支票、存出分支行、寄存单证等。保证准备包括：债券、房地产、商业票据、股票、公库证、存单等。

资料来源：中国第二历史档案馆藏，交通银行档案，398/11402，转引自张秀莉《币信悖论：南京国民政府纸币发行准备政策研究》，上海远东出版社 2013 年版，第 120—121 页。

（四）收回旧券和收换旧辅币

财政部授权交通银行等行收换流通市面之旧券以固法币信用。截至 1936 年年底收换停止发行各银行之流通券如表 3—11 所示：

表 3—11　　交通银行收换停止发行各银行流通券额表（1936 年底止）

停止发行的银行	收换额（元）
浙江兴业银行	5500000
中国垦业银行	2500000
中国实业银行	
大中银行	
边业银行	
盐业金城大陆中南四行准备库天津分库	3750000
湖北省银行	
合计	11750000

注：四行准备库天津分库由本行会同中国银行接收，表列收换额系两行共同收换额之半。

资料来源：《交通银行收换停止发行各银行流通券额表》，《交通银行史料》（第 1 卷），第 933 页。

财政部实施法币之日，为稳定辅币兑换价格，特依据当时辅币兑换市价，令由上海钱业同业公会发布通告，每法币1元兑换银角以12角为准，不得故意抬高或抑低。其兑入之铜元，按照中央银行与造币厂洽定办法次第装送至上海造币厂销毁，改铸之镍铜等辅币亦协助推行流通市面。

（五）检查准备

财政部设立发行准备管理委员会，专门保管法币发行准备金，同时负责办理法币之发行收换事宜。法币准备金，由发行准备委员会指定中央、中国、交通三行之库房为准备库，其各地分存数目，由发行准备管理委员会决定。并且规定每月检查准备一次，检查结果，包括法币发行额、准备额、准备种类等，皆须分别公告社会，以利监督。交通银行董事长胡笔江、总经理唐寿民代表交行为发行准备管理委员会委员。

表3—12　　各银行发行准备比较表（1935年）　　（单位：元）

银行名称	日期	检查次数	钞票发行额	保证准备额	现金准备额	现金准备比例
中央银行	1935.10.26	254次	131246364	29388400	101857964	77%以上
中国银行	1935.10.27	92次	119455496	46258549	73196947	61%以上
交通银行	1935.10.21		54862900	14894440	39968460	72%以上
四行准备库	1935.10.26	沪库304次 津库329次 汉库81次	29805500	4428000	25377500	85%以上
中国农工银行	1935.11.01		6295582	1199070	5096512	80%以上
浙江兴业银行	1935.10.15	64次	8009773	2644250	5365523	66%以上
四明银行	1935.09.20		12488400	4050000	8438400	67%以上
中国垦业银行	1935.09.30		6149500	1910500	4239000	68%以上
中国实业银行	1935.09.30		29484192	10091431	19392761	65%以上
中国通商银行	1935.09.30		21886400	5078515	16807885	76%以上

资料来源：《中国银行行史资料汇编》（上编1912—1949），第575页；卓遵宏：《抗战前十年货币史资料》（三），台北“国史馆”1985年版，第316—317页。

虽然表3—12中交通银行的检查次数没有记录，但是仍可看出，交通银行派代表参加并组织发行准备管理委员会，在初期的检查管理发行准备中起到了一定的监督和带头作用，各家银行的发行准备比例均达到70%左右。1935年10月交通银行的发行准备在72%以上。由于准备充分，各银行尤其是中国、交通两行积极配合，币制改革堪称成功。

币制改革实施后，通货紧缩局面迅速扭转，银行业经营困难程度大为减轻，汇率平稳，利率下降，物价回升，工商业复苏，1936年又逢农业大丰收，制造业也有了较大发展。孔祥熙在1936年8月1日向中央政治委员会所做的币制改革报告谈道："新币制之施行，已奏肤功。本年旧历年关，各业安然渡过，市上并无任何之骚扰。本年上半年出口贸易，较去年同期约增四分之一。关税收入，初呈增加之现象。"① 蒋介石在抗战期间也曾高度评价法币政策推行的成就："我在民国二十四年视察各省与入川的时候，见到各省各地币制之复杂，真是使人害怕，因此研究到民生之痛苦与社会之黑暗，各种弊端的症结，皆在于此。由此更推想到如果国家对外一有战事，则财政经济更将混乱不堪，直将制国家的死命，所以我国如要实行民生主义，而且能够应付内外一切艰危，惟一要务，就是在财政经济上，必须统一币制，先使法币能畅通全国，乃可使人民不致再受过去剥削的痛苦，而战时亦不致受金融财政纷乱的影响。所以我当时一到四川，除了四川先行撤销防区制而外，同时决定对中央必须贯彻统一全国币制政策。"他并回忆："当我们法币政策推行之初，国内财政界金融界以及各商业银行，当时都以为币制统一以后，必于他们的利益，有很大的损失，在未开始以前，就有很多议论表示完全反对，而且发生了很多的谣言诽谤，几使全国市场心理发生动摇，待到政府颁布命令，彻底实行以后，不仅金融界各银行钱庄，没有受到任何损失，而且其一切营业，反而突飞猛进，商务亦格外发达，一切公私经济事业，都能蒸蒸日上，如果拿币制统一前后的情形两相比较，我国在推行币制以后，所有经济实业的发展，实有一日千里之感，这是近年来极显明的一个事实。"② 作为业内人士，张嘉璈也从五方面总结

---

① 《孔祥熙关于实行新币制的报告》（1936年8月1日），财政部财政科学研究所、中国第二历史档案馆编：《国民政府财政金融税收档案史料（1927—1937）》，第448页。

② 《建立国家财政经济的基础及推行粮食与土地政策的决心》（1941年6月26日），秦孝仪主编：《先总统蒋公思想言论总集》第18卷，台北国民党"中央"委员会党史委员会1984年版，第208—209页。

法币政策对中国银行业的影响："从银本位改变到外汇本位……（一）商业银行的钞票发行权，已一概取消。所发钞票仍准流通，但必须逐渐收回，而代以中央银行新钞票，并不许续发新钞。（二）省银行所已发行的钞票，因为不能折兑外汇，不能视同法币，自在必须取回之列。（三）外商银行所发行的钞票，在这以前已减少到微不足道的数目，现在自必完全绝迹。（四）外汇集中于中央、中国、交通等银行，因而打破了外商银行外汇业务的垄断。（五）商业银行曾在1934—1935年银行紧缩期间遭遇不景气情况，现可复苏，且由于货币改革所引起的物价回涨，市面开始繁荣。"① 至于中国的对手方，日本人曾说："如无一九三五年之法币，则无一九三七年之抗战。"②

对于交通银行而言，法币政策予其以很大特权，交行所发行的钞票定为法币，且集中发行，其他银行发行的钞票都要兑换成法币，交行发行量迅速增加。为此，交行取消各地分库，集中发行，尽量推行法币，发行业务迅速迈进。法币制度施行前交行发行额为10452万元，1935年年底，交行钞票发行额为18083万元，到1936年底，交行发行已增至30214万元，比1935年年底增加12131万元。③ 1936年年底发行区域"推展至粤南，流通券额逾三万万元，比二十一年增至三倍以上，比元年约增多二百五十倍"。④ 交通银行营业报告中亦有反映："自二十四年11月新货币制度实行以来，推行法币为本行二十五年度之中心工作。如接收各行发行，在内地收兑现银，向外商调换硬币，及促进粤省币制整理等，均与发行不无裨益。加以该年本行业务拓展又值秋收丰登，内地用款殷繁，故全体发行流通额突飞猛进，继二十四年盛涨之势又为激增。就该年发行情形而言，每月底发行额均在而是年度发行最高额之上。"⑤

不过，和同享发行权的中央银行、中国银行比，交通银行的绝对发行

① 张嘉璈：《中国货币与银行的朝向现代化》，薛光前主编：《艰苦建国的十年》，第163页。

② 徐堪：《徐可亭先生文存》，第46页。

③ 《交通银行董事会函送1936年度交通银行工作报告》（1937年4月6日），中国第二历史档案馆编：《中华民国史档案资料汇编》第五辑第一编"财政经济"（四），第458页。

④ 《交通银行史料》（第1卷），第813页。

⑤ 《交通银行行务会议记录汇编》（1933—1936），上海档案馆藏，交通银行档案，Q55/2/270。

额仍然低于中国银行、中央银行，在三银行中处于明显劣势。上海档案馆所藏交行来往信件显示，币制改革后，“三行发行总额，中央约增125%，中国约增96%，本行约增99%”。[①] 尽管增长率高于中国银行，但由于中国银行基数本身即高，中国银行的发行还是高于交行。中央银行更是无论绝对值、增长率都高于交行，交行“老三”的地位逐渐坐实。随着时间的推移，国民政府对中央银行的扶持日益明显，到1937年，中央银行的优势更为凸显：“至各行状况，除中央扶摇直上，未遇挫折外，中交农三行渐有减少。”[②] 交通银行在国民政府金融体系中的地位随着中央银行的不断上升，呈逐步下落之势。这不一定是币制改革的本意，却是币制改革不可避免的结果。

表3—13　　法币发行前后中央、中国、交通三行发行票额比较　　（单位：元）

行名	1935年11月3日止发行额	1936年1月18日止发行额	增减比较
中央银行	135664764	191188174	+55523410
中国银行	187233602.92	303200000	+115966397.08
交通银行	104516550	181612250	+77095700
合计	427414916.92	676000424	+248585507.08

注：三行以外其他各发行银行在11月3日以前在市面流通之钞票，在11月4日以后，三行收进即不再发出，该项钞票现经三行收进者，计有5000余万元。

资料来源：中国人民银行总行参事室编：《中华民国货币史资料》（第2辑1924—1949），第235页。

① 《交通银行总行致函津行总理徐柏园》（8月14日），《交通银行董事长胡笔江、总经理唐寿民的私人来往函件》，（1936.7—1937.11），上海档案馆藏，交通银行档案，Q55/2/693。

② 《法币发行之趋势》，中国银行总管理处经济研究室编：《经济情报汇编》第1辑，1937年9月。

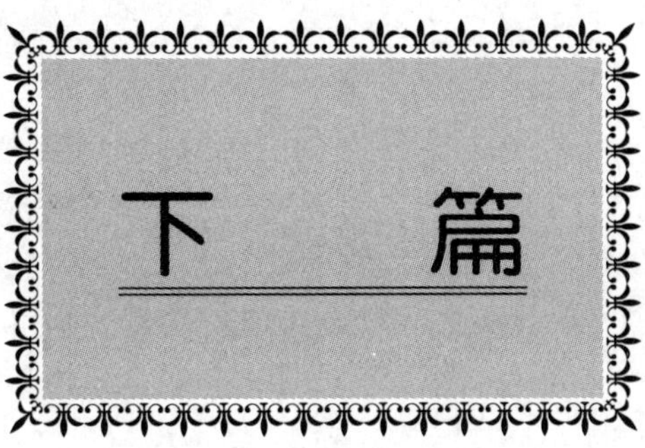
下　篇

第四章　交通银行的业务

尽管受制于政府的财政需求和统制体制，交通银行举步维艰，但作为符合社会经济发展需要的新式企业，1908—1937 年间，交通银行的业务总体是趋于发展的，存款、放款、汇兑等一般银行业务规模不断扩大，货币发行等政府特许业务也能适时推动环节改革，并首倡和带头推行承兑汇票及贴现等创新业务。本章即以考察交通银行的企业本质为主旨，逐一剖析其具体业务、投资等营业指标及历年盈利状况，并以中国银行及普通商业银行为比较和参照对象，努力呈现交行此三十年间的经营实态。

第一节　存款

存款是银行最基本的业务之一，是银行最重要的信贷资金来源。存款额度的增减直接反映银行的社会信用，社会信用的高低亦直接影响着银行存款额度的增减乃至银行的业务开展。纵向来看，1927 年前交通银行的存款业务，以 1916 年、1921 年两次挤兑风潮为转折，经历了两次大的起伏；1927 年以后，则持续增长。

一　**两起两伏**（1908—1926）

如前所述，交行之设，以赎回京汉铁路为动机，以利便交通四政为宗旨，一开始就有国家背景，因此存款业务上也享有特权。邮传部先后将电政局存款、京汉路局款项、收回电报商股等款项交由交通银行收存经理。交行设立时，邮传部只辖有铁路款项，交行对交通款项的经营主要限于路款业务方面。自 1909 年始，邮、航两政之款也相继加入交行业务。1910 年，邮传部设立特别会计，交通所有业务交由交行管理，交行获得全部交通款项的经理权。袁世凯执政时期，梁士诒通过与袁世凯的特殊关系，交通部的收入尽归入交行“特别会计”项下，短短几年间，由交行经理过的每项部款少则几百万，多则上千万。

除官办交通事业的资金往来外，交通银行亦兼营一般银行存款业务。据交通银行最初几年的业务记载，1909 年各项存款为库平银 1384 万两，1910 年上升至 2370 万两，1911 年辛亥革命爆发，社会经济动荡，存款又回落到 1909 年水平。从存款来源看，官方存款大于私人存款。如 1911 年各项存款中，官存为 866 万两，占存款总额的 65.5%；私存为 457 万两，占存款总额的 34.5%。[①]

与 1897 年创立、拥有众多分支机构的中国通商银行相比，交通银行从刚建立起便显出优势，最重要的原因当然是邮传部的业务眷顾。1897 年底，中国通商银行存款总额为 262 万两；其后十余年升降不定，最高时为 1899 年，达到 397 万两，嗣后多年，都在 200 万两左右浮动。[②] 这和 1911 年交行仅官存就达 800 多万两的确不可同日而语。不过，相比当时度支部辖下的大清银行，交通银行又有所不如，大清银行 1909 年存款额即高达 5401 万两，1910 年为 6339 万两，1911 年上半年为 5905 万两。[③]

辛亥革命对于交通银行而言，是一个赶超中国银行的契机。中国银行由于其与清政府的特殊关系，在政权变更中信用受到很大打击，银行被迫重组，业务受到影响。相对而言，交行的后盾交通系在北京政权仍占据重要地位，其在晚清受到的特殊眷顾继续维持。交通银行的存款额度在 1911 年短暂下降后，1912 年即恢复至正常水平。辛亥后几年间，由于有政治力的特殊关照，交行存款额一度猛增。1912 年仅为 2160 万元，1914 年迅增至 6553 万元，三年间增长约两倍以上。1912 年、1913 年、1914 年，交行存款额均超过中国银行。

---

① 《交通银行简史》，第 67 页。

② 李飞、赵海宽主编，张国辉著：《中国金融通史》（第 2 卷），中国金融出版社 2003 年版，第 309 页。

③ 大清银行总清理处编印：《大清银行始末记》，附“存款表”。

1915年，交通银行和中国银行在民国成立后短暂的此起彼伏之势被扭转。这一年，中国银行存款猛增，反超交通银行，成为中、交两行业务发展的分水岭。交行存款幅度比之中行明显落后，首先反映了交行信用的下降。1915年交行存款即有所下降，1916年停兑风潮爆发后，交行信用大损，存款大幅度下降至3868万元，比1914年的存款额下降40%。1917年交行存款业务仍停滞不前，再度减少。第一次世界大战期间，民族工商业有所发展，一般银行的存款业务都有显著的甚至成倍的增长，但交通银行的存款额却是锐减。直到1918年财政部正式通知中国、交通两行不再垫付京钞，交通银行压力有所减轻，存款才有所回升，到1919年达到开办以来的最高额7509万元。中、交两行存款变化可见图4—1：

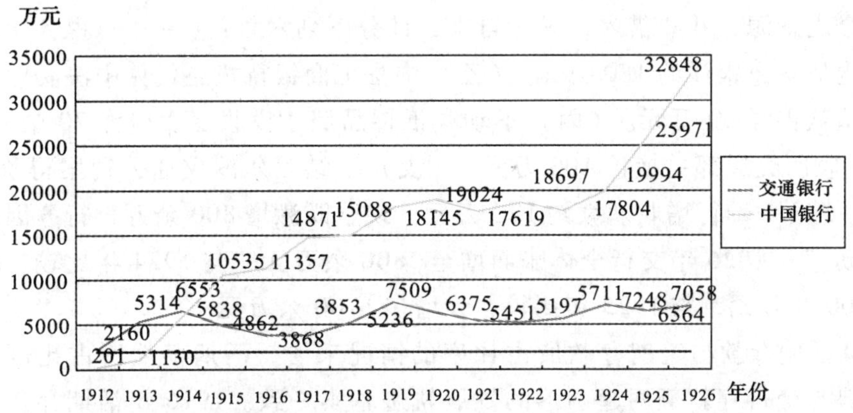

图4—1　交通银行与中国银行存款额比较（1912—1926）

资料来源：根据《交通银行史料》（第1卷），第310页，《中国银行行史资料汇编》（上编1912—1949）（三）中国银行历年营业报告数据整理编制。

一般而言，谈论中、交两行发展，多认为两行业务的分水岭是1916年的停兑风潮，但从上述数据看，在停兑风潮发生前，1915年后中行已经后来居上，交行的落后早有端倪。因此，两行在挤兑危机时的不同措施本身其实就是实力和发展水平的反映。交通银行从此开始落后于中国银行。1912年至1926年，交行的存款增长率为326%，而中行的增长率为16342%，远远超过交通银行。1912年年底交通银行的存款额比中国银行多 10.74 倍，但至 1926 年底交行仅及中行的 20%。两行在辛亥之后的起伏颇具意味，交行在民国初年利用交通系权势实现了暂时繁荣，政治恰恰又成为其进一步发展的窒碍。辛亥期间，中行由于清王朝的覆灭暂时受到重创，但正因此，其与新政权的关系反而不像交行那样紧密，从而获得了相对大的发展空间。历史就是如此吊诡。

1921 年的挤兑风潮使 1918 年后元气稍复的交行再遭打击，存款额又大幅度下降为 5451 万元，比 1919 年的 7509 万元降低 27%。直到 1924 年以后，业务才稍有起色。1924 年，活期、定期存款合计较 1922 年增加了 20%，达 13400 万元，同时政府欠款大为减少，交行则扩大了 908 万元。①

1925 年，梁士诒重新执掌交行后，"首以吸收现金巩固行基为目标"，经营一年，资金状况继续改善："本行增加现金至 800 万余元，而此 800 余万现金之来源，并非借入，其所自来，计分下列六款：（甲）总税务司拨还垫付内债本息银洋约 180 万元。（乙）中法工商银行拨还代兑中法实业银行钞票垫款银洋 60 万元。（丙）不动产抵押品照章没收变卖得洋 70 余万元。（丁）收回交通部兑换价 100 万元。（戊）了结哈尔滨戊通公司案得价 300 万元。（已）奉行增收现款约 120 万元。现金既激增 800 余万，行务因之益行活动。"② 1926 年交行全体账面增至 7800 余万元，与 1924 年比较，计增多 2400 余万元，与 1925 年比较，计增多 1700 余万元。③

从活期存款与定期存款所占比率的情况来看，活期存款所占比例的变化趋势与交行存款额两起两落的发展轨迹基本一致。1916 年活期存款所占比例由上年的 71.77% 直接滑落至 58.52%；经受 1921 年挤兑风潮后，1922 年交行活期存款又降至 65.99%（见表 4—1）。活期存款与定期存款的比例需要一定的平衡，活期存款与定期存款比例的变化在一定程度上反映着交行存款业务的健康与否和对积存资金的融通能力。

① 《各行本年纯益比较表（1921—1931）》，中国银行总管理处经济研究室编：《中国重要银行最近十年营业概况研究》，第 328 页。

② 《交通银行股东会纪》，《银行周报》第 10 卷第 21 号，1926 年 6 月 8 日，第 5 页。

③ 《交通银行 1927 年 5 月 1 日股东常会记录》，《北京金融史料》（银行篇五），第 9 页。

表 4—1　　北京政府时期交通银行历年存款额（1912—1926）　（单位：元）

年份	活期存款		定期存款		活期、定期存款合计
	金额	占比（%）	金额	占比（%）	金额
1912	12285453	59.46	8758760	40.54	21604213
1913	39916859	75.10	13232126	24.90	53148985
1914	54082664	73.50	19496351	26.50	73579015
1915	51124322	71.77	20109757	28.23	71234079
1916	22641233	58.52	16046519	41.48	38687752
1917	26129644	67.80	12407298	32.20	38536942
1918	35179602	67.18	17184573	32.82	52364175
1919	54053095	70.82	22268001	29.18	76321096
1920	43448717	67.56	20866314	32.44	64315031
1921	41393562	69.62	18064194	30.38	59457756
1922	35495082	65.99	18290205	34.01	53785287
1923	37437735	65.65	19591015	34.35	57028750
1924	53271576	73.44	19270754	26.56	72542330
1925	47029331	70.20	19960271	29.80	66989602
1926	50374298	70.77	20808185	29.23	71182483

注：此表数据与图 4—1 数据成因统计口径不同，有些年份不完全一致，但不影响反映总体趋势。

资料来源：《交通银行史料》（第 1 卷），第 309 页。

二　持续增长（1927—1937）

1927 年至 1937 年是交行存款额大幅增长的十年，全行存款共增加 49413 万元。1937 年交行存款额为 1926 年的 8 倍，翻了 2 番。纵向观之，前六年平均每年增加 1800 余万元，后五年平均每年增加 7600 余万元，1936 年最多，增加 13916 万元。

与中国银行相比，交通银行存款业务虽仍居下风，1928 年之后，中国银行的历年存款额总在交通银行的三至四倍以上，但若与当时的几家重要商业银行的存款增长率作一比较，还是可以看出抗战前交行在存款业务上的优势。1927—1936 年间，交通银行的存款增长率为 778.54%，而全国 11 家重要商业银行的增长率为 348.04%，前者的增幅超过后者一倍以上。纵向观之，前四年，双方的增长率还不相上下，交行为 232.32%，11 家重要商业银行为 213.49%；而后五年，交通银行的增长率就大大超过了 11 家重要商业银行，交行为 335.1%，11 家重要商业银行为 163.3%。[①] 交通银行存款的大幅度增加是在 1933 年以后，亦即第二次改组以后。究其原因，固然与交行自身的业务方针及经营努力相关，与当时的金融大势亦不无关系。1928 年、1935 年国民政府对交行两次增资改组，不仅壮大了交行的资本规模，更强化了交行的政府银行角色。相较北京政府时期被挤兑几近拖垮的形象，两次改组使交行社会形象大为提升。交行本身经过两次改组，专业化发展方针确定，更加着力于发展商业银行业务。1930 年交行即在上海设立储蓄部，创国家银行开办储蓄之先声。一般存户为了保障存款安全，纷纷从私营银行存款中提取出来转存中国、交通两行。交行开办储蓄第一年即吸收储蓄存款 160 万元，1936 年底已达 6100 万元，六年中增长了 37 倍。[②]

表 4—2　　1927—1936 年中国银行、交通银行存款额　　（单位：千元）

年份	交通银行		中国银行存款额
	存款额	增长额	
1927	72277	+1697	330497
1928	129830	+57553	387677
1929	140400	+10570	438097
1930	152870	+12470	535453
1931	165370	+12500	608165
1932	183850	+18480	557197
1933	212990	+29140	648708
1934	242050	+29060	685381
1935	331470	+89420	951990
1936	470630	+139160	978670

资料来源：根据《交通银行史料》（第 1 卷），第 349 页；《中国银行行史资料汇编》（上编 1912—1949）（三）历年营业报告编制。

① 根据中国银行总管理处经济研究室编《中国重要银行最近十年营业概况研究》（1933 年）、《全国银行年鉴》（1937 年）、《交通银行史料》（第 1 卷，第 315 页）相关数据计算。

② 《交通银行简史》，第 26 页。

20世纪30年代，中国的金融格局正在经历一场传统与现代金融机构相互交融、此消彼长的变化，近代以来形成的外商银行、钱庄与华资银行三足鼎立的金融格局趋于瓦解。钱庄逐渐失去业务上的优势，走向消亡；而华资银行业则后来居上，在经济生活和社会生活中扮演着越来越重要的角色。到抗战前几年已占据金融界的主要地位，所谓“银行实力之增强，使得旧式钱庄沦为附属地位，外商银行也日趋萎缩，国人自办之银行，遂执金融界之牛耳”。[①] 尽管1935年前后白银外流严重，各地金融益感枯紧，银钱业倒闭搁浅频有发生，但稍有资财者，都乐于存储于稳实之银行，因此该年度交行存款增势不减。截至1935年12月底，各项存款总额达到33147万余元，比上年度增加8942万余元，比1932年增加14762万余元。1936年存款额竟达到47063万余元，“不仅开以往之纪录，其增势更为从来所未有，此固由于交行信誉之日隆，而亦不能不归功于币制改革以来金融之松动及民力之增裕”。[②] 同时，随着本国银行的逐渐壮大，信誉增强，资金开始改变流动轨迹。国人一般心理，按照当时人的说法：“我国人民对于银行之信仰心态为薄弱，故从事银行业者，颇不易扩张其营业也，以言存款，该行对于存款利率，约较外国银行，提高一厘或二厘。但我国近来，民生凋敝，家鲜余畜，其稍积有现款者，亦嫌银行存息较薄，大都存置商店，其不开通之区域，若山陕秦陇一带，宁可窖而藏诸，不愿存出生息，习俗顽固，殊难启迪。即有一二富有人士，又鉴于时势之变幻，惟恐金融界之稍有摇动，致遭意外，相率而趋外国银行以图安全。”[③] 中国、交通等银行存款业务的迅猛增长，显示这种心态已有所变化。

改组后的交行也十分注意采取各种措施吸收存款，以裕资金之来源。为吸收社会游资，交通银行特举办“信托存款”，并保息六厘半。所谓信托存款，即由顾客以50元以上之款项，存入该行，由该行代为运用。所得盈余，则以存户为受益之主体，不受存款额定利息之限制，“使社会上趋于投

① 卓遵宏：《国民政府与币制改革（1927—1937）》，《中华民国历史与文化讨论集》（第四册 社会经济史），台北正中书局1984年版，第126页。

② 《交通银行行务纪录汇编》（三），《交通银行史料》（第1卷），第317页。

③ 徐沧水：《中国银行之概况（三续）》，《银行周报》第2卷第21号，1918年6月4日，第8页。

机之存资，得藉该行之经验与实力，集合运用于生产之途径。比之私人经营，既安全，又可撙节浮费，实为社会上拥有余资者之一良好出路”。[①] 交行信托部以250万元之营业基金，保本分红。具体运营方式，当时报章有云：

> 本埠交通银行，设有信托专部，经理房地产、买卖有价证券、保管重要物品，以及代理收付货款债款学费等，已历多年，业务向称发达。兹探得该行又拟添办信托存款，分普通信托及特约信托两种，由上海总行及本埠各支行先行举办。各外埠分支行亦将次第推行。其办法摘要分述如后：（一）普通信托存款，系代理运用性质，期限活动，手续简便，每户存数，至少国币50元。存满一年后，随时可以提取运用，所获收益，如核算在年息六厘半以内，概归存户享受，如在六厘半以外，则其超过部分，由该行与存户平均分派。（二）特约信托存款，为存款存户直接投资，每户数额，至少为5000元，期限运用范围，悉听存户自由指定，所获纯益，该行除酌提极少数手续费外，全归存户所有，既少消耗之费，又无用人管理之劳，而得安享稳妥投资利益。[②]

此项信托存款设立专账，单独记载其资产负债及损益状况，每次决算以后，由会计师审查公布，存款之运用有专门人员负责办理。由于收益浮动，信托存款受到欢迎：“交通银行总行，此次举办信托存款业务，连日收数，颇见踊跃。”[③]

为便利市民存取，发展业务起见，交通银行还呈准财政部添办便期储蓄存款两种，整存便期整付与零存便期整付。从1936年7月1日起，通饬所属各省市分支行同时开始办理。其利息较活期储蓄，尤为优厚，存取亦

① 《交通银行添办信托存款》，《银行周报》第20卷第1号，1936年1月15日，第14页。

② 同上。

③ 《交通银行收存信托存款概况》，《银行周报》第20卷第2号，1936年1月21日，第10页。

较定期便利。①

政府存款是交行业务的一个重要部分，但其比重呈逐渐下降的趋势，20 世纪 30 年代，政府存款一般维持在 5%—8%。由于资料的原因，未能找到交行连续性的数据，姑用中国银行数据予以说明（见表 4—3）。

表 4—3　　中国银行存款中政府存款所占比例　　（单位：%）

年份	政府存款所占比例
1930	9.89
1931	8.25
1932	4.46
1933	4.14
1934	5.78
1935	5.40
1936	7.14

资料来源：根据《中国银行行史资料汇编》（上编 1912—1949）三，1930—1936 年营业报告数据编制。

第二节　放款

对于银行，“发展营业，一方固应吸收游资，以充厚实力，一方并应抉择标准，致力于营运”。② 放款是银行的核心资产业务，通常也是银行利润的重要来源及实现利润最大化目标的主要手段。按照期限分类，放款包括活期放款、定期放款及透支；按照保障条件，放款可分为信用放款、抵押放款及贴现；按对象及用途，放款又可分为工矿企业放款、商业放款、个人放款、政府放款等。

交通银行建立初期，政府及官办事业虽为主要放款对象，但对私放款额大大超出政府放款。如 1911 年放款总额 1798 万两中，对清政府及有关事业放款为 458 万两，仅占 25.5%，而对私放款却达 1340 万两，占到

① 漱：《便期储蓄》，《礼拜六》1936 年第 648 期，上海市图书馆藏。

② 《1936 年交通银行营业报告》，上海档案馆藏，交通银行档案，Q55/2/204。

74.5%，后者比前者大两倍。[①] 对私放款，以工商业最集中的上海分行为最多，1908—1910年期间，一般房地产押款要占1/3左右，其次为股票押款。股票押款中不少股票就是后来酿成风潮的橡皮股票。

晚清几年内，相比以政府为主要放款对象的大清银行，交通银行的政府放款总额远远低于大清银行。大清银行政府放款额分别为：1908年41480万两，1909年58116万两，1910年66362万两，1911年64436万两。[②] 交通银行政府放款额分别为：1909年2370万两，1910年2842万两，1911年1798万两。[③] 这样的比例差别也导致辛亥革命后一段时期内，两者命运的不同：交通银行顺利渡过难关，而由大清银行演变而来的中国银行，则由于巨额的政府放款遭受巨大损失，为此次政权更迭付出了惨重的代价。

从存款、放款额的比较来看，1928年前，交行的放款数经常超过存款数很多。自1912年至1926年，放款总额增长了3.42倍，同期存款增长2.27倍。放款的增长幅度大于存款35.17%。此15年中除1913年、1914年、1920年三年放款总额没有超过存款总额外，其余各年均大大超过，最多的一年高达3700余万元。其中有5年即1/3的年份，放款超过存款额均在3000万元左右（见表4—4）。放款额增幅高于存款增幅，表面看，就银行经营而言，应有正面意义，但放款增幅长期且巨额超过存款，并不正常，背后往往反映两种趋势：一是社会财富的枯竭，二是银行过量的发行。具体到交行，即交行利用手中掌握的发行权，用新增发行抵补存款之不足，这种竭泽而渔的做法，对银行其实也是一把双刃剑。造成发行大幅增加的原因，又在于北京政府时期财政垫款过巨所致。巨额的财政垫款，使交通银行不得不通过加大发行来弥补，垫款无着，则势必会引起信用危机。北京政府时期两次挤兑即为显例。

---

① 《交通银行简史》，第4页。

② 大清银行总清理处编印：《大清银行始末记》，附“拆款及其他各项放款表”。

③ 洪葭管主编：《中国金融史》，西南财经大学出版社1993年版，第175页。

表 4—4 交通银行存款、放款总额比较（1912—1927） （单位：千元）

年份	放款		存款		存款超过放款金额
	总额	增长额	总额	增长额	
1912	24344		21600		-2744
1913	42187	+17843	53140	+31504	+10953
1914	42790	+603	65530	+12426	+22740
1915	52492	+9702	48620	-16910	-3872
1916	53038	+546	38680	-9940	-14358
1917	67160	+14122	38530	-150	-28630
1918	78084	+10924	52360	+13830	-25724
1919	79008	+924	75090	+22730	-3918
1920	61938	-17070	63750	-11340	+1812
1921	90391	+28453	54510	-9240	-35881
1922	81994	-8397	51970	-2540	-30024
1923	87838	-5844	57110	+5140	-30728
1924	97914	+10076	72480	+15370	-25434
1925	97692	-222	65640	-6840	-32052
1926	107589	+9897	70580	+4940	-37009
1927	123401	+15812	72277	+1697	-51124

说明：“+”表示增长，“-”表示减少。

资料来源：《交通银行史料》（第1卷），第348页。

从1928年开始，这种情况开始有所扭转，放款总额不再超过存款总额。1928年至1936年9年间交行存款额都超过放款额，且超过数额逐年增长。这9年期间，放款占存款的比例，一般在80%左右，只有1935年仅占67%。存款额超过放款额反映了交行资金情况经过整顿已有改善，防御风险能力亦在增强，北京政府时期完全不负责任的发行得到了一定程度的抑制。

表 4—5 **交通银行存款、放款总额比较（1928—1936）** （单位：千元）

年份	放款		存款		存款超过放款金额
	总额	增长额	总额	增长额	
1928	122059	-1342	129830	+57553	+7771
1929	123562	+1503	140400	+10570	+16838
1930	135710	+12148	152870	+12470	+17160
1931	140704	+4994	165370	+12500	+24666
1932	146567	+5863	183850	+18480	+37283
1933	158377	+11810	212990	+29140	+54613
1934	197892	+39515	242050	+29060	+44158
1935	227639	+29747	331470	+89420	+103831
1936	344345	+116706	470630	+139160	+126285

说明："+"表示增长；"-"表示减少。

资料来源：根据《1927—1936 年放款增长趋势及其与存款增长趋势的比较》（《交通银行史料》（第 1 卷），第 361 页）所提供的数据编制。

从放款期限看，1912—1928 年，定期放款不仅数额增长，而且自 1923 年起，所占比例均高于活期放款。1925—1928 年，定期放款占放款总额的比例连续四年都在 75% 左右。定期放款的比重过大，必然会影响资金的运转，且其中大部分政府放款已成呆账。1929 年后，定期放款比例逐渐下降。1927—1936 年交行放款增加 23675 万余元，增长达 2.2 倍，而其中定期放款只增加 3.7%，增加的基本上是活期放款。1936 年活期放款（包括贴现及买汇）的比例已占放款总额的 68%，与此相对应，定期放款则减至 30% 以下。活期放款的大幅增长且数额高于定期放款反映了资金营运的加快、资金流动性向良好方向发展。20 世纪 30 年代，交通银行践行其发展实业之使命，加大工商业放款，发展农村金融，也是活期放款比重逐渐增大的一个重要因素。活期放款的资金效益最大化，一方面有利于银行的资金融通，不致使资金滞而不流；另一方面，也大大增加了交通银行的收益。

表 4—6　交通银行历年定期放款、活期放款分析比较（1912—1936 年）

（单位：千元）

年份	定期放款		活期放款	
	金额	占比（%）	金额	占比（%）
1912	1770	7. 27	22574	92. 73
1913	12007	28. 46	30180	71. 54
1914	15188	35. 49	27602	64. 51
1915	23710	45. 17	28782	54. 83
1916	19014	5. 85	34024	64. 15
1917	22710	33. 81	44450	66. 19
1918	28024	35. 89	50060	64. 11
1919	39778	50. 35	39230	49. 65
1920	37179	60. 03	24759	39. 97
1921	42318	41. 82	48073	53. 18
1922	30710	37. 45	51284	62. 55
1923	60231	68. 57	27607	31. 43
1924	63557	64. 91	34357	35. 09
1925	73795	75. 54	23897	24. 46
1926	79999	74. 36	27590	25. 64
1927	87194	70. 66	34788	28. 19
1928	90925	74. 49	30293	24. 82
1929	45739	37. 02	75733	61. 29
1930	49546	36. 51	84422	62. 21
1931	50916	36. 19	87985	62. 53
1932	53098	36. 23	89777	61. 25
1933	55448	35. 01	97816	61. 76
1934	67036	33. 87	120958	61. 12
1935	63695	27. 98	150288	66. 02
1936	82958	24. 09	234100	67. 99

注：1927—1936 年的放款除定期放款与活期放款，还包括贴现放款与买汇放款。贴现放款与买汇放款所占比重较小，每项最高时不及 5%。

资料来源：根据《历年定活期放款分析比较表（1912—1926）》、《1927—1936 年各项放款比较表》（《交通银行史料》（第 1 卷），第 349、359 页）所提供的数据整理编制。

从放款对象上看，北京政府时期交行的政府放款占绝大比重。据统计，至 1915 年，交行对袁世凯的垫款达 3115 万元。1921 年末，交行的放款总额高达 9050 万元，其中政府欠款约占半数。而同年底存款总额不足 6000 万元，存放差额 3000 余万元全仗发行钞票抵补。1921 年的挤兑风潮，对交行打击颇深。1922 年张謇、钱永铭上任后即着手整顿放款。11 月，交通银行召开各地分行经副理以上参加的首届行务会议，着重解决清理积欠、资金呆滞、恢复信用及发展业务等问题，重新确立放款方针：军政借款一概婉却；政府旧欠进行清理；一般放款须有相当押品。经过两年整顿，业务渐有起色。1924 年的存款较 1922 年增加 34. 8%，达到了 7254 万元；放款则减少 3046 万元，两年中政府欠款仅增加 300 万元。经营状况，已转亏为盈，每年盈余 50 余万元。[①] 但是随着南北政局变化，梁士诒重返交行，张、钱的放款方针逐渐被放弃，从 1925 年开始，政府放款比重再度猛增，之后几年每年都达到 5000 万元以上，均占各年度放款总额的 50% 以上（详见表 4—7）。

表 4—7　　交通银行对政府放款额度比重（1923—1926 年）　（单位：万元,%）

年份	放款	政府欠款	合计	所占比重
1923	4435	4302	8737	49. 24
1924	5280	4610	9890	46. 61
1925	4722	5209	9931	52. 45
1926	5400	5642	11042	51. 10

资料来源：《交通银行史料》（第 1 卷），第 349 页。

对于政府积欠，银行也屡次催款。1913 年交通银行致函财政部：“大部支用之款甚多，截至本月 14 日止，新旧洋元户相抵结欠洋 268. 5 万余元，又过期借款 101. 1 万余元，又垫付中国银行支票 107. 2 万余元，共计 476. 8 万余元。

① 《交通银行简史》，第 32 页。

新旧银两户相抵仅结存27万余两”[①]，请求迅速拨还欠款。财政部回复：“本埠结欠各款为数甚巨，一时不能全清。目下金融紧急，行中周转不灵，亦系实情。故本部拟于近日所领银团款内先行拨还垫付中国银行支票之款，以资维持。”[②] 1916年7月13日，交通银行商股股东联合要求政府还款，并胁以暂停支取：“政府积欠本行之款数达4000余万，迄今漠视不理。本行所有衙署局所存放各款应一律暂停支取，静候政府计议。”[③] 但是此函未经协理签字，没有生效。1919年1月30日，交行总处致函财政部催款：“计截至本日止，除关余、盐余两项收入抵还垫款外，实欠现洋440余万。查中行垫款数目统计，只现洋150万元。按从前中、交两行办理金库定章，凡部有收款，中行得三分之二，交行得三分之一。遇有垫款亦按中二交一办理。现在敝行垫款几至450万元，而中行只150万元，相差几达两倍……万乞俯念下情，将所垫440余万元饬于本年2月份部收盐余款内抵拨，先行归还200万元，以资周转。其余欠数更祈另赐筹还，俾不至以效力之微诚转受割肤之深痛，乃感荷毋既，嗣后敝行实力苟充，仍当随时尽力，以供大部周转。”[④] 1919年2月7日，财政部致交通银行函，承认“近年以来本部库储支绌，所有拨发军政各款，每赖贵行随时赞助”，允诺3月初发还盐务余款时先行扣还200万元。[⑤] 屡催屡欠，催款后虽不能说毫无所获，但效果有限，最终政府垫款多成为呆账，直接影响银行的运营能力。

1928年后，交通银行被特许为“发展全国实业之银行”，但对政府的财政性放款仍占据放款首位。剔除北京政府积欠外，此段时期对国民政府的放款也是直线上升。1936年政府垫款额逼近1亿元，较1932年净增7472万元，增加4倍之多。不过，相比北京政府时期政府放款常常占到50%以上，到1935年、1936年，交通银行对政府的放款比例还是降到了20%—30%，比重明显下降。

---

① 《财政部及所属司、局、所、处为借款、汇款、代理收解、铸造银币等问题 与北京分行来函》(1913年7月19日)，北京市档案馆藏，交通银行档案，J032/001/00245。

② 《财政部及所属司、局、所、处为借款、汇款、代理收解、铸造银币等问题 与北京分行来函》(1913年7月19日)，北京市档案馆藏，交通银行档案，J032/001/00245。

③ 《关于公债抽签、遗失存款、汇水拨款等问题总处来文》(1916年7月13日)，北京市档案馆藏，交通银行档案，J032/001/00253。

④ 《有关借款及公债事项与财政部往来文书》(1919年1月30日)，北京市档案馆藏，交通银行档案，J032/001/00312。

⑤ 《有关借款及公债事项与财政部往来文书》(1919年2月7日)，北京市档案馆藏，交通银行档案，J032/001/00312。

另外，国民政府时期的财政性放款，除直接的垫款外，公债押款成为主要的政府放款形式，这将在另文中详述。

表 4—8　　交通银行对政府放款比较（1932—1936 年）　　（单位：千元,%）

年份	中央政府		省市政府		合计		
	金额	百分比	金额	百分比	金额	增加数	增长率
1932	10552	60	7106	40	17658		100
1933	17312	75	5838	25	23150	+5492	131
1934	21371	77	6362	23	27733	+4583	157
1935	38570	84	7615	16	46185	+18452	261
1936	80834	88	11546	12	92380	+46195	523
合计						+74722	+4.23

资料来源：《交通银行近五年业务统计图表》，《交通银行史料》（第 1 卷），第 362 页。

从放款用途来看，自 20 世纪 30 年代开始，交通银行工商业放款显著增加，尤其是上海分行。1932 年底，全行工商放款额为 641 万元，至 1936 年底已增加为 6922 万元，增长了 9 倍。交通建设事业放款逐年增加，包括铁路、公路、水利、电气、航业、公用等。1933 年增加 379 万元，1934 年增加 78 万元，1935 年增加 250 万元，1936 年增加 900 万元。四年内共增加 1613 万元，增长了 4.66 倍，其中以铁路放款增加额 1003 万元为最多。另外，农产放款发展迅速。1932 年底时仅为 329.6 万元，至 1936 年底已上升为 470 万元，增加 13.77 倍。剔除政府放款及旧欠，农产放款已占放款总额的 35.42%。其中对棉花的放款最多，占农产放款的一半以上，其次为盐、米、麦、豆、杂粮、丝茧等，亦均占有相当比例。①

从信贷方式上看，交通银行放款开始注重对物抵押。自 1928 年起，交行开始注重货物押款。货押之中，以棉花押款为最多，其次是杂粮、纱布、丝茧等。为经营货物押款，1933 年扩充仓库。截至 1936 年底，增设及扩充的仓库堆栈，已达 216 所，计自办仓库 44 所、合办仓库 5 所、押品堆栈 167 所。不论农工矿产均得储存押用货款。同时，直接与铁路、轮船、公

① 《交行近五年业务统计图表》，《交通银行史料》（第 1 卷），第 362—364 页。

路、汽车、内河帆船及转运公司等洽定水路线路联运，使各地存押之货物，得以运销利便。交行1936年度营业报告称："是以年来承做之货物押款及押汇在放款总数内占额最多，使生产与消费益趋接近。"① 工商放款中，以厂基机器抵押者逐渐占主要地位。后来又在单纯的货物押放中增加营运放款，即放款对象由交行独家往来，并派遣驻厂人员，监管押品和查核账目。交行也参加或组织放款银团合作放款，以扩大贷放规模、减少信贷风险。

从地区来看，北京政府时期，交通银行的营业重心主要在北方，放款以政府放款为主。对私放款，一直以工商业最集中的上海分行为最多。盛宣怀曾用愚记、盛揆记、盛毓常等名义，以大量房地产及股票向交行押款。交行总理李经楚、沪行总办李云书亦曾套用交行大量资金，经营他们的私人企业。属于民族资本的工业放款在沪行放款比重中，通常占10%—20%。一般较大的民族工业，如求新造船厂、大生纱厂、振华纱厂、振裕丝厂、龙章纸厂等向交行申借的厂基押款，每笔均在5万两至10万两，也有少数押款每笔达到20万两的。② 进入20世纪30年代，受政府政策及利益驱动，交通银行开始在西北、华南及江北一带积极增设机关推进业务，由此，放款的中心由京津转向京沪一带后，又向西北、华南等地推展。几年间放款业务有较大增长，数据显示："本行存款总数，既逐年递有增加，放款业务，自亦随而拓展，综查最近四年间放款数额增加情形，二十二年度四项总额为15837万余元。比较二十一年度计增1180万余元。二十三年度四项总额为19789万余元，比较二十一年度，计增5132万余元。二十四年度四项总额为22764万余元，比较二十一年度计增8107万余元。二十五年度四项总额为34434万余元，比较二十一年度计增19777万余元。"③

利息是银行收益项内的主要科目，一般占到纯益的一半以上。1921年以前，起落较大，交通银行利息收入，最少时不过10余万元，最多时曾达400多万元；1922年后，常在300万—400万元；1935年后超出400万元。④ 根据大清银行所定息率之通例，活期存款"其期无定，由存

① 《1936年交通银行营业报告》，上海市档案馆藏，交通银行档案，Q55/2/204。

② 《交通银行史料》（第1卷），第344页。

③ 《1936年交通银行营业报告》，上海市档案馆藏，交通银行档案，Q55/2/204。

④ 《交通银行历年收入利息比较表》，《交通银行史料》（第1卷），第709—710页。

户随时支取，银行亦不予利息，即予息银，不过周息一二厘耳”；定期存款“其息率之高下大都视存期之长短以为衡，故定期在数月以内者，息率常在五厘以下，定期在一年以外者，息率常在六厘以上”。[①] 至于放款息率，“则此行与彼行异，此款与彼款亦异。自其大体言之，押款借款之月息大率在六厘以上一分以下，亦有至二分以外者”。[②] 此一规定应该是当时国家银行放款利息的一般标准。

如果说存款额的多少反映着银行的社会信用和民众认同度的高低，放款额则不仅反映银行的资本和业务实力，更直接反映着银行的社会影响力。比照中国、交通两行的历年放款额，不难看出，交通银行仅在 1912 年、1913 年短暂接近或超过中国银行的放款额，之后便落后于中国银行。到 1935 年币制改革之前，交通银行已远远被中国银行抛离，业务水平已不能与之同日而语（见表 4—9）。

表 4—9　　1912—1936 年交通银行、中国银行放款比较　（单位：千元）

年份	交通银行	中国银行
1912	24344	2638447
1913	42187	18782
1914	42790	49968
1915	52492	86947
1916	53038	101891
1917	67160	139503
1918	78084	143429
1919	79008	184052
1920	61938	178429
1921	90391	172298
1922	81994	183732
1923	87838	180095
1924	97914	201808

① 大清银行总清理处编印：《大清银行始末记》，第 251 页。
② 同上书，第 275 页。

续表

年份	交通银行	中国银行
1925	97692	266529
1926	107589	311345
1927	121982	312649
1928	121218	359182
1929	121472	410107
1930	133968	472883
1931	138901	539362
1932	142875	455023
1933	153264	599284
1934	187994	673853
1935	213983	672779
1936	317058	691406

资料来源：根据《1927—1936 年各项放款比较表》（《交通银行史料》（第 1 卷），第 359 页）与《中国银行行史资料汇编》（上编 1915—1949）（三）历年营业报告所提供的数据整理编制。

第三节　发行

我国近代银行发行兑换券始于中国通商银行。1897 年，中国通商银行成立后仿照外国银行的办法发行纸币。1905 年户部银行及其各地分行也开始发行银两券、银元券、钱票等，这样继银元不统一之后又出现纸币的不统一。交通银行是中国近代较早发行兑换券的几家银行之一。1909 年交行开始发行兑换券，可以随时兑换现银和现洋，至 1942 年 6 月底发行业务结束，前后持续达 33 年之久。交行早期的发行业务与一般商业银行并无差别，营运范围也受到一定的限制。

交行最初发行的兑换券分为银两券、银元券和小银元券三种。1909 年发行的第一版钞票的图案，有黄龙旗、双龙图、火车、轮船、大清邮政局大楼、电业大厦等。黄龙旗和双龙图是清王朝的象征，轮路电邮四政则代表着交通银行之职志。辛亥革命时期，交行把钞票上的黄龙旗改为红、黄、蓝、白、黑五色旗，把双龙图改为云鹤图，是为应对政权更迭而作出的适时之举。1914 年，北京政府颁布《国币条例》《交通银行则例》。《国币条例》规定以新铸袁头银币为国币，重七钱二分，称为“袁大头”。《交通银行则例》特许交通银行发行国币兑换券。以前发行的银两券、银元券陆续收回。交行开始发行国币券。

梁士诒任交行总理时，袁世凯于 1913 年 1 月 10 日下达命令：“交通银行迭经整顿，信用昭著。在纸币则例未经详定以前，所有交通银行发行之兑换券，应按中国银行兑换券章程一律办理，以资辅助而利推行。”① 交行据此通过财政部、交通部通令各省，凡完粮、纳税、发饷及一切官商交易，交行兑换券一律通用。同月，交通部令各路局长及通电直、皖、鄂、鲁、苏、豫、奉、吉等省，推行交行兑换券，并由交行在铁路、轮船、电报、邮政各局分设兑换机关。交行发行额逐年增加。1915 年 10 月 31 日，袁世凯又正式申令，赋予中、交二行发行权，交行兑换券的地位也进一步确立。

1916 年至 1921 年期间，交通银行曾发生两次挤兑风潮，究其根本原因，皆因财政垫款而大量发钞，发行过量而准备不足。1915 年 11 月，财政总长周学熙报告袁世凯，予以中国银行 3000 万钞票发行额，对此，袁世凯批示“殊嫌太少”②，可见袁世凯控制下的北京政府的贪欲。1916 年交行陷于停兑时，中、交两行流通的京钞达 7000 万元，而库存准备仅 2000 万元。1921 年第二次挤兑时，交行全部发行额约 4069 万元，而现金准备仅 515 万余元。京、津两行发行额合共 1053 万元，而现金准备仅剩 40 万元。③

鉴于两次挤兑造成的严重后果，张謇、钱永铭执掌交通银行后，决心改革发行，实行发行独立、准备公开，并试行分区管理制度。基本思路是：“按照我行现行之办法，营业与发行名虽分立，实则通挪……自今以后，营业与发行之准备必须截然分立，各定成分。于营业，除库存现金及随时可以提取之存放同业与随时可以变卖之有价证券外，则注重于稳妥抵押及短

---

① 《财政部转达大总统关于交行兑换券应按照中行兑换券章程一律办理咨稿》（1913 年 8 月 11 日），中国第二历史档案馆、中国人民银行江苏省分行、江苏省金融志编委会合编：《中华民国金融法规选编》，档案出版社 1989 年版，第 73 页。《中国银行兑换券暂行章程》：凡下开各项用途，一律通用此项兑换券：甲、完纳各省地丁、钱粮、厘金、关税；乙、购买中国铁路、轮船、邮政等票及交纳电报费；丙、发放官俸、军饷；丁、一切官款出纳及商民交易。

② 洪葭管：《金融话旧》，第 60 页。

③ 《北京银行史料》（银行篇五），第 5、6 页。

期易收之放款。于发行，除现金外，则取消本票准备而易之以稳妥可靠之有价证券准备。”①

表 4—10　　1912—1927 年中国银行、交通银行兑换券发行数额　　（单位：元）

年份	中国银行	交通银行
1912	1061636.21	1190337.06
1913	5020995.09	6748144.42
1914	16398178.71	8936440.92
1915	38449228.38	37294665.21
1916	46437234.70	31946837.26
1917	72984307.42	28603836.39
1918	52170299.25	35144563.48
1919	61680088.39	29272653.72
1920	66884103.65	39170192.57
1921	62493340.87	30143233.03
1922	77766029.82	32523840.23
1923	80986712.31	38517613.18
1924	89987581.99	41613418.22
1925	127091461.59	48337132.83
1926	137421344.78	57136466.02
1927	159001102.16	65096888.69

说明：1912 年中国银行发行额数据 1061636.21 元为 743145.35 两折合所计。交通银行 1912 年发行额为库平银 793558.04 两。

资料来源：根据《中国银行民国元年至十七年兑换券发行数额表》、《交通银行民国元年至十六年兑换券发行总额表》（中国人民银行总行参事室编：《中华民国货币史资料》（第 1 辑 1912—1927），第 147、162 页）整理编制。

1922 年 1 月，京津两行设立发行股，掌管发行账目、库存兑换券及发行准备。规定发行准备为现金七成、有价证券三成，证券价值按时价计算，兑换券及准备金另设专库存储。发行准备与营业库存完全划分肇始于此。同年 11 月，

① 《总行行务会议讨论营业方针》（1921 年 5 月），《北京金融史料》（银行篇五），第 166 页。

遵照政府修正纸币条例，规定发行额定准备现金六成、有价证券四成。发行独立、四六准备，这些改革举措在当时银行界应该是比较超前的。

交通银行还推出分区发行。第一区发行总库设于天津，并先后在北京、济南、青岛、张家口设分库；第二区发行总库设在上海，并在江苏吴县、无锡、常熟、南京、镇江设立分库；第三区发行总库设在汉口；第四区发行总库设在奉天；第五区发行总库设在哈尔滨，总库之下，根据需要设立分库。各区发行的兑换券，印有发行所在地的地名，由各发行银行负责兑现，发行准备金亦由各该发行银行自行保管，以备兑现。① 同时，为“避免政潮影响”，交行决定将准备金公开，津库先予试行。② 1922 年 10 月 25 日起，开始在北京《银行月刊》上发布流通额和发行准备状况。

发行独立、准备公开、分区管理的发行制度推行后，取得了明显成效。交通银行的发行准备状况得到了改善，此后基本上严格执行了新的发行准备制度，详细数据可见表 4—11：

表 4—11　　交通银行发行钞票及准备数目对照　　（单位：元）

年月	发行钞票额	准备金		
		现金准备	本票准备	保证准备
1922 年 7 月底	24370289.48	3571190.93	20137821.55	661277.00
1922 年 12 月底	32475798.31	10372767.75	21601280.56	501750.00
1923 年 12 月底	37756726.79	11529333.21	22268833.58	3958560.00
1924 年 12 月底	41364637.22	13439376.48	20109118.01	7816142.73
1925 年 12 月底	42815287.56	12864232.21	21524086.84	8426968.51

资料来源：《发行钞票及准备数目总表》，《交通银行史料》（第 1 卷），第 850—851 页。

由于发行准备充分，交行钞券信用重树，抵御风险能力亦在增强。相关史料记载：“风声所树、钞信日增，两年以来，津属所发钞票则由 125 万元增至 890 余万元，沪属则由 660 余万元增至 1300 万元。此外，汉属、宁属亦莫不俱有增加。迄至今日，已得以恢复旧观。当去年秋季发生公债风

① 《实行法币以后之发行状况》，中国第二历史档案馆藏，交通银行档案，398/2/2417。

② 《交通银行变更营业方针》，《银行周报》第 6 卷第 40 号，1922 年 10 月 17 日，第 24 页。

潮以后，继至以东南、东北两次战争，金融恐慌达于极点，本行钞票屹然不动，得不蹈前此之覆辙者，赖有此耳。”① 交行实行的分区发行，还有分散风险的效果，“各区之有毁坏信用者，亦易于收拾与整理，不致牵一发而动全身也”。② 而发行独立，“不独为确立社会金融之基础，且增加社会之筹码，以发展农工商矿事业，为本行计，亦蒙间接之利益也”。③

交通银行的经验得到本国银行龙头中国银行的重视。1924 年 5 月 5 日，上海中国银行亦将银行钱庄领用钞票之准备予以公开。1928 年 2 月 28 日，决定将发行准备全部公开，邀请商会、银行公会、领券行庄、财政部及本行董监事会推举代表，组织检查委员会，定期检查，将发行准备内容，登报公布。4 月 1 日，检查委员会举行第一次会议，即开始检查。4 月 29 日进行了第二次检查。对于发行准备制度实施后产生的深远影响，曾有学者评论道：“此后中国银行全体发行，在国难重重、金融风潮迭起之中，仍能有增无减。而在法币实行之前夕，中国银行发行且占中央、中国、交通三行之一半，不得不谓得力发行之公开。而日后中央、交通两行，相继效法，俾民众视三行纸币等于现金。”④

表 4—12　中国银行沪券第一、第二次发行准备检查中现金准备内容一览　（单位：元）

项目	第一次检查	第二次检查
现金准备总额	39922941	41802410. 66
银元银两大条	14202263. 14	21404885. 36
存出国外同业	11748500. 55	8991913. 93
运送中现金	9829769. 81	5387957. 57
存出宁浙等分支行	3123407. 5	4315649
庄票	983000	1123000
存出外埠同业		590004. 8

资料来源：裕孙：《读中行发钞准备检查报告》，《银行周报》第 12 卷第 21 号，1928 年 6 月 5 日。

① 《交通银行月刊》增刊第 1 号，1925 年 5 月，《交通银行史料》（第 1 卷），第 849 页。

② 静如：《论分区发行制》，《银行周报》第 12 卷第 1 号，1928 年 1 月 3 日，第 5 页。

③ 《交通银行营业报告书（1926 年）》，上海档案馆藏，交通银行档案，Q55/2/203/6。

④ 姚崧龄：《中国银行二十四年发展史》，第 89 页。

南京国民政府成立后，1928年新政府颁布《交行条例》特准交行发行兑换券。至1935年11月法币政策施行前，交行发行额为10451万元，较之1927年底增加60%，较1913年底增加了14倍。①

表4—13　　1928—1936年交通银行发行数额　　（单位：元）

年份	1928	1929	1930	1931	1932
发行数额	68026113	69221511	82893785	81098079	94500925
年份	1933	1934	1935	1936	
发行数额	93004611	112512472	180825650	302140924	

资料来源：《交通银行历年兑换券发行流通额表》，《交通银行史料》（第1卷），第838页。

1931年1月，交通银行成立沪区发行总库，同时成立沪区检查发行准备委员会，按月检查发行准备并公告。从表4—14可以看出，尽管1928年后发行不断上升，但发行的现金准备始终保持在60%以上，这和北京政府时期现金准备甚至低到20%以下迥然不同。② 这也是国民政府时期能够避免大规模挤兑、停兑事件发生的关键所在。

1933年7月，交通银行变更分区发行制，改为集中发行制，总管理处、上海分行及沪区发行总库合并改组为总行；券务部及沪区发行总库改为总行发行部。同时改进发行组织，取消津区、沪区等分区名称，以原设各区总库、分库为各地分库、支库；改津总库为津分库，除燕库仍隶属于津库外，又以原属津库之济南、青岛、烟台三库改隶总行。③ 从此，虽然发行准备分存各地，但是由总行统一调度。

① 杭斯：《交通银行发行钞券始末》，《新金融》1995年第3期。

② 《发行钞票及准备数目总表》，《交通银行史料》（第1卷），第850页。

③ 《民国二十二年至二十五年之发行状况》，《交通银行史料》（第1卷），第812页。

表 4—14 **1931 年交通银行沪区发行总库检查报告** （单位：元）

检查日期	发行额（元）	现金准备		保证准备	
		数额（元）	比例（%）	数额（元）	比例（%）
1931.1.9	40636649	24531529	60.37	16105120	39.63
1931.2.13	42706749	25665869	60.10	17040880	39.90
1931.3.14	39293185	23606305	60.08	15676880	39.92
1931.7.18	43348369	26046769	60.09	17301600	39.91
1931.8.15	42484569	25529289	60.09	16955280	39.91

资料来源：张秀莉：《币信悖论：南京国民政府纸币发行准备政策研究》，第 31 页。

1935 年 11 月，国民政府实行法币改革，交行获得法币发行权。法币改革中，财政部指定由交通银行接收浙江兴业银行、中国垦业银行、中国实业银行、盐业银行、湖北省银行、大中银行合四行准备库天津分库等 7 家商业银行的发行业务，共接收现金准备和保证准备金 5000 余万元。交通银行还广泛收兑公私机关和个人持有的银元，共 1.1 亿余元。

表 4—15 **法币改革前后交通银行现金准备类别及比例**

1935 年 11 月 3 日			1936 年底		
类别	数额（万元）	比例（%）	类别	数额（万元）	比例（%）
现银元及厂条	5870	90.8	现银元及厂条*	7089	38.29
金条	119	1.8	金条	212	1.14
公单	309	4.7	公单	116	0.63
英金	93	1.7	英金	1407	7.6
美金	67	1.0	美金	6057	32.71
			纯金	2683	14.49
			他行券	945	5.1
			铜元	8	0.04

注：*表示该项准备中已有 1955 万元交中央银行代为运存美国。现金准备包括：银币、生银、外币、生金、存放同业、公单、公库支票、存出分支行、寄存单证等。保证准备包括：债券、房地产、商业票据、股票、公库证、存单等。

资料来源：张秀莉：《币信悖论：南京国民政府纸币发行准备政策研究》，第 120—121 页。

法币改革施行后，财政当局为稳定法币对外汇价起见，函令中央、中国、交通三行，将所存银币银类陆续酌量运出、购入外汇存储，以充准备，售银余利，统归国库，作为稳定汇市及增加发行准备金之用。运出现银易成外币后，在国内外分别各开特别户，专户存储，由中央银行业务局负责办理。截至1937年底，交通银行运出现银共计五批，其总数为5200万元，除其中1955万元系交由中央银行代运存美尚未购成外币外，计已购存纯金227961.07盎司、美金1685040.95元。这些纯金美金，均以中央银行发行准备委员会户名存放在美国纽约联邦准备银行，交通银行以“寄出现金准备金”科目，列付“中央银行发行局户”账，由中央银行出立收据，交给交通银行存执。①

法币改革对交通银行的发行业务刺激极大。法币政策实施前夕，交行的发行额为10451万元，到1936年底，交行的发行额已增至30214万元，在短短一年内，增加了近1倍。1937年6月，法币的发行额为14亿元，至1942年6月，法币发行额增加为249亿元，交行发行的法币将近40.5万元，较1937年增加10倍以上，约为全部法币发行额的1/6。不过，尽享发行特权之时，结束之日也开始慢慢逼近。1942年5月，国民政府实行四行专业化②，把发行权集中于中央银行一家，宣布实行“法币统一办法”，自1942年7月1日起，所有法币之发行统由中央银行集中办理。中国、交通、农民三银行截至1942年6月30日所发行的法币及准备金，全数移交中央银行。交行交出的准备金，包括金银外汇在内，共折合美金4300余万元。③ 交通银行的发行业务至此宣告结束。

第四节 汇兑

清末民初，汇兑业务由钱庄、票号两大传统金融机构分别进行，“汇”主

---

① 张秀莉：《币信悖论：南京国民政府纸币发行准备政策研究》，第121页。

② 1942年7月，四联总处对中央、中国、交通、农民四家银行业务做了重新划分。中央银行的业务是：集中钞券发行，统筹外汇收付，代理国库，汇解军政款项，调剂金融市场。交通银行的主要业务是：办理工矿、交通和生产事业的贷款和投资，办理国内工商业汇款，公司债与公司股票的经募或承受，办理仓库与运输业务，办理储蓄与信托业务。

③ 杭斯：《交通银行发行钞券始末》，《新金融》1995年第3期。

要由票号经营，“兑”主要靠钱庄经营。进入民国，随着华资银行纷纷建立，受利润驱动，新式银行也开始注意汇兑这一重要业务。

银行对汇兑业务的提倡与推广，主要看重的是汇兑中产生的汇水收益。汇水是银行收益的一部分。一般而论，汇水收益之多寡，本随汇兑业务为转移，故其增减基本与汇款之增减一致。但汇率之高低又依时期而变迁，故历年汇水收益未必与各时期汇款额有均一之比例。如图 4—2 所示：1927 年以前，汇款额与汇水收益的比例一直相对较高，1927 年后，这一比例则逐渐缩小。由此可见，汇率应该是处于一个逐渐下降的趋势，这亦反映出整个金融汇兑市场的竞争态势。据史料记载，在民国初年，“就汇款一项而论，由京汇沪每银元一千，外国银行必索汇费 40 元，即与情商至少亦须 20 元，本行（交通银行——引者注）则仅收 15 元或 20 元”。[①] 到 1936 年法币改革后，中央、中国、交通三行会同规定“国内汇兑征收手续费”办法：外省汇款每千元收费一元；本省汇款每千元收费五角；汇款在百元以下者，至少收费一角；汇款百元以上者，至少收费二角。[②] 可见，此时汇款手续费已相当低廉。

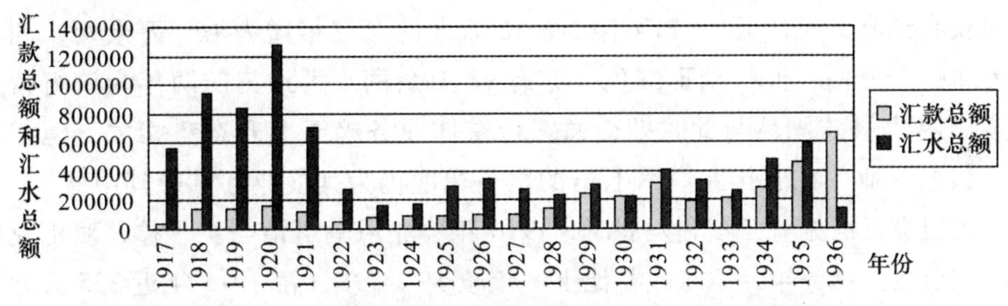

图 4—2　1917—1936 年交通银行汇款和汇水总额比较

资料来源：根据《交通银行历年汇款比较表（1917—1947）》《交通银行历年收入汇水比较表（1910—1936）》（《交通银行史料》第 1 卷，第 583—584、711—712 页）所提供的数据编制。

在近代众多新兴的华资银行中，交通银行在汇兑业务上是相对走在时代前列的。民初梁士诒任交行总理时就大力提倡发展内外汇兑，认为“次于存

① 《交通银行上交通部折呈》（民国元年八月七日），交通银行编：《交通银行编制辛亥年前邮传部各路局存欠各款帐略》，1924 年，第 47 页。

② 《上海中国银行汇款章程》，上海档案馆藏，中国银行档案，Q54/3/437。

款而亦为我行所应注意之事，则为汇兑”。他非常看好银行的汇兑业务：“从前闭关时代，事业简单，南北自为风气，故金银聚处于一隅，汇兑事业不能发达。今则铁路轮舟日火，南北交通，华洋杂处，人民之需要日益复杂，而人民之迁徙亦较前为颇仍、为便利，则汇兑事业日益加增，势所必然也。我行乘此好机，不可不于汇兑事业谋所以推广之道。”① 为此，他提出跟单汇票②的概念，这是中国银行发展史上的创举。③ 直到1926年，梁士诒在对交通银行津行的演讲中依旧强调：“数十年来，对于银行之业务，最注重者曰汇兑，曰贴现，最不赞成者放款……汇兑则无本而可获厚礼，贴现则本轻而利重，至于放款，虽有确实保障，已近呆滞，质言之，即通与不通之分也。”④

交通银行对汇兑业务的拓展，首先表现在汇兑分支机构的改革和布设上。1912年5月以后，交通银行将原设于各地之试办分行、分庄、分所及坐庄等机构相继改组为分行或汇兑所。到1922年，交通银行在全国共设70处汇兑所，遍及东北、华北、华中各地，建立了广泛的汇兑网。民国初年，汇兑收入增长很快：“查元年结帐报告，汇水收入有20余万两，二年增为84万余两，三年增为129万余两，四年增为150余万两……至该行自元年以来，每届均获有纯利，民国元、二两年共有56万余两，三年增为167万余两，四年增为200余万两，五年稍形减色，亦有98万余两。大致三四两年为该行营业极盛时期。”⑤ 这固然与此时期交通银行整体业务趋于上升态势相关，但相比而言，汇兑业务在五年左右六七倍的增长幅度仍为其他业务难望其项背。

正当交行汇兑业务顺利发展时，1916年停兑风潮可谓当头一棒，对汇兑收入影响至巨。这一年，汇水收益比上一年减少一半多，由1915年近235万元直降至104万元。此后，逐步恢复发展。1917年汇款总额为3955万元；1918年

① 《交通银行总处分送梁士诒关于营业办法与办事方针之谈话笔录致各行所函稿》（1914年6月16日），《中华民国史档案资料汇编》第三辑“金融”（一），第359—360页。

② 跟单汇票，又称信用汇票、押汇汇票，是指附带有商业单据的汇票，是需要附带提单、仓单、保险单、装箱单等商业单据才能进行汇款的汇票，商业汇票多为跟单汇票。

③ 《梁士诒在交行股东总会上对各行经副理的谈话》（1914年5月25日），《中华民国史档案资料汇编》第三辑“金融”（一），第360页。

④ 何玮珺：《梁士诒之演词》，刘绍唐编：《梁士诒传记资料》（三），第53页。

⑤ 《交通银行之概况》，《银行周报》第2卷第22号，1918年6月11日，第10页。按：引文中所列年度汇兑收益的具体数据与表4—16所列多有不符，但二者所反映的趋势基本一致。

因通汇地点增多，汇款总额猛增为14052万元，增长255.27%。因受1921年挤兑影响，1922年汇款总额再急遽下降为5178万元："交部所属邮、电、路、航各款前均存放我行。自停兑风潮后，多为他行揽去。"① 交行汇兑业务陷入停滞。

表4—16 **交通银行历年收入汇水比较** （单位：元）

年份	汇水收益	百分率
1909	207956.79	100.00
1910	267917.82	128.83
1912	311852.70	149.96
1913	1260340.30	606.06
1914	1947024.11	936.27
1915	2347454.21	1128.82
1916	1042072.57	500.11

资料来源：《交通银行历年收入汇水比较表（1910—1936）》，《交通银行史料》（第1卷），第711—712页。

在20世纪20年代初整顿行务的进程中，汇兑业务改革亦被提出。业内人士建议交行："今后对于营业方针，应注重国际汇兑方面，所有国内之分支行，不妨酌量裁撤，选派行员前往各国重要都市之银行，修习实务。同时即兼任汇兑代理人，以司掌账单往来及款项调拨，他方面再联络各银行，相助为理。"② 交通银行改进汇兑业务逐渐提上日程。1924年第二届行务会议上通过了天津分行提出的"改良调拨推广汇兑"的提案，内称："查汇兑为银行最重要之业务，汇兑之是否发达，与调拨款项之是否灵敏为正比例，我行分支行遍于全国，大小各埠俱能通汇，非他行所能比拟，资金调度果能得宜，不难握全国汇兑事业之牛耳，然观各行营业报告，对于汇兑一层，不曰头寸拮据不能放手，即曰同业竞争，难以获利。年来疮痍初

① 《北京分行函送自开办以后各种事件与总管理处往返文件》（1924年8月15日），北京市档案馆藏，交通银行档案，J032/001/00469。《交通银行历年汇款比较》，《交通银行史料》第1卷，第583—584页。注：原列表单位"元"应有误，比照其他资料，此列表单位应为"千万"。

② 沧水：《中交问题平议》，《银行周报》第6卷第24号，1922年6月27日，第2页。

平，元气未复，确为汇兑事业未能发展之重要原因”；“各行所在地点如有关于海关、收税及邮局汇兑事件，无问若何为难，总宜设法代为调拨汇解，以免此项营业为他行所兜揽。”[①] 提出四项改革办法：宽定往来透支限度；注意逆汇[②]；详报金融状况；确定银元往来户名称。[③] 1924 年汇兑业务已现恢复之势，汇款总额 9079 万元，但是汇款额与汇水收益所占业务比重与收益比重减小，汇兑生意已大不如前，此后交行在汇兑业务上再未能如愿领先。随着中国银行资本实力与业务优势的凸显，交通银行在汇兑领域的优势被取代。

1928 年南京国民政府初次改组中国、交通二行，中国银行获得内汇外汇的特权授予，这对交通银行应该是个比较严峻的挑战。对此，交行顺应各地分支行的增设及业务范围推广造成各银行汇兑业务持续增长的趋势，想方设法发展汇兑。对于本身没有建立分支行的地区，交行借用同业网点，与各同业订立代理收解及通汇合约，建立通汇关系。1934 年，“新订合同者包括广州国华银行（交行各分支行托代收解）、甘肃农民银行（托总行及津宁各行收解）、金城银行（金城苏、常两行托锡武两行收解），洽定继续旧约者为中央银行（继续上年代理收解合约一年），改订旧约者为浙江兴业银行（沪兴业托苏行收解）”；1935 年“新订代理收解合同者，为汕头国达银庄、昆明永丰银业公司、宝应晋康庄、昆山新裕庄、浙江兴业银行（托甬行收解）。1936 年间为兴化康成丰庄，广东省银行、浙江兴业银行（托兴桥两处收解）、金城银行（托鲁行收解）、上海银行（托通行收解）。”另外，还与各同业订立合约，双方互相通汇。1934 年成立金城、中南、盐业、大陆四行合约。1935 年新订通汇合约者为国信、浙兴（与该行吴兴分理处通汇）、国华等银行。1936 年间为江苏银行（托烟岛等行汇款）、四行储蓄会。[④] 广泛的同业合约，使其业务有了更坚实的来源。同时，交通银行分行间的汇兑也比较灵活，有时甚至提供免费等优惠活动，吸引客户。

---

① 《北京分行函送自开办以后各种事件与总管理处往返文件》（1924 年 9 月 30 日），北京市档案馆藏，交通银行档案，J032/001/00469。

② 指部分地区如内地各分支行汇出款大于汇入款，容易导致头寸短缺，调度不灵。

③ 《“改良调拨推广汇兑”提案》，中国第二历史档案馆藏，交通银行档案，398/2/624。

④ 《1936 年交通银行报告》，上海档案馆藏，交通银行档案，Q55/2/204。

1933 年，交通银行宁波分行规定 12 月 1 日当天，凡上海交通总行及各地支行汇款至甬者，概行免费收解，“此举对于旅沪同乡，便利非浅，并闻该行为酬答顾客起见，对于存户之零星汇出汇款，亦均不收汇费”。[①]

交通银行还借助其发展工商实业的特权，增强与工商业的沟通联系，加强银企间的合作。通过沟通，努力揽做大户汇款。如曾揽做南洋烟草公司华南、华北及长江各埠货款收汇及各地收烟用款，大美烟公司芜湖货款收汇等业务。1930 年，南洋烟草公司张家口、归化等处货款，订约由交行代为收汇。至 1936 年，透支契约曾续展数次，其各地货款收汇暨各地收烟用款，均托交行代为办理。此种揽做大户汇款的目的即是将汇兑业务“做活、做大”，极力挖掘汇兑市场中的获利空间。

20 世纪 30 年代前后，国内战争与经济大环境直接影响银行的汇兑业务。如 1932 年受淞沪战争等影响，交通银行汇兑业务低落。1933 年世界及国内经济不景气，交通银行汇兑业务暂无起色。不过，随着 20 世纪 30 年代交通银行整体业务的持续增长及在汇兑业务上的努力开拓，汇兑业务仍呈现上升势头。法币改革以后，中央、中国、交通三银行适应资金流通增长形势，大幅度降低国内汇兑手续费，交行汇款增势更加显著：“因法币推行颇为顺利，资金流转益形畅达，而各业经济亦复转见繁荣，均为促使汇款业务发达之主因。”1936 年，交行汇出汇款总额为 664659000 余元，比 1935 年增加 20761 万余元，比较 1934 年增加 373617000 余元。1936 年，买入汇票总额为 389198000 余元，比 1935 年增加 9588 万余元，比 1934 年增加 21152 万余元。[②] 1936 年这种大发展的局面，首先当然是得力于币制改革后，经济、金融总体大环境的活跃；其次，按照交行自己的总结，也是其多年持续努力的结晶：“本年行处续有增设，通汇地点，分布益广，并力求手续之简捷，顾客之便利。自币制变更以后，各地汇款，复一律免水，调拨周转，愈行灵活，遂得有斯成绩。”[③]

作为银行界的一对老冤家，中国、交通两行在汇兑业务中的竞争相当激烈。1915 年前，交通银行的汇兑收益一直占优势，1915 年，中国银行汇

---

① 《交行免费收解宁波汇款》，《银行周报》第 17 卷第 48 号，1933 年 12 月 12 日，第 6 页。

② 《1936 年交通银行营业报告》，上海档案馆藏，交通银行档案，Q55/2/204。

③ 《交通银行民国二十四年度营业报告》，交通银行总管理处编印，第 18 页。

水开始反超交通银行。自此之后，只有1921年交通银行超过中国银行，其他年份中国银行汇水均超过交通银行，达到交通银行的8倍到10倍之多。进入20世纪30年代后，随着票号的最终消亡与钱庄的日益衰微，汇兑市场逐渐被势大资厚的银行业所取代，汇兑市场的竞争亦日益激烈，银行业纷纷发展汇兑业务，争相与“专营”（特权授予，并非真正意义的专门营业汇兑银行）汇兑业务的中国银行分一杯羹，不过中行的领先地位仍难以动摇。从中交比对的数据中可看出，1930年后，中国银行的汇水收益差不多在交通银行的2倍到3倍之间。

表4—17　　中国、交通银行历年收入汇水比较（1909—1936年）　（单位：元）

年份	中国银行	交通银行	
	汇水	汇水	增长率
1909		207956.79	100.00
1910		267917.82	128.83
1912	13655.79	311852.70	149.96
1913	170547.58	1260340.30	606.06
1914	1265863.17	1947024.11	936.27
1915	2524499.47	2347454.21	1128.82
1916	2399067.91	1042072.57	500.11
1917	1166740.48	559868.39	269.22
1918	5925623.64	940819.40	452.41
1919	5497508.71	842003.26	404.89
1920	1497267.59	1277061.39	614.10
1921	612178.28	702422.23	337.77
1922	984020.59	278982.16	134.15
1923	1697898.68	167300.08	80.45
1924	1618139.39	173203.25	83.29
1925	1032617.77	298494.33	143.50
1926	1117838.17	345971.75	166.37
1927	2355693.26	270842.20	130.24
1928	1881296.69	232273.64	111.69
1929	3532062.25	311145.16	149.62

续表

年份	中国银行	交通银行	
	汇水	汇水	增长率
1930	3688952.18	220469.23	106.02
1931	1383685.72	407322.73	195.87
1932	1950577.15	334856.42	161.02
1933	1727929.14	267044.10	128.41
1934	1483139.99	480173.27	230.90
1935	1150491.17	593894.88	285.59
1936		147447.58	70.90
合计		16236213.95	
平均		601341.26	289.17

资料来源：根据《交通银行历年收入汇水比较表（1910—1936）》（《交通银行史料》第1卷，第711—712页）与1912—1936年中国银行营业报告（《中国银行行史资料汇编》上编1912—1949）（三）所提供的数据整理编制。

当然，中国银行巨大的汇款总额，主要在于政府给予其独享的外汇业务。对外汇业务，交行也早有注意。1917年改组后，交通银行致力开拓国外汇兑业务："营业方针趋重汇兑，国外方面，除香港星加坡早设有分行外，去冬特于日本东京设立驻东经理处，专理日本之专电汇款，以为推设分行之基础。"① 交通银行总理梁士诒也曾提出创办国外汇兑的设想，表示："国外汇兑，我行今后亦将推广，办理之初，或将于伦敦及巴黎等处先设分行，俟办有成效，再行推广。此种事业在本行系届创举。"② 流亡日本回国重返交行后，梁士诒依旧强调国外汇兑，并仿照日本正金银行拟定了五项办法："1. 我国国外汇兑中心，以上海为中心。沪行以地位关系，应就目前原有办法，徐图发展，造成本行国外之中心；2. 沪行外其他各行，如津、如汉、如岛、如长、如烟等行，与国外汇兑皆有关系，应各设法进行。惟举办伊始，难免生疏，似可先向沪行接洽，以期稳妥而减危险；3. 其他各

① 《民国六年交通银行营业纪》，《银行周报》第2卷第40号，1918年10月15日，第8页。

② 《梁士诒在交行股东总会上对各行经副理的谈话》（1914年5月25日），《中华民国档案史资料汇编》第三辑"金融"（一），第360页。

行与国外汇兑无直接关系，应于汇款事项，如留学费等，广为兜揽，以助长国外业务；4. 国外汇兑业务上应用之各种单据，应就本行所原有者，参酌他行所通用者，妥为改善。拟请总处与沪行，先行接洽办理；5. 国外汇兑主任人才，固非易得。而助理人员，非有经验者，亦所少见。凡国外汇兑有关系各行，应先养成此项助理人才，以应需要。”① 不过，限于当时缺乏充分的资本及交通不便等客观条件，交通银行外汇业务一直没有得到发展，虽曾在新加坡等东南亚几处设立国外分支机构，但随着危机时期业务紧缩，国外支行相继取消。梁士诒苦心孤诣的对象最终变成中国银行的囊中之物，交通银行失去了发展国外汇兑的机会。

第五节　公债投资

无论在北京政府还是南京政府时期，公债发行都是国家财政的核心内容，所谓“应付战时财政，要靠公债，就连支应常态财政，也几乎非公债不可”。② 1912 年至 1926 年 6 月，北京政府财政部正式发行的债券有 27 种，发行额达 6. 1 亿元，其中 19 笔为公债，8 笔为库券（这里的库券实际成了短期公债）。③ 南京国民政府也大量发行库券、公债弥补财政赤字。1927 年至 1931 年间国民政府共发行债券 23 种，实际发行金额近 10 亿元。④ 1927 年至 1937 年间共发行公债近 26. 6 亿元。

交通银行和公债，从其诞生起，就有千丝万缕的关系。交通银行设立之初的一个动机，就是受晚清政府委托经理京汉铁路赎路公债：“现拟赎回京汉铁路，需款尤巨，议办债票股票，必须有总汇之区路之先，所出债票、股票须由银行担任，否则所有应办事宜，与部直接，唯独无此政体，且不能消息

① 《1925 年 7 月行务会议文件》，《北京金融史料》（银行篇五），第 202 页；《交通银行行务会议中之要案》，《银行周报》1925 年第 9 卷第 35 号，第 36 页。

② 周志擎：《国民政府内债的检讨》，《经济科学》第 1 卷第 1 期，1934 年 3 月 30 日，第 133 页。

③ 千家驹：《中国的内债》，北平社会调查所 1933 年版，第 10—11 页，“北京政府发行公债券一览表”。

④ 千家驹：《中国的内债》，第 17 页。

银市，机关诸多窒碍。查东西各国，无论官商营业，准设银行于通都大邑，多至百数十处，但遵守中央银行所定之法律，与中央银行并行不悖。国内银行愈多，交通愈普，国事民事均受其益，近据各埠殷实华商以路电各款多由洋商银行操纵，迭请照仿日本兴业银行，集资设立，以期利不外溢。”① 交通银行成立后，1908 年邮传部奏准发行赎路公债 1000 万元，分为 10 万张，年息七厘，每年付息两次，至第八年起按期摊还。1909 年开收，并抄发章程，委托交通银行出售，其本息亦归交通银行经付。最初几年，交行只是与中行一起包销公债并经手还本付息，并未直接购买或经募公债。1912 年爱国公债发行时，明确规定“公债之募集及本利之偿付，均委中国银行代理”②，民国元年六厘公债也有类似规定：“此项公债之募集及付息还本事宜，由中国银行及其代理者经理。”③ 交行仅经手公债的还本付息。1914 年 8 月，财政部直辖的内国公债局成立，财界、金融界的头面人物几乎皆列为董事，中国银行、交通银行的正、副总裁被推为法定负责人。内国公债局的成立，标志着北京政府大规模发行公债的开始。交通银行的主要领导人梁士诒被任命为内国公债局总理。梁士诒两次执掌内国公债局，大力推行公债发行，宣称：“经国要道，首在制用，上是以辅助国家之财政，下是以调剂社会之金融，两利所在，莫若发行内国公债。”④ 由于梁士诒和交通银行的特殊关系，梁主持的公债局将交行列为公债发行的重要单位。1914 年的内国公债局章程规定：“本局发行钞票时，得酌量情形，委托中国交通总分各行，联合交易所代卖债票。”⑤ 交通银行从此在公债发行中取得与中国银行同等的地位，可派员驻内国公债局办事，正式开始参与政府公债的发行和管理。

① 《清邮传部奏设交通银行折》（1907 年 11 月 4 日），《交通银行史料》（第 1 卷），第 7 页。

② 千家驹：《旧中国公债史资料》，第 36 页。

③ 同上书，第 38 页。

④ 岑学吕编：《三水梁燕孙先生年谱》上，沈云龙主编：《近代中国史料丛刊》（743），第 202 页。

⑤ 千家驹：《旧中国公债史资料》，第 42 页。

表 4—18　　1912—1937 年国民政府发行内债情况　　（单位：万元）

北京政府时期（1912—1926 年）		南京政府时期（1927—1937 年）	
年份	公债发行额	年份	内债发行总额
1912	625	1927	4000
1913	684	1928	15000
1914	2497	1929	19800
1915	2583	1930	20800
1916	877	1931	41600
1917	1052	1932	—
1918	13936	1933	13000
1919	2836	1934	13434
1920	12196	1935	57000
1921	11536	1936	77300
1922	8323	1937（上半年）	3940
1923	500		
1924	520		
1925	1500		
1926	1540		
合计	61206	合计	265874

资料来源：千家驹：《中国的内债》，第 28 页；千家驹：《旧中国公债史资料》，第 370—375 页。

民三公债，原计划募额为 1600 万元，采取承包方式销售。第一期募款 200 万元，由中交两行联合承销，先交 20 万元的保证金。不满两月，已超过 1600 万元之额。后又扩大 800 万元，结果实际募得 5434480 元，最后交行在这次公债募集中立下汗马功劳，募得之数达到 6338375 元，占总额的 25%，超过中国银行及其他募集单位。中国银行募集 280 万元，仅占总额的 11%。1915 年再发公债，中国银行募集 2659900 元，占总额的 10%；交通银行募得 3137685 元，占总额的 12%，仍然超过中行。发行公债，除去利息、手续费及发行折扣，政府能得到的数额实际要低到八折甚至八折以下，银行则获利甚丰，估算交行募集三年公债得利75万元以上，四年公债30万元以上。[①]

在为政府经募公债的同时，1916年以后，交通银行开始直接投资公债，把公债经营列为重要营业项目之一。1919年底，在五家主要经营公债的银行中，交行经营数额仅次于中行，位居第二。自1920年起，政府发行的公债在上海证券物品交易所中买卖交易，当时发行、交易的程序是：财政部发行的公债、库券以对折先向银行抵押，然后送到证券交易所开拍，开拍后的行情一般在面额的六折左右，然后再以低于行情的10%或15%与银行结价，银行双重获利，利润可观，乐于承担这种类似“包销商”的角色，而且还自己大量购入公债。[②] 梁士诒在1920年4月13日金城银行董事例会上说：“观各行所获盈余，不仅在利息一项，而手续费及有价证券买卖上获利亦丰，实是好现象。”[③] 事实上，银行投资公债，在1921年挤兑风潮前后，已蔚然成风，周作民在报告1920年决算情形时说道：“至纯益之中，以利息为大宗，次为兑换，再次为买卖证券损益。”[④] 时人谈到，公债投资“虽几近投机，然实因政府借债，利息既高，折扣又大，苟不至破产程度，则银行直接间接所获之利益，固较任何放款为优也”。[⑤] 银行业务对公债的倚重，在1922年交通银行业务方针发生改变后，也没有根本变化，公债投资不见减少，始终保持稳定水平。

南京国民政府成立后，政费、军费用度无着，不得不以发行公债来弥补财政赤字。南京政府时期的内债发行，大都采取间接募债的方式。所谓间接募债，就是由银行或资本团体担任包卖以发售债票，人民不直接向政府承销。政府每次发行公债时，都不是拿到市场上发售，而是预先就以债票向各银行抵押借款，然后由银行陆续按市价出售，等到债券售出，再行结账。[⑥]

---

① 贾士毅：《民国续财政史（四）》，“国债”，第8、12—14页。

② 洪葭管：《金融话旧》，第101页。

③ “董事例会议事录”，1920年4月13日，中国人民银行上海市分行金融研究室编：《金城银行史料》，第38页。

④ “董事例会议事录”，1921年1月28日，中国人民银行上海市分行金融研究室编：《金城银行史料》，第38页。

⑤ 贾士毅：《国债与金融》，第25页。

⑥ 周志擎：《国民政府内债的检讨》，《经济科学》第1卷第1期，1934年3月30日，第133页。

表 4—19　　1926 年以前交通银行代理债券事务一览

年份	代理公债名称	备注
民国元年（1912）	元年公债	交行垫付公债利息
民国三年（1914）	三年公债	交行募集达 630 余万元，占发行额 1/4
民国四年（1915）	四年公债	交行经募 360 余万元
民国五年（1916）	六厘公债	交行垫款还本
民国七年（1918）	短期及长期公债	长期公债即七年六厘公债
民国八年（1919）	七厘公债	交行垫付一部分利息
民国九年（1920）	整理金融短期公债	交行垫付息款
民国九年（1920）	赈灾公债	交行垫付一部分利息（交行政府欠款中，财政部公债垫款户即垫付该项本息等款）
民国十年（1921）	整理六厘及整理七厘公债	经付本息
民国十一年（1922）	偿还内外短债八厘公债（通称九六公债）	第一期付息财政部无款拨付，向盐余借款银团三次押借 74 万元，本行为银团一份子
民国十一年（1922）	特种盐余库券	经付本息
民国十一年（1922）	江苏灾歉善后公债	经付本息
民国十五年（1926）	秋节库券	经付本息

注：民七年发行短期及长期公债，交行开始派员驻内国公债局办理发行事务。

资料来源：根据《交通银行史料》（第 1 卷），第 705、706 页所述整理编制。

为促进公债发行，国民政府对银行经销公债有一系列优惠措施。按照国民政府的规定，私人资本银行向发行钞票的国家银行“领券”时，除了六成现金外，其余四成的保证准备可以公债抵充，也就是可以 60% 的现金领到可作 100% 支付使用的钞票。后来又规定，公债还可充当银行吸收储蓄存款的保证准备。通常银行购入的公债，由于折扣大，市价只合面额的 60%—70%，到期时则可照票面全额收款，所获收益很高。正如银行家自己在股东会上报告时说：“银行买卖承押政府公债，利息既高，折扣又大，所沾利益，实较任何放款为优。”① 因此，在政局不靖、经济不景气的大环境下，公债成为银行资金的首选投资项目。国民政府时期，大部分债券“是由中央、中国、交通三银行经理，先行垫款，然后将债票或库券交三行

① 洪葭管：《金融话旧》，第 101 页。

陆续出售后再归还垫款”[①]。中央、中国、交通银行成为最重要的经营和投资公债的三家银行。如表 4—20 所示，1931—1934 年，交通银行的证券投资恒在全国银行业的 10% 左右。

表 4—20　　上海重要银行持有的以投资为目的之有价证券（1931—1934）　　（单位：百万元）

行名	1931	1932	1933	1934
中国银行	72.0	64.5	32.0	25.4
交通银行	21.4	26.0	29.9	29.3
中央银行	—	0.3	0.2	155.4
属于上海银行同业公会的其他银行	145.8	148.4	212.9	265.5
合计	239.2	239.2	275.0	475.6

资料来源：刘大钧：《上海工业化研究》，商务印书馆 1940 年版，第 300 页；徐农：《中国国民经济的全貌》，《新中华》第 4 卷第 10 期，1936 年 5 月 25 日，第 4 页。

1934 年之前，交通银行的公债投资一直仅次于中国银行。表 4—21 是 1912—1936 年交通银行的证券投资及收益情况的统计数据，其中对历年的放款额和总收益也进行了统计，可以通过比照有价证券投资与放款额的比重，观察有价证券投资的力度及证券投资的收益情况。理论上，有价证券应包含政府债券、产业债券及公司股票等，但正如时人所言：“吾国产业债券，直如凤毛麟角。至于公司债，虽有一二信用较佳者，然皆有行无市……1934 年银行年鉴，曾论及‘我国有价证券之流通，以政府债券为最多。普通公司股票公司债券可谓绝无。’1935 年银行年鉴，亦谓‘我国银行之投资，除工商业而外，以政府证券为大宗。’”[②] 因此，表 4—21 虽是有价证券数据，却大致可反映交行历年公债投资及收益情况。

① 卜明：《中国银行行史（1912—1949）》，中国金融出版社 1995 年版，第 293 页。

② 沈祖杭：《吾国银行与政府内债》，《银行周报》第 12 卷第 7 号，1936 年 2 月 25 日，第 5—6 页。

表 4—21　　1912—1936 年交通银行有价证券投资与收益　　（单位：元）

年份	各项放款	有价证券		纯益
		数额	收益	
1912	1180508	134320 两		170563 两
1913	28125309	200257 两		415407 两
1914	28527001	619476 两		1676875 两
1915	34995320	1119937 两		2001843 两
1916	35359545	1119937 两		987526 两
1917	67160698	2893649	10113	1901893
1918	78084290	10893551	41439	4449996
1919	79009095	9254557	479775	2107937
1920				
1921	90391912	11649961	-1770837	-587268
1922	92737297	9504900	-3282029	-897658
1923	96594394	11162672	196499	529446
1924	108491926	13147866	364715	559268
1925	111588509	11633110	-52970	597548
1926	124239635	11939639	-29025	617327
1927	135744766	11605817	-722530	548839
1928	148125040	8561704	-272840	577695
1929	159395136	8602075	-125617	651337
1930	162983479	13260061	450406	718864
1931	169319204	19499905	—	769803
1932	164254971	22596703	228942	400807
1933	179099389	26151614		900389
1934	214891913	23371746		907187
1935	254678916	34752297		1290957
1936	378228483	45044501		1350412

资料来源：《交通银行资产类各科目分类统计表》，《北京金融史料》（银行篇五），第 371—376 页；1932—1936 年交通银行营业报告；1912—1916 年数据，《交通银行之概况》，《银行周报》第 2 卷第 22 号，1918 年 6 月 11 日，第 11 页。

从表4—21中看，1927年前，尤其是1921年前，交通银行的有价证券投资比重过大，和放款总额比，常在10%以上，有的年份甚至达到30%以上，隐藏极大风险。1927年后，交通银行的证券投资逐渐走向理性，证券投资保持在总放款额的10%上下。过高的公债投资不足取，但银行确有经营公债的利益驱动，所以保持一个合适的比例至关重要。应该承认，由于政府财政相当程度上依靠公债发行，不得不对银行让利，公债收益的确不菲。公债研究专家千家驹曾说："中国持券人之最大多数为上海及平津之各银行钱庄，这是我们所知道的。在银行方面，购买债券之普通的利益（如买卖公债，银行之游资得以运用，以债券为发钞之准备，又得与现金收同一之功效）固不必说，但最重要的原因还是由于投资公债可不劳而获得特殊的利润，又可以藉此做公债投机事业。"① 金城银行营业报告书也记有："有价证券，以中央政府发行之公债、库券担保为最确实……市场流通性亦最大，故本行对于此种债券之投资，商、储两部，历年均达相当之数。"② 由表4—21所列历年证券投资的收益和总纯益相较，可以看出，证券投资收益常在总收益的30%以上，这项收益已成银行盈利的主要来源。政府靠发公债维持运转，银行则以公债牟利，双方几乎形成利益共同体。不过，这样的利益结构并不总能成立，公债发行如果不是建立在社会经济发展的基础上，终究是空中楼阁，因此，过度发行其实也在吞噬社会财富，反过来影响经济和金融的稳定。1921年挤兑危机后，交行的证券收益出现负数；1927年前后几年，公债投资也是有亏无盈。可见，这项收益颇高的投资项目，必然也伴随着难以避免的高风险。

除经募和直接投资公债，南京国民政府时期，中国、交通两行依然为政府公债经付本息。1928年6月内国公债局虽被裁撤，但交通银行经理债券及借垫本息的业务并未停止。从表4—22可见，国民政府时期，交通银行几乎参与了每一项政府公债的本息经付。作为一定意义上的国家银行，由于与财政的密切关系，为政府公债经付本息可以视为国家银行的特殊业务，其既有助于银行的资金融通，也可借政府的名义增强银行的社会影响。

① 千家驹：《中国的内债》，第65页。

② 《"小小银行"的"大掌门"陈光甫》，文昊编：《我所知道的金融巨头》，第167页。

表4—22　　1927年后交通银行经付债券本息情况

年份	经付本息债券
1928	金融长期公债
1929	河北省海河公债
1929	上海市政公债
1929	南京特种建设公债
1930	电气事业短期公债
1930	电气事业长期公债
1930	湖广铁路公债
1933	华北救济战区公债
1934	玉萍铁路公债
1934	上海市政公债
1934	第一期铁路建设公债
1934	英金庚款公债
1934	江苏水利建设公债
1935	四川善后公债
1935	湖南建设公债
1935	江南铁路公司债
1935	民生实业公司公司债
1935	电政公债
1936	统一公债甲种
1936	统一公债乙种
1936	统一公债丙种
1936	统一公债丁种
1936	统一公债戊种
1936	复兴公债
1936	四川善后公债
1936	第二期铁路建设公债
1936	第三期铁路建设公债
1936	江西整理土地公债
1936	广东整理金融公债
1936	浙江整理公债一类至四类
1936	大通煤矿公司公司债
1936	永利化学工业公司公司债

资料来源：《经付本息表》，《交通银行史料》（第1卷），第707—708页。

南京政府时期，银行投资公债，和北京政府时期有一个很大的不同，就是内债折扣率逐渐降低。如前所说，北京政府时期，为促进公债销售，政府采取对银行大规模让利形式，银行可以折扣买进，再加以高额利息，获得高额利润。由表4—23可以看出，1927年以前，内债销售的折扣多在八折到九折，且最低时有六折发行，不过，总体上看，1927年前，内债折扣率已经在逐渐降低，内债投资成本与收益比重已有逐渐趋低趋势。1928年以后，发行折扣更是明显减少，均在九二折以上，尤其在进入20世纪30年代后，多为九八折销售。因此，银行投资公债的成本无形加大。这种状况显示的是随着国家权力的逐渐增强，政府公债发行手段增多，银行更多处于被动听命的配合状态，政府和银行的利益链条逐渐向政府方向倾斜。

表4—23　　　　1912—1936年内债销售折扣

折扣／年份	60	80	82	88	90	92	92.5	93	94	95	96	98	100	不详	合计
1912													2		2
1913						1									1
1914									1						1
1915					1										1
1916										1					1
1917															—
1918													2		2
1919															—
1920								1					1		2
1921					1								4		5
1922					2								1	1	4
1923													1		1
1924									1				1		2
1925					1								1		2
1926	1		2	1											4
1927		1					1					1	1	1	5

续表

折扣 年份	60	80	82	88	90	92	92.5	93	94	95	96	98	100	不详	合计
1928						2		1	1		1	2	1		8
1929												5	2		7
1930												2	2		4
1931												6	1		7
1932															—
1933												3	1		4
1934											1	4			5
1935												3	2	2	7
1936												3		2	5
合计	1	1	2	1	5	3	1	2	3	1	2	29	23	6	80

注：单位为“项”。

资料来源：根据辛膺《中国公债及通货膨胀之检讨》（《建设评论》1936 年第 4 期）、千家驹《旧中国公债史资料（1894—1949 年）》（中华书局 1984 年版）相关数据整理编制。

在学理上，公债发行本无所谓好坏善恶，“在财政学上说，内债本不过是补苴国家收支一时的不敷，或救济财政上非常之支出的一种应急手段。”① 银行投资政府公债，本应为双赢的结果，但是在近代中国，银行投资公债，表面上银行短暂获利，而政府财政缺口不补反增，长此以往，银行与政府乃至社会工商业均有可能成为受害者。宋子文于 1932 年 6 月 11 日谈话中说：“税额既不能增，则惟有举债之一途，譬之挖肉补疮，周而复始，终至肉无可挖而后已，举债何独不然，岁收不足，则举债以足之，债务以偿，更举新债以偿之，终至国库所入，悉以偿债，尚且不足。”② 道出了部分实情。

① 千家驹：《中国的内债》，第 1 页。

② 周志擎：《国民政府内债的检讨》，《经济科学》1934 年第 1 卷第 1 期，第 133 页。

表 4—24 民国以来政府内债发行的用途（1912—1934 年）

项目	北京政府时期		南京政府时期		合计	
	金额（元）	比重（%）	金额（元）	比重（%）	金额（元）	比重（%）
军费	164198510	26.9	220000000	17.9	384198510	20.9
政费	99400000	16.3	533000000	43.3	632400000	34.4
善后			148000000	12.0	148000000	8.0
整理或调剂金融	344302603	56.4	275000000	22.4	619302603	33.7
赈灾	2168475	0.4	44000000	3.6	46168475	2.5
生产事业			10000000	0.8	10000000	0.5
合计	610069588	100.0	1230000000	100.0	1840069588	100.0

注：周志骅：《国民政府内债的检讨》，《经济科学》第 1 卷第 1 期，1934 年 3 月 30 日，第 140—141 页中对国民政府 1927—1934 年的内债发行用途也有列表，数据不全一致。

资料来源：王乃栋：《民国二十三年来之内债及其用途》，《大公报·经济周刊》第 126 期，1935 年 8 月 4 日，转引自姜良芹《南京国民政府内债问题研究（1927—1937）——以内债政策及运作绩效为中心》，南京大学出版社 2003 年版，第 309 页。

之所以说公债有可能损害社会经济，关键在于其绝大部分均用于军费政费支出，是消费性支出，真正用于发展生产事业的可谓九牛一毛，无论北京政府还是南京政府时期，用于生产事业的均不足 1%。可以说，公债充当的实际是抽血机的角色，过度的公债发行，必然沉积一大部分资金，造成社会资金短缺，影响工商业运行。永利公司总经理范旭东曾指出："市场利息因政府公债条例太滥之故，竟抬高至二分以上，市场流动资金群趋于投机一途，民间生产事业之股票债券竟至无人过问。谨厚之资产阶级则为公债利诱，动辄倾其家私。故公债之残害我国实业，比之任何暴力尤为凶猛。"① 中国银行天津分行经理卞白眉在工商会议上也表达了工商业者的希望："凡属无裨生产事业之内债，以后不宜再发，俾市面游资不致倾注于公债一途，而银行亦得腾出余力以从事于辅助工商业之发展。"②

① 《"小小银行"的"大掌门"陈光甫》，文昊编：《我所知道的金融巨头》，第 170—171 页。

② 同上书，第 171 页。

银行界的有识之士，对公债投资亦非完全认同。如针对南京政府计划发行 3000 万公债，上海商业储蓄银行总经理陈光甫在 1928 年 10 月 2 日写道：“对于此事根本不赞成，今日中国要紧之事，在裁兵、取消杂税。今日当局为此不急之务，既不能统一币制，又不整理江西、山东、直隶、奉天各省钞，此行与人民有何益处？”[①] 10 月 16 日在给杨介眉的信函进一步阐述：“本行立场在商界，并不靠官场或者投资公债票……政府处处以信用二字为治国之主义，则何患举债之不成。惟今应先与民立信，第一步分别中央及地方债务，速将中央中交钞票解决，由政府发行公债收回，不令人民丝毫吃亏。”[②] 1932 年他又谈道：“政府借款，推销公债，迫令维持政府经费，一若银行负有维持义务，不容推诿。苟稍迟疑，即以为不爱国。借款与政府未必即为爱国。盖政府经费应有预算，量入为出，何能借债度日？”[③]

对于银行而言，最大的风险来自公债发行后的偿还问题。每年公债发行后，年底偿还总不及 10%，所谓：“公债系以国家信用为担保，政治清明、财政整理之国家，其所以发行之公债，有确实之基金为之担保，还本付息……而预算无着、信用薄弱之国家，公债之还本付息，往往延期。”[④] 未偿还额总是自动滚存下一年，日积月累，银行的公债投资，事实上成为摊还无着的呆款呆账。表 4—25 所示历年年末滚存后的合计数额，明显可以看出呆账不断增长态势，这是最令银行为之头疼的，发行中拿到的利益常常被不断增大的资金沉积所吞噬。尤其是中国、交通两行，同为经理政府各项公债还本付息之机关，因此，“每届各项公债还本付息之时，财部拨款，遇有不敷，交行和中行为维持国家信用期间，辄为筹垫。1920 年以来，国家财政日益支绌，对于本行此项筹垫，每不能如数拨还。日积月累，垫额极巨。就此项垫款性质而论，实为借以填补金库不足之一种”。[⑤]

---

① 上海档案馆编：《陈光甫日记》，上海书店出版社 2002 年版，第 60 页。

② 同上书，第 41 页。

③ 《“小小银行”的“大掌门”陈光甫》，文昊编：《我所知道的金融巨头》，第 171 页。

④ 仲廉：《戎马倥偬中内外债票之市价变动观》，《银行周报》第 10 卷第 2 号，1926 年 1 月 12 日，第 10 页。

⑤ 《财政部积欠交通银行各款缘起》（截至 1923 年 6 月底），《北京金融史料》（银行篇五），第 235 页。

表 4—25　　**1912—1936 年内债发行及偿还情况统计**　　（单位：千元）

年份	发行额	偿还额	年末滚存	其他证券年末滚存	合计
1912	6248	—	6248	—	6248
1913	6842	—	13090	2230	15320
1914	24970	—	38061	10100	48161
1915	25834	1150	62745	10286	73031
1916	8770	1150	70365	11782	82149
1917	10516	2030	78852	10786	89639
1918	139363	12678	205538	17460	222998
1919	28358	16558	217338	21382	238720
1920	121960	18044	321253	36715	357969
1921	115362	202572	234043	43550	277594
1922	83234	40741	276536	38600	315137
1923	5000	19708	261828	40862	302690
1924	5200	17208	249819	40542	290361
1925	15000	20922	243897	40542	284439
1926	15400	26337	232959	55811	288770
1927	81090	21377	292671	64410	357820
1928	103000	46793	384877	67071	415949
1929	243000	62160	529717	67071	596789
1930	174000	87116	616601	67071	683672
1931	416000	114685	917915	67071	984987
1932	—	66220	851695	67071	918767
1933	124000	65947	909748	67071	976820
1934	112000	89469	971768	67071	1038840
1935	560000	149190	1382578	67071	1449649
1936	2035000	1297866	2119711	67071	2186783

资料来源：王宗培：《中国的内国公债及其交易》，《新中华》第 5 卷第 8 期，1937 年 4 月 25 日，第 20—21 页。

对于公债发行中银行与政府的关系，章乃器曾对社会的质疑有过回应："固然在事实上，财政和金融要有密切的关系，哪一国都是这样，也不是我们中国为然。政府拿了公债做内战的用场，那是政治不上轨道，那是政府的过失，然而我们要明白，倘使这样不上轨道的政治和不上轨道的金融，永远互为因果循环下去，我们的国家有出路吗？我们的金融业有出路吗？当然我们金融业要负相当的责任，而尤其银行的投资，以公债为主要的标的，是哪一个国家都没有的。这种的放资政策，决计不能使资金投到正常的用途上去。一个纯洁的商家，或者一个事业家，决计不会提供公债向银行要求资金的通融，因为他决没有余力去买公债。"① 当然，这是站在银行家一边说话的。银行的确有自己的苦衷，也不能否认其获利需求，只是这种需求在不健全的财政经济状态下，难免遭饮鸩止渴之讥。

第六节　承兑汇票

票据市场，亦称贴现市场，是短期资金市场的重要组成部分。票据本身反映因经济交易而产生的债权债务关系的流转。虽然近代中国并没有形成真正意义上的票据市场，但是在上海有过多种票据流通，如钱庄的庄票、银行的本票、企业的期票等，特别是钱庄所出的庄票，向为沟通华洋贸易的工具。这些票据，本质上是一种负债书据，往往用作信用借款和信用购款的担保品，并非真正意义上的流通筹码。②

汇票是票据的一种，是出票人签发、委托付款人在见票时或在指定日期内，无条件支付一定金额给收款人或持票人的书据。交通银行开风气之先，在我国金融业中率先倡导和推行承兑汇票及贴现业务，这主要归功于交通银行总行业务部副经理金国宝的努力。

金国宝（1894—1963），字侣琴，江苏吴江同里人。是中国统计学科的奠基人，民国时期著名的金融专家。早年就读复旦大学经济系，后赴美国哥伦比亚大学攻读统计学，获硕士学位。20世纪20年代起致力于统计学研究，对统计科学研究卓有建树。1934年写成专著《统计学大纲》，由商务印书馆以大学丛书出版，成为各高校统计学教材。服务金融业期间，他提

---

① 章乃器：《金融业之惩前毖后》，《银行周报》第16卷19号，1932年5月24日，第4—5页。

② 洪葭管、张继凤：《近代上海金融市场》，中国金融出版社1989年版，第83页。

出取缔外钞流通，提倡商业承兑汇票，呼吁成立票证市场，制订票据法，开展贴现与再贴现，开创中国以票证融通资金之先河。1928 年金国宝进入交通银行担任业务部副经理，之后数年一直致力于承兑票据的推行和贴现市场的建立。

金国宝明确指出，建立票据市场是发展工商业的重要途径。他认为："提倡国货、废两改元、改良交通、废止苛捐杂税等，都是发展工商业的重要办法，亟应同时举办；然此外尚有一重要之办法，为时贤所忽视，而鄙人今日所要讨论者，则是成立一个票据市场。"金国宝的立论依据是：因为发展工商业之根本问题就是资金。没有资金，工商业断不能振兴。成立票据市场，就是吸收资金之一种法门。资金可以从国外吸收，亦可在国内吸收，但无论国内国外，均须以票据市场之成立为先决条件。通过提倡票据可造成一个贴现市场，使短期资金有一个既生利又稳妥的运用途径。① 在社会资金运作中，银行对于工商业大都是以抵押放款方式供给资金，而这种押款在到期前不能借贴现以资流动，一旦遇到金融紧缩，呆滞之账面债权更无周转融通之余地。具体到汇兑业务上，也存在逆汇而造成的资金紧张问题。因此，承兑汇票作为银行营运短期资金的方式之一，应该说，无论对工商业还是银行业本身都是有益之举。

1929 年间，金国宝开始在交通银行试办和推广承兑汇票及其贴现。次年在各大银行中率先颁行《办理押汇凭信及承兑贴现业务规则》，从而使交通银行早在 1908 年成立时章程中就已列入的"贴现"业务变得正规化、制度化。这是中国贴现市场发展史上的第一个关于票据承兑与贴现的专门规章。②

交通银行对推行承兑票据及贴现的创新业务寄予了很大希望。按照《办理押汇凭信及承兑贴现业务规则》规定，通过使用银行制定的甲、乙两种押汇凭信产生出商业承兑汇票和银行承兑汇票③，然后再由各地交通银行或委托其他银行进行贴现。具体操作程序是：凡公司商号向外埠办货，如

① 金国宝：《怎样发展工商业》，《经济学季刊》第 1 卷第 2 期，1930 年 7 月，第 194 页。

② 洪葭管、张继凤：《近代上海金融市场》，第 71 页。

③ 汇票按照出票人的不同，可分为银行汇票和商业汇票；按照承兑人的不同，分为银行承兑汇票和商业承兑汇票。商业承兑汇票是由收款人或付款人签发，并由付款人承兑的票据。

觅具妥保或与本行约定提供相当担保品，得由本行发给押汇凭信。押汇凭信分甲、乙两种。本行发给甲种凭信后，售货人所开货款汇票在凭信约定之范围内均由本行委托分支行或其他往来行庄收买之。本行发给乙种凭信后，售货人得就凭信约定范围内开具本行付款之汇票，由本行承兑，并得由本行指定分支行或委托他行庄为代理行，办理付款及贴现等一切事宜。①银行承兑汇票出票人为工商业者，付款人为银行，商业承兑汇票则出票人、收款人和付款人都是工商企业者。除此之外，交行还办理其他商业汇票的承兑贴现，以及办理汇票的转让、代买、代卖业务。

1931 年，上海部分银行效仿交通银行，也开始办理商业承兑汇票与银行承兑汇票及其贴现业务，先后有国华银行、上海商业储蓄银行、大陆银行、国货银行、中南银行、浙江实业银行、和平银行、东莱银行等，上海金融界逐渐形成提倡承兑票据及贴现的趋势。参加提倡承兑票据的各行，承兑票据数额和金额以及贴现票据的数额和金额增长势头都比较可观。1931 年春到 1932 年初，银行界办理汇票承兑及贴现不下 100 万元，其中交通银行尤为突出。从银行承兑汇票看，自 1931 年 3 月到“九一八”事变前的 8 月，五个月中各月月末金额数，交通银行最多时为 96000 元，最少为 31000 元。商业票据贴现，1931 年 3 月至 1931 年 12 月，交通银行共贴进商业承兑汇票 248 张，金额共 47761 元；1932 年，交通银行商业承兑汇票贴现大幅度增长，到年底，共贴进票据 309 张，金额为 176051 元。②

银行承兑汇票，特点是张数少，金额大；而商业承兑汇票则是张数多，金额小。总体来看，银行承兑汇票的信用应该比商业承兑汇票的信用高，从而能充作标准的贴现票据。③交通银行承兑汇票及贴现的试行及推广，取得一定成效和发展。

1931 年“九一八”事变爆发，东北三省被占，金融流通受到重大打击，承兑汇票业务遇寒。不过，通过前两年的努力，仍然在银行界播下了现代票据承兑及贴现业务的种子，其意义不可低估。

---

① 《交通银行办理押汇凭信及承兑贴现业务规则》，《交通银行史料》（第 1 卷），第 638 页。

② 《上海银行业推行承兑票据的初步情况》，《交通银行史料》（第 1 卷），第 652 页。

③ 洪葭管、张继凤：《近代中国金融市场》，第 405 页。

表 4—26　　上海各银行放款额与贴现额比较（1927 年底）　（单位：元,%）

银行	放款额				贴现额	贴现占放款比重（%）
	定期	活期	抵押	共计		
交通银行	9044489	34686752	13496183	57227424	101930	0.2
浙江兴业银行	1141959	12732069	12190924	26064952	17773	0.07
盐业银行	6873669	14848754	16270250	37992673	688078	1.8
大陆银行	3263710	3839315	5908138	13011163	515787	4.0
农商银行	652032	950208	2057011	3659251	263192	7.2
中华劝工银行	175411	1100093	1139785	2415289	43836	1.8
共计	21151270	68157191	51062291	140370752	1630596	1.2

资料来源：杨荫溥：《杨著中国金融论》，上海黎明书局 1936 年版，第 253 页。

银行收买汇票，即所谓贴现，也是汇票业务的一种。贴现是指收款人以未到期票据向银行融通资金，银行按市场利息率以及票据的信誉程度作出某一贴现率，扣去自贴现至到期日的贴现利息，然后将票面余额支付给持票人。票据到期时，银行凭票向最初发票的债务人或背书人兑取现款。① 1905 年户部银行、1908 年交通银行的章程都规定有票据贴现的业务，但事实上并未开展。上海银行业营业规程始于 1929 年 9 月，规定有“票据贴现”，1933 年 8 月改为“票据承兑及贴现”。② 据杨荫溥的统计，截至 1927 年底，交通、上海商业储蓄等 6 家银行在资产负债表上列有“贴现”科目，贴现总额为 163.1 万元，占放款总数的 1%③。

从交通银行 1932 年之后贴现放款的发展数据中，可以看到其推行票据承兑贴现的影响。1932 年至 1936 年交行贴现放款业务有所发展，在放款业务中已占一定比例。1932 年底为 150 万元，以后几年续有增加，至 1936 年底达 1612 万余元，四年中增长了 10 倍多。占全体放款的比重，亦从 1927 年微乎其微的 0.2% 上升至 1932 年的 1.02% 再升至 1936 年的 4.68%。而据 1936 年中国银行等 12 家银行 1936 年底的统计，贴现额仅等于放款额的 3.5%。④ 可见，交行在

① 参见戴相龙、黄达主编《中华金融辞库》，中国金融出版社 1998 年版。

② 盛慕杰：《中国近代的贴现市场》，《中央财政金融学院学报》1986 年第 4 期，第 56 页。

③ 杨荫溥：《杨著中国金融论》，上海黎明书局 1936 年版，第 254 页。

④ 交通银行编：《金融市场论》，正中书局 1945 年版，第 252 页。

这一业务中也是处于业内前列。

表 4—27　　1932—1936 年交通银行贴现放款比较　　（单位：元,%）

年份	年底余额	占放款比重	增长率
1932	1498000	1. 02	100
1933	2418000	1. 53	161
1934	6860000	3. 47	458
1935	5942000	2. 61	397
1936	16124000	4. 68	1016

资料来源：《交通银行近五年业务统计图表》，《交通银行史料》（第 1 卷），第 367 页。

尽管交通银行的贴现业务在银行业中起步较早，且一直处于领先位置，但不可否认，中国近代的票据贴现市场整体上仍处于落后的状态。杨荫溥分析认为，其中固然有整体经济形势的因素，但银行业的被动是主要原因，概括起来，有如下几点："我国多数企业的产量和交易额都小，加上信用还不发达，到处习用现金，票据产生的机会不多"；"既无票据经纪人对于票据供需进行调剂，又缺乏重贴现制度，银行收贴现票据，遇有缓急，往往有不易脱手之苦，因而银行对于贴现，也就不愿意放手去做"；"当时许多银行在资金运用方面，除放款外，大多致力于公债买卖，而缺乏足够的资金运用于票据贴现"；"汇票贴现，对于外地出票与付款人的信用不易调查，如遇风险，便有鞭长莫及之苦，因而银行不大愿意多做汇票贴现业务"。①

1932 年后，日本侵华日烈，为降低损失，银行业在涉及资金融通的业务中谋求联合的需求越来越明显。1932 年 2 月上海银行业同业公会组织联合准备委员会，于 3 月 15 日正式办理公单贴现业务。1935 年因白银外流银钱业一度恐慌，为应对危机、增强金融市场信用，便利资金融通，上海银行业同业公会联合准备委员会以"促进银行贴现业务"为宗旨，在 3 月间开始计划组织银行票据承兑所，除办理承兑业务外，还办理除贴现外的投资和信托业务。交通银行作为发起主力之一，在筹组过程中，发挥极为重要的作用。1936 年 3 月银行票

① 杨荫溥：《杨著中国金融论》，第 254—255 页。

据承兑所正式成立。交通银行成为其中重要成员，承诺“所有该所承兑之汇票，需款时准由本行重贴现”。①

第七节　盈利

在银行的经营中，充斥着数据，对银行的研究，也无法离开数据。表4—28是1912年至1936年交行的营业数据，由此大致可以看出交行前三十年间大致的发展路径。

表4—28　　1912—1936年交通银行营业状况

年份	定期放款	活期放款	存放同业	定期存款	活期存款	公债	发出纸币	现金	纯益
1912	1057611		15049456	5839173	8563635	34320	793558	4653343	170563
1913	6792164	20120270	10325140	8821417	26611239	200257	4498762	8747518	415407
1914	8974922	18401612	14652185	12997567	36055109	619476	5957627	14737807	1676875
1915	4400596	19188449	15556543	13406505	34082881	1119937	24863120	15813353	2001843
1916	11547735	20211051	19232800	10697697	15094155	1119937	21297891	9752482	987526
年份	定期放款	活期放款	存放同业	定期存款	活期存款	有价证券	发出纸币	现金	纯益
1917	21475096	42213893	18619330	12407299	26129644	2893648	28603836	12762980	1901893
1918	27219048	44540013		7184573	35179602	10893551	35184563	30156538	4449996
1919			23955637			9254556	29272653	22146566	2107937
1920			59514672				39170192		3007968
1921			22474602				30143233		
1922			24282094				32523840		
1923			7976958			1162672	38517613	15736362	529446
1925			12280866			11633109	48337132	24082547	597548
1926			13807743			11939638	57136466	28303201	617327
1927			12342085			11605816	65096888	24099840	548839
年份	定期放款	活期放款	存放同业及现金	定期存款	活期存款	有价证券	发行兑换券		纯益
1928	6262083	29693604	33862327	25550856	103409103	8561704	68026112		577695
1929	44100492	74743451	41994862	35938503	102854203	13260060	69221512		

① 《参加上海市银行票据承兑所》，《交通银行史料》（第1卷），第655页。

续表

年份	定期放款	活期放款	存放同业及现金	定期存款	活期存款	有价证券	发行兑换券		纯益
1930	48079625	83118991	33862327	32278579	119707083	13260061	82893785		718964
1931	49041564	86820123	38293973	40333899	123688112	19499905	81098080		769803
1932	50381939	89777691	51687941	44737017	137476789	22596704	94500925		400807
1933	52712870	97816778	72231901	53134940	158604109	26151615	93004611		900390
1934	63700577	120958977	69026806	65299045	171285684	23371747	112512472		907187
1935	63695426	150288247	142933509	76200185	244030080	34752297	180825650		1290957
1936	82958471	234100796	138532826	131741269	326494404	45044501	302140924		1350412

说明：1912—1916 年数据，单位是“两”，1917—1936 年数据，单位是“元”。

资料来源：《交通银行资产类各科目分类统计表》《交通银行负债类各科目分类统计表》，《北京金融史料》（银行篇五），第 371—374 页；《交通银行之概况》，《银行周报》第 2 卷第 22 号，1918 年 6 月 11 日，第 11 页；交通银行历年资产负债表统计，《交通银行史料》（第 1 卷），第 732—760 页；《交通银行历年营业成绩一览》，《银行周报》第 8 卷第 21 号，1924 年 6 月 3 日，“历年资产负债重要科目统计表”，第 21 页。

在营业数据中，纯益是最有力的衡量业务推展状况的综合指标。表4—29可以体现交通银行从 1910 年到 1936 年的逐年的经营质量。

表 4—29　　交通银行收益、开支和净利统计（1910—1936 年）　　（单位：元）

年份	利息收益	汇费收益	手续费	证券收益	各项开支	全年净利
1910	421093	138638	199796		177974	375279
1911	749766	178612	7604		262276	695987
1912	100435	341099	25054		270971	170563
1913	599331	845296	93017		1029220	415407
1914	990480	1314719	53310		1784840	520359
1915	1159775	1626981	87764		2245789	540967
1916	2153069	70088	167736		1235630	987527
1917	2680985	754203	171343	10113	1575303	1901893
1918	3796893	2270818	272683	41439	1721317	4449996
1919	2855727	1013346	322810	479775	2347832	2107937
1920	3932338	1277061	-1844	475684	2294926	3007969
1921	4462182	-320555	40385	-1770837	2919115	-587268

续表

年份	利息收益	汇费收益	手续费	证券收益	各项开支	全年净利
1922	3715281	-614602	77099	-3282029	2516442	-897658
1923	3167012	301332	68779	196499	2073775	529446
1924	3842051	-232397	71566	364715	2200286	559268
1925	3548197	328972	74998	-52970	2266328	597548
1926	3739142	220326	70474	-29025	2539842	617327
1927	3714828	632870	100477	-722530	2811114	548839
1928	3419142	527529	132366	-272840	2815644	577695
1929	3528256	707713	111662	-125617	3121027	651337
1930	3641205	395631	106500	450406	3460005	718864
1931	3825022	407323	111662		3879056	769803
1932	3472646	334856	125267	228943	2912234	400807
1933	3570629	267044	92387		2925454	900390
1934	3503774	480173	279128		3088331	907187
1935	4212332	593895	280463		3619121	1290957
1936	5347127	147448	112185		4217841	1350412

说明：1917 年以前的数据是由库平两按 1.5 折合银元。

资料来源：1912—1931 年数据来源：《交通银行收益、开支和净利统计表》，《北京金融史料》（银行篇五），第 375—376 页。1932—1936 年数据，根据交通银行历年损益表统计，《交通银行史料》（第 1 卷），第 772—799 页。

银行收益一般包括利息、汇水、手续费、贴现息、兑换盈余、有价证券及其他等。有价证券买卖和兑换盈余虽偶尔异峰突起，但一般不在收入中占重要地位，贴现业务收入更微乎其微。①

利息是银行收益项内的主要科目，一般占到收益的一半以上。1921 年以前，交通银行利息收入起伏较大，最少时仅 10 余万元，最多时曾达 400 多万元。1922 年后，常在 300 万—400 万元之间。1935 年后超出 400 万元。究其原因，不外经济环境之变化、业务规模不断扩大及决算办法之改进。② 汇水仅次于利息，也是银行收益的重要组成部分。交通银行平均每年汇水收入有 60 万

① 翁先定：《交通银行官场活动研究（1907—1927）》，《中国社会科学院经济研究所集刊》（第 11 辑），第 426 页。

② 《交通银行史料》（第 1 卷），第 709 页。

元，这与交行注重发展汇兑业务密切相关。手续费也是一项重要的收益来源。交通银行手续费收益大起大落，高时可达 30 万元以上，低时只有 7000 余元，还不及纯益尾数。不论如何变化，通过表 4—29 纯益额一列账面可见，各项收益除掉开支外，1912—1937 年间只有 1921 年、1922 年两年为负值，纯损额分别为 587268 元、897658 元。其余诸年皆为盈余，1918 年盈余最多时达 440 万余元，平均每年纯益额 117 万元。可以说，二十五年间交通银行的经营是较有成绩的。纵向来看，总体是向上发展的。

不过，纵向的发展却难掩交行横向比较的窘境。这里，最具可比性的就是中国银行。无论就性质、地位、规模及社会影响言，交行和中行都极具相似性，但和中行比，交行劣势相当明显。从图 4—3 可以看出，1915 年前，交通银行盈利明显优于中国银行。1915—1918 年间，经历了一个回升的过程，1918 年，交通银行纯益额再度超过中国银行。但是，1918 年后，交行再难挽颓势，1932 年跌至低谷，盈利额仅及中国银行的 21%。1933 年币制改革后，交通银行营业环境有所改善，至 1936 年比较稳定，纯益额一直保持为中国银行的 40% 左右。可见，交通银行纵向比的发展与横向比的欠发展是并存的。

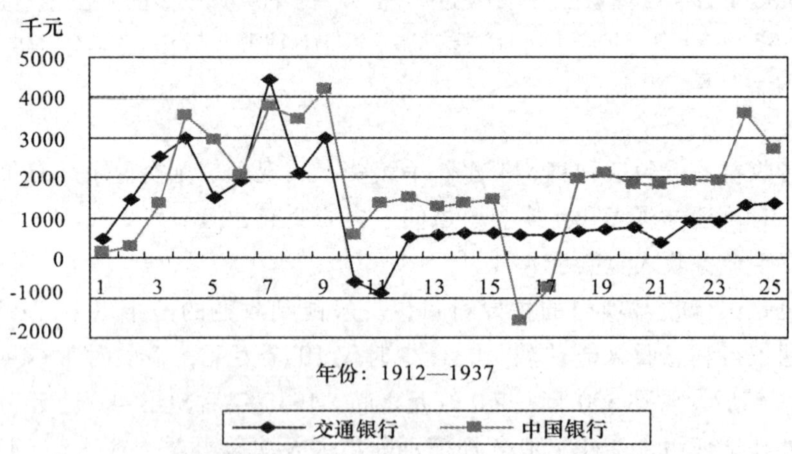

图 4—3 中国、交通银行历年盈利比较

说明：1917 年以前的数据是由库平两按 1.5 折合银元。

资料来源：根据交通银行历年损益表统计（《交通银行史料》第 1 卷，第 772—799 页）与历年营业报告（《中国银行行史资料汇编》上编 1912—1949）（三）所提供数据整理编制。

交通银行的地位，在这20多年中总体上也经历了一个下降的过程。北京政府时期，交通银行因交通系得势，享尽特权，尽管1915年后比诸中国银行有所不如，但仍与中国银行并为两大国家银行。南京国民政府成立后，组建中央银行，中国银行和交行被赋予专业化银行的地位，交行在国家金融体系中的位置已有下降一级的趋势。1935年后，政府赋予交通银行同中央银行、中国银行一样稳定通货、买卖外汇的职责后，“中、中、交”三银行并称的格局进一步形成，交行在政府信用体系中的“老三”地位也就确立了。

第五章　治理结构与员工生活

作为近代新式金融企业，交通银行采用股份公司制，组织形式和运作方式相对规范，代表了中国近代企业发展的主流方向。交通银行在人事、会计、薪酬、奖惩等方面，制定各项制度，使各项业务开展有章可循，初步实现了管理科学化、运作规范化。本章从实际运作的层面，通过对交通银行组织架构、治理结构及若干内部管理制度的考察，对管理层以及企业文化的分析，试图就交通银行整体运作机制作出论述。

第一节　交通银行的治理结构

交通银行是由官商合股筹设组建的股份有限公司。在《交通银行奏定章程》的宗旨部分，第一条即规定交通银行纯用商业银行性质，由邮传部附股设立，官股四成、商股六成。股章部分的第二十九条亦规定，该行照有限公司办法，股份以外不再向股东添取银钱，即有亏欠，与股东无涉。1914 年公布的《交通银行则例》第一条明确交通银行为股份有限公司。股份有限公司要求配套的治理结构保证公司的正常、规范运作。

随着近代公司制引入中国，公司治理结构作为一种配套的企业组织制度安排和管理体制也被引入中国。现代经济学将其称作公司法人治理结构。有学者认为，公司法人治理结构是确保企业长期战略目标和计划的一种企业组织制度安排，是由所有者、董事会成员以及公司的高级执行人员即专业经理组成的一种企业领导管理体制①；有的学者总结其是由形成一定委

① 林忠：《现代公司论》，中国财政经济出版社 1996 年版，第 231 页。

托、代理和契约关系，具有相互制衡作用的股东大会，董事会、监事会以及经理层三个层面形成的一种组织结构或制度安排。[①] 尽管概念描述不同，但有一共同的支撑点，即公司的治理结构由股东大会、董事会和监事会、总经理构成，三个层面相互制衡，使资本所有权与使用权分离。股东大会作为行使公司最高权力的机构，以委托代理制的形式选举董事组成董事会；董事会以董事长为法人代表，独立自主地行使企业法人财产所有权，代表公司实行相应的决策管理；由董事长任命的总经理则在董事会的领导下，负责企业的日常经营管理。具体结构如图 5—1 所示：

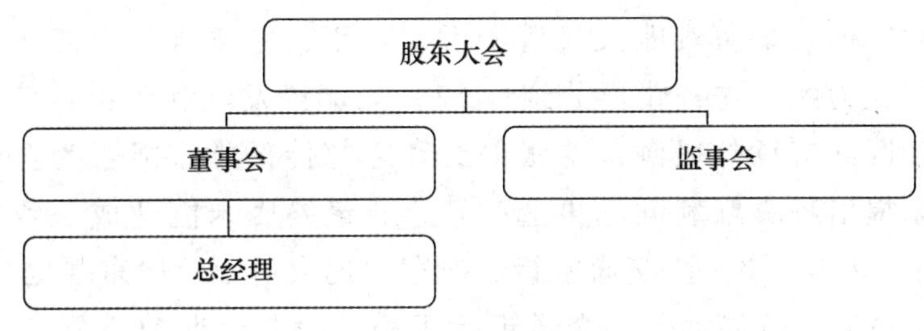

图 5—1 公司治理结构

股东大会是公司法人治理结构的一部分或一个层次，是由资本所有者组成的最高权力机构。需要注意的是，最高权力机构并不是指具有最高决策权。股东除分红收益权外，股东会职权主要体现在它的决议权上。公司的重大决策、重大事项都必须经股东大会议决通过。股东常会是股东了解公司经营状况、行使股东权利以及确定自身投资回报的最重要渠道。诸如公司章程的修订、公司资本的变动、公司债的募集以及公司重大投资方向的确定等重大事项，都必须在股东常会或股东临时会议上讨论通过。

交通银行创立之初，股份上的官商合筹，与运作中实行公司法人治理，构成一对悖论，二者矛盾不可避免。首先体现在“官”权依靠其“官”股必然占有优势；其次则表现为股东大会不能按时召开。交行在刚成立的两年，股东会议徒有虚名，仅在章程中有所规定，实际并未付诸实施。两年

① 张忠民：《艰难的变迁——近代中国公司制度研究》，上海社会科学院出版社 2002 年版，第 408 页。

内没有召开过董事会、股东会议。一切行务都是由总理、协理遵照邮传部旨意执行。

1910 年 5 月，交行才依据公司章程组织召开第一次股东大会。此后，交行股东常会于每年四、五月召开。自 1910—1937 年，交行共召开 26 届股东常会，股东会的主要职责是审批公司章程，选举董事和监察人，审议董事会的年度营业报告、预结算方案、监察人的监察报告，议决盈利的分配与升股、资本的扩增以及公司的合并或解散等重大问题。①

1911 年 4 月召开第二次股东会选举董事时，众股东就停发红利发起讨论，提出：（1）之前发报定于四月十五日发红利，是根据宣统二年年终结算之账，此次提议举董查账及义善源亏欠等事，系宣统三年之事，不应相混；不能以此为由，先查账再分红；（2）无端停发红利于银行信用大有关系，将来如因此有意外风潮，主张停红利之邮传部堂官能否为全体股东担保。众股东提出解决红利问题再选举董事，最终因未能达成一致使会期延长。《申报》由此评论："交通银行之股东，比大清银行股东强也。"②

辛亥革命后，政局动荡，交通银行不稳，股东会期数遭延宕。1914 年 5 月，第三届股东会召开，此次会议选举了第一届董事会。第一届董事会由张勋、鲍宗汉、施肇曾、陈锦涛、蒋邦彦、孟锡钰、王耕尧 7 人组成。此次股东大会上，选举梁士诒为交行总理、任凤苞为协理。1918 年 5 月，第七届股东大会选举梁士诒、朱启钤、周自齐等 7 人为董事，成立第二届董事会，公推梁士诒为会长。1919 年 5 月，第八届股东会选举任凤苞连任协理。1922 年 6 月，第十一届股东会改选施肇曾、陈福颐、谢霖等 11 人为董事，成立第三届董事会。改选张謇为总理，钱永铭为协理，施肇曾为董事长。其中，钱永铭为上海交行经理，并任上海银行公会副会长。董事中，谢霖、陈福颐为交行总管理处各课长，周作民为金城银行总经理，谈荔荪为大陆银行总经理，李馥荪为浙江实业银行总经理。时论以为："诸君均为京沪银行界卓著声誉之干练人员，其于银行利弊熟悉通晓，将来不难各就其经验心得，以谋行务全部之刷新。"③ 1925 年 5 月，第十四届股东总会再

① 张忠民：《艰难的变迁——近代中国公司制度研究》，第 422 页。

② 《交通银行股东会纪事》，《申报》1911 年 5 月 17 日，第 1 张第 5 版。

③ 《交通银行之整顿》，《银行月刊》第 2 卷第 7 号，1922 年 7 月，第 10 页。

次改选管理层，梁士诒以2214权当选总理，卢学溥以1814权当选协理。①同时修改则例第三、十四、十六条。

1928年二次北伐成功，国民政府着手改组中国、交通银行。中国银行董事会于1928年7月间议定："政府现在南京，总处自应南迁，应由总处筹备进行。"② 10月下旬，中国银行总行正式迁至上海。交行总管理处的部分机构于1928年7月间也已迁至上海，已移设天津的各股相继迁沪。③ 1928年11月，交通银行第十七届股东总会在上海开会，议决修订交通银行章程。1932年4月，第二十一届股东总会选举于宝轩、贾士毅、梁定蓟、叶崇勋为商股监察人。1933年4月，第二十二届股东总会改选胡笔江、唐寿民、胡祖同、钱永铭等12人为商股董事。1935年4月，第二十四届股东总会通过增加官股、修订章程方案。④

正常情况下，股东会每年一次、定期召开，例行对总协理、董监事选举，章程则例更改、营业更张报告等事项讨论决定。特殊情况下，为议决某些紧要的事情也会临时召集股东开会。辛亥革命爆发后，为应对革命的冲击，1911年11月，交通银行京津股东成立联合会。众股东认为此次股东会议"负有维持补救之责，关系重大"，必须选举"有声望夙著，并于财政研究有素之员充任会长"。⑤ 陆宗舆被公推为股东联合会会长，代理交行总理，使交行摆脱了一时"群龙无首"的局面。1912年1月，南方股东也召集临时股东联合会，推张志潜、蒋邦彦为正、副会长。南、北两股东会联合在一起，共策行务。

1921年，国内经济萧条，金融恐慌，信交风潮与挤兑风潮先后波及交

① 补充：曹汝霖，1979权，当选候补董事；沈瑞霖，1622权，当选候补董事；钱永铭，1566权，当选候补董事；梁鸿志，1448权，当选候补董事；孟锡珏，1685权，当选监事；林鸿集，1666权，当选监事；朱夷之，1592权，当选监事；何达夫，1566权，当选监事；郭志成，1563权，当选监事；徐伯荣，529权，候补监察人；刘禹臣，411权，当选为候补监察人。《1925年5月24日股东会纪事》，《银行月刊》第5卷第5号，1925年5月。

② 《中国银行董事会第135号议案：总管理处南迁案》（1928年7月21日），中国第二历史档案馆藏，中国银行档案，397/2/405。

③ 《交行总处移津移津已在搬运中》，《银行杂志》1926年第3卷第20期，第68页；《中交两行总管理处将迁沪》，《商业月报》1928年第8卷第10号，第7—8页。

④ 《交通银行史料》（第1卷），第53页。

⑤ 《辛亥年十一月三十日邮传部札》，《交通银行史料》（第1卷），第38页。

通银行。1922 年 2 月，交行临时股东总会召开，选举蒋邦彦为总理、陈福颐为协理。经股东互陈意见，就董事会拟定四项补救大纲，议定四条办法：（一）改股本为二千万元，分作二十万股，先招二分之一，即一千万元，每股收足一百元，旧股每股除原缴七十五元外，应补收二十五元；（二）本行京钞分年定期存单，得代作现金入股；（三）交通部所退官股一部分及旧账上收回之旧股，应全数改招商股；（四）开始收款及详细办法，由董事会议决办理，当由主席宣付表决，大多数赞成。① 同年 5 月，上海商股股东也成立股东联合会，讨论整理交行办法。②

由上可见，交通银行股东会经过多年运行，职能逐渐明确，主要体现在：选举总理、协理，选举董事、监事；在董事会、监事会成立之前，负有审查账目之责；就一些具体的诸如分红、股本等关涉股东切身利益的事务提出讨论及意见；在行务面临危局时，就行务整顿办法提出意见；部分时候也参与审查修正行章则例等。交行股东会从不召开到召开，从议决内容单一到逐渐充分实现其议决权，由不规范到逐渐规范化运作，这是交行股东会摸索前进的基本轨迹。但不可否认，由于交行在北洋、国民政府时期常常担负着国家银行的职能，特殊的时代背景下扮演特殊的角色，因此与其期望的运作绩效会有所差距。股东会再努力争取权利，也难以与强权政府抗衡。可以说，从理论而言，股东会是公司治理结构中的最高权力机构，代表股东的意志和利益。但是在实际运作中，却对外不能代表公司，对内不能推行业务，不能直接干预公司的经营决策和具体经营，只能通过投票表决程序，选举和罢免董事、赞成或否决决策事项，因此对公司经营管理的影响是间接的。

与股东大会相比，董事会在公司治理结构中的作用更为直接。董事会是公司治理结构中最高的经营管理决策机构，由股东大会选举产生，受股东大会以及全体股东的委托，代理股东负责实施企业的大政方针、战略决策、投资方向等。

---

① 《1922 年 2 月 15 日临时股东会议记》，《银行月刊》1922 年第 2 卷第 3 号，《北京金融史料》（银行篇五），第 147 页。

② 《交通银行股东联合会之电文》，《银行周报》第 6 卷第 19 号，1922 年 5 月 23 日，第 23 页。

交通银行的董事会组织先后不同，其职权亦先后不同。1928 年以前，董事由 4 人增至 11 人，董事会不执行行务，常务董事辅助总理、协理执行行务。1928 年以后，董事由 15 人增至 21 人，董事长由财政部从常务董事中指派，代表全行，驻行综理行务，为董事会、行务总会、股东总会主席。常务董事代表董事会常川到行执行职务。以 1928 年为界，交行董事会可分为总、协理时期和董事长时期两个阶段。

《奏定章程》规定设董事四人，稽核总管理处事务，考察各行账目，由股东推选百股以上之股东任之，呈报邮传部备案。交行创设之始，股东总会初未召集，董事亦犹属虚名。1910 年 5 月，召集第一届股东总会，选举董事 2 人，审查各行账目，为设置董事之始。1911 年第二届股东总会又增选董事 2 人，会同部派稽查，赴外审查账目。此时只有董事，没有设立董事会，董事的职责主要是查账。

1914 年 4 月，大总统令公布《交通银行则例》，规定设董事 5 人以上，11 人以下，由股东总会选二百股以上之股东任之，呈报财政部及交通部备案，任期四年。1914 年 5 月，第三届股东总会选举董事 7 人，6 月成立董事会，公推董事一人为主席，此为董事会成立之始。董事会以董事为主席，不再以总协理为议长。但当时董事会职权还没有章程订定，仍然只以审查决算账目为主，历由董事会推举审查决算之董事，时称查账董事，直到 1925 年设置监事后这种情况才得以改变。

1916 年 7 月，董事会议决主席改称会长。1917 年 3 月，董事会议订《董事会暂行章程》[①]，规定要点有四：董事会职权分项明订，有审查预算、盈亏、重要契约及核议本行规则，设立或变更分支行所并总协帮理薪公等项，又规定董事会负考核本行事务之责，而不执行行务，一也；股东总会由董事会召集，其主席公推董事一人任之，而总理、协理亦得为主席，二也；以董事二人监查账目、款项及抵押品，三也；以董事一人或二人为本行对外行之代表，四也。1922 年选举董事增至 11 人。[②]

---

① 《交通银行董事会暂行章程》（1917 年 3 月）第二条规定，本会于下列事项有议决权：（一）本行常年预算；（二）营业盈亏之审查及处置；（三）分支行分所之添设及变更；（四）重要契约之审议；（五）各项规则之核定；（六）总、协、帮理薪公；（七）其他本行应议事项。

② 《总协理时期之董事会》，《交通银行史料》（第 1 卷），第 56 页。

1928 年改组以前，交通银行董事会会长是由董事会公推，先后担任过董事会会长的张勋、梁士诒、施肇曾均为北京政府时期政坛上的风云人物。董事会会长对于银行没有实际的管理责任与权力。

表 5—1　　第 1—6 届董事会会长/董事长选派情况

董事会	董事会主席/会长/董事长	选派年月
第一届	张勋	1914 年 6 月董事会公推为主席
	张勋	1916 年 7 月董事会公推为会长
第二届	梁士诒	1918 年 5 月董事会公推为会长
第三届	施肇曾	1922 年 8 月董事会公推为会长
第四届	汪有龄	1926 年董事会公推为会长
第五届	卢学溥	1928 年 12 月财政部指派为董事长
第六届	胡筠	1933 年 4 月财政部指派为董事长

资料来源：根据各届董事会成员资料编制，《交通银行史料》（第 1 卷），第 58—65 页。

1925 年，交通银行始设监事，由此董事会的职责需要修订。1926 年，修订章程规定，董事会不再推举审查决算之董事；同时增加了其他职权。规定除前订各项外，有审核开支、发行兑换券，处分押件，代募债票股份，购租房地及议决权限争议等项。①

1928 年 11 月，国民政府新颁《交通银行条例》，财政部加认官股，董事增至 15 人，由财政部指派 3 人为官股董事，商股股东选举百股以上商股股东 12 人为商股董事，并由董事互选董事 5 人为常务董事，财政部从常务董事中指派 1 人为董事长，常务董事互选 1 人为总经理，任期仍为 4 年。

1928 年 12 月，行务总会议决重订董事会规程，每月举行常会两次，同时章程亦经修订，董事会职权又有加于前。除前订各项外，又加审定业务方针及不动产押款并议定股东总会日期等项。根据 1928 年 12 月修订之《交通银行董事会规程》，董事会所议事项包括：

① 《总协理时期之董事会》，《交通银行史料》（第 1 卷），第 56 页。

（一）审定总分支行之业务方针；
（二）审定兑换券之发行数量；
（三）规定总分支行及总分库之组织及详细规则；
（四）议决分支行库之设立或撤销；
（五）核议代理店之委托及受他行号之委托代理；
（六）决定总处各部主任及分行经副理、总库总副发行之任免；
（七）审核或订立对外之重要契约；
（八）核议代募债票股份等事项；
（九）审定以不动产为担保之放款事项；
（十）核议处理抵偿债务押件及结束催收款项办法；
（十一）考核兑换券准备金之种类成分；
（十二）审定兑换券之样式种类及订印数目；
（十三）议决营业用地基房屋之租借建筑或买卖；
（十四）核定各项开支之预算决算；
（十五）整理年终决算报告；
（十六）议定召集通常或临时股东总会日期事项；
（十七）裁决各部分之权限争议。①

《交通银行董事会规程》还规定董事长代表全行，为董事会、行务总会、股东总会主席，总经理执行董事会、行务总会、股东总会议决事项，并商同董事长、常务董事处理全行事务，常务董事代表董事会长川到行执行职务。同月，又修订组织规程，规定总管理处由常务董事组织。在此之前，交行总理、协理一直规定由股东直接选举，帮理由邮传部、交通部派充。自此，总经理由董事会常务董事选出，执行董事会、股东会决议，对董事会负责。交通银行董事制之采用自此开始。

1935 年 4 月，国民政府修订条例，财政部再加派官股董事，任期不变，人数增加为 21 人，由财政部指派 9 人，商股股东仍选举 12 人，常务董事增至 7 人。同月，修订章程又规定，董事长常川驻行综理全行事务，总经

① 《交通银行董事会规程》（1928 年 12 月），《交通银行史料》（第 1 卷），第 82 页。

理承董事长之命办理全行事务并执行董事会议决事项，其董事长代表全行，为董事会、行务总会、股东总会主席，常务董事代表董事长常川到行执行职务。真正的董事制在组织建制上才得以完善。董事制也设置总经理，但总经理是由董事会聘任的，对董事会负责，处理日常事务，但没有最终裁决权，真正的权力操于董事长之手。①

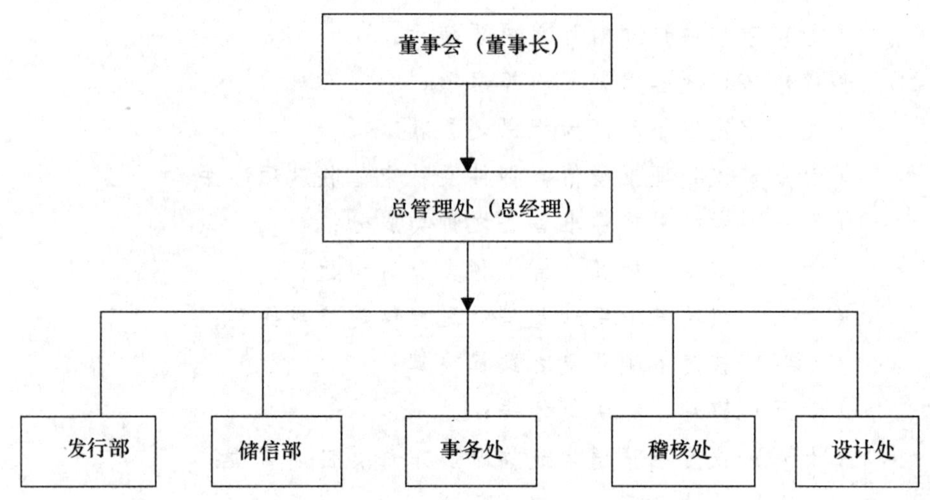

图 5—2 交通银行总管理处内部组织系统图

说明：交通银行成立初，北京行称为总行，另设总管理处，管理总、分行一切事务。1917 年以后北京行始改称分行，总管理处地位明显增强。交通银行总管理处下分股办事。各股后来改称课。1921 年总管理处下辖文书、会计、稽核、发行、国库等课。1922 年 1 月紧缩机构，改组为事务、业务、发行三课。1926 年，改设文书、会计、稽核、发行四股。1928 年，撤销原设四股，改设三部，即总务部、业务部、券务部。1931 年增设设计部，主管特种业务之计划、调查研究及创设事务。1933 年，改设“三部两处”，即业务部、发行部、储蓄信托部、事务处、稽核处。事务处主管文书、人事、股票、图书、通信、庶务、材料等事务；稽核处主管预算、决算、会计、账表、稽核等事务。

资料来源：朱通九、徐日洪：《我国银行制度之将来》，《各国银行制度及我国银行之过去与将来》，交通银行总管理处 1943 年编，第 423 页。

① 沈祖炜：《近代中国企业：制度和发展》，上海社会科学院出版社 1999 年版，第 217 页。

交通银行设行之初，监察职权是寄于董事的。1910—1924 年，历次股东总会选举出的董事，主要负责稽核账目款项，因此有“查账董事”一称。1925 年始设监事，初设 2 人。1925 年 5 月，《修正则例》规定“股东总会就二百股以上股东选举监事三人至五人，任期二年”。[①] 同月，股东总会依法选举监事 5 人。交通银行监事之设自此始，董事之执行查账等职务，亦自此终止。

1928 年《交通银行条例》规定，废置监事，改设监察人，设 5 人，财政部指派 1 人，股东总会商股股东就一百股以上股东选举 4 人，任期 3 年。同月，股东总会议决修订章程，规定监察人互选监察人会主席及常驻监察人。常驻监察人代表监察人会常川到行执行职务，监察人会职权多与前监事大致相同。其职权仍以审查决算、监察行务为主。

根据《交通银行章程》及《交通银行监察人会章程》规定，监察人具体职权如下：

（一）审查年终决算报告。

（二）监察营业进行计财产状况。遇必要时，得陈述意见于董事会。

（三）监察业务并检察一切账目证券及库款。

（四）监察职员等执行职务是否遵守条例、章程、规则及股东总会之决议。

（五）封存董事交存之股票。[②]

可见，监事及监察人是作为股东大会选出的监督机构，通过有效的监督，保障交行的规范管理与有序运营。

---

① 《交通银行修正则例条文》（1925 年 5 月 14 日），《交通银行史料》（第 1 卷），第 192 页。

② 《交通银行监察人会章程》（1928 年），《银行周报》第 13 卷第 2 号，1929 年 1 月 8 日，第 5 页。

第二节 交通银行的管理层

如果说董事会属于公司的决策阶层，那么经理层则属于公司的具体经营管理和政策实施阶层。管理层职业化、专业化的一大前提是资本所有权与经营权的有效分离。传统金融机构票号的“东伙制”可以视为早期资本所有权与经营权分离的尝试。近代企业中的经理类似于传统经济组织中的“掌柜”。

银行是近代中国公司组织发育最为充分的行业，同时也是职业经理阶层最为完善的行业。早期经理人员大多由政府官员委派或者根据所持股份多少推出，经理人员大多本身就是出资者甚至主要的出资者，或者是与主要出资者有密切关系的人。20世纪20—30年代，随着近代教育事业以及社会经济的发展，以及之前公司制度安排上各种矛盾和弊病的显露，职业化的经理阶层开始崭露头角，并在公司治理结构中发挥越来越明显的作用。[①]从某种程度上讲，“企业之间的竞争，归根到底乃是它们的经理和组织之间的竞争。一家公司的成功，主要决定于其管理层级制的质量”。[②]

交通银行创设之初，实际管理层包括总理、协理、帮理。《奏定章程》规定，总理代表本行，主持行务，协理协助总理主持行务。帮理由管理铁路人员任之，为使款目互相关顾，不致有所牵制而设。总理、协理均听邮传部堂官命令。民国肇建，百废待兴，交行从辛亥危机中走出，亟待改革。1912年4月，股东联合会呈准交通部，总理由股东会选举，协理仍由部派。此法直到1914年4月颁布的《则例》中作出明文规定，总理协理由股东会选举，最终乃成定制。帮理始终是由邮传部、交通部派充（详见附录1）。总经理制是一种上层的岗位责任制和权责合一的经营管理制度，容易造成总经理集权。1920年以前的交通银行，传统型人才或科举取士的官员充当总理、协理的情况居多。总理、协理多有政治背景，如陆宗舆官至驻日公

① 张忠民：《艰难的变迁——近代中国公司制度研究》，上海社会科学院出版社2002年版，第441页。

② ［美］小艾尔弗雷德·D. 钱德勒：《看得见的手：美国企业的管理革命》，重武译，商务印书馆2001年版，第484—485页。

使，梁士诒官至国务总理，曹汝霖官至交通总长。之后随着张謇、钱永铭入主交行，行风大整，总理、协理的官僚化倾向稍有减弱。

1928 年交通银行改组，股东会停选总理、协理，始设董事长、总经理。1928 年《交通银行条例》第 11 条规定：交通银行设总经理一人，由常务董事中互选之，呈请财政部备案。[①] 总经理由董事长聘任，对董事长负责，主要处理日常事务，最终决策权在董事长之手。董事长制实施后，董事长由财政部指派，总经理与董事会间形成权力制衡，总经理集权的局面从制度设计上被杜绝。

表 5—2　　交通银行管理层具体情况分析（1907—1937 年）

姓名	字号	籍贯	教育背景	官至	交行职务	任期	备注
李经楚	佑三	安徽合肥		邮传部右参议和四川建昌道	总理	1907. 11	义善源票号的总司理
周克昌	峻青	山西平定	毕业于山西大学堂		总理	1911. 3	协理：1907. 11，邮传部奏派为交行协理
陆宗舆	闰生	浙江海宁	留日学生	驻日公使	总理	1911. 11	协理：1909. 12，邮传部派充协理
梁士诒	燕孙	广东三水	进士	国务总理	总理	1912. 5 1914. 5 1925. 5	帮理：1907. 11
任凤苞	振采	江苏宜兴		历任交行协理、全国铁路协会评议员、新华储蓄银行董事。	协理、代总理	1916. 7	协理：1912. 3，1914. 5 复任
曹汝霖	润田	江苏上海	留日学生	交通总长	总理	1917. 1	

① 《交通银行条例》（1928 年），《交通银行史料》（第 1 卷），第 194 页。

续表

姓名	字号	籍贯	教育背景	官至	交行职务	任期	备注
蒋邦彦					总理	1922. 2	未到任
张謇	季直	江苏南通	状元		总理	1922. 6	
卢学溥	鉴泉	浙江桐乡	举人	交通银行董事长	总理	1928. 5	协理：1925. 5
胡祖同	孟嘉	浙江宁波	留英学生		总经理	1928 年	
唐寿民		江苏镇江	银行工作经历		总经理	1933 年	
赵棣华	别名同连	江苏镇江	留美学生		总经理	1944 年	
章邦直					协理	1909. 5	
严义彬					协理	1912. 3	南京交通部派，未到任
孟锡珏	玉雙	河北宛平	进士		协理	1921. 12	
陈福颐	赢生	江苏清河	举人	航政司长	协理	1922. 2	
钱永铭	新之	浙江吴兴	留日学生		协理	1922. 6	
巢凤冈					帮理	1909. 3	
叶恭绰	誉虎	广东番禺	廪生	交通总长	帮理	1912. 3 1915. 11 1917. 7	
吴应科					帮理	1915	
王黻炜					帮理	1916. 10	
权量	谨堂	湖北武昌	留日学生	交通次长	帮理	1917. 5	
曾毓隽	云霈	福建闽侯			帮理	1918. 10	
姚国桢	幼枝	安徽贵池	举人	交通部总长	帮理	1919. 12	
徐世章	端甫	河北天津		交通部次长	帮理	1920. 8	
谢霖					帮理	1922. 1	
劳之常	逊五	山东阳信		交通部次长	帮理	1922. 6	
孙多钰	章甫	安徽寿县		交通部次长	帮理	1923. 2	
陆梦熊	渭渔	江苏崇明		交通部代次长	帮理	1924. 11	
刘景山	竹君	河北天津		路政司长	帮理	1924. 12	

资料来源：根据贾熟村《北洋政府时期的交通系》（河南人民出版社 1993 年版）所附人物简介，历任总、协、帮理简表（《交通银行史料》第 1 卷），《民国人物大辞典》等相关资料编制而成。

第三节　交通银行的若干管理制度

企业精神的塑造和经营理念的树立不可能一蹴而就，是在企业多年的发展历程中形成的。它是由管理层倡导、全体员工认同并遵守实施的一种群体意识，主要体现在企业的管理机制、经营战略、奋斗目标等领域，是企业文化的重要组成部分。重视培育具有自己鲜明特色、符合时代要求的企业精神对于企业的生存与发展具有重要的意义。交通银行作为一个近代企业，固有其与政府相随相依的一面，同时也有自身企业精神的创建和塑造。从选才用人、薪酬奖惩、培训造才与企业形象塑造等管理制度上发掘交行之所以百年不倒的深层因素，尚有其价值所在。

一　选才用人

交行早期的用人及管理制度，难脱时代之限。行员多由曾任职银行或钱庄服务人员中录用；管理层多由邮传部派出的有家族背景、经济实力、政治靠山的人充任。第一任总理，李鸿章的侄子李经楚便是典型。总理、协理由邮传部推举派充，之下各总、分行经理、副理等由总理、协理商同总办遴选延订。各伙友由经理商同总办选用，派定职司。从制度规定的层面言，人员选用模式的主观随意显而易见。

早期交行在用人上还推行着一种所谓的押柜保金制度。《交通银行用人章程》（1908 年）中规定：其经理、副理由总理、协理订定合同，取其押柜保单银两，以昭慎重。[①] 即经理、副理上任前需要定合同、填保单、交押金。

保单式如下：

立保单　号　今因 　　交通银行　行延订　君为　理，照章应有铺保，今本号情愿担保银　两，倘后　君如有因私亏挪情事，有本号照所保之数认偿，所具保单是实。 　　光绪　　年　　月　　日　　　立保单　号

① 《交通银行用人章程》（1908 年），《交通银行史料》（第 1 卷），第 181 页。

各经理、副理押柜银数分别为：京都总行、上海、天津、汉口、广东分行经理出具押柜银一万两，保单银五万两；副理出具押柜银五千两，保单银二万五千两。数字不菲的一笔银子着实让许多有识而无银之士望而却步。

除出具押柜保金外，交行保举选人制度还需要担保人。1922年2月《交通银行任用行员规则》中对担保人有具体规定：行员除系一等者外，均须妥觅保人，填具保证书。保证人以有商业上之信用者为限。保证人应亲自填写保证书。行员之保证人，在总管理处，应由总理、协理认许。在外应由各行经理、副理，各发行总分库总、副发行主任认许，方为有效。保证人应盖用姓名、印章或店号重要图章。行员不得为本行其他行员担任保证人。非住居在该行有分支行之地方者，不得为行员之保证人。父子、兄弟、叔侄不得互为保证人。[①] 保举制度为早期交行的人才选用作出了贡献，但也为一些钻营之徒提供了空间。这是由此种选人方式的主观随意性决定的。时人康宝钰在《银行周报》上发表《银行人事管理的研究》一文，尖锐地指出当时银行人事管理“仍属旧式管理”，并将其归结为以下几点：①用人的封建化；②领袖人物具有英雄暴君主义色彩；③守旧心理；④商业组织范围狭小。[②]

交行用人制度的重大改观开始于20世纪30年代。当时，交行业务扩充、机构加大，需要人员剧增，保举制度的局限性凸显，已不能满足大规模引进人才的需要，由此考试制度开始引入选拔机制中。1931年制定的《交通银行考取试用员暂行办法》首先指出，录用行员除由适当保荐外特定考取办法以品学兼优者择优录取试用；继而对投考人资格进行了规定。投考资格分甲、乙两种：投考甲种试用员以年龄在二十五岁以下，品端体健，并在著名大学商科或经济科优等毕业，或高等商业学校优等毕业者为限；投考乙种试用员者以年龄在二十岁以下，品端体健，并在中等程度职业学校、商业或银行或簿记等专科补习学校，或高中优等毕业者为限。考试科目包括国文、英文、银行学、簿记、珠算、笔算。还进行严格的面试和体

---

① 《交通银行任用行员规则》（1922年2月），《北京金融史料》（银行篇五），第312页。

② 康宝钰：《银行人事管理的研究》，《银行周报》第19卷第33号，1935年8月27日，第5页。

检。规定各科考绩总平均分数须在 70 分以上方得录取，但国文不满 70 分者不得录取。[①] 交行这一改革方向，按照他们自己的总结即为："年来关于人事措置之方针，除对旧有员生，严定考成，随时甄别；对于新增业务，则遴选盐业、棉业、交通、经济暨法律专家，分派担任调查设计事宜外，同时鉴于本行机关增多，原有人员，不敷调遣，并经制定各种试用员规则，以征用及考试制度，为录取人才之标准。"[②]

1933 年、1934 年间，交通银行举行了两次乙种试用员考试，投考资格，以高中以上学校，或初中以上职业学校毕业者为限，先后考试录取共 90 人。[③] 两次考试科目都包括四门：国文、英文、银行簿记、笔算。其中笔算包括算术、代数、珠算。考试科目涉及面较广，囊括了银行职员应该具备的基本素质。从各科考试的题目看，也具有一定科学性，尤其在国文与英文考试题目中渗透着浓厚的社会关怀和人文关怀。1933 年国文考题是"公理强权说或航空救国说二选一"；1934 年国文考题为"礼义廉耻国之四维说与投资投机之分别与利害"。英文题目两年分别为：Railways in China 与 Shanghai Newspapers。

特种及乙种试用员到行后，要先派在总行各部处及各分支行处试用，3 个月期满合格者，特种试用员改派办事员，乙种试用员改派练习生，成绩优异者提升为助员，不合格者，即予遣退。试用员制度，颇费时日。因需要急迫，1934 年间又续考文书员 11 人，事务试用员 24 人；1935 年、1936 年间，又各方罗致文书人才 22 人，营业人才 68 人，会计人才 48 人，出纳人才 41 人。[④]

为引进新式人才，交行通过社会招聘从国内各大学院选用优秀的毕业生。在国内各大学院暑期毕业期间，向清华、燕京、南开、北洋、东北、武汉、湖南、南通学院、中央、金陵、浙江、厦门、中山、岭南、交通、光华、暨南、复旦、沪光、圣约翰、同济、东吴、上海商学院等各大学院，

---

① 《关于汇款业务、检考员生规则等事项与津行往来文书》，北京市档案馆藏，交通银行档案，J032/001/00945。

② 《民国二十二年对人事工作的改革》，《交通银行史料》（第 1 卷），第 1390 页。

③ 笔者有幸搜集到交通银行 1931 年招考职员、1933 年、1934 年招考试用员的考试题，详见附录二。

④ 《交通银行行务会议记录汇编》（1933—1936），上海档案馆藏，交通银行档案，Q55/2/270。

征用成绩优良的毕业生，首先聘为特种试用员。如1933年、1934年间，经审查合格招录入行者，专业分布大致为：经济系7人、会计系6人、社会系1人、化工系1人、机械系2人、森林系2人、纺工系2人、铁路系1人、商学系1人、历史系1人、法律系1人，共25人。①

交行还接收大学生到行实习。这一方面是对当时教育部大学规程的响应，客观上也是交行自身选用人才机制的不断完善。当时教育部大学规程规定，农、工、商各学员学生，自第二学年起，须于暑假或寒假期内在校外实习若干时期。无此项实习证明书，不得毕业。由此，各大学主动函请于暑假期内酌派学生到交行实习。② 交通银行随之制订商学院学生来行实习办法：实习学生以肄业商学院曾修银行、经济、会计等学科之男生为限；以八星期为限；实习学生应由学校校长具名分别给予保证。③ 在某种意义上，到行实习即属试用性质。下列是一位名为王恩增④实习生的申请书：

王恩增的申请书⑤

年龄：26

籍贯：河北定县

住址：北平东城王府大街大鹁鸽市十二号

学历：北平盐务专门学校（北平灯市口）会计系　四年　经济学士

大学生就业训导班（南京中央政治学校）军务及精神训练　四月

资历：广西省立村治学校　桂林　教员（讲授簿记和会计）薪俸120元　民国二十三年

离职原因：改组　盐务署　南京　会计课课员　79元　民国二十五年　录取训导班

---

① 《交通银行史料》（第1卷），第1390页。

② 《关于人事管理、恤金、学生实习、捐款业务等事项与总行津行来往文书（1937年）燕行行员膳食费用、住宿费用调查表》，北京市档案馆藏，交通银行档案，J032/001/00118。

③ 同上。

④ 王恩增申请并得到批准在交行燕行实习。

⑤ 《关于人事管理、恤金、学生实习、捐款业务等事项与总行津行来往文书（1937年）燕行行员膳食费用、住宿费用调查表》，北京市档案馆藏，交通银行档案，J032/001/00118。

家庭状况：

能力述要：

特长：会计、统计图表、英文打字

语言：中文、英文

方言：北平、上海、南京

熟悉的地形：北平、南京、上海

希望月薪：百元

能担任何种职务：会计方面

除通过考试保证公正、公平录用为银行输入更多新鲜血液外，对于各方保荐人员，也逐渐改变之前的保金押放与专人担保制度，规定所有入行人员必须先要经过面试、试用及甄别三种手续，考核均能合格者，始得录用。所有录用人员均经严格训练，主要包括：一、会计训练。特设会计训练班，对于全部会计事务，自传票以迄决算，无不逐项指导，以期谙习。俟训练期满，再派赴分行实习。二、工厂实习。对于此项专门学术人员，除加以会计训练，熟悉银行实际上之技术外，并派往水泥、造纸、造酸、电化、纺织等工厂，考察各厂之机器设备，制造成本，以及出品销售等情形，尤注重实地之练习。三、充实图书设备，提高员工知识文化水准。①

交行任用职员注重青壮年，多以就职后可以服务三十年为标准。行员年龄大小，与其体质技能知识经验等，均有密切关系。体质依年龄之增大而减退，而技能知识及经验，则又随年龄而同时增进。故在年龄过幼时，敏捷是其所长，而阅历未深，成绩未必优良。年事过高时，经验较富，是其优点，而精力渐衰，工作效率，亦必减退。从表5—3可以大致得出，交行人员的平均年龄为33.51岁。年龄虽少壮不齐，但大多数则在24岁至36岁之间，表明交行同人之年龄偏多于壮年前期，这应该是一个年富力强的年龄结构。

① 《民国二十二年对人事工作的改革》，《交通银行史料》（第1卷），第1391页。

表 5—3　　交通银行行员年龄统计表（1932 年）

年龄	人数	年龄	人数
16	2	43	20
17	6	44	26
18	17	45	29
19	20	46	18
20	32	47	15
21	39	48	15
22	48	49	9
23	38	50	17
24	62	51	10
25	38	52	14
26	54	53	9
27	54	54	9
28	50	55	6
29	44	56	9
30	37	57	5
31	38	58	5
32	47	59	1
33	58	60	2
34	49	61	1
35	44	62	3
36	41	63	2
37	47	64	3
38	34	65	1
39	35	66	2
40	31	71	1
41	33	总人数	1251
42	21	平均岁数	33.51

资料来源：袁铨：《本行人事统计》，《交行通信》1932 年第 1 卷第 9 期，上海市图书馆藏。

二　培训造才

近代新式银行中，交通银行属于成立较早的几家银行之一，当时，新式银行人才及相关教育都相当缺乏。成立初期，交通银行曾以资助与合作办学的方式，培养新式银行人才为己所用。上海高等实业学堂的部分学生即得到交行资助官费留学，如徐恩元就曾依靠交行资助留学英国伦敦财政大学，攻读银行专科，留学毕业后被交通银行录用。

成立之初，交通银行没有举办自己的附设学堂，为训练人才，主动出资与大清银行学堂合作培养。大清银行学堂 1908 年 6 月成立于北京，由大清银行出资创办，招生肄业，教授银行必需学科，以为培养行员之地。[①] 交行与大清银行合作，大清银行学堂经费月需二千两，交通银行每学期拨银一千两补助学堂。[②] 回报是将来学生毕业匀拨若干归交通银行效用。大清银行学堂第一批毕业生共 42 人，交通银行共录用 10 人，占毕业总人数的近四分之一。[③] 1911 年 11 月，由于辛亥革命爆发，"银行款项异常奇绌，学堂经费实属无可支持"，[④] 大清银行学堂在培养了第二批学生后即告停办。

之后，交通银行曾创办专门商业学校培养银行所需人才。1919 年 9 月，交通银行经董事会议决于北京创办通才商业专门学校，先设银行科，暂定开办费 1 万元，经常费 1.5 万元。1920 年 2 月 23 日正式开学，下期增设普通商科并准备扩充经费为 4 万元。1922 年 9 月董事会议决校费改为补助 5000 元，以一年为限，1923 年底两次董事会议决该校补助费停止支拨。1925 年 8 月该校复陈请补助，又经董事会议决自是年起每年捐助 5000 元。迨 1928 年本行总处决定南迁，该校亦以经费竭蹶即于 6 月底停办。计该校

---

① 大清银行总清理处编印：《大清银行始末记》，第 150 页。

② 同上书，第 151 页。

③ 根据大清银行学堂第一期学生毕业名次表，平均分在 80 分以上最优等 24 名学生中，交行聘到了蒋镜清、黄□浦、朱颜、王承吉、魁纶 5 人；在平均分 70 分以上的优等 11 名中聘到周振清、宋炎兴 2 人；在平均分 60 分以上的 6 名中得到祝桢年 1 人；另外，平均分不及 60 分的苏之垚、尹盛鑫两人也归交通银行任用。《大清银行学堂第一期学生毕业名次表》，中国第二历史档案馆藏，交通银行档案，398/3467。

④ 大清银行总清理处编印：《大清银行始末记》，第 153 页。

设立以迄停办，历时九载，交行负担校费共达7万余元。①

随着近代新式教育的发展及海外留学者的归国，20世纪30年代前后，新式银行的人才需要逐渐得以满足。由此，交行将造才的重点转到对行员的培训与提高上。交通银行对行员的培训，有总处筹办的培训班及各行处自行举办的业余进修班、补习班等。

由交行总处办理的培训班分为考训和抽训两种。考训是在估计需要储备人才数额的基础上，专批招考试用员生，于录取后设班训练。特殊时期因某项专门实务短缺人才时，即以考试方式，专考该实务部分及国文等科目，考试通过并得以录取的人员还需经过短期的培训班学习。抽训是就各行处在职员生抽调若干人至指定地点专设一班训练，或加入考训班中训练。考训班训练期限为三个月，简易班与抽训班训练期为两个月。训练项目以银行实务为主体，并由本行高级人员作精神讲话，或请党政金融机关领袖及专门学者作学术演讲，暨定期举行小组讨论会及各项体格锻炼。训练班每隔四星期或三星期举行小考，结束时举行大考，所有考试成绩、平时笔记成绩及实习报告成绩，应一并陈送总处核阅，作为指派职务、核定薪级之依据或年终考绩之参考。②

为鼓励行员进修充实学识，各行处自行举办业余进修班。在业余适当时间授课，每日两小时。主要针对助员、练习生等资力较浅的行员。业余进修班课程包括：应用文，英文，商算，珠算，银行会计，银行实务。除规定时间授课外，并由各行处主管人员定期举行精神讲话，或请当地党政金融机关领袖及专门学者作学术演讲，听讲员生应随时笔记。每期结束时都举行考试，并将成绩单陈报总处。有时因人数过少，不便单独举办，由各行处会商当地同业联合举办，或选择当地著名商业夜校令其入校肄业，均于事先陈准总处，其成绩亦应陈报总处。③

为增进员生知识，提高初级行员的业务水平，总处及各行处还各自体察情形设立补习班。助员及练习生、检券生均应补习，授课时间以不妨碍办公时间为限，每星期至多不得超过12小时。补习班不收学费，其书籍由

---

① 《补助教育经费及文化事业经费》，《交通银行史料》（第1卷），第717页。

② 《交通银行行员训练班办法》，《交通银行史料》（第1卷），第1420—1421页。

③ 《交通银行行员业余进修班办法》，《交通银行史料》（第1卷），第1421—1422页。

本行购给。补习班之课程有银行学、经济学、会计学、法制学、簿记、珠算、国文、英文、国术等项。补习班结束时要进行试验。包括寻常试验和卒业试验两种。试验成绩分为甲乙丙丁四等。各补习班修业期满经卒业试验及格者均由本行总经理给与证书，其考列甲等者得择优量予升用。① 当时报道称："交行总处前在北平时，曾先后联合京行、津行设立行员英日文补习班。其他分支行亦有举办者。……本年三月，该行总处及沪行库组织员生补习班。除原有之英日文外，并增加其他应用科目数种，分年教授，以资完善。现有教员六人，除国术教员吴鉴泉君，系延聘外。其余均系本行高级行员兼任。学员约四十余人。每晨上课两小时，成绩尚优。"② 可见补习班已具有一定规模，且已常态化。

现代经济学将企业培训称为"人本投资"，将培训职能视为"企业造血"。尽管当时的交行培训只是源于提高行员业务水平与工作效率的初衷，但取得的实际绩效似远远大于初衷。

三　薪酬奖惩

保持人力资源并调动职员积极性，是企业管理的最基本法则。薪酬与奖惩制度非常重要，关系到各个员工最切身的利益。薪酬奖惩制度制定得是否合理，直接关系到一个企业的储才绩效。

交通银行的薪给分为五种：薪水、津贴、交际津贴、盈余酬劳金、奖励津贴。薪水按照职务性质与级别分别核定。上自总行经理、下至各分支行练习员生，共分为 79 级薪给，薪水最高达 600 元，最低级别薪水为 10 元（见表 5—4）。这样，在各级职务的薪酬水准上，适当拉开差距，有助于发挥薪酬制度的正面激励作用。就额度上看，交通银行的薪金额度适中，与其同层次的中国银行的薪金额几乎相当。至于奖金的发放原则，交行秉承激励目标，逐步改革完善。1918 年，针对之前"有赏无罚"的奖励制度，强调："奖励之作用所以待有功，其对于行务实心任事，确著劳绩者，自应分别给奖。至于贻误行务，损失太巨者，似不宜漫无分别。从前奖励

---

① 《关于人事及行员存款息等事项与总处往来文书（1929）》，北京市档案馆藏，交通银行档案，032/001/00038。

② 《交通银行开办员生补习班》，《银行周报》第 14 卷第 19 号，1930 年 5 月 27 日，第 9 页。

办法，几于有赏无罚，殊不足以示劝惩。① 最终商定变通之法：即营业净盈利中提出三成奖金计银元 370232.83 元，除董事奖金及公益捐款由本处在总理、协理、帮理奖金提送外，其余 320232.83 元，应以一成为总处奖金，计银元 106744.28 元。二成为各行奖金，计银元 213488.55 元。另总处所得奖金 106744.28 元，分作十成。以六成归总处行员，按照实领薪水数目摊派支给。四成由总理、协理酌量特奖各分行所。又各行奖金 21 万元，分作十成。以四成为各行普通奖金。除湘行不给奖金外，按各行薪水摊派。六成为盈余奖金，按各行盈余摊派。②

表 5—4　　1932 年交通银行薪级

职别	薪级	月薪额
总行各部　经理、副经理 各处　处长、副处长 分行部库　经理副理 一、二等支库部行　经理	第四十一级起第一级止	200 元至 600 元
总行秘书	第六十一级起第十一级止	100 元至 500 元
总行业务部　襄理 总行各部处　课长 一二等支行　副理	第五十一级起第二十六级止	150 元至 350 元
分行　襄理 分库、行、部股　主任 三四五六等支行　经理	第六十一级起第二十六级止	100 元至 350 元
支行股　主任办事员	第七十三级起第四十一级止	40 元至 200 元
助员	第七十六级起第七十四级止	25 元至 35 元
练习生	第七十九级起第七十七级止	10 元至 20 元

资料来源：《交通银行史料》（第 1 卷），第 1428 页。

① 《交通银行总管理处书字第 8 号通函》（1918 年 5 月 5 日），《北京金融史料》（银行篇五），第 315 页。

② 同上书，第 316 页。

1929年，交行订立《行员奖惩规则》，对奖惩事项作出详尽规定。奖励项具体包括：（1）遇有非常事故，能临机应变措置得当者；（2）由自创之计划或由其发现，致本行获得优厚之利益，或免受重大之损害者；（3）整理行务著有成绩，或学识能力堪胜繁要者；（4）服务称职而假期不多者。奖励有四种方式：升调、晋级、记功、嘉奖。惩戒分七种：申诫、记过、罚薪、察看、降级、解职、开除。遇有以下几种情节酌予惩戒：（1）违反本行条例及一切规章者；（2）办事不力废弛行务、及平时常有迟到等事者；（3）漏泄秘密公务者；（4）有重大过失或不正当行为者；（5）有不良嗜好或怠忽职务者；（6）受刑事处分者；（7）图利自己或第三者，致本行受损害者；（8）挪用行款或有舞弊行为者。另规定，行员因故意或过失致本行受损害时，除予以惩戒外，并应负赔偿之责任。行员受记过、察看之惩戒者，得暂停其职务，在停职期间，并得减支或停支其薪津。① 依规定可见，交通银行的奖惩是比较分明的。具体到奖惩的方式主要以精神鼓励和教育为主、经济奖惩为辅。

奖惩制度规定后，落实执行更为关键。交行于年终要对行员进行综合考绩。1929年时任总管理处总经理的胡祖同致函京行，要求："将所属员生办事成绩切实考核，就得力员生中择优请予进级，以示限制而资激劝；其有□□溺职即办事不甚得力者，应即查照本行任用行员规则第十六、十七两条，分别降职或开除。"② 年终考绩要上报考绩表、核定员生薪俸等级表、评估表。评估主要包括行员的性行（精明、诚厚、朴实、精明、明敏、明达、和平、谨慎等）、勤惰（甚勤、勤、极勤、颇勤等）、办事能力（恪尽职守、尚能称职等）以及本年成绩与上年成绩。③ 下面是1931年底京行的一份年终考绩表：

---

① 《交通银行行员奖惩规则》（1929年），《交通银行史料》（第1卷），第1437页。

② 《关于员生请假与总处往来文书（1929）》，北京市档案馆藏，交通银行档案，J032/001/00040。

③ 《关于人事制度、工作调动、工资待遇及奖罚等问题通告（1923—1931）》，北京市档案馆藏，交通银行档案，J032/001/00030。

表5—5　　考绩表（1931年12月）

姓名	职务	到行		请假日数	现支薪俸			上级核加薪级		本年成绩	本年请加薪级		核准加薪	
		年	月		等	级	薪数（元）	级	薪数（元）		级	薪数（元）	级	薪数
李玉焘	文书股主任	4	10	17日半	2	11	160		加津贴10	资性敏捷办事勤劳				
尚松普	文书股办事员	10	5	2日8时	3	3	92	3	12	劳绩昭著深资得力	一	4		
王华龄	同上	17	4	33日	3	17	36	3	12	勤谨耐劳	二	8		
王耿桂	会计股办事员	7	1	5日半	3	5	84	3	12	勤谨稳练	一	4		
胡德明	会计股办事员	16	1	41日	3	13	52	2	8	勤奋安详	二	8		
张绍华	出纳股办事员	8	12	8日	3	5	84	2	8	任事勤劳	一	4		
崔兴国	助员	14	3	26日	3	21	20		未加	任事勤劳	2	8		

资料来源：《北京分行关于职工考绩、年终奖金及职员保证书等事与总管理处来往文书》，北京市档案馆藏，交通银行档案，J032/001/00058。

考绩规定中，最可以量化的一项评价指标是行员一年内的请假天数（行员非因婚、丧、疾病或其他不得已事故，不得请假）。按照交行行员请假规则第十四条规定，行员在行服务，每届满三年统计请假日起不逾一个月者，得给以一个月之慰劳休假。从假时得照本薪给以一个月或两个月之慰劳金等。下面是一份关于京行根据请假天数核定给予行员慰劳休假金的表格：

表 5—6　　考核行员请假天数与慰劳休假金一览

姓名	1918 年 5 月 1 日至 1921 年 4 月 30 日止 三年请假日数	1921 年 4 月薪额	应给 一个月慰劳休假 或慰劳金	应给 两个月慰劳休假 或慰劳金
尚松普	22 日 2 小时	92 元	92 元	
李清安	2 日	160 元	160 元	
徐庆年	11 日	100 元	100 元	
侯春华	无	100 元		200 元
王耿桂	10 日 5 小时	84 元	84 元	
李树滋	29 日 1 小时	72 元	72 元	
杨佐尧	20 日	68 元	68 元	
张中	8 日	48 元	48 元	
于振锟	无	160 元		320 元
朱永颐	27 日 2 小时	32 元	32 元	

资料来源：《北京分行关于职工考绩、年终奖金及职员保证书等事与总管理处来往文书》，北京市档案馆藏，交通银行档案，J032/001/00058。

依表 5—6 可见，三年没有请过假的员工，交行给予了两个月的慰劳补助金；三年内请假日数没有超过一个月的员工，给予一个月的慰劳补助金。慰劳金与本薪金额直接挂钩。这样的奖惩制度，对于提高行员工作积极性大有裨益。

合理的薪酬和奖惩制度作为内部激励机制，对交行发展极为重要，薪酬奖惩是对员工工作业绩的评价，在某种程度上代表着企业对员工个人能力、品行和发展前景的一种评价，对于激励员工，提高企业的执行力，有着不可低估的作用。

四　会计稽核

创立伊始，交通银行采用簿记制度，在开办广州分行时，特别强调："广州系属繁盛之区，自应先设分行，以期商业流通，除由本部札委交通银行协理山西候补道周克昌赴粤经营创始联络官商妥筹开办，并饬该道等遵照《奏定章程》，并续订详细章程，及仿照外国银行性质，讲求簿记管理法，不得沿用银号票庄旧习。"[①] 虽然交行声称要学习外国银行的财务制度，实际还是沿用钱庄的旧式簿记：订本账簿、毛笔书写、上收下付。这种簿记方式不仅效率较低，也不能及时反映银行的经营状况。1914年中国银行率先推行复式借贷记账的会计方法，1915年交行紧步中国银行后尘，以旧式簿记不适于银行业务，决议采用复式簿记，召集各行司账人员到京总管理处学习，并厘定会计规则、往来款项保单规则及新式账表单据章程，新式会计制度由此确立。复式簿记较之前大多数银行沿用的旧式簿记具有绝对的优势：复式簿记制度设置会计科目和总账，每一账户都按照科目分别编列账号，条目清晰，也能及时反映业务活动概况；记账以传票为凭证，把原始凭证作为传票附件，两者附在一起，便于审查与检查；根据复式簿记原理，分借、贷记账，能清楚地反映业务活动过程与资金的来龙去脉；确定了会计报告表式，适应总行对各分支机构业务活动的监督和管理。[②] 但是新确立的复式簿记也存在着明显的缺点，主要是手续烦冗。随着银行业务的发展，对会计制度的服务效能提出了更高要求："二十年内国内经济事业日新不已，本行实务日趋繁复，会计方式屡有变更，而一以记载详密、手续简易为要旨。"[③] 1930年后，仿照中国银行，交通银行开始推行复写、套写的记账凭证和活页账，使会计制度更趋完善、科学，不仅有利于提高工作效率与服务质量，且能及时反映经营损益状况，便于检查稽核工作推行，有利于加强管理。

完善会计制度的同时，交通银行也不放松配套的稽核工作。自成立起即在总管理处设立稽核处，职责范围包括：各行账册单据及业务之稽核、各行各项库存之检查；各项预算决算之审查、各项款目之交查、总管理处现金及有价证券等之保管、各行营业资金之调拨、有关业务统计事项及其他有关业务稽核等事项。此时稽核主要还是检查财务账目和查核会计制度执行情况。之后，稽核工作不断加强，范围不断扩展。在监督审查的同时，结合实地稽核，有时也结合经营状况，提出若干意见建议，发挥一定的参谋管理作用。

为掌握国内外经济实况，供各行业务参考，交行自1919年在总管理处内特设调查课。调查事项包括：各地物产、工场、商号、运输机关、仓库，及各地

① 《粤省开办交通银行》，《农工商报》1908年第35期，第47—48页。

② 卜明：《中国银行行史（1912—1949）》，第174页。

③ 《本行会计制度之沿革》，《交通银行史料》（第1卷），第1456页。

的金融货币情况。1931 年改为设计部，主管本行特种业务之计划调查研究及创设事务。[①] 1933 年改组以后，成立业务研究室，专门针对农贷展开调查，划分棉业、盐业、经济、交通四组，积极进行调查工作。曾派员赴西北、西南及两淮等处实地考察。对各地金融、商情、物价、汇价及存放息率等项，均指定表式，分发各分支行按期查报，由总行汇刊通信，以资观摩。交行还和国内相关机构合作开展调查："关于信用调查，则有征信所之组织，关于经济调查，则委托刘大钧会计统计事务所代办，一切关于研究方面，则成立银行学会，随时提供意见，作为系统之讨论。至该行已完成之调查报告、为两淮盐区调查报告、汉口棉花调查、汉口桐油调查及宜昌沙市桐油调查等种。"[②]

上海市图书馆所藏交通银行总行 1934 年 12 月编印的《两淮盐区调查报告》，所述内容之详致，超乎想象。调查从两淮盐区着手。调查报告中不仅对淮盐出产、运销有详尽的描述，且对关系较切之各方面也做了介绍。如对官厅关系，指出："淮盐产储运销，盐务官厅系取绝对监管主义。其章制规例亦时有变动，多与放款有关。经做各行应随时随地勤加探讨。对于盐务官厅，并宜有适当联络，庶几消息灵敏，动作不落人后。所放各款，以向官厅登记为妥，此点亦应注意。"对联行关系，明确其原则为："以整个行益为前提，不分畛域，合力进行，藉免中途干格，致被他行攘夺。"关于同业关系，指出："淮盐放款，同业竞争甚烈，各行立场不同，故其做法亦异。归纳言之，或在利息上让步，或在信放及押款折扣上迁就，或自办盐号与加入股份，凡此种种，各有短长。本行开始经营，宜先有做法标准。依目前情势，仍以妥慎为宜，必不得已，只可再利息上酌量让步，至手续折扣及信放等，均不宜放松，免蹈危险。自办盐号为另一问题，可不论列。再按淮盐一种，每月税款即有柒佰万元左右，成本部分，照一成半计算，亦有一百余万元，交易额数至巨，任何银行均难独揽。又按各地淮商经济状况，非恃银行投资，亦无法办。固同业之间，尽可团结，不必滥放折扣利息及信放等，以为招揽。目前银根奇紧，难望宽舒，在短期内之竞争，必可较前减退。经做各行，似应乘此机会，斟酌当地情形，联合同业，将盐押利息折扣等，酌商一致办法，盖资遵守，不必求形式上之合作，能期精

① 《交通银行组织规程》（1931 年），《北京金融史料》（银行篇五），第 115 页。

② 《统计通讯》，《统计月报》1937 年第 27 期，第 32、40 页。

神联合、亦可减少若干无谓牺牲。”① 这些实地考察报告，对于交通银行的营业无疑具有重要的参考价值，通过实地调查研究，银行无论放款或投资，在资本去向方面可以做到有的放矢。

第四节 交通银行的员工生活

“为什么参加银行招考?”

“我爱银行，因为它引导游资，服务民众；我恨银行，那傲慢的态度；我要发扬我的爱，革新我的恨。”②

六七十年前，一位年仅 16 岁的在校学生、因急于求得银行工作机会而瞒报年龄为 18 岁去参加一场银行招考面试。这是他对面试官的回答。

当年的银行工作人员，摩登、收入又比较高，是青年人向往的职位。有位银行员工回忆其参加银行招考的情况：

去年寒假里，我校接到本市某商业银行招考试用员的通知，此次投考者共有 317 人，十之七八是大学生，有几位三四十岁的老先生，也来应试，穿着马褂，恭恭敬敬的在青年群中，颇引起一般人的注意。

考试题目的内容是：国文、英文、会计、经济学、货币学、银行学、数学、常识。

考试完全密封，一位监考者极恳切的申述小楷须要工整，试卷要清洁，并报告各科成绩所占的百分数。

笔试录取 29 人，名单上看到同去参考的一位同学排第二，我列在第十，而其他两位同学名落孙山。

口试是严格而又审慎，第一位主试问家境，嗜好，日常生活等；第二位用英语作问以观英语如何，第三位问各科学识，这一场三堂会审，淘汰

① 交通银行总行编印：《两淮盐区调查报告》，1934 年，第 5—6 页，上海市图书馆藏。

② 吴静：《我是怎样考进银行的》，《银行通讯》1945 年第 9 期。关于银行员工生活的研究，叶文心的《时间、空间与书写：对中国银行日常生活的构建》一文，以独特的视角，从时间、空间的维度对中国银行职员的日常生活予以关注，对银行这一近代西方舶来品进行了本土化的解读。

了十四个人，结果正取十名，备取五名，我降为备取。

这次招考，平心而论，十分公正，录用全以成绩为准。①

民国时期，在银行部门工作被称为“金饭碗”，因为工作安定、待遇丰厚，且有保证。据1934年进入中国银行工作的姚崧龄回忆：“总管理处每年招考初出校之国内国外大学毕业生……取录后，称试用员，月支生活津贴国币一百元。六个月试用期满，酌予补实为办事员，月薪国币80至160元。其他待遇，如房租膳食等津贴，与高级行员同。每年招考高中毕业生20至50人，取录后，称练习生。经过一年或两年训练后，成绩优良者，升充助员。练习生由行供给膳宿，月支生活津贴国币20元。助员月薪国币60元。”② 当时的一位女行员也有记述：“我的月薪去年是三十五元，今年加了五元成四十元。月进款除车马交际及另用之外，省俭些还可以多十五元。我把十元津贴家用，有时贴补了弟妹的医费。其余的五元，我把它立了一个储蓄户，存在自己的银行里，行员自己存，利息可以多一点。”③

除了相对较高的薪金收入外，银行职员还有条件享受到其他职业难见的待遇。为使员工安心工作，解除其后顾之忧，银行往往择地建造职工住宅，分给员工居住。银行投资建造员工宿舍，并提供来回班车，免费午餐的享用，福利优厚。中国银行的住房建设启动较早。1930年前后，中国银行职工宿舍区已初具规模。交通银行在员工住房方面相对中行启动较晚，20世纪20年代中后期，随着行务逐渐稳定、境况好转，员工宿舍建造提上议程：“建筑行员宿舍，在总行未南迁之时，沪行早有此种拟议。迨总行南迁以后，曾于民国十九年冬，与国华银行合购祁齐路地皮约60余亩，原为建造行员宿舍之用。嗣因沪变发生，未能进行。”④ “对于行员宿舍及同人携眷寄寓之住宅建筑问题，近数年来，总处已迭有计议。1926年、1928年，曾先后核准津汉两行购置行员住宅基地，上年（1931年）又特购上海法租界祈齐路基地数十亩，预备建造同人宿舍，据岛行姚经理函请，准予仿照中国银行办法，由行

---

① 李曾扬：《银行生活实践记述》，《大学季刊》1940年第1卷第1—2期，第201—202页。

② 姚崧龄：《中行服务记》，台北传记文学出版社1968年版，第38页。

③ 琰君：《被人艳羡的女行员的生活》，《妇女生活》1936年第2卷第2期，第128页。

④ 《交通银行行务会议记录汇编》（1933—1936），上海档案馆藏，交通银行档案，Q55/2/270。

自建携眷同人宿舍，或价买宽大房屋，使同人近数迁入居住，不但可以节省开支，抑且便于管理。”[①] 另外，银行还为职员提供一些医疗、子女教育、养老等保险基金。交通银行的相关资料显示：“本处近以一般社会生活程度日渐澎湃，行员恃俸给为生，维持殊非易事，设或一旦不幸死亡，虽本行已有抚恤金之规定，尚不足为养生送死之资。爰依据近年行员平均死亡率及全行薪俸总额之统计，订定本行同人互助生命保险简单十条，以资补助。”[②] 衣食住行一律解决，在 20 世纪 30 年代那样的社会大背景下，的确可以称得上“金饭碗”了。

对于银行家而言，银行或许是他们的事业；而在小行员眼里，银行可能仅仅是其职业，或更直接的说是谋生之处。翻阅 20 世纪二三十年代行员散存的文本，可看出银行职员工作的另一面相，“金饭碗”背后也有着“辛酸泪”。有位行员形象地将自己比作机器：“在银行中，可以说有四种机器：除了算法机和打字机之外，还有打图章和做账的肉体机器。高级行员，可以代表打图章机器。低级行员，正如一部做账的机器。”[③] 也有行员这样形容自己的工作：“终日埋首办公室中，处理繁杂的银行事务，身体与精力的操劳，倘使有一种单位可以计算，我可以武断一句，一个银行员，一天所消耗的‘血’与‘热’，必定要比工厂里做苦工的还要加上几个单位！试看全行的行员，有几个是精神饱满，身强力壮的人呢。就事实论，算一算在职身故的行员，就我个人追想所及，他们致命的原因，不是胃肠病，就是肺痨病。”[④] 衣食无忧，但工作机械费神，银行职员精神和身体方面的压力难以排解，以致一度出现不少银行职员以赌博、吸食鸦片寻求释放的现象。为应对这种状况，银行也努力在提升服务理念、提高行员的精神志趣方面做些工作。1926 年 3 月 28 日，交行第 99 号通告称：“政局杌陧，工商凋敝，银行业务之起落欲其不随世变为迁移。所幸我行大小员生同心戮力，共济时艰，行务日进，行誉日增，欲求行务进行之稳健，应先得行员之忠勤，欲求行员对行具有爱护之精神，先使行员与行发生密切之关系。凡我同人立足务须稳定服务，尤宜热

① 《建筑行员住宅问题》，《交行通信》1932 年第 1 卷第 2 号，上海市图书馆藏。

② 《征求互助生命保险意见》，《交行通信》1932 年第 1 卷第 2 号，上海市图书馆藏。

③ 《银行生活漫谈》，《兴业邮乘》第 29 号，1935 年 1 月，上海市图书馆藏。

④ 《公余之暇》，《交行通信》1933 年第 3 卷第 4 号，第 15 页，上海市图书馆藏。

心，视行务之盛衰即自身之成败，通力合作，共图发展。”①

在当时整体社会大环境中，银行业可以说是代表新潮的一个行业，行员自身文化素质和精神欲求都相对较高。交通银行首先提倡“忠勤廉谨”。这是交行对自身提出的一个服务理念，也是其努力塑造的社会形象。在《服务章程》中明确规定，在行服务应忠勤廉谨；行员经办事件应随到随办，不得积压，如须当日结束者应延长时间赶办；行员在办事时间内，非经主管员之允准或请假，不得擅自离行；行员接待顾客应谦和诚恳，不惮烦琐，对待顾客委办事件，尤应力求周妥敏捷。纪律严明是保证服务的前提。交行规定，服务时间嗣后无论何人均须在十时前到行，下午非逾六时并将经手事件办毕，不得离行。办公时间未请假而擅自因私事出外者，应责成各股主任随时查明并即行开除。②

银行收入相对较高，因而易生奢靡之风，有鉴于此，交行大力提倡“俭德”。《行员崇俭规则》规定，行员应互相规劝崇尚俭德。婚丧庆吊之礼分以行员祖父母、父母、妻子、胞伯叔、胞兄弟为限。行员父母生日非年届六十正寿不得对行内同人发柬。婚丧庆吊除有姻亲世谊者外，总协帮理董监事秘书稽核领股各行经副理、各库总库副发行主任，不论公送、独送概以一元为限，全行办事员以半元为限，但有姻亲世谊者亦不得逾二元。行员间非遇必要不得设筵宴会，宴会不得用燕窝、鱼翅、鲍鱼、洋酒等贵重食品，并须以四盘四碟四碗饭菜为限。行员服装概以朴素浑坚之国货为主，不得踵事奢华，练习生应穿布衣布鞋。③

除章程规则中明定服务章则与注意事项外，交通银行还针对各项具体问题直接通告同人。上海档案馆藏中有一组资料是交通银行《勖勉并告诫同人通函》，告诫行员慎职守、明赏罚、肃纪纲、崇节俭。其中包括：通告本行营业及用人意见（1933年4月21日），通告各行库部力求对外发展切戒对内盘剥（1934年5月29日），通告各行处库部经理整饬人事节约开支（1934年

① 《关于人事制度、工作调动、工资待遇及奖罚等问题通告（1923—1931）》，北京市档案馆藏，交通银行档案，J032/001/00030。

② 《交通银行行员服务规则》（1929年订立，1932年修订），《交通银行史料》（第1卷），第1424页。

③ 同上书，第1425页。

11 月 15 日)，通告各行库部经理考稽员生切实保举以凭擢用（1935 年 8 月 3 日)，通告同人崇尚节俭（1933 年 4 月 25 日)，通告同人严禁匿名攻讦（1933 年 8 月 15 日)，通告各行库部经理因公外出必须事前陈准以重职守（1933 年 8 月 15 日)，通告同人奉公守法戒嫖赌戒嗜好戒投机（1934 年 5 月 16 日)，通告同人限期戒除鸦片嗜好（1934 年 7 月 9 日)，通告同人共体时艰勿以奖津为固定之收入宜谋日用之撙节以养成俭德（1935 年 2 月 16 日)，通告同人对于行务均应严守秘密不得泄露（1935 年 5 月 16 日)，通告同人严禁经营投机交易（1935 年 5 月 30 日)。

另外，为提高行员素质，敦笃品格、强健身心，交行还加强文化、娱乐设施建设。设立行图书馆，以资公余观览，增进行员知识；设同人俱乐部，内设乒乓球、棋室、拳术等项，由行员随意参加。档案记载，交行的俱乐部内，“打球时须购本室所备之打球券，每券限用一次，售国币一分（折合铜元三大枚)，每本十二张，售国币一角，此项收入备作奖品之用。其用意无外为减少行员无谓之应酬与消耗，使之获得正当娱乐，借以增进知识、敦笃品格、强健身心，在公家所费有限，无形之中获益良多”。[①] 各分行纷纷效仿。汉行一位行员记述当时的俱乐部分布：“俱乐部设本行二楼，计有大小房间六间，第一室为会客室，第二是游艺室，第三室为图书室，第四室为总务室，第五室为休息室，第六室为台球室。”[②] 各行也组织行员每周抽出平时休息时间进行业余学习。张家口分行的一位行员记述道：“承本埠第一中学校吴校长介绍一位教师——袁英杰先生——每星期二、四、六由下午七时半至九时半教授二小时英语，其余星期一、三、五三日由行员之中选出几人来教授行役们国文、习字与算术，每日晚饭后，诸同人们都集中在一教室内，在杜经理监督和指导之下，静悄悄的各自埋首研讨个人的学业。”[③] 总行也于 1936 年冬正式拟议：“在设计方面，拟备大礼堂为公共会合之地，有合作社、俱乐部、图书馆、体育场以为同人修养娱乐之所，有小学校为同人子弟谋教育之便利。其住宿舍则又拟分为单人宿舍及拥有眷属之住宅两种。以其地点去行

① 《金融月报表、及俱乐部规章等事项与津行往来文书（1936)》，北京市档案馆藏，交通银行档案，J032/001/01452。

② 《汉行俱乐部开幕联欢记》，《交行通信》1935 年第 6 卷第 6 号，上海市图书馆藏。

③ 李墨林：《张行同人业余求学之情形》，《交行通信》1936 年第 9 卷第 3 号，上海市图书馆藏。

较远也，则拟购接送汽车以便往来。”[①]

为使各行处明了业务情形及实业经济等状况，以求声息相通、营业发展并研究银行学术增进知识起见，交行还创办自己的月刊《交通银行月刊》，主要刊载该行的有关业务，并刊登各地重要产品、商业情形、金融状况、财政经济、商业习惯等方面的调查报告。[②] 沪行在1924年、1925年间，还曾颁发过一种职掌事务的记事册，每人一本，嘱同人在经管事务的范围内，将某一件事，不问是纵的方面或横的方面，只要有足资当时参考或后来借鉴的价值，概应记录在册内。一方面可以按图索骥，另一方面也可使后来者明白以前经办事务的一切经过和手续。[③]

在这一相对现代性的机构中，也有中国旧传统的遗留。据叶文心研究，银行里职员自命是“银行老爷”。时人记述：经理，旁人都尊称一声行长。因为行长、局长、部长，同是一长。“奉此”“等因”官样文章，小房子里过官瘾，“来”“混账”，这是训斥小行员的口头禅。总经理乘大汽车，分行经理乘小汽车，支行小经理坐新包车，办事处经理坐旧包车，小行员可以坐黄包车，这算是银行里的阶级，[④] 俨然一副衙门做派。每年春节的“团拜”也极具传统气氛：“我交通银行总行同人之有团拜，肇始于前总管理处时代（但在国家鼎革之初，自民元以至民六，本行团拜，曾暂停止。民七，乃复举

① 《交通银行行务会议记录汇编》（1933—1936），上海档案馆藏，交通银行档案，Q55/2/270。

② 《交通银行月刊》项目如下：

1. 章则本行各种章程规则；
2. 通告总管理处所发通告；
3. 通函总管理处所发通函；
4. 号函为一行处所发关于业务之事项及办法与各行处有关系者；
5. 行务记录关于本行行务兴革及重要事项之记录；
6. 人事记录关于行员进退调动及其他人事消息；
7. 业务讨论业务上讨论之事项属之其关于实务之研究；
8. 统计与本行有关之统计事项；
9. 报告关于业务之各种报告；
10. 调查各地财政实业交通运输商市金融等之实况足资参考研究者；
11. 译著国内外实业及经济事项之统计研究等与金融有关者；
12. 专载关于金融事业之特种文件并工商法规等有参考用途者。

③ 《记事册》，《交行通信》1933年第2卷第3号，上海市图书馆藏。

④ 徐鹏云：《银行生活——马尼三部曲卑鄙活现形》，第594页，上海市图书馆藏。

行）。民十四前，多行之于北平之中央公园。自民十五至十七，当总处移津之会，则举行于天津分行。洎乎民十七之冬，总处开始迁沪，至十八年春而毕事，故十八年元旦团拜，仍在津分行如期举行。自是以来，除两度行之于卢前董长旧宅，一度行之于宁波同乡会外，均以沪城内园为集会之所。今年一月六日之团拜于其地。”一位行员记录了亲身经历的年度团拜：“同人之集于内园者，多免冠露立于庭前……盖同人之情绪，亦倍觉煦煦然如春台之登也。董事则胡常董李董事陈董事来特早。钟鸣十时以后，内园堂上下，同人已毕集，相见欢然，笑谈杂作，殆无不以吉利语相慰问。‘恭喜发财’，原为新年普遍之祝词。顾以今日景气异常之年头言之，则有弥觉财可贵，而此语遂若含有较重要之意味者。未几，胡董事长唐总经理钱常董暨各部处经副襄理正副处长及上海市支行经理，亦先后毕至，因先就庭前摄影留纪念；旋即由胡董事长暨唐总经理，导引同人环列于庭除，相对行三鞠躬礼，肃然雍然，礼意甚渥。”[①] 传统的仪式中透露的阶层意味非常明显。

作为社会一分子，大部分银行职员可能衣食无忧，职业的优越感使他们更容易隐于门禁森严、铜墙铁壁般的银行大楼中。随着外敌入侵，社会动荡，银行职员也不可避免地被卷入社会运动，融入抗战大潮中。1936 年 10 月成立“上海市银钱业业余联谊会”（简称“银联”），中共广泛发动银钱业职员群众与争取银钱业上层人士的支持，并聘请上海银钱界的上层人士任名誉理事或顾问。这是中共建立的抗日民族统一战线组织。三年间，即由 400 多人发展到 7200 多人。银行员工除参加“银联”组织的各项活动外，还在中共地下党的领导下开展活动。孙震一与储祖弼是交行 1934 年招考录用的乙种试用员，二人先后加入中共地下党，组织了“乙种试用员联谊会”，发起读书会学习中共相关文件和著作，写稿揭发当时伪华兴银行发行钞票一事。经过短期集中业务培训后，“银联”会员大部分被派往大后方各地交行工作。

① 顾型：《交通银行总行同人内园团拜记》，《交行通信》1935 年第 6 卷第 1 号，上海市图书馆藏。

第六章　交通银行的社会经济关系

银行是通过存款、放款、汇兑、储蓄等业务，以承担信用中介、融通社会资金为职旨经营货币的企业，其特有的业务职能决定了银行的社会性特征。交通银行在民国时期地位显赫，既是金融界的翘楚，也扮演了重要的社会角色。置身于新旧、内外交合的民国金融、经济、社会大环境中，交通银行是如何与银钱同业协调共存，如何与发展中的企业经济融资共赢，如何赈灾济难、协调市面、回馈社会的，本章将逐一予以揭示。

第一节　交通银行与实体经济

> 银行者，商业组织之一种。银行不能离其他农工商业而独立，农工商业亦不能无银行而繁荣。故银行与社会经济必有密切之关系。……银行一经发达，操金融之枢纽，执工商之命脉，农工商业之盛衰，虽不能全以银行为关键，然一部分亦视银行调度之得失，故农工商业亦不能无银行而繁荣。①

① 朱斯煌：《银行万能乎》，《银行周报》第21卷第22号，1937年6月8日，第3页。在当今史学研究中，李一翔的专著《近代中国银行与企业的关系（1897—1945）》（台北正中书局1997年版）得到了学术界的认可。他以工业企业为主要研究对象，以中国新式银行与企业的关系为主线，就银企关系间涉及的若干问题，如银行放款形式与性质、放款利率、银行资本与产业资本的融合趋势、银行资本在工业资本形成中的作用等进行了专题研究。

一 工商放款

由于中国近代社会的特殊性，银行资本不是建立在产业资本充分发展的基础上，早期产业的资金融通额度与渠道具有很大的局限性，主要靠政府拨款、垫款和社会募股筹资等方式直接融资，以金融机构充当授受中介的间接融资很少。清末民初，尽管新式银行纷纷设立，但国内的新式产业仍然因循历史习惯，少有借助金融机构融资者，即便少数融资，更多也通过中国旧有的钱庄或外国银行告贷完成。

第一次世界大战前后，中国民族工业发展经历了历史上的“黄金时代”，这为银行资本与产业资本的结合提供了契机。在此背景下，银行与企业之间的联系开始拉近，当时有人论及：“金融事业的发展，亦有助于工业的发展不少。在民国五年以前，我国金融的中心，操于钱庄，银行因资本微小，力量薄弱，不适合于现代工业的需用。自民国六年以后，银行事业渐次发达，民国八、九年以后，银行投资超过钱庄，于是银行对于工业发生密切的关系，有彼此互相辅助之效。”①

应该说，逐渐发展起来的华资银行业，从银行经营的根本利益出发，对银企间的互动寄予了相当大的期望。1919年，交通银行列名其中的北京银行公会明确宣示：“吾政府对于财政计划设无根本上之改革，则银行界对于中央或各省借款，凡流用于不生产事业者概不再行投资”，表示“更愿对于确为生产事业之借款尽力进行”。② 这可谓银行界摆脱政府羁绊，转向承担银行应承担的社会经济发展责任的宣言书。实际上，银行对实业的放款与投资，表面似乎是单向的授受关系，利益却是双向的。银行因放款投资于实业，可以获得高额利息，也有利于扩大其在社会的影响力；企业则因资金融通得以缓解资金困难等问题，扩大经营空间，获取利润。

作为北京政府左膀右臂的两大国家银行之一，交行早期就已注意到了民族工商业的发展，并作出了一定努力。在交行沪行放款比重中，工业放

---

① 邓飞黄：《中国经济的衰落程度及其前途（续）》，《中国经济》1933年第1卷第2期，第10页。

② 《经募车债银行团之声明》，《中国银行通信录》1921年第66期，第17页。

款通常占10%—20%。当时规模较大的民族企业，如求新造船厂、大生纱厂、振华纱厂、龙章纸厂等向交行申借的厂基押款，每笔均在5万—10万两，也有少数押款每笔超过20万两的。[①] 但不可否认的是，北京政府时期，交行对工商业的放款只能算是凤毛麟角，巨额的财政垫款与政府欠款一直是放款业务中的大头，这也是交行两度被拖累挤兑的主要原因。1922年张謇、钱永铭开始主持行务，整旧营新，力图使交行顺应当时的发展潮流，走商业银行化的道路。但毕竟势单力薄，无法彻底扭转十几年一以贯之的经营传统。

1928年后，国民政府"四行二局"金融体系逐渐形成，中央银行之外的国家银行被专业化分工，交通银行被特许为"发展实业之银行"。交通银行与实业的关系，在政府与人们的期望中，逐渐密切。不过，在之后的几年中，交通银行与产业界的关系发展尚属有限。就资本和业务而言，当时中资银行中，交通银行的地位仅次于中国银行，但对工矿企业的放款却远远落后于实力远不如自己的上海商业储蓄银行、金城银行和浙江兴业银行。交通银行的工矿企业放款仅相当于上海商业储蓄银行的26.76%，金城银行的68.98%、浙江兴业银行的35.02%，只与中南银行不相上下。[②] 直到1933年，国民政府对交行再次改组，从此"营业进行可趋积极方针"，"放款投资，一本所负发展实业之使命努力进行"。[③] 工商业放款的增长额度与增长速度跃居于全国银行榜首。[④] 1932年底，全行工商放款额为641万元，1933年为925万元，增加284万元。1934年后工商放款的力度再次明显加大，1934年比1933年净增1518万余元。至1936年底增至6922万元，比1932年时净增6281.7万元。正如时人所论："年来我国银行业，凡有悠久历史之银行，均已一洗往昔因循委靡之旧习，抖擞精神以从事于正轨之业务，竭诚服役，以尽力于社会之推进；并扶植生产，以谋国民经济之发展。"[⑤]

---

① 《交通银行史料》（第1卷），第344页。

② 李一翔：《近代中国银行与企业的关系（1897—1945）》，第80页。

③ 陆子培编订：《交通银行行务纪录汇编》（1933—1936），上海档案馆藏，交通银行档案，Q55/2/270。

④ 《交通银行简史》，第26页。

⑤ 汪叔梅：《我国银行业当前之危机》，《中行月刊》1935年第10卷第4期，第36页。

表 6—1　　**1932—1936 年交通银行工商放款额比较**　　（单位：元）

年份	工商放款额	本年增加数	增长率	放款总额	所占比重
1932	6411213	——	100	146569425	4.37%
1933	9259448	2848325	144	158378941	5.85%
1934	24444968	15185520	381	197894612	12.35%
1935	33673210	9228242	525	227641520	14.79%
1936	69228991	35555781	1080	344317462	20.11%

资料来源：根据《历年工商放款余额比较表（1932—1936）》《1932—1936 年各类放款比较表》（《交通银行史料》（第 1 卷），第 362、368—369 页）数据计算编制。

交通银行放款的工商企业主要包括纺织、面粉、化学、矿工业等部门。抗战前交行所投资的各类部门企业大致为：

（一）纺织工业部门

上海章华毛绒纺织公司，太仓利泰纱厂，南通大生第一纺织公司，申新第三、七、九厂，济南仁丰纱厂，湖南第一纺织厂，甬埠和丰纱厂，无锡豫康纱厂，西安大兴纱厂，纬通合记纺织公司，汉口复兴实业公司，九江利中纱厂，天津东亚毛织厂，汉口民生纺织公司，青岛华新纱厂，中华第一针织厂等。

（二）面粉工业部门

扬州麦粉厂、泰县泰来麦粉厂、芜湖复兴公新记公司面粉厂、绥远电灯公司面粉厂、甬埠太丰面粉公司、沙市正明义记面粉厂、南京大同面粉厂等。

（三）化学工业部门

永利化学工业公司、江南化学工业厂、亚光电木公司等。

（四）矿工业部门

灰山煤矿公司、大通煤矿公司、烈山煤矿公司等。

（五）其他工业部门

茂昌公司、无锡庆丰纺织公司、南洋兄弟烟草公司、华品烟草公司、中国标准铅笔厂、华成制罐厂、康元制罐厂、江南制纸公司、中国窑业公司等。①

纺织业是近代最具代表性的工业部门，在与银行的融资活动中表现最为突出。交行的实业放款，纺织业为重中之重，值得特别提出加以考察。表6—2为交行纺织业放款明细，从中可以看出一些特点。首先在放款时段上，1935年、1936年交行对纺织业的放款较之前几年有显著增多，1936年最多，和交行对实业总体融资趋势相吻合。从贷款额度看，放款最大额为400万元，最小额为3万元，其中100万元以下者居多。总体而言，放款额度不算很大。这一方面与国内棉纺织业本身的业务规模大小有关；另一方面在战争频仍年代，银行放款也显谨慎。从放款期限看，有2年、3年、4年各一例，多为1年期限，不能算作长期放款。这应和纺织业本身的生产周期短、资金流动周期短有关。

表6—2　　**交通银行纺织业放款明细**　　（单位：元）

时间	贷款单位	贷款数额	贷款期限	贷款利率	贷款形式	交行放款方式
1931	章华毛绒纺织公司	50万	1年	年息1分、年息9厘半	担保	垦业银行附放15万两
1932	章华毛绒纺织公司	25万	1年	年息1分	担保	单独
1933	章华毛绒纺织公司	35万	1年	月息8厘5毫	抵押	单独
1933	太仓利泰纱厂	200万	4年	—	抵押	与大陆银行合作
1934.5	南通大生第一纺织公司	3万	2年	月息8厘	抵押	单独
1935	申新九厂	35万	1年	月息1分2厘	抵押	单独
1935	济南仁丰纱厂	100万	3年	月息8厘	抵押	与上海银行合作
1935.11	湘省第一纺织厂	每月期票贴现30万	—	—	期票贴现	与中国、中央银行合作
1935.11	甬埠和丰纱厂	80万	—	月息9厘5毫	抵押	单独
1935.11	无锡豫康纱厂	40万	1年	月息9厘	抵押	单独
1936.11	无锡豫康纱厂	70万	1年	月息8.25厘	抵押	单独

① 根据《交通银行史料》（第1卷，第440—458页）总结出交行对纺织、面粉、化学、矿产等工业部门放款的企业，其他工业部门的放款企业主要根据李一翔《近代中国银行与企业的关系》（第81页）所述进行了补充。

续表

时间	贷款单位	贷款数额	贷款期限	贷款利率	贷款形式	交行放款方式
1936.3	西安大兴纱厂	70 万	1 年	月息 8 厘	抵押	单独
1936.3	九江利中纱厂	100 万	1 年	月息 8 厘	抵押	单独
1936.5	纬通合记纺织公司	80 万	1 年	月息 7.5 厘	抵押、担保	单独
1936.7	天津东亚毛织厂	20 万	6 个月	年息 9 厘	抵押	单独
1936.9	汉口复兴实业公司	400 万	1 年	月息 7.75 厘	抵押	单独
1936.10	无锡申新三厂	200 万	1 年	月息 7.75 厘	抵押	单独
1936.11	天津东亚毛织厂	40 万	1 年	月息 9 厘、年息 8 厘	抵押	单独
1936.11	汉口民生纺织公司	100 万	1 年	月息 8 厘	抵押	单独
—	青岛华新纱厂	20 万	6 个月	月息 1 分	抵押	单独

说明：无锡申新三厂的贷款时间是根据史料推算而出。

资料来源：根据《交通银行史料》（第 1 卷），第 440—448 页，“工商放款”所列资料整理编制。

另外，从表中不难看出，这些放款中，交行单独放款占多数，纯粹的合作放款仅仅 3 例。至于交行对棉纺织企业的放款利率，表中所示，一般在 7.5 厘—1 分，不超过 1 分。当时纱业界多抱怨利息较高，影响企业利润。1935 年 1 月上海《申报》特访纱业界领袖聂潞生时谈道：“我国纱业失败之原因，一方面系受世界经济不景气及劣货倾销之影响，而另一方面实系受重利所累。譬如现在纱厂，向银行借款若干，最低之利息为月息 9 厘”，重者几至 1 分 1 厘，较之外国，相悬过远”；呼吁“已经与纱厂有来往之银行，组织银行团，轻利放款，纱厂最高不得超过月息 4 厘”。①《华商纱厂联合会年会报告书》中也指出，“利率高昂，尤感困苦。各厂债息高者，达 12%，最低亦在 8%—9%。……如此情形，殆为外国所鲜见”。② 但从交行的放款利率看，纱界抱怨的利率畸高状况并未出现，基本处于当时中资银行的普通水平（8 厘—9 厘）。

① 《聂潞生谈纱厂失败原因》，《申报》1935 年 1 月 20 日，第 3 张第 1 版。

② 《华商纱厂联合会年会报告书》（1935 年），陈真编：《中国近代工业史资料》（第一辑 民族资本创办和经营的工业），第 788 页。

表 6—3　　　　交通银行上海分行的放款利率（1937 年 12 月止）

	6 厘以下	6 厘—7 厘	7.5 厘—8.5 厘	9 厘—10 厘	11 厘	合计
公债抵押放款	3	14	21	2		40
股票抵押放款	3	13	19	3		38
厂基抵押放款	1	1	10			12
地产抵押放款	2	12	15	4		33
货物抵押放款	4	13	29			46
信用放款	5	8	25	3		41
其他放款	1	3	14	1	1	20
合计	19	64	133	13	1	230

资料来源：《交通银行沪行各项放款记录》，转见李一翔《近代中国金融业的转型与成长》，中国社会科学出版社 2008 年版，第 158 页。

20 世纪 30 年代中期，交行在对实业界放款额增加同时，放款方式也有所改变，单纯的货物押放逐渐改为营运放款，即放款企业与交行独家往来，并派遣驻厂人员，监管押品和查核账目。承做数额较大的有申新九厂、申新七厂、上海纺织印染厂、中华针织厂、利泰纱厂等。数额最大的为申新九厂，最多时贷放 400 万元以上，其余各厂亦达一二百万元。大额贷款对企业生产发挥了重要作用。如申新九厂由原来的 3 万纱锭发展到 10 万左右纱锭，这与交行的扶植是分不开的。[①] 交行还为企业代理发行实业债券，由于银行信用较一般公司更高，由其出面募集，不仅发行手续较为简便，且可多一重信用保障，投资者乐于承购，这对银行与企业可谓双赢互惠。另外，交行还协助企业向国外购置生产器材。交行在纽约、伦敦等地设有通信处。企业若拟向国外购进生产器材，可向交行预付定金或提供必要之担保，由交行签发委托购货证，向国外订购；也可向交行预付定金或提供必要之保证，由交行签发商业信用证，向国外洽购。若需就以后余利摊还价款者，可与交行商定偿还条件，请由交行购进后租与使用，按期还息及摊还本金，俟本金还清后，将该项器材所有权，归还原实业机关。[②] 交通银行对于工商业资金融通方式的改

① “胡起翔访问记录”，1962 年 9 月 15 日，《交通银行史料》（第 1 卷），第 363 页。

② 《协助实业机关向国外购置生产器材计划大纲》，《交通银行史料》（第 1 卷），第 679 页。

变，似已开启银行资本走向产业资本道路的新路径。[1]

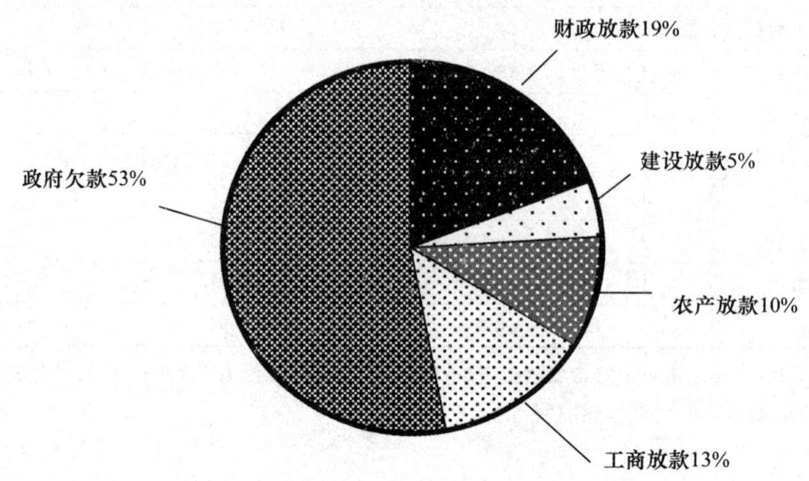

图 6—1　1932—1936 年交通银行各类放款比重

资料来源：根据 1932—1936 年五年数据的平均值计算制图。《1932—1936 年各类放款比较表》，《交通银行史料》，第 368—369 页。

应该说，为积极实践其“发展实业”之使命，交通银行作出了不少努力。尤其经过 1933 年、1935 年两次改组后，交行对工商企业的放款力度显著增加。1933 年交行报告写道：“本年放款总额，虽视往昔增加，而营业头寸，反较前宽裕。综计全体放款及投资总数，为 179099000 余元，比较二十一年度计增 14845000 余元，比较二十年度计增 22572000 余元。”其中以活期放款为最多，约占 54.62%，定期放款次之，约占 29.43%，证券又次之，占 14.60%；贴现最少，只占 1.35%。对活期放款增加的趋势，报告解释道：“盖因银行资金，贵乎流动，本行年来与工商业之关系日增，而工商业之往来，大抵时存时欠，故活放虽无形增加。”[2] 到 1936 年，工商放款比重从 1932 年的 4% 增加到 20%，尽管这一数据相对其实业银行的定位仍然显得不完全相称，但已倍于当时银行业的平均比重。就整体金融业对工商企业的融资力度看，当时银行业工商放款份额仍然很低，有人指出：“近年来，若干银

① 陈真：《中国近代工业史资料》（第一辑 民族资本创办和经营的工业），第 771 页。

② 《交通银行营业报告书》（1933 年），第 3 页。

行的资金运用政策，已逐渐有所改变，但事实上仍未有何种巨大的进步。各银行的工业放款，仍只占放款总额的百分之十左右”；“各银行对于工业放款数额的微小……可以略窥其大概，各行在其报告中，无不竭力声诉其对于产业放款的重视及政策的改变，但其结果所表现者亦殊微末。”① 因此，相对其他银行，1933 年之后交通银行对工商企业的放款应该是走在前列的。

对金融界支持实业的力度，舆论的确多有不满，有论者对当时银行极为推崇的营运放款方式进行检讨：

> 单看金融业的放款：其有心维持工业的，大多在做厂基押款和货物押款；救济农村金融的，大多在注重于典当事业——就是做农产物押款，而故意折低其折扣。其中有做信用放款的，或者是因为该业已有相当成绩，看着它有光明的前途，而放胆做去的；或者是为着已身入重地，无法脱身，只可继续维持的；也有的是冒着险，作为试验的。总而言之，在放款之前，虽然经过严密的考虑，而放款之后，就大多置身事外。在过去金融业所做工厂放款，为数也确实不少。但是，这种放款，以我们的观察，大多不在一个公式：在放款之先，探听该厂的盈亏多少，信用如何，营业是否发达，经理人才干如何，以决定放款与否。放款之后，对于该厂的盈亏、营业当然仍很关心，但是对于工厂内部生产的技术和设备种种，应如何跟着时代改进，出品应如何方能减轻成本，品质精良，而不致落人（国内外同业）之后。这样的常去研究督促和指导的，就可说是绝无仅有。所以一到工厂陷于不利，就只有想法脱身，脱身不掉，就只听天由命。②

这样的批评，对银行提出了很高的要求，不过，银行毕竟不是企业经营者，将企业技术和设备改进的任务责之银行，未免失之严苛。正因此，当时社会上对银行的责难，诸如：“各银行对于工业的放弃，不应该专从利得的上头打算，而应该认为这是对于国民经济的发展的一种责任。”③ 这些

---

① 余捷琼：《论经济发展与银行投资》，《银行周报》第 21 卷第 40 号，1937 年 4 月 13 日，第 11 页。

② 冯克昌：《中国金融业投资问题的检讨》，《银行周报》第 18 卷第 31 号，1934 年 8 月 14 日，第 1—2 页。

③ 余捷琼：《论经济发展与银行投资》，《银行周报》第 21 卷第 40 号，1937 年 4 月 13 日，第11 页。

固然不能说没有道理，但也确有本末倒置之嫌。实业投资风险很大，行业乃至经济景气周期都变幻莫测，经营水准也千差万别，资金回收周期也较长，所以一般而言，不会是银行融资的首选。上海商业储蓄银行总经理陈光甫就谈道："工厂因为资本薄弱，缺少流通现金，拿机器来做的押款，多半是长期。这不是商业银行所宜做的。社会上往往责备银行不肯供给资金，然而办理工厂，缺少精密计划，不但本身债台高筑，并可拖累银行，同归于尽"；"金融贵在流通，流通全靠信用。所谓信用者，款子放出以后，随时可以收回。如果一旦感觉到现金不能收回的危险，信用便要中断。银行利用社会上有余的资金，去补助社会上正当的事业，处处以信用为前提。"① 这道出了金融业者的顾虑。作为同样以盈利为首要目标的银行，回避企业融资有其趋利避害本能的要求，所以，建立一个可以让银行放心投资的环境才是问题的要害，而这在当年事实上又很难做到，银行业在实业支持上的赼趄不前，其源有自，似乎也不能单纯苛责银行单方面。

二　农产放款

银行业对农业的融资行为，在北京政府时期微乎其微。南京国民政府建立后，尤其是进入 20 世纪 30 年代后，在"复兴农村"的呼声中，银行业对农村的融资力度有加大趋势，时人谈道：最近十五年银行投资"在纱、丝、水泥、面粉、火柴等工厂和地产上"，"新的战略，是把投资的视线集中于农村方面，把资金贷给耕农"；因为"贷款给农村是现阶段银行业最有意义、最合理化的投资方式"。② 交通银行对农产的放款也在此大潮中迅速发展。1932 年仅有 329.6 万元，至 1936 年底已上升为 4870 万元，净增 4540 余万元，五年间增长了 13.77 倍。增长势头与放款规模仅次于工商放款。其中对棉花的放款最多，占农产放款的一半以上，其次为盐、米、麦、豆、杂粮、丝茧、茶、花生等农产，均有相当比例的放款。

① 陈光甫：《怎样打开中国经济的出路——由上海的金融现状讲到中国的经济出路》，《新中华》第 1 卷第 1 期，1933 年 1 月 10 日，第 28—29 页。

② 吴红叶：《我国银行业投资的检讨》，《银行周报》第 19 卷第 49 号，1935 年 12 月 17 日，第 11—13 页。

表 6—4　　交通银行农产放款（1932—1936）　　（单位：千元）

类别	1932 年	1933 年	1934 年	1935 年	1936 年	1936 年与 1932 年比较	
						金额	百分比
棉	595	1571	14107	7506	26513	+25918	+4355
盐	134	1028	3533	3401	3714	+3580	+2671
米	496	565	3602	3003	3530	+3034	+611
麦	39	482	993	1873	2045	+2006	+5243
豆	131	679	539	848	2759	+2628	+2006
杂粮	264	333	439	3248	4446	+4182	+1584
丝茧	332	398	596	1359	3163	+2831	+852
茶	5	59	59	33	300	+25	+500
花生	693	224	211	659	578	-119	-17
其他	607	384	611	883	1926	+1319	+217
合计	3296	5724	24690	22813	48704	+45408	+1377

资料来源：《农产放款比较表》，《交通银行史料》（第 1 卷），第 364 页。

1934 年春季，交通银行开始参与办理农村贷款，最初是以银团合放农贷的方式。当时全国经济委员会棉业统制委员会为推广优良棉种，挽回棉业贸易，在河北、陕西、河南、山西等省与各省省政府合作，设立了棉产改进所，指导农民种植改良棉种，并组织棉花生产运销合作社，特约交通银行“与中国农民、浙江兴业、上海、金城等五行，共同贷款，约 300 万元，一切贷放手续，委托郑州上海银行代办”。贷款种类有三种：“甲、生产贷款：即借给合作社社员，购买种子，肥料，及添层人工，所需资金之用。乙、利用贷款：即借给合作社，购置轧花打包之机器及添置设备等项，所需资金之用。丙、运销贷款：即借给合作社，办理社员棉花共同运销，所需垫款及押汇之用。”① 这是我国金融机关联合办理直接贷款于农村以辅助生产、改善运销之嚆矢。1935 年春，交通银行又会同中国农民、浙江兴业、上海商业储蓄、金城银行联合中南、大陆、四行会、国华、新华等 10 家银行，共同组织中华农业合作贷款银行，扩大农村贷款。

1934 年，交通银行营业报告中提出要切实与生产事业谋接近，指出：

① 《交通银行史料》（第 1 卷），“农村放款”，第 458 页。

"近年生产事业虽甚衰落，但与消费方面确渐有接近趋势，从此因势利导予以实在助力，生产事业庶能实在推进。以后对农产拟凭借各种方式之合作社向农村为生产运销等贷款。"① 是年冬，交行开始自办农贷，"拟先由各地筹设仓库入手，盖农民所有之有价物，厥为谷类等农产物，但新谷登场时，米商往往贬价购买，以图微利，而农民为急于脱手，待款应用，亦惟有贱价出售，其中无形损失，当非浅鲜，银行界苟在各地设立仓库，抵押新谷，则调剂农民经济，实有莫大裨益，而在银行方面，既有可靠抵押品，对于投资，自不致发生困难也。"②

交行农贷首先在陕西着手进行。交行与陕西省合作有年，农村业务开展顺利："自本行业务进入秦中之后，本投资农产开发西北方针，首先注重合作事业。两年半以来，所投资之合作社，已有660余所，在调剂金融指导生产之原则下，进行发展实业之使命，就陕西一省之棉产数量而言，二十一年度全年产额不过157813石，二十三年度骤增至1004114石，二十四、五两年产额均在140万石左右。生产之增进，固由于天时与地利，而银行业务深入农村，有仓库设备予以存储押汇之便利，使产销日以通畅，殆亦不无相当效力。"③ 1935年2月，交行根据与陕西农业合作事务局商订的合约，将该局在大荔、栒邑（今旬邑）、咸阳、兴平、武功等五县放给农村互助社的劝农贷款约8万元，划归交行承放。放款一年到期后，"已还款者达90%以上，成绩甚佳，其利息一律为月息8厘，故嘉惠农民匪浅"。④ 农村贷款使银行和农村双方面获利，上述五县在交行贷款刺激下，正式成立合作社在500所以上。交行受成功鼓舞，进一步扩大对中西部地区的农业放款，1936年"在陕省贷放植棉产销贷款20万元，并经与山西省植棉指导所商定在山西省同时举办植棉贷款20万元"。⑤ 河南放款也显著增长，据报告："在豫陕增设机关，为期不足三年，业务方面各种存款总额由440余万元，激增至3200余万元，各种放款总额由190余万元激增至2700余万元，汇出汇款额由300余万激增至

① 《交通银行营业报告书》（1934年），第34页。

② 《调剂农村经济交行添设各地仓库》，《沪农》第2卷第3—4期合刊，1934年11月10日，第25页。

③ 《交通银行行务会议记录汇编》（1933—1936），上海档案馆藏，交通银行档案，Q55/2/270。

④ 《交通银行举办植棉贷款》，《纺织时报》1936年第1270期，第4680页。

⑤ 同上。

3510 余万，买入汇款总额由 360 余万，激增至 2210 余万元，进展之速，今昔比较，相差何止倍蓰。至发行之于昔日郑汴两行原系领用津钞代发沪钞，二十三年度上期发行总额尚不过 56 万余元，今以二十五年度计，除增发秦钞 194 万余元外，代发之津沪钞总数亦增达 538 万余元，本行开发西北之实效，于此可见一斑。”①

1935 年 7 月，交行又经办江西农业合作贷款，并参加农本局放款。② 1936 年春季，交行开始在其他省区自办农业贷款，对茶、丝、蚕等特别产地进行农村放贷。为辅助茶农经济，复兴茶叶贸易起见，交行在出红茶的安徽祁门产茶区设立临时办事处，办理祁门红茶产销合作社贷款，总额 40 万元直接贷款于茶农。据统计，交行在该项红茶贷款中，生产贷款 126417 元，运销贷款数为 172744 元，运销茶 8938 箱。1936 年秋，在江西交行与农村合作委员会共同贷放，划定武宁、修水、靖安、奉新、高安、清江、上高、宜丰、万载、泰和、万安、遂川、南康、赣县、信丰 15 县为共同贷款区域，总额暂订 100 万元，二者各承担一半，贷款种类分生产、供给、运销、信用等项，12 月初开始贷放。1936 年秋交行应广东省政府财建两厅的特约，由广州支行与广东省银行合作，在顺德县试办织家贷款，以扶助渐趋衰落的广东丝业。在浙江，1936 年冬，交行划定嘉兴、嘉善、平湖、海宁、海盐等 10 县为共同贷放区域，对该 10 县的蚕农所产丝茧提供放贷。③

以上交行所为，按照其本身的说法是：“仰体政府意旨，适应时代需要，办理农贷，调剂农村金融，辅助农业生产，改善农产运销，增进农民收益，以期复兴农村，繁荣都市，巩固国民经济建设之基础，勉尽本行所负特殊使命之职志也。”④ 此说不免有些冠冕堂皇，但客观而论，交行在 20 世纪 30 年代积极加入调剂农村金融的大潮，扶助农业特产，扩大农产放款，发展农村贷款，的确为农村、农业的复兴发展做出了努力。

三　交通建设放款

交通银行与交通事业素有历史渊源。募债赎路是交行创设之缘起，利

---

① 《交通银行行务会议记录汇编》（1933—1936），上海档案馆藏，Q55/2/270。

② 同上。

③ 《交通银行史料》（第 1 卷），“农村放款”，第 462—463 页。

④ 同上书，第 462 页。

便交通，振兴轮、路、电、邮四政是最初设行的宗旨之一。交行早期便有交通放款之举，以铁路放款为最多。1910 年对福建铁路公司的放款 50 万两；由于津浦铁路关系，放给中兴煤矿公司 60 万两；1911 年对江苏铁路公司放款 80 万两，其中 50 万两是交行承借邮传部款转借苏路公司的，带有委托贷款性质。① 这些虽然是对官方的放款，却也是为发展交通事业的。

北京政府时期，交行在交通事业上一直有所放款。1918 年，北京交行向京汉铁路放款 40 万元；1921 年，天津交行向津浦路放款 45 万元，汉口交行向京汉路放款银 12.5 万两；1922 年，天津交行向京绥路放款 48 万元，为期 10 个月。② 1921 年，因受战争影响，经济异常困难，京汉铁路向汇丰、汇理银行的借款到期却无款可还，"遂向天津交通银行借款 50 万元，为期 6 个月"。津浦路因需款偿还到期债款及拟整理零星债务，于 1925 年 4 月"向天津交通银行等五银行借款 120 万元"；6 月，"因员司工警饷项及零星料价开支，向天津交通、中南、金城三银行借款 80 万元"；8 月，"又因资金周转向天津交通银行单独借款 60 万元"。③ 但是在交通建设融资主要依靠洋款④的背景下，交行的交通放款并不足道，对当时需要巨款建设的交通事业更是杯水车薪。1905 年到 1930 年，为修路共借外债 44041522 银元。⑤ 外债约居投入总额 4/5 有奇。⑥

进入 20 世纪 30 年代，随着银行资本实力的增强，交行更加着力于交通建设。1933 年改组后，交行"鉴于交通与实业相需之切，益感有促进交通建设之必要"；"一方对于已成之事业，则与以存放汇兑之便利，一方对于未成之事业则联络同业共同投资，促其实现"。⑦ 由此属于交通银行特许业务的交通建设事业放款，历年均有增加。1933 年增加 379 万元，1934 年增加 78 万元，1935 年增加 250 万元，1936 年增加 900 万元。四年内共增

① 《交通银行简史》，第 4 页。

② 曾鲲化：《中国铁路史》，沈云龙主编：《近代中国史料丛刊》（973），台北文海出版社 1978 年版，第 434、438、439 页。

③ 贾士毅：《民国续财政史》（四），商务印书馆 1933 年版，第 286—289 页。

④ 交通部经营的外债：电信借款、马可尼无线电报垫款、合办中行无线电公司垫款、扩充电话借款、扩充及收良有线电报工程费垫款、三井洋行无线电借款等。

⑤ 曾鲲化：《中国铁路史》，沈云龙主编：《近代中国史料丛刊》（973），第 420 页。

⑥ 同上书，第 415 页。

⑦ 《交通银行营业报告》（1934 年），第 32 页。

加 1613 万元，增长率为 4.66 倍。较之其他各行，交行所投占比重较大。以 1934 年为例，一年在交通建设方面，与各行联合投资金额达 7000 万元，交行参加投资金额在 700 万元以上。此外由交行单独承放之各地交通机关借款尚不在少数。①

表 6—5　　交通银行建设事业放款比较（1932—1936）　　（单位：千元）

类别	1932 年	1933 年	1934 年	1935 年	1936 年	1936 年与 1932 年比较	
						金额	百分比
铁路	2249	5635	5553	5799	12280	+10031	+446
公路	4	67	189	427	1495	+1491	+37275
水利	133	118	495	2306	2299	+2166	+1628
电气	730	921	1189	1117	2560	+1830	+250
航业	284	405	464	414	456	+172	+60
公用	65	112	147	473	505	+440	+576
合计	3465	7258	8037	10536	19595	+16130	+466
放款总额	146569	158379	197895	227642	344317		
所占比重	2.36%	3.56%	4.06%	4.62%	5.69%		

资料来源：《交通银行史料》（第 1 卷），第 364 页。

建设放款中，路政放款最多，包括铁路和公路。详见表 6—6：

表 6—6　　交通银行对铁路、公路放款　　（单位：元）

次序	时间	项目	贷款单位	贷款数额	贷款期限	贷款利率	交行放款方式
1	1933	大潼、潼西铁路工程	铁道部	450 万	约 3 年	月息 1 分	银行合作
2	1934	陇海路老窑海港建设工程	陇海路局	100 万	约 3 年	月息 9 厘	银行合作
3	1934	修建钱塘江大桥	浙江省政府	200 万	6 年	周息 1 分	银行合作
4	1934 春	建筑宁横公路（宁波至玉横山）	浙省宁川公司	38 万	6 年	月息 9 厘半	银行合作

① 《交通银行营业报告》（1934 年），第 32 页。

续表

次序	时间	项目	贷款单位	贷款数额	贷款期限	贷款利率	交行放款方式
5	1935	修筑湘桂、湘黔、湘川、湘鄂公路	湘省府	25万	5个月	月息1分2厘	银行合作
6	1935.1	修筑洛潼公路	豫省府	20万	14个月	月息9厘	单独
7	1935.1	修筑川鄂公路	鄂财厅	11.5万	13个月	月息1分	单独
8	1935.3	修筑湘黔公路	湘省府	100万	21个月	月息8厘	银行合作
9	1935.3	扩充公路	赣财厅	100万	—	年息1分	银行合作
10	1935.4	发展路务	平汉铁路管理局	30万	6个月	月息9厘	单独
11	1935.4	筑路（自南京中华门站起，至于京沪路联络线，及自孙家埠至灰山煤矿区线）	江南铁路公司	60万	3年	年息1分	单独
12	1935.5	陇海铁路西宝段工程	铁道部	486万	2年	月息1分	银行合作
13	1935.5	苏嘉铁路	铁道部	100万	—	年息1分	银行合作
14	1935.10	江南铁路建筑、结束路工、设备车辆	江南铁路公司	60万	6个月	月息1分	单独
15	1935.12	南萍段工程	浙赣铁路联合公司	1000万	5年	年息1分	银行合作
16	1935.12	兴修湘川公路	湘省府	150万	4个月	月息8厘	银行合作
17	1935.12	购车修路	湘省府	24万	8个月	月息1分	银行合作
18	1936	京赣铁路宣贵段	铁道部	1400万	—	月息9厘	银行合作
19	1936	建南昌中正桥	南浔铁路局、赣省公路处	3万	—	月息8厘	单独
20	1936.1	西北公路工款及购买车辆	全国经济委员会	100万	1年	月息8厘	银行合作
21	—	开辟各处公路	闽建厅	24万	1年	月息1分	银行合作
22	1936.2	浙赣铁路订购枕木	浙赣铁路联合公司	10万美金	5年	年息1分	银行合作
23	1936.3	发展路务	湘鄂铁路管理局	6万	6个月	月息1分	单独
24	1936.5	订购机车	平汉铁路局	10万	1年	月息9厘	单独
25	1936.6	川湘、川陕铁路	财政部、铁道部	2200万	1年	月息8厘	银行合作
26	1936.7	修筑公路	豫省府	240万	4年	月息8厘	银行合作
27	1936.9	粤汉铁路工程	铁道部	360万	6年	月息9厘	银行合作
28	1936.11	增筑各线公路	豫省府	500万	至多不逾3年	月息9厘	银行合作
29	—	修筑福瓯公路	闽省府	35万	2年	月息1分	银行合作

资料来源：根据《交通银行史料》（第1卷），“建设放款”，第398—418页所载资料编制。

如表6—6所示，从时间上看，路政放款主要集中在1935年、1936年。1935年共13例，1936年10例，与此对应，1933年仅1例，1934年3例。各次放款用途主要有二：修筑铁路、公路；购办机车，增进设备。将铁路放款与公路放款的单位作一比较，可见铁路贷款多为中央政府部门，而公路贷款多为地方政府部门。就放款额度看，交通放款较之交行对纺织业类的放款，力度明显更大，最低者为6万元，最高者达2200万元，放款的期限也较长，最长的达6年。利息在8厘到1.2分，这和当时各家银行的放款利息大致相合。[①] 就放款方式看，多为银行合作放款，29例放款中有21例为银行合作放款。这与交通放款本身额度较大直接相关。银行合作放款一方面可以适应交通建设资金融通需求巨大的现实，另一方面也可以减少银行大额度放款的风险。

以中国、交通两行对比，交通事业方面的放款，交行要高于中行。如江南铁路公司，交通银行入500股，中国银行仅入100股，金城银行也仅200股，中国实业银行50股。[②] 交通银行在交通领域的绝对优势，与其历史渊源不无关系。交行1935年度报告中谈道："一年以来，江南铁路京芜线之联络，陇海铁路西宝段之延长，湘黔公路之铺设，导淮工程及黄河水利之疏浚，凡本行认为可以改进民生，发展生产者，靡不竭尽赞襄协助之力，以促进其成。至以前尚未完成之工程，如钱塘江大桥之建筑，引渭渠之开凿，及淮南铁路煤矿之开发等，则仍按照原议，赓续予以协助。良以建设事业与实业之发展，在在有密切之关系，本行使命所在，故乐于助成也。"[③] 征诸史实，当非虚言。

四 特种投资

所谓特种投资，即"凡因协助官商企划或因发展实业而投资于公共事业或工商事业并持有其股票者，又或因抵偿欠款没收押品而持有各种股票者"，概名之曰特种投资，"俾与寻常放款购置证券有别"。[④] 特种投资所强

---

① 当时各银行的放款利息一般在7.5厘到1.2分之间。

② 《中国银行行史资料汇编》（上编1912—1949年），第1769页。

③ 《交通银行营业报告》（1935年），第36页。

④ 《重点投资企业概况》，《交通银行史料》（第1卷），第1551—1552页。

调的“特种”，首先在于银行对企业的参股、投资入股，与直接放款于企业性质不同，这是直接投资与间接融资的区别；其次在于直接投资方式上的主动与被动之分，即主动认购股本与被动以股抵债的区别。

20世纪20年代以前，银行就开始了投资企业的尝试，但大多为清理旧欠或没收押款而移作股本，其间被动的色彩较浓。自20世纪30年代开始，银行直接认购股本、直接投资的投资行为渐多。尽管没有能成为银行与实业关系的主流，但不可否认这是一种方向性的发展趋势。借贷资本与产业资本，二者由信贷联合到资本融合，由简单、临时性的资金融通到复杂、长期性的资金合作，是中国近代经济发展的象征。产业资本与银行资本开始向平等、协调、互利的方向发展。

交通银行在早期便有投资企业的尝试。哈尔滨戊通公司筹设于1918年，是当时东北最大的航运公司，交通银行承担了1/5的股本。另有哈尔滨成发合机器油坊，与交通银行哈尔滨分行向有业务往来，1921年积欠哈分行26.5万元无力偿还，由哈分行全部没收。原议待价变卖，因市面不佳，金融告紧，无人承买。1923年哈分行条陈不开办与开办之利害，经核定自行开办，即由哈分行暂拨流动资本8万元，改名为通记油坊，以榨油或套粮为业。

20世纪二三十年代，交通银行对企业的直接投资逐渐增多。为清晰起见，整理编制表6—7：

表6—7　　截至1936年底交通银行各项特种投资　　（单位：元）

项目	投资数额	投资年月	投资方式	备注
新华银行	927700	旧股未详，新股1931年8月	购认股票	本行原有该行股票2770股，1930年12月该行改组，一折调换新股277股，1831年8月续由津沪两行分认9000股，共计9277股
通惠实业公司	3000	1915年8月	放款项下抵还旧欠	燕行放款项下抵还旧欠
上海电话公司	3825	1917年4月	投资入股	该公司最初定章有以股东装置电话之优待办法，并经该公司劝募入股

续表

项目	投资数额	投资年月	投资方式	备注
中华汇业银行	397500	1917 年 11 月 1927 年 9 月	认附股本	1917 年 11 月认附该行股本 5000 股，每股日金 100 元，先缴 1/2，后又陆续增认 300 股，共为 5300 股，计日金 5300 万元，实缴半数，计日金 265000 元。1927 年 7 月，该行续收股款 1/4，计每股 25 元
蚌埠公记堆栈	55000	1920 年 7 月	银行合资组织	由本行与上海、金城、中国等四行合资组织，本行认股 550 股，每股 100 元，1929 年改组股份有限公司，同时又加入江苏银行股份
北平电车公司	30000	1921 年 6 月		总处账目现转归燕行
归绥电灯公司	4900	1921 年 12 月 1923 年 8 月 1933 年 10 月	清理欠款收受股本 没收押品 股息红利移作股本	1921 年 12 月化行以清理欠款收受 10 股，1923 年 8 月张行没收押品 10 股，1933 年 10 月包行没收押品 27 股，1934 年 4 月又以该公司股息红利移作资本，增加 2 股，共计 49 股，每股 100 元
边业银行	5000	1922 年 7 月	没收押品	燕行没收押品
龙烟铁矿公司	3000	1922 年 7 月	没收押品	燕行没收押品
华北电灯公司	3000	1922 年 12 月	没收押品计入股本	张行没收押品 30 股，每股 100 元
奉天纺织厂	104565 （伪满钞）	1923 年 12 月	认附股本	沈行原认 374 股，长行原认 377 股，哈行原认 377 股，共计 1128 股，均系奉天省政府派购，最初每股奉大洋 100 元，1929 年改定每股现大洋 100 元，1936 年改为伪满钞，每股已缴伪满钞 92. 70 元
丰盛实业公司	5000	1923 年 12 月	以股抵债	以收回债权关系由债务人将此项股票过作本行户名，计 100 股
汉冶萍公司	210000	1926 年 10 月	没收股票	殖业银行积欠奉天银团贷款，1926 年 10 月由银团没收上项股票分配本行
湖南省银行	2000	1927 年 6 月	认购股票	长沙县署派购，由湘行认购
满洲银行	7051	1927 年 5 月	认购股票	1927 年 5 月沈行账内换领新股票

续表

项目	投资数额	投资年月	投资方式	备注
奉天肇新窑业公司	9600	1927年4月 1934年5月	认购股票 没收押品	1927年4月哈行由省政府派购6360元，1934年5月没收押品1860元，又沈行账内派购1380元
大中实业公司	7000	1928年12月	认股	该公司创立于1928年8月，资本总额10万元，分1000股，本行认70股
大生纱厂第三厂	10500	1929年7月 1932年6月	没收押品	1929年7月没收押品60股，1932年常行没收押品40股，共计100股，每股现银75两
民生国货工厂	3000	1929年9月	认购股本	青岛商会劝募，青行认购60股，每股50元
济南惠丰麦粉厂	12000	1930年3月	没收押品	鲁行没收押品
汉口暨济水电公司	219890	1930年6月	没收押品	汉行原有72股，1930年6月没收押品6000股，11月没收押品9000股，又没收股票存单及债票等调换6917股，共计21989股，每股10元
上海电力公司	1541667（等于美金37万元）	1930年6月	认股	沪行原认美金45万元，但已转让80000元
福和债券团产业公司	3376	1930年12月	收抵旧欠	汉行收抵旧欠计洋例银2342两5钱
中国钢车公司	46200	1931年3月	认购股本	沪行认购计330股，每股规银100两，共计33000两，按7.15折合银元
山东峄县中兴煤矿公司	11500	1932年6月	没收押品	鲁行没收押品
大连地产公司	3360	1932年6月	没收押品	常行没收押品
北平自来水公司	4200		收抵旧欠	燕行两次收抵旧欠共2800元，1926年以未付股息改给红股1400元
北平电灯公司	6500			总处账内二十三年转归燕行
蚌埠信托房产公司	5000		收抵旧欠	蚌行收抵旧欠

续表

项目	投资数额	投资年月	投资方式	备注
中国实业银行	2700			
贾汪煤矿公司	2120		没收押品	汴行二次没收押品原为2000元，1936年9月以股息并作新股
天津无线电公司	1000		参股	此项股票息由旧总处转来
沪西俱乐部地产公司	7500	1932年12月	投资	该公司创立于1932年12月，本行投资银5000两
青岛农工银行	7000	1933年2月	认购股本	青行认购共计70股，每股100元
青岛物品证券交易所	4000	1933年2月	认购股本	青行认购共计400股，每股10元
杭州电厂	250000	1933年5月	合作投资	1933年5月企信银团让受该厂全部财产及权利，由各团员分别认股，专营电业，本行投资2500股
太平保险公司	667500	1933年7月	增资认股	1933年7月该公司增资改组，各同业均有参加，本行认股100万元，共667500元
合益房地产公司	38800	1933年8月	债票换股票	该公司于1932年成立，接办前上海银行公会房地产经租事务，发行新股票，换回银行公会所发旧银两债票本行以原有债票换得股票388股
中国国货产销联合公司	2700	1933年9月	投资入股	1933年创立资本总额50万，本行投资27股
江南铁路公司	50000	1933年10月	投资入股	该公司资本总额300万元，分30000股，本行投资500股
泰山保险公司	50000	1933年12月	认购股票	由沪行认购。已洽定让归太平保险公司所有
颐中烟公司	3000	1934年4月	没收押品抵作股本	哈行三次没收押品，共30股，每股100元
中国建设银公司	1500000	1934年6月	银行合作投资创立	全国经济委员会为谋经济建设起见，特组织中国建设银公司募集股份1000万元，由银行业共同投资，本行投资15万股

续表

项目	投资数额	投资年月	投资方式	备注
无锡豫康纺织公司	30000	1934年11月	没收押品	锡行没收押品
长春裕东煤矿公司	伪满钞21800		没收押品	长行没收押品80股，黑行没收押品120股，每股伪满钞100元，1936年5月又将是年应得股息按股均摊股份，每得18股，共计218股
济南自来水公司	20000	1934年11月	认购股本	鲁省当局派购，由鲁行认购2000股，每股10元
恒曜电灯公司	伪满钞49990		没收押品	哈、黑、河三行没收押品，已洽定让售与电气会社
渭南打包公司	200000	1935年2月	认购股本	总行认购计2000股，每股100元
大生第一纺织公司	18900	1935年12月	以股抵债	以收回债权关系由债务人将此项股票过作本行户名，计270股
广东银行	56250	1936年11月	购置股本	该行为复兴计添招八厘第一优先股港币50万元，本行于香港、厦门等处均已分设机关，为推广国际贸易增进华侨汇款起见，购进股票
合计	6672219			

说明：本表各原币是按（一）规银1两等于1.5元；（二）美金24元等于100元；（三）港币1元等于7.5角；（四）日金1.085元等于1元折合国币。

资料来源：《民国二十五年底各项特种投资表》，中国第二历史档案馆藏，交通银行档案，398/2/695。

如表6—7所示，交行投资有如下四种方式：

（一）认购股本，参股入股

这是银行投资最主要的方式，较之直接投资创办企业，相对保守但获利可能较大。在企业开办后、发展中，视企业的效益好坏定夺是否参股，这是比较稳妥的做法。新华银行、上海电话公司、中华汇业银行、奉天纺织厂、湖南省银行、满洲银行、奉天肇新窑业公司、大中实业公司、民生国货工厂、上海电力公司、中国钢车公司、天津无线电公司、青岛农工银行、青岛物品证券交易所、太平保险公司、中国国货产销联合公司、江南铁路公司、泰山保险公司、济南自来水公司、渭南打包公司、广东银行中，交行都有参股入股。

交行在新华信托储蓄银行中认购股本，参股入股，可谓交行较早时期的一大尝试。新华信托储蓄银行原名新华储蓄银行，创立于1914年10月，由中国、交通两行奉财政部之令拨款设立。资本额定100万元。1925年改资本额为200万元，1931年中、交两行缴足200万元。[①] 至1931年8月，交行投资新华信托储蓄银行新股927700元，每股100元，共9277股。[②] 太平保险公司和香港广东银行也是交行较大手笔的投入。太平保险公司1930年3月由钱永铭等发起创立，额定资本为国币100万元。1933年为增资发展，商由交通、中南、大陆、国华四家银行共同加入股本。交通银行虑于"本行之保险事业，新创不如旧有，单营不如合办"，遂同意与金城、中南、大陆三行平均分担，各认112.5万元，其余50万由国华认购。[③] 香港广东银行于民元年设总行于香港，在上海、广州、汉口、台山等处设立分行，注重汇兑业务。1936年11月，交通银行常董会以本行在香港、厦门等处已分设机关，为推广国际贸易增进华侨汇款起见，决定投资香港广东银行优先股7500股，计港币75000元。[④]

（二）没收押品计入股本

较之参股入股，没收押品计为股本是比较被动的投资方式，在银行经营中比较常见。企业向银行贷款时以不动产或股票等作为抵押，当企业无力偿债时，银行将抵押品没收，并将此份额计入股本，银行从而成为该企业的股东。如此既可以挽救陷于窘境的企业不致轻易被债务拖垮，也可以尽量避免或减少银行的呆账损失。表6—7所列边业银行、龙烟铁矿公司、华北电灯公司、大生纱厂第三厂、济南惠丰麦粉厂、汉口暨济水电公司、山东峄县中兴煤矿公司、大连地产公司、贾汪煤矿公司、颐中烟公司、无锡豫康纺织公司、长春裕东煤矿公司、恒曜电灯公司等即属于此种情况。

---

① 《中国银行行史资料汇编》（上编1912—1949年），第1656—1657页。

② 联合征信所调查组编：《上海金融业概览》，联合征信所1947年版，第97页。

③ 《本行认受太平保险公司新旧股款之经过》，《交通银行史料》（第1卷），第1566页。

④ 《上海金融业概览》，第205页。

（三）以股抵债

没收押品与债权转股权有很大的相似性，双方的差异在于放款抵押方式不同。企业贷款于银行，当资不抵债面临破产时，在不想变卖财产设备进行破产清算的情况下，要求银行将放款转为投资股本。如通惠实业公司、福和债券团产业公司、北平自来水公司、蚌埠信托房产公司、丰盛实业公司、合益房地产公司、大生第一纺织公司即属此类。

（四）直接投资创办

直接投资创办可以单独发起，也可以通过与银行等组织合作投资创办。合作投资既可以扩大投资规模，也可以在一定程度上规避或减少投资风险。交行直接投资创办企业的事例不多，单独发起创办更微乎其微，仅有沪西俱乐部地产公司。合作投资的有蚌埠公记堆栈、杭州电厂、中国建设银公司、中国棉业公司等。其中，中国建设银公司筹备处1936年6月2日召开创立会。交通银行投资中国建设银公司150万元，占全部股本15%，缴款日期是1934年6月1日。[①] 中国棉业公司1931年成立，中国银行为主要投资者，1936年资本额由50万元扩充至200万元时，交通银行与金城银行相继加入，中国棉业公司发展迅速，成为一家综合性实业公司。[②]

总之，银企因债务而生的联合中，往往是负债较少者，由银行取得了经营权；欠债较多者，由银行接收，成为自己的产业。以纺织业为例，1931—1937年间由银行资本利用外债关系或其他方式参股或取得经营的纱厂有30家，由银行投资创建有4家。这30家纱厂中，因为无力还债而被债权人接管的有永豫、汉口第一、上海纺织印染、恒丰、北洋第一、振新、申二、申五、恒源、大生第三、振华、裕中12家；因为无力还债而被债权人拍卖或收买的有大生第二、裕元、宝成第三、华新、溥益第一、第二6家；被债务拖得停业清算的有计隆茂、民生、协丰、经纬、和丰5家；欠债结果未详的有大生第一、大生副厂、沙市、苏纶、豫丰5家；此外，久兴由银行垫款包办，仁丰由银行加入股份，这两家很可能本来就是拖欠银行债务的。[③] 银行以债务关系获得企业股权或经营权虽属无奈，但非此则欠债企业只有破产一辙，而经过银行接收，可能会起

① 《投资中国建设银公司股款经过》，《交通银行史料》（第1卷），第1555页。

② 陈真：《中国近代工业史资料》（第三辑 清政府、北洋政府和国民党官僚资本创办和垄断的工业），生活·读书·新知三联书店1961年版，第950页。

③ 严中平：《中国棉纺织史稿》，科学出版社1963年版，第233页。

死回生。如启东大生第二厂资本总额为 198 万元，历年积欠中国、交通银行债款总额 110 万元，1936 年春举行三次拍卖，限价由 200 万元减至 160 万元，再减至 130 万元，始终无人投票，最终作价 100 万元由中、交两行接收。① 两行以 45 万元将机器售于大隆铁厂作试验之用。1935 年上海纺织印染厂因债务被接管，中国、交通、上海、金城、大陆、中汇作为投资银行，以债权人身份合组汇业银团，交由汇业银团经营。② 1936 年 4 月，天津北洋商业第一纱厂由股东会决议破产，5 月，经债权人中国、交通、金城、大陆四行组成诚孚信托公司接管。③

由实业放款到特种投资，忽隐忽现透出中国近代银行与实业关系发展中所呈现的一种趋向。放款与投资二者没有明确的过渡与分界，由浅层次的借贷业务到更深层次的银行参与企业投资、管理，甚至创办经营企业，实际上银行放款性质已发生异变，逐渐开辟了一条“放款转化为投资，使金融资本与产业资本融为一体的路子”。④

第二节　交通银行与钱庄

近代中国始终是一个传统经济与现代经济共生共存的混合经济体。作为传统金融机构，钱庄在经历清末民初两次金融风潮——1883 年上海钱庄倒账风潮与 1910 年橡胶股票风潮的冲击后，业务趋于灵活，逐渐被纳入工商业、进出口商品流通的融资渠道，成为金融经济生活中不可忽视的一大力量。而中资银行作为近代新式金融机构，与钱庄、外资银行同处于“三足鼎立”的金融圈，新旧二者的关系如何？它们又是如何在矛盾竞争中共生共存几十年？对此，时人一段评论或可予人启发：“夫钱庄之营业与银行之营业大致相同，钱庄之势力加增，则银行之营业必致减色，此亦当然之理也。今者为银行业者不忌其存在，不思所以铲除之，反乃助以资金，增其势力，宁非怪事？……银行之所以如此者，亦非得已也。”⑤

① 严中平：《中国棉纺织史稿》，第 232 页。

② 同上书，第 234、235 页。

③ 同上书，第 346 页。

④ 中国人民银行金融研究所：《近代中国金融业管理》，人民出版社 1990 年版，第 88 页。

⑤ 卢孟宇：《我国之钱庄》，《海光》第 1 卷第 9 期，1929 年 9 月。

的确，作为新旧事物的代表，银行与钱庄从一开始就存在着业务上的竞争与体制间的冲突，且从长期的发展趋势看，近代新式银行对钱庄的威胁可谓愈演愈烈。不过，这种威胁也并非不可调和，北京政府时期只是初露端倪，明显的不良反应到1933年废两改元以后才真正显现，更多时候双方还是在冲突中寻求共生。此即当时人所言："目前中国银行业虽日趋发展，钱业却仍保持着他那特出的精神，与银行间取得了相当的联系而握有中国商业金融的大权。这无非是由于他历史悠久与对于现阶段中国经济发展之特殊的形态相适应的原故。"① 李一翔认为，从全局着眼，银行与钱庄之间既相互支持，又相互矛盾，既合作又对立，并因年代的不同而呈现出阶段性的特点。不过，双方的共生共存是两者关系发展、演变的主流，贯穿于银钱关系的整个过程。② 杜恂诚也将钱庄与银行的关系称之为"一种配套关系"。钱庄需要依靠银行的拆款、汇兑等业务，中资商业银行则需要钱庄配合，使更多的地域纳入商品流通的融资体系。二者共存共生几十年，在营业中合作互补，是中国近代金融发展史上比较奇特的现象。③

钱庄与银行的合作互补首先体现在资金运用方面相互利用，互补合作。银行普遍实行抵押放款，条件较严，钱庄则为信用放款，灵活性大，所谓"钱庄以信用放款与商人资本相互结纳，且以票据（庄票和申票为主）运用，活泼资金，使一般中小阶级的小商人，在资金获得上感到相当的便利。"④ 钱庄的这一特点使其容易得到社会的认同："银行放款除抵押品外，还须保人签字盖章，手续非常麻烦，钱庄则无此等事情"；"银行放款借款，愈大愈受欢迎，钱庄则数目随便，可大可小"；"银行交易有一定之时间，钱庄则不问何时都可"。⑤ 钱庄资本少，而银行开办资本与规模大，常年库存的现金数额较大，这样就形成了银行与钱庄在放款上的互补机制：即放款较多但现金较少的钱庄从银行拆款，再转放给普通贷家。银行也乐于对

① 毛恭珊：《中国的银行与钱庄》，大夏大学商学会《商学丛刊》第2期，1936年1月，第172页。

② 李一翔：《近代中国银行与钱庄关系研究》，学林出版社2005年版，第57页。

③ 李飞、赵海宽主编，杜恂诚著：《中国金融通史》（第3卷），第250页。

④ 毛恭珊：《中国的银行与钱庄》，大夏大学商学会《商学丛刊》第2期，1936年1月，第172页。

⑤ 胡乐丰：《中国之银行与钱庄》，《商业杂志》第4卷第4号，1929年4月，第4—5页。

钱庄拆款生息，或以票据贴现的方式对钱庄放款。这既对钱庄有利，同时也有利于银行自身业务的开拓。所以，“钱庄与国民经济既有这样的适应，而银行因缺乏广大的对象，不能进来运用其资金，所以银行不得不假手于钱庄而运用其一部分；然而钱庄因资本薄弱，非利用银行的资金，使轻放重，亦将无以年取厚利。这种资金上的转贷，便是银行与钱庄间的一种最重要的关系”。①

银行对钱庄的拆款是常见的，早期钱庄主要靠外国银行拆款，第一次世界大战后尤其是20世纪20年代，钱庄逐渐转向中资银行拆款。新式银行也通过票据贴现等方式放款给钱庄。1923年3月，为了贴现业务更好地开展，蚌埠的中国、交通、上海、江苏四银行分支机构联合成立贴现公所。贴现公所章程的第一条：“本埠贴用款，每年不下千数百万元，为数至巨，客商来此办货，均有期票，转由钱庄及转运公司分向各银行贴现，相沿已久，即有悬殊，须调剂得平，始供求适合。”②

交通银行也借助钱庄发行钞票，钱庄通过领用交行钞券以扩大自己的信用。钱庄领用银行钞票的办法，最早是以五天期庄票，按照早市洋厘折合银两向中国通商银行领用。其后中国银行等行成立时，各庄亦照此种办法领用，一方面代银行推广发行，同时亦可博得5天利息。③ 钱庄向交行领券始于1918年。交通银行自恢复开兑后，即设法推广发行，顺康钱庄经理李寿山当时为交行董事，拉拢福源、福康、安裕、顺康四家钱庄各领用50万元，顺康后又续领50万元，并由顺康通过买办关系在汇丰柜台上使用交行钞票。④ 交行钞票便逐渐推广发行。据陆书臣回忆：顺康、福康、福源、安裕与交通银行订立领券合同各50万元，是现金五成、保证准备三成、本票二成。⑤ 王子崧回忆说：“后几年有不少行庄向交行订立领券合同，那时情况已不同，行庄认为订立领券合同有利可图，甚至小钱庄亦有订立领券

① 毛恭珊：《中国的银行与钱庄》，大夏大学商学会《商学丛刊》第2期，1936年1月，第173页。

② 《交通银行月刊》第1卷第5号，1923年5月。

③ 中国人民银行上海市分行编：《上海钱庄史料》，第143页。

④ 同上书，第144页。

⑤ “许敬甫、王子崧、陆书臣访问记录”，1961年4月26日，《交通银行史料》（第1卷），第860页。

合同的，其家数、领券总数已无从记忆了。”[①] 钱庄领用交行钞票，是一件对双方都有利的事。对钱庄来说，领用交行钞票，可以扩大信用，加强实力；对交行来说，钱庄领用交行钞票，可以使其更紧地向交行靠拢，从而扩大交行的辐射圈和影响力。

近代银钱业间的人员流通相当常见。有钱庄经理同时兼任银行经理的；有钱庄出身任银行经理后投资钱庄的；有先任钱庄经理，后任银行经理的；也有同时为银行和钱庄的投资人的（详见表6—8）。交通银行与钱庄业也存在人员相互兼职的现象。如曾任交通银行经理的秦润卿，在钱业影响很大，是福康钱庄总经理，福源、福康、顺康、鸿祥四钱庄董事，是上海总商会副会长；王子崧最初任职志大钱庄副理，后到交行上海分行任副理及总行发行部经理；李寿山是顺康钱庄经理，钱业董事，同时兼任交通银行董事，永亨银行董事；胡笔江出身钱业，家里在泰州开有洽记钱庄。二十余岁时，曾到店中学过几个月生意，后来转入交通银行总理李经楚开设的义善源银号，再后由天津花旗银行买办王筱斋推荐到天津公益银行做协理，又由公益银行转到交通银行，得到梁士诒的赏识，逐渐升到交行北京分行经理。[②] 上列诸人皆属已跻身于钱业和交行管理层的领导人物。基层中的人员流动就更频繁，近代许多从事金融业者多从钱庄中的学徒开始。直到20世纪二三十年代一批留学生归国，近代专业教育发展，职业经理层形成，这种土生土长的人才生成机制才有所变化。

表6—8　　银钱业人事上的相互关系

	姓名	与钱业的关系	与银行的关系
钱庄经理同时兼任银行经理	陈笙郊	咸康钱庄经理、钱业董事、承裕钱庄合伙人	中国通商银行第一任华经理
	谢纶辉	承裕钱庄经理、钱业董事、恒祥、怡大、同余、汇康、聚康等钱庄合伙人	中国通商银行第二任华经理

① “王子崧访问记录”，1961年5月22日，《交通银行史料》（第1卷），第858页。

② 中国人民银行上海市分行编：《上海钱庄史料》，第148—151页；中国人民银行上海市分行金融研究室编：《金城银行史料》，第8页。

续表

	姓名	与钱业的关系	与银行的关系
钱庄经理同时兼任银行经理	胡稑芗	兆丰钱庄经理，钱业董事，信孚钱庄股东	大清银行、中国银行副理
	秦润卿	福源钱庄经理、钱业董事、鸿祥合伙人，福康钱庄总经理，福源、福康、顺康、鸿祥四钱庄董事，曾任上海总商会副会长	中国垦业银行董事长兼总经理、交通银行经理、上海市银行理事、中央银行监事
	楼恂如	敦余泰记钱庄经理，钱业董事	中华劝工银行经理
先任钱庄经理后任银行经理	焦乐三	义善源钱庄经理	户部银行经理
	林连荪	立余钱庄经理、钱业董事	中华银行第一任经理
	张知笙	仁大、森和钱庄经理、钱业董事、上海总商会商事公断处处长	江苏银行经理
	王子崧	志大钱庄副理	交通银行上海分行副理、总行发行部经理
	洪吟蓉	恒大钱庄经理	江海银行董事兼经理
	朱勤甫	益丰钱庄经理	正明银行董事兼经理
	陈绳武	恒赉钱庄经理	纯原银行经理、国泰、惠中银行董事
钱庄副理兼任银行董监事	李济生	永丰钱庄副理、滋丰、和丰等钱庄合伙人	浦东银行董事、中和银行监察人
银行经理投资钱庄	孙衡甫	益昌、成丰、恒隆、恒赉、信裕等钱庄合伙人	四明银行总经理、中国通商银行常务董事、浙江商业银行董事
钱庄经理兼任银行董事、监察人	谢韬甫	承裕钱庄经理、钱业董事	中和银行 董事长
	李寿山	顺康钱庄经理、钱业董事	交通银行董事、永亨银行董事
	裴云卿	同春、同润钱庄经理、钱业委员	绸业、浦东、太平等银行董事，中一信托公司董事

续表

	姓名	与钱业的关系	与银行的关系
钱庄经理兼任银行董事、监察人	余佐廷	恒巽钱庄合伙人兼经理，钱业委员	大中、至中、两浙、浙江建业、惠中、四明、大来、江海、国泰、统原等银行董事，中国通商银行监察人
	胡熙生	怡大钱庄经理、钱业董事	绸业银行董事
	赵文焕	安康钱庄经理、钱业委员	煤业银行董事
	盛筱珊	赓裕钱庄经理、钱业董事	中和银行董事
	徐伯熊	益昌钱庄经理	民孚、江海、江浙、国泰等银行董事、统原银行监察人
	秦贞甫	志诚钱庄经理	江海银行监察人
	胡涤生	信孚钱庄经理	信通银行董事
	陆书臣	顺康钱庄经理、钱业委员	永亨银行董事
	王秉澄	大德钱庄经理	大康银行董事
	田子馨	义生钱庄经理	中一信托公司董事
	田祈原	永丰钱庄经理、钱业董事	中一信托公司董事
	胡莼芗	信孚钱庄经理	中一信托公司董事
	沈景樑	宝丰钱庄经理、钱业委员	中一信托公司董事
	沈晋镛	大成钱庄经理	亚东银行董事长
	叶秀纯	庆大钱庄经理	大康银行董事

资料来源：根据《上海钱庄史料》，第148—151页编制。

当然，这样的人员兼职流动，由于营私舞弊等不轨运作，也会产生一定的负面效应。陈光甫曾尖锐地指出："官派为中、交两行，接近绍兴钱庄，历史上与镇江人势不两立。其目的为重用绍兴钱庄或非镇江帮之钱庄，其舞弊方法不在附本于外业可得赚钱，而在将行中之钱存入本人有关系之银行、信托公司、钱庄，藉分余利，故其口口声声以联络钱庄为推广发行之办法。"[①] 道出了银钱两业狼狈为奸的状况。交行就不乏这样的案例。交行第一任总理李经楚，是李鸿章的胞侄，曾任邮传部右参议和四川建昌道，

① 上海市档案馆编：《陈光甫日记》，第5页。

与苏州洞庭东山席志前合伙开设义善源银号，他是义善源银号的总司理。《清邮传部奏派总理协理片》中称："查有署臣部右参议四川建昌道李经楚精明干练，长于理财，于银行事宜讲求有素，经验尤深，堪以派充总理。上任后，李经楚以权徇私，常向交行通融款项支持义善源，尤其是橡胶股票风潮后，根据任锡汾等清理帐款后呈部院文，义善源倒闭时，计欠交通银行押款银2308300两，往来银564300两。"①

除上述资金与人员流通外，交行还参与银钱业联合放款。银行业内组成银团联合放款在近代时常发生，联合放款可以减少或规避大额与长期放款的风险。联合放款最早见于1921年。当时，上海银行业鉴于银元不能统一，银两不能废除，提议筹办造币厂。1921年3月2日，上海银行公会会同银钱两业，成立上海造币厂借款银团。由财政部发行国库券，总额250万银元，归银团担任销售，是为银钱业合组银团承募巨额债券之嚆矢。② 此后，联合放款续有发生。1926年11月，国民政府筹设湖北省银行时，决定以湖北官钱局作抵押品，向汉口金融界及工商业界筹集资金500万元。具体方案为：银钱两业组成银团联合贷款190万元，其中中国、交通银行各承担50万元，其他各银行联合承担20万元，钱庄业共同承担70万元，其余310万元由汉口总商会担任。③ 交通银行与中国银行在银行业内各挑大梁。1928年12月，交行参加由上海15家中资银行④与若干钱庄组成的银行团，共同承办国民政府的盐税借款⑤。1930年年初，上海银钱两业合组银团，承办国民政府交通部国际无线电台借款，借款额100万元。其中交通银行分摊33万元，中国银行分摊12万元，中央银行分摊10万元，钱业公会分摊15万元，其余由浙江兴业、浙江实业、四明、盐业、金城、中南、大陆、中国实业等银行分摊。期限一年，月息一分，每月结算一次，押品为：上海公共租界地产四处共计18.67亩，交通部无线电国际电台现在及将来营业

① 《任锡汾等为清理义善源等号帐款后呈部院文》，《上海钱庄史料》，第88页。

② 徐寄庼：《最近上海金融史》，华丰出版社1926年版，第239页。

③ 《银行界消息汇闻：湖北省银行成立》，《银行月刊》第6卷第12号，1926年12月，第4页。

④ 中国、交通、盐业、金城、大陆、中南、中孚、中国实业、浙江兴业、浙江实业、江苏、通商、四明、东莱、上海商业储蓄15家银行。

⑤ 由两浙两淮盐运使及松江盐运副使与上海银钱业洽商，以淮南外江内河各食岸及两浙苏五属各食岸军用加价及善后军费，全年收入750万元作抵，借款500万元，一次缴足，由1929年1月起，每月归还50万元，分10个月归清，利息1.2分。

收入除开支外的全部盈余。1 月 29 日，交行作为银团代表与交通部签订合同。①

从史料看，银钱两业联合放款主要集中于 20 世纪 20 年代。这似乎与近代中国金融格局中三大金融区块实力的消长逻辑相符。第一次世界大战前后，中资银行迅速发展，钱庄由之前依靠外商银行拆款转向趋近于中资银行，联合放款成为可能。而到 1930 年后，银行业羽翼渐丰，尤其是国家银行体系建立后，银行业已经有能力独立承担较大额度的贷款；相反，钱庄业在废两改元、法币改革等币制改革后，逐渐衰落。银钱两业的联合放款既没有了必要，也没有了可能。

近代中国银行与钱庄的关系经历了一个由密切到逐渐不密切的发展过程，并因时代的不同呈现出阶段性的特点。但从大局上讲，银行与钱庄的共生共存是两者关系发展、演变的主流。二者既相互合作、支持，又互相竞争、排斥，最终出现的是共生局面。这应当是传统与现代之间柔性博弈的最佳状态之一，而银行随着其不断壮大无疑是共生格局中的最大获益者。

第三节　交通银行与外资银行

第一次鸦片战争后，外国银行势力开始介入中国。1845 年英国丽如银行在广州和香港同时设立机构，成为在中国设立的第一家外国银行。之后，外国银行在中国纷纷建立，19 世纪末叶创造了中国金融史上外商银行建立的一个高潮。外国银行的设立，自然以谋利为目标，在中国本土金融业经营理念和手段都十分落后的背景下，具有独占性的优势。因此，当时包括交通银行在内的中资银行的设立，多少都带有“外足以收各国银行之利权，内足以厚中央银行之势力”之初衷。

和其他中资银行一样，交通银行设立后，与外资银行间围绕着利益关系始终存在竞争。第一次世界大战后，日本对华政策改变，逐渐由武力侵略转为经济侵略，金融渗透是其中的重要部分，交行是其觊觎的首要目标。1916 年第一次停兑危机后，新上任的交行总理曹汝霖与日本首相代表西原龟三商定西原借款以挽救交行，共借 12500 万日元（当时 1 日元相当于 1

① 李一翔：《近代中国银行与钱庄关系研究》，第 70 页。

银元）。[①] 殊不知，日人所谓“同舟共济”的背后，正密谋吞并交通银行。1917 年日本财团与曹汝霖计议中日合办交行。当时在日本流亡的梁士诒得知此消息后，立即与股东会联系，坚决予以制止。曹汝霖不得已，提议由中日合资创办中华汇业银行，等待时机再行吞并交行。

第一次世界大战后，美、法、日、英成立四国银行团，统一对华投资，掠取中国铁路矿产权。交行联络大小银行，成立中华银公司，联合抵制外资银行。梁士诒指出：

> 往者各国之投资于我国实业也，盖以铁路为最巨，订定铁路借款合同及执行借款售票各事，皆由银行公司任之。公司之内容，则何为多数银行所组织，故力以合而愈厚，事以分而易举。盖数十年来我国外债之实权，皆由此等公司操之，我国于此重大之投资事业，起初不特无此机关，亦日无此思想。……各国现在银行团之组织已日见扩充，诚以将来我国实业之发展非此不足以应付。若我国银行同业犹赋昧于时机，守其故步，则他日全国实业界金融操纵运用之途，恐将无我涉足之余地。思之殊深危惧！以鄙见所及，为同业倡。参照各国银公司专营国内实业贷款，招集股份各事，以我国自主自设之银公司为发展我国之基础。[②]

1919 年 3 月下旬，中华银公司在梁士诒家中成立筹办委员会，梁任委员长。4 月 12 日，中华银公司正式成立。交通银行带头认股 300 万元，其他 13 家银行也纷纷认股。[③] 中华银公司营业“以承办或承募国家地方及公司各种债款为本务，将以应各种事业资金之需要事之可不资外债而行者，务求自己行之，事之非藉外债而不能行者，然后借债，而借债时务使自国银公司加入而调节之主旨”。[④] 交通银行领头银行界，联合抵制外国银行团对中国政治、实业债权的垄断，其进步意义不可否认。交行顽强抵制外国

---

① 事实上，只有 500 万用于交行恢复兑现。其余的 1.2 亿都用于政府自身了。

② 叶遐庵述、俞诚之笔录：《太平洋会议前后中国外交内幕及其与梁士诒之关系》，商务印书馆 1923 年版，第 114—115 页。

③ 岑学吕编：《三水梁燕孙先生年谱》下，沈云龙主编：《近代中国史料丛刊》（743），第 82 页。

④ 同上。

银团的侵略，控制了国有铁路、航运、邮电的资本主权，并安全带到南京政府时期。

挽回利权的同时，交通银行在处理与外资银行的正常业务关系中，可以说是比较理智、清醒的。交行建立初期，就与外商银行建立了业务联系，与外商银行相互间的拆款数额很大。如 1909 年 1 月拆给德华银行的短期放款单笔即达 80 万两，以后单笔常在 20 万两左右。拆给汇丰银行的第一笔放款为 40 万两。其他如正金银行、华比银行、东方汇理银行等外商银行均与交行有拆款关系。① 北京政府时期，国内政局动荡、战争不断，对外资银行拆款成为中资银行的资金运用方式之一，交行与外商银行和洋行间业务联系更加频繁。如：汇丰银行和三井银行遇到头寸不敷时，常向天津交行卖出上海规元②，买进天津行化银及天津银元。横滨正金、麦加利、东方汇理银行同天津交行也建立了业务往来。1913 年，陇秦豫海铁路总局因借比利时款筑路，委托上海交行向华比银行支款代收，前后支规元 100 万两及英镑 30 万镑，收款后大部分转入北京交行。1914 年上海交行头寸较为宽裕，同汇丰、华俄道胜、花旗、华比、麦加利、横滨正金 6 家外国银行建立了业务往来，其中华比、花旗、华俄道胜 3 家数目较多。1915 年，上海交行同 5 家洋行有业务往来，即美孚、英美烟、华商公司、三井、礼和。其业务多数是代收、代付与代汇。③ 根据交行总管理处的函件内容，便清晰可见："接英美烟公司函称，查彰德、顺德、石家庄、保定、归德、徐州六处烟款，原经订定汇至天津、上海、北京三处，今拟一律改汇汉口。"④

另外，交通银行与外资银行在业务上也常常相互扶持。1909 年，上海外商资金短缺，交行将铁路总局的一笔存款暂留在沪行使用，帮助外商度过年关。1910 年"橡胶股票风潮"爆发，上海商会电请拨款补救市面，交行在自己力所不及的情况下，转向横滨正金银行借款 120 万日元，接济上

① 《交通银行史料》（第 1 卷），第 344 页。

② 1856 年（咸丰六年）起，通行于上海的一种作为账单位的虚银名目，又称九八规元。所谓九八规元，以元宝（实银）的重量，加以升水，再以九八除之，得之数即为上海通用的标准银（虚银）。开埠后，此种计算方法在租界内的华商之间依然沿用。

③ 李飞、赵海宽主编，杜恂诚著：《中国金融通史》（第 3 卷），第 109 页。

④ 《关于公债抽签、遗失存款、汇水拨款等问题总处来文》（1916 年 4 月 10 日），北京市档案馆藏，交通银行档案 J032/001/00253。

海市面。辛亥革命爆发后，交行由于其国家银行性质遭遇冲击，被迫向外资银行求援。据1911年阴历十一月初二交行沪、汉分行致邮传部的电报，交行从外资银行那里得到多项借款：横滨正金银行8月底借给交行汉口分行洋例银5万两，9月23日借给沪行规元40万两，以上海的房产作抵。8月底华俄道胜银行借给汉行洋例银20万，9月13日还规元5万，余款定于12月2日归还。德华银行于8月底借给汉行洋例银8万，9月16日还规元2万，余款于10月25日归还，以房产和通商银行股票作抵。[①]

客观而言，由于外资银行势力大、资本足，包括交通银行在内的中资银行在业务上长期对外资银行处于跟从者的地位，以致陈光甫曾诟病："银行之职责，本在活泼金融，流通资金；然历来银行业务，多偏于租界贸易，换言之，多偏于进口贸易而不利于出口贸易，因是银行乃大有为洋货作推销之概"，由此时人亦论之曰："华资银行的资本与外国的商业金融资本形成了敷用的关系，也就是内国银行与外国银行变成主从的关系了"。[②]

20世纪20年代，中资银行代兑中法实业银行钞票则是中资银行协助外资银行渡过难关的典型事例。中法实业银行创立于1913年7月，总行设在巴黎，在北京、上海、天津、汉口、广州、香港等处均设分行。名为中法合办银行，标榜"以发达中国实业为宗旨"，事实上，其所规定的中国所附的1/3股份也是由法方出借抵充，法方独揽大权。该银行自成立即获得北京政府的特许开始发行纸币，在各地分行相继发行了数百万元的兑换券。[③] 1916年趁着中交两行陷于停兑，该行在北京、天津两地增发纸币。中法实业银行流通京、津、沪、汉、济、奉各处钞票总额计2248600元。[④] 滥发纸币获得了暂时的投机效应，但好景不长，1918年起该行开始明显滑坡，营业每况愈下。1921年7月2日，中法实业银行巴黎总行突然宣布：从即日起中国境内所有分行暂停营业。据《巴黎早报》载："中法实业银行因办理投机事业暨现在不能实行之事业，亏累达五百兆佛郎之巨，故政府虽五次

① 李飞、赵海宽主编，杜恂诚著：《中国金融通史》（第3卷），第82页。

② 毛恭珊：《中国的银行与钱庄》，《大夏大学商学丛刊》第2期，1936年1月，第171页。

③ 依据《中法实业银行章程》第三条规定，中法实业银行有在中国发行纸币的特权，即"发行兑换券于中国或某省，至中国政府颁行纸币则例之时为止"。中法实业银行的钞票印制精良，图案色彩俱佳，在市民中间颇受欢迎，因而发行量相当大，通行于我国通商大埠。

④ 《本行参加代兑中法实业银行钞票的经过》，《交通银行史料》（第1卷），第607页。

请求各大银行援助，然各该银行卒以款额过巨，莫能为力辞之。”[①] 消息一传开，金融界为之震动。该行如果停业，所有流通钞票，势必停兑，有碍金融。严重者，有可能会引起新一轮的挤兑风潮。

在北京银行公会提议下，经上海银行公会与北京银行公会等磋商，同意由各地的华商银行公会代兑中法实业银行在各地发行的钞票，未设银行公会的地方，由中国、交通两行代兑。财政部批准北京银行公会“召集各银行，先行筹垫款项，将中法实业银行钞票登报收兑”。并表示：“该款由本部负责，将来在本部应付中法银行欠款内扣还，以维市面。”[②] 财政部于7月8日发出财字二〇一七号及8月1日财字二二七〇号公函，指定由每月盐余应拨中法款内分批拨还，即由各银行分担筹垫，代为兑收。

代兑中法实业银行钞票，“垫”与“兑”是分开的。垫款先由中国银行和交通银行承垫，余由北京银行公会各银行分摊。“兑”的具体程序是：各银行先分别代兑钞票，每日于下午四时前，将代兑钞票分送中国银行或交通银行，拨兑现款。中国银行和交通银行按收到的钞票总数开具寄存证，送交专管此事的临时干事收执，而该临时干事凭收到的代兑钞票总数，按垫款成数开出各行支票，送交两行冲账。截至8月13日，实际兑入该行钞票计银元2099162元，交行计垫付银元509873元，兑付率达90%。

如表6—9所示，各银行中，交行与中国银行代兑中法实业银行钞票垫款最多，各代兑509873元，占总额的24.29%，盐业银行次之，代兑104040元，占4.95%。再次之为汇业银行、新华银行、懋业银行、北洋保商银行、大陆银行、边业银行、劝业银行等，代兑60690元；其他十几家银行也参与代兑，但份额较少。

代兑的钞票由中国、交通两行负责保管。其中，中国银行负责保管1049139元，交通银行负责保管1050023元，直至1925年8月将代兑钞票点交中法实业管理公司。而代兑中法实业银行钞票的垫款，直到1925年4月金法郎案之后，法方才无奈准备偿还。

---

① 吕德宝：《有关中法实业银行的见闻》，全国政协文史资料研究委员会：《文史资料选辑》第44辑，文史资料出版社1980年版，第232页。

② 《财政部复准北京银行公会先行垫款收兑中法实业银行钞票》，上海银行公会档案，转见《交通银行史料》（第1卷），第607页。

表 6—9　　各银行代兑中法实业银行钞票垫款　　（单位：元，%）

银行名	垫款金额	百分率
中国银行	509873.5	24.29
交通银行	509873.5	24.29
盐业银行	104040	4.95
金城银行	104040	4.95
汇业银行	60690	2.89
新华银行	60690	2.89
懋业银行	60690	2.89
北洋保商银行	60690	2.89
大陆银行	60690	2.89
边业银行	60690	2.89
劝业银行	60690	2.89
新亨银行	43350	2.07
中国实业银行	43350	2.07
浙江兴业银行	43350	2.07
东陆银行	43350	2.07
中孚银行	43350	2.07
大生银行	34680	1.65
北京商业银行	34680	1.65
天津直隶银行	34680	1.65
大宛农工银行	26010	1.24
五族商业银行	26010	1.24
聚兴诚银行	26010	1.24
上海商业储蓄银行	8670	0.41
浙江地方实业银行	8670	0.41
四明银行	8670	0.41
广东银行	8670	0.41
永亨银行	4335	0.21
东莱银行	4335	0.21
中华商业银行	4335	0.21
合计	2099162	100.00

资料来源：《交通银行史料》（第 1 卷），第 608—609 页。

在整个代兑过程中，交行参与代兑过程中的垫、兑、汇、管等各个环节。具体而言，代兑先行垫款、兑换钞券、各地代兑数额的汇京和钞票的保管、有效地统计与汇总等，交行都参与其中。值得注意的是，此次行动中银行间表现出良好的合作精神，交行与中国银行作为两大国家银行，在代兑中通力合作、整体协调与周密运作，不仅起到很好的带头作用，为代兑的顺利进行提供了保证，且为调剂金融与稳定市面作出了很大贡献。上海交行副经理胡祖同的一段话点明了交行受此次行动的良苦用心："华商银行决定代兑中法实业银行钞票有两个主要理由：第一，他们是出于友谊。第二，虑及中法的倒闭可能引起整个金融业的恐慌。如果拒兑中法实业银行钞票不仅将完全毁了这家银行自身，而且会对其他银行产生不利的影响。如果华商银行不及时仗义扶持，中法钞票一旦因不能兑换而变成废纸，那么公众将会酿成一股挤兑风潮，而不论是外国的还是本国的银行。这意味着整个金融界将会产生混乱。这是所有关心大局的人应考虑和设法防止的。"①

客观而言，由于近代中国对外存在着不平等条约，列强在中国的确有掠夺非法权益的种种事实，在此背景下，外资银行常常以其雄厚的资本充当掠取权益的急先锋，因此，中资银行维护权益的举动无论就民族利益还是商业利益言，都理所当然。不过，从另一方面说，无论是中资银行还是外资银行，盈利都是第一目的，在更多时候，银行业务无所谓中资、外资之分，因此，正常处理与外资银行间的业务关系，顾全大局，稳定协调市面，正是交通银行及整个中国银行业逐渐走向成熟的表现。

第四节　交通银行与中资银行

交通银行与中资银行的关系属于中资银行业内部关系问题。中国、交通银行一直是一般商业银行的靠山。北京政府时期，中国银行与交通银行并称为"中交"，是二元体制下的两大国家银行。它们都拥有发行货币和代理金库的特权，凭着政府赋予的特权与地位，业务发展与银行成长非常迅

---

① *North-China Daily News*（《字林西报》），1923 年 8 月 10 日，转见李飞、赵海宽主编，杜恂诚著《中国金融通史》（第 3 卷），第 88 页。

速，与一般商业银行相比，资力也非常雄厚。一般商业银行想方设法依附于中、交二行，获得业务的顺利开展与自身的生存发展。国民政府时期，二行转型为政府特许的专业银行之后，这种依附关系仍然保持。

一般中资银行与交行建立关系有多种途径。

首先，一般商业银行通过在交行中投资入股的方式拉近关系。截至1932年12月底，浙江商业银行上海分行参股1200股；大陆银行参股2399股；盐业银行参股2392股；中国实业银行参股1545股；金城银行从一建立就与交通银行结下不解之缘，参股高达9093股。① 同样如此的还有参股1450股的上海商业储蓄银行，该行自成立便自觉居于中交的卵翼之下，1915年6月2日，经理陈光甫在开幕致辞中便表明其意："本行宗旨，注重储蓄，并欲扶翼中交两行，而为其辅助机关。"②

其次，许多中资银行领用中国、交通两行的钞票，以此增强自己的信用，扩大业务。同业领券是中国近代金融史上一个比较奇特的现象，这是由近代中国缺乏有效的中央银行体制导致发行不统一所造成的。所谓领券，是指没有发行权的银行、钱庄等金融机构因业务需要，向有钞券发行权的银行缴纳准备金，遵循相约的规定，领用兑换券使用。③ 领券制度作为增加可运用资本而采取的一种同业存款形式，在规避银行经营风险，增加放款额等方面发挥了巨大作用。浙江兴业银行、盐业银行与永亨银行于1917年先后与交行签订领券合同。

近代同业领券中，上海商业储蓄银行可谓一显著案例。上海商业储蓄银行一直没有发行过钞券④，始终通过领券满足业务需要。总经理陈光甫认为，领用他行钞券，同样可以增多现金筹码，获取利润。⑤ 上海银行的领券是同类商业银行中数量较大、时间较长的，先后领用过中国、交通、浙江

---

① 《交通银行官、商三百股以上股东名单》（截至民国廿一年十二月底），中国第二历史档案馆藏，交通银行档案，398/2/1377。

② 《四年6月2日本行开幕时陈先生向来宾致词摘要》，《陈光甫先生言论集》，上海商业储蓄银行1938年编印，第5页。

③ 参见张启祥《交通银行研究》，博士学位论文，复旦大学历史系，2006年，第122页。

④ 与上海商业储蓄银行同称"南三行"的浙江兴业银行发行纸币，与上海商业储蓄银行具有相当规模的金城银行也发行纸币。

⑤ 《上海商业储蓄银行史料》，第240页。

兴业、中国通商、中央等银行的兑换券。1917年上海商业储蓄银行与交行订立领券200万元合约，规定："上海银行领用交行百元、五十元、十元、五元、一元兑换券共200万元，应由交行会同上海银行分批点明，由交行封存保管，以便上海银行随时陆续领用。上海银行于陆续领用兑换券时，应备现金五成，中央公债券二成半交付甲行作为保证金。保证金五成交行应给年息三厘五分，每三个月结算一次。其中央公债券二成半之息亦由交行按期付给上海银行。"[①] 此后每年几乎都向交行领券，1923年向交行领券100万元。[②] 国民政府成立后，上海商业储蓄银行与交通银行的领券关系仍然保持。1933年9月交行总行与上海商业储蓄银行总行订立领券合同，领用上海地名"蓄"暗记五元、十元两种兑换券，以领足总额150万元为度。要交纳同等数额现银元充足领券准备金，由交通银行按周息2.8厘给予利息，每逢6月20日及12月20日结算一次。[③]

再次，中资银行业间的银行家兼职现象比银钱业间的人员流动更为普遍。银行家同时在几家银行身兼董事长、董事、监察或总理、协理的职务，有助于银行业务的团结和合作。尤其是总理、总经理等银行领导的相互兼职与投资入股，使银行间联系更为紧密。金融本是经济生活中最为敏感、也最为重要的环节，金融界的同舟共济和患难与共的氛围可为银行业采取一致行动共同营造稳定的金融局面提供有利条件，在内困外扰的特殊历史时期，尤其具有重要的意义。

表6—10　　银行家本兼职调查

姓名	本兼职	备注
张嘉璈	中国银行总经理、交通银行董事、上海银行董事、新华信托储蓄银行董事、上海女子商业储蓄银行副董事长、中国农业银行常务董事、中国企业银行董事	

① 《上海商业储蓄银行史料》，第250、251页。

② 同上书，第253页。

③ 《领用中国等银行钞券合约（1928—1936）》，上海档案馆藏，上海商业储蓄银行档案，Q275/1/879。

续表

姓名	本兼职	备注
陈光甫	上海银行总经理、中国银行常务董事、交通银行董事、徐州国民银行董事长兼总经理、浙江实业银行董事、江苏银行董事、中国国货银行常务董事、上海通和商业储蓄银行董事、上海女子商业储蓄银行董事、中汇银行董事	
周作民	中国银行董事、交通银行董事、边业银行监事、金城银行总经理	
施肇曾	中国银行董事、交通银行董事、永亨银行董事长、新亨银行董事长	
李　铭	中国银行董事、交通银行董事、浙江地方实业银行董事兼经理、上海银行董事	
张　謇	中国银行董事、交通银行总理、上海银行董事、淮海实业银行董事	
钱永铭	交通银行协理、浙江地方实业银行董事	
谢　霖	交通银行董事、常州商业银行查账	
谈荔孙	交通银行董事、大陆银行董事长兼总理	
曹汝霖	中国实业银行董事、新亨银行董事、中华储蓄银行监察	1917—1922 年任交通银行总理
梁士诒	新华储蓄银行董事、五族商业银行董事长	1907 年兼交通银行帮理、1912 年兼交行总理、1918 年任交行董事长（1921 年 12 月逃亡日本）、1925 年当选交行总理
胡笔江	交通银行董事、中南银行总经理、江苏典业银行董事、金城银行监察	1912 年暂代交通银行京行副理、1915 年升为经理，直到 1920 年辞职
周自齐	北洋保商银行董事长、新华储蓄银行董事、五族商业银行董事	1918 年为交通银行董事、1919 年交行董事会公推审查决算
卢学溥	中国银行董事、新亨银行董事、新华储蓄银行董事	1925 年任交通银行协理、1928 年任交行董事长

续表

姓名	本兼职	备注
唐寿民	交通银行总经理、中央银行常务董事、中国国货银行常务董事、新华信托储蓄银行董事、国华银行常务董事	
席德懋	中央银行业务局长、中国银行董事、交通银行常务董事	
李铭	浙江实业银行董事长兼总经理、中国垦业银行董事、中国银行董事、中央银行董事、交通银行董事	
吴鼎昌	盐业银行总经理、四行储蓄会主任、交通银行董事	
徐新六	前浙江兴业银行总经理、交通银行董事	

资料来源："银行家之兼职一览"，《银行周报》第7卷第9号，1923年3月；《抗战中的中国经济》，中国现代史资料编辑委员会1957年编印，第352—354页。

交行与银行同业间的业务合作更多地表现在放款业务方面。为避免营业上竞争，交行与其他银行订立放款公约，统一利息等放款标准；为规避独立进行大规模放款的巨大风险，交行与其他银行共同合作放款。放款银团往往由交通银行与中国银行牵头。如：1936年为裨益茧农，协助丝商，同中国银行发起组织江浙春茧放款银团，同业中如中南、金城、盐业、大陆、浙江兴业、国货、国华、上海、江苏、中国农民、江苏农民、新华、劝工、永大、浙江地方、四行储蓄会、邮汇局、福源18家行庄参加。① 对这些同业合作，交行营业报告中曾予以高度评价："年来社会经济组织日形复杂，银行业范围亦渐广泛。为顺应潮流共策安全起见，自非提倡同业合作不为功。一年来积极进行已见相当之成效者，如上海方面与中央、中国两行联合拆放救济市面并与各行合作办理农村贷款；济南方面与中国、上海两行共同投资合办堆栈并订立放款公约，以资遵守；芜湖方面与中国、上海两行合租芜乍路江边地段组设公栈；杭州方面与各银行组设票据交换所，并合办丝茧放款；南通方面与中国银行合建堆栈。余如盐斤押款之划

① 陆子培编订：《交通银行行务纪录汇编》（1933—1936），上海档案馆藏，交通银行档案，Q55/2/270。

一押价及利率铁路提单押汇之公议、慎重承做之手续，均为同业合作精神之表现也。”①

在众多商业银行中，交通银行与“北四行”中的金城银行，关系尤为特殊。

金城银行创立于1917年5月，是“北四行”重要支柱之一，是近代中国重要的私营银行。② 自金城银行建立，交行就与其结下了不解之缘。金城银行的发起人中，交通银行当权人物赫然在列：总行协理任振采、北京分行经理胡笔江、总行稽核课主任周作民③。曾任天津金城银行副经理的夏采臣回忆：金城银行最初的发起人中，除王祝三等人外，都是交通银行的人。“任振采是当时交通银行的经理，胡笔江是交通银行北京分行经理，周作民是交通银行的稽核课主任。他们这些人都是和交通银行原来的总理梁士诒有些关系，因此也可以说是属于交通系的人。自从袁世凯死后，梁士诒被通缉，北京政府改派曹汝霖为交通银行总理，即新交通系。任、胡、周等总觉交通银行是官办银行，往往随着政局而动荡，况且当时中、交两行已经停兑，业务进行也多受牵制，所以他们很想自己办一个银行，好照他们自己的意思去办事，万一脱离了交通银行，也可为自己留一退步。那时任振采住在北京东城铁狮子胡同，胡、周常常在他宅中共商创办银行的事，后来就与王祝三等合作办了金城。”④ 任、胡、周等长期厕身金城银行，1928年到1937年金城银行董事、监察人变动，原来充任金城董监的交行当权人物全部蝉联。任振采除长期担任金城银行董事外，后来又继吴鼎昌为盐业银行董事长，胡笔江担任中南银行总经理后，1933年国民政府改组交通银行，兼任交行董事长。同时在金城银行担任监察人。周作民于1929年

---

① 《交通银行营业报告》(1934年)，第32页。

② 关于金城银行研究的著作主要有：刘永祥《金城银行——中国近代民营银行的个案研究》，中国社会科学出版社2006年版；诸静《金城银行的放款与投资（1917—1937）》，复旦大学出版社2008年版等。

③ 周作民，名维新，江苏淮安人。日本京都第三高等学校肄业。1908年回国，在南京政法学堂任翻译，辛亥革命后在南京临时政府财政部当科长。1912年南北议和，周作民到北京财政部供职，后兼任财政部派驻交通银行国库稽核。1915年，到交通银行任芜湖分行经理。当金城银行发起时，他回到北京改任该行总经理，并兼任交行总行稽核课主任。

④ “访问夏采臣记录”，1960年6月，中国人民银行上海市分行金融研究室编：《金城银行史料》，第12页。

以金城总经理兼任董事，1935 年又兼任总董。钱永铭与周作民、钱笔江、任振采等本是交行老同事，于 1929 年当选为金城银行的监察人，1932 年成为金城的董事，抗战后任董事长直到 1950 年。[①]

交行当权者不仅在发起金城银行中出力不小，而且直接投入股份。1917 年资本收足 50 万元时，胡笔江认股两万元，周作民、任振采认股各 1 万元，“交通银行当权人物计 41500 元，占 8.3%”。[②] 1919 年资本收足 200 万元时，交通银行上海分行副经理钱永铭认股 1 万元。交通银行当权人物和一般金融业者所占比重增为 13.5%。[③] 交行当权者入股金城银行，使他们的个人利益与金城银行联在了一起，因此往往利用职权，为金城银行在业务上提供便利，给予特殊扶助。据当时金城银行旧员回忆，“金城在成立的最初三年内，在不少业务上，依赖胡笔江在交通银行北京分行经理的地位，取得帮助”。[④] 夏采臣亦回忆说：“在创办后的最初二三年中，交通银行给予大力扶助。”[⑤]

交行高层为金城银行输送利益的渠道很多，融通资金即为重要一环。夏采臣回忆：“交行是与中国银行一起代理国库的，它在天津设了一个分库，却不设在天津交通银行内，而设在天津金城总行内，这个库的主任就是由金城稽核长吴言钦兼任，可见两者关系的密切。北京交行调在天津的款子经常有几十万元，最多的时候曾达百数十万。这些钱并不真是藏在库内，金城可加以运用，这样当然有利于开展业务了。”[⑥] 1919 年 11 月 20 日，金城银行“京库得京函借款 19 万元，嗣又嘱交中法行 10 万元，除此则帐内仅存 25 万元”，津行阮寿岩、宋相臣即致函周作民请示：“可否商请

---

① “徐左良谈话记录”，1959 年 2 月，中国人民银行上海市分行金融研究室编：《金城银行史料》，第 246、247 页。

② 中国人民银行上海市分行金融研究室编：《金城银行史料》，第 20 页。

③ 同上书，第 21 页。

④ “徐左良谈话记录”，1959 年 8 月，中国人民银行上海市分行金融研究室编：《金城银行史料》，第 82 页。

⑤ “夏采臣谈话记录”，1960 年 6 月，中国人民银行上海市分行金融研究室编：《金城银行史料》，第 115 页。

⑥ “访问夏采臣记录”，1960 年 6 月，中国人民银行上海市分行金融研究室编：《金城银行史料》，第 120 页。

笔翁（胡笔江，时任交通银行北京分行经理）多为充裕之处，尚希酌量办理。”① 可见金城银行已经把交行当作资金靠山。交行在金城银行各分行的存款，为其融通资金提供了方便，金城银行“亦可稍沾余利”。

表6—11　　历次入股金城银行的交通银行人员　　（单位：千元）

股东姓名	简历及交行任职	入股金额			
		1917 年	1919 年	1922 年	1927 年
梁士诒	总统府秘书长、财政次长、参议院议长、国务总理、交通银行总理、董事长	—	50	88	51.6
叶恭绰	交通部路政司长、交通银行总理、交通部次长、交通总长	—	5	5	5
周作民	金城银行总经理、交通银行稽核课主任	10	20	70	100
胡笔江	北京交通银行经理、中南银行总经理	20	70	80	80
马式如	北京交通银行副理、上海中南银行经理	—	13	26.5	26.5
王孟钟	北京交通银行副理、天津中南银行经理	1.5	10	10	10
任振采	交通银行协理	10	50	50	50
陈福颐	财政部经理司长、交通银行协理	—	—	12.5	12.5
陶湘	中国银行监督官、上海及北京交通银行经理	—	—	10	—
钱新之	交通银行协理	—	5	10	10
关鹤舫	汉口交通银行经理	—	—	7.3	7
陈仲璧	汉口交通银行出纳主任、广州市立银行行长	—	—	4	13.7

资料来源：根据《金城银行主要股东投资数额表》，《金城银行史料》，第24—33页整理。

除头寸的融通外，交行高层还将一些有利可图、特权授予的生意分给金城银行做。例如当时北京政府发放各地军饷，必须通过银行汇出，最初差不多都是中国、交通两行做的，后来交行分一部分给金城做。因为当时汇水很大，每千元大约至少要收汇水3元，所以是一笔好生意。最突出的

① 《津行阮寿岩、宋相臣致周作民函》（1919年11月20日），中国人民银行上海市分行金融研究室编：《金城银行史料》，第120页。

一例，是 1917 年间，北京政府以交行名义向日本借了 2000 万元日金（西原借款的一项），此款是由日方在上海交由汇丰银行支付，但其中有 500 万元不托上海交通银行收取而托上海金城银行向汇丰银行收取，陆续汇到北京、天津，不但在折合汇兑之中金城得到好处，并且在头寸运用上也得到了便利，使金城的声誉增加。①

金城银行初期分行很少，而交通银行则在许多地方设有分支机构，金城所做的汇款，在没有设立分支行的地方，多由交通银行代为收解，也是对金城发展汇兑业务的一个帮助。第一次世界大战期间，西洋进口生意停顿，日本货却能在中国畅销，日货年年入超，商界方面亟须日金外汇，尤以牛庄、营口等地的商人都要在天津购买日金，所以天津银钱业中，以买卖日金期货作投机，获利很容易。这段时期，正值段祺瑞政府滥借日本借款，其中有一部分以汇票支付，金城就从中、交两行获得代售日金的权利，可谓坐享其成。而且在西原借款中，交通银行所借的日金 2000 万元，由上海调到"京津出售"的手续，也有一部分由金城银行来代办。②

交行高层对金城业务上大开绿灯，一般商业银行往往只能望之兴叹的业务，金城银行却可以分享美羹，全仗交行高层的特殊关照。这样的利益输送，背后有多少个人关系及利益掺杂其中，很难有资料可以坐实，但交行高层作为握有金城股份的决策者，其间的利益链不难想见。这是近代中国法制不健全环境下几乎难以避免的现象。就交行和金城两家银行的关系言，这样的共同利益确实使两者间走得异常之近。总体而言，在中国银行、交通银行构成的"中交"并称的二元国家银行体系中，"南三行"③ 更多地靠近中国银行，包括金城在内的"北四行"④ 则更多地靠近交通银行，这背后应该都有着利益链条、历史渊源、人脉关系等多方面的因素。

---

① "访问袁左良记录"，1957 年 3 月，中国人民银行上海市分行金融研究室编：《金城银行史料》，第 121 页。

② "访问李怀羲记录"，1960 年，中国人民银行上海市分行金融研究室编：《金城银行史料》，第 121 页。

③ 南三行，即上海商业储蓄银行、浙江兴业银行、浙江实业银行。

④ 北四行，即金城、大陆、中南、盐业银行。

第五节　调剂市面与赈济社会

作为具有国家银行性质的商业银行，交通银行对社会活动的参与堪称积极，在稳定金融、救济市面上做出过一定努力。

1929 年爆发世界经济大危机，中国虽然短时间曾独善其身，但随着危机的不断深化，中国经济也一度陷于困境。1934 年，“全年白银出超共值银元 25900 余万元”；“年终上海存底银元不过 3500 万元，比本年最高存额减少 26000 万元”。[①] 财政部为了防止白银出口，推行征收白银出口平衡税，函令中央、中国、交通三行派员组织外汇平市委员会，参照外汇行市议定平衡税率，限制白银出口。同时，中央、中国、交通三行为首的外汇平市委员会陈准财政部，商向中国银行垫港币 200 万元，交行暂垫港币 100 万元，拨交两港行照市收购现银运沪接济。[②] 交通银行基于自身社会责任，“先已收集现金，厚培实力，对于市场人心务求设法安定，凡属可能范围，均竭力予以匡助，与各同业感情联络，声气极为相孚”。交行会同两中行合做拆款，承做银钱业放账，以舒缓市面紧张局面，稳定金融。自 1934 年 12 月 28 日起，截至年终，三日间共拆出 4075000 元，交通银行按 1/4 摊派，计担任 1018000 元[③]，为稳定市场发挥了中流砥柱的作用。

1935 年上半年，“国内经济，外仍受美国购银之影响，内复有各地水灾之损失，以致经济恐慌益趋严重，生产锐减、物价惨落，农产输出亦见衰退，现银外流仍难禁绝，通货紧缩，税收短少，不仅工商业日益凋敝，银钱业亦殊觉难以应付”。[④] 2 月间，交通银行与两中行商定合作拆款近 817 万元，交行名下担任 238 万元，分别拆借各行庄，以资周转。6 月间，因美丰银行停业，市面提存兑现不断增多。为安定金融计，财政部拨发二十四年金融公债 500 万元，分存中、中、交三行作为保证，如有金融界请求通融，由三行尽力酌量调剂，交通银行承担 100 万元，到 10 月间市面稳定，

---

① 《交通银行营业报告》（1934 年），第 9 页。

② 《参加外汇平市委员会，平衡白银出口税率》，《交通银行史料》（第 1 卷），第 612 页。

③ 《会同两中行合做拆款稳定金融》，《交通银行史料》（第 1 卷），第 612—613 页。

④ 《交通银行营业报告》（1935 年），第 11—12 页。

各行庄救济款项才还清。同时，这年 6 月初，一部分钱庄周转不灵，金融市面上划头加水几近 7 角，交通银行会同中国银行在银行公会会议上表示，各行庄如需划头，当由两行尽量调剂，并经银钱业两公会洽定：各钱庄向各银行应收之汇划票据，由收款庄向付款行取回银行公会拨款单送交钱库，汇向中、交两行轧账。由此，普通银行即有汇划款项，已不必再与钱庄开户，划头加水逐步松动。另外，交行在青岛、徐州、济南、天津、汉口、江西、杭州、广东等省市也纷纷参与到各地金融的救济活动中。交行及中行在此期间的作为，有效遏阻了金融困难转化为金融危机，为国民政府下决心实施法币改革提供了必要的金融经济环境。

交通银行的社会职能，还体现在其积极参与捐助、捐赈等社会事业上。

交通银行对教育文化事业的捐款补助颇多，其中以设立通才商业专门学校，捐助北平香山慈幼院、湖南明德学校最为典型。1919 年 9 月，交通银行经董事会议决于北京创办通才商业专门学校，先设银行科，暂定开办费 1 万元，经常费 1.5 万元。1920 年 2 月 13 日开学，扩充经费为 4 万元，增设普通商科。1922 年 9 月后每年补助 5000 元。1928 年交行总管理处决定南迁，该校于 6 月停办。该校自设立迄停办，历时九载，交行负担校费共达 7 万余元。①

1924 年，湖南明德学校以查家墩地皮一段向交行汉口分行商订抵押契约透支 1 万元，截至 1928 年本息合计 14931.32 元。因学校财务不善，欠款偿还无着，交行即将该校所欠本金 1 万元捐助，作为免费生学费，利息免计。该校则为交行留出永久学额高中 3 名，初中 5 名。②

除上述几所学校外，交行在其他学校、报社、图书馆、教育社等教育文化单位均有捐助，具体可见表 6—12：

---

① 《补助教育经费及文化事业经费》，《交通银行史料》（第 1 卷），第 717 页。另外此类史料中还包括香山慈幼院一条，该院于 1927 年向京行借款 1 万元，1928 年又以九六公债 5.5 万元押借 1 万元，同年 11 月续借 2000 元，1932 年香山农工银行（该行与香山慈幼院同为熊希龄先生创办）再以七长公债 1 万元押借 7000 元，截至 1934 年四款本息共达 46471.28 元。经王开玺老师提示，笔者亦认为，此种借贷属于正常银行业务，可能由于对象的特殊性，放款条件有所放松和优惠，但不适于用于此处论证。

② 《补助教育经费及文化事业经费》，《交通银行史料》（第 1 卷），第 717 页。

表6—12　　交通银行捐助学校、报社、图书馆等款项（1920—1936年）

年月	收受捐款机关	捐额（元）	备注
1920.1	正志学校	20000	总处捐出
1920.11	黑河日报社	1000	河行捐出
1921.3	汉口明德大学	1000	总处捐出
1922.9	学校	3000	河行捐出
1924.6	广益学校	410	哈行捐出
1928.8	贫民学校等	200	洮行捐出
1929.2	滨江图书馆	3000	哈行捐出
1929.2	锦县图书馆	200	哈行捐出
1929.3	烟台教育基金	400	烟行捐出
1929.4	北平时代社	300	黑行捐出
1929.7	中华职业教育社	6930	总处沪行捐出
1929.9	长春图书馆	400	长行捐出
1930.1	武昌中华大学	300	漢行捐出
1930.6	石门中学	100	石行捐出
1930.11	交通中学贫困学生奖学基金	100	黑行捐出
1931.7	南开大学商学院添设讲座	800	津行捐出
1931.7	南开大学贫寒子弟奖学基金	1400	津行捐出
1931.7	丹阳正则女学	100	镇行捐出
1931.12	广雅中学	100	湘处捐出
1932.1	日报社基金	200	长行捐出
1932.2	各报社经费	383	湘处捐出
1932.12	石门中学等	120	石行捐出
1933.1	武昌中华大学	200	汉行捐出
1933.2	各报社	100	湘行捐出
1933.6	河朔图书馆	150	汴行捐出
1933.10	武昌中华大学	200	漢行捐出
1933.10	大公报	100	湘行捐出
1934.4	湖南经济调查所	300	湘行捐出
1934.8	银行公会筹设小学	2000	鲁行捐出
1934.8	济南青年会	100	鲁行捐出

续表

年月	收受捐款机关	捐额（元）	备注
1934.8	赣州私立幼幼中学	100	鲁行捐出
1934.12	南通商业学校	100	通行捐出
1935.1	新浦路政及小学经费	300	新行捐出
1935.1	辽海书社	500	沈行捐出
1935.4	青年会体育馆	200	烟行捐出
1935.5	交通大学书库	100	津行捐出
1935.6	杭州光华大学	200	浙行捐出
1935.12	青年会	100	鲁行捐出
1936.4	鹤和中学	100	津行捐出
1936.4	厦市教育	300	厦行捐出
1936.6	石门中学	100	石行捐出
1936.7	儿童教育馆	100	烟行捐出
1936.11	青年会	100	鲁行捐出
1936.12	青年会	100	岛行捐出
1936.12	天津学生募捐游艺大会	106	津行捐出
	合计	46099	

资料来源：《交通银行历年捐助学校、报社、图书馆等款项表》，《交通银行史料》（第1卷），第718—719页。

在1920—1936年交行各项教育文化捐款中，最高者达到2万元，100—1000元捐款居多，捐助数额虽然不是很大，但在当年的历史背景之下，仍是难能可贵之举。陈光甫的一句话或可道出银行的难处："说到不能两字，大家更觉得奇怪。有了资金，还怕不能运用么？不知银行家并不像慈善家一般，可以随便地施放赈款。"[①] 另外，可以看出，捐助的教育文化单位比较宽泛，从小学、中学到大学，从报社到图书馆、教育馆，涵盖教育、文化的各种机构。

除教育文化捐助外，作为一个社会机构、社会角色，面对近代中国战

① 陈光甫：《怎样打开中国经济的出路——由上海的金融现状讲到中国的经济出路》，《新中华》1933年第1卷第1期，第29页。

争频仍、自然灾害不断的现实，交行也无法置身事外，在赈灾、治安、公益、慈善等事业上均有赈捐之举。

表6—13　　交通银行历年捐赈款项比较（1917—1936）

分类	捐额（元）	百分率
灾赈捐款	236307	27.95
治安捐款	68026	8.05
公益捐款	49006	5.80
慈善捐款	26635	3.15
其他捐款	465379	55.05
合计	845353	100

资料来源：《交通银行史料》（第1卷），第720页。

如表6—13所示，灾赈捐款在各项捐赈款项中是重要部分之一，占到27.95%。从史料中可见，1910年，苏、皖两省发生灾情，交行就曾垫款30万两。[①] 1920年为救济北五省旱灾，交行首倡捐款。20世纪30年代，随着资力、社会影响的全面增强，交行赈灾垫款也越来越多。如山东省府因全省收容灾民30万人，日需赈款1.8万元，款已告罄，一时筹措不及，邀各银行商借垫款70万元，交行山东分行认领1.25万元。1936年1月，陕西省府以灾情极重急需赈款，与中央、中国、交通三行商定借款24万元。交行承借额为4.8万元。[②] 交行也参与对社会弱势群体的救济活动。汉口市政府因奉令筹建平民宿舍需款，向交行及中央、中国、中国农民四行商借40万元，交行摊借10万元。1936年12月初，青岛各日本纱厂因工潮全部停机，29000名工人失业，加上眷属失去生活保障者不下10万人。适届冬令，情势严重，市财政局商请四行，以第16次竞租公地可收租权金12万余元作抵，在交行透支国币10万元，借以救济失业工人，而维治安。

综上所述，交通银行与银钱同业间既竞争又合作，既排斥又互补；与工商产业间有融资又共赢；还积极参与、组织救济活动以稳定金融市面，

① 《交通银行简史》，第4页。

② 《承借陕省府赈灾垫款》，《交通银行史料》（第1卷），第391、394页。

捐助款项赈灾济难回馈社会，充分体现了交行的社会角色功能。交通银行社会职能的实践也有利于扩大社会影响、保持良好信用，为其开辟更为宽广的业务空间与发展路径。时论写道："中国、交通（银行）虽然是半官式的银行，但是所以能够成就今日之伟大，其最大的原因，或许在多少超越政治界的影响，而经营商业银行业务方面。"应该说，到抗战爆发前，随着政局的逐渐稳定、社会经济的持续发展，交行的社会功能日渐发挥："政府日渐健全，政局日渐稳定，政府银行的信用，因为始终未因经济不景气而发生乱子，反能蒸蒸日上，与三四年前的局势恰好相反。"[①] 这种信用的蒸蒸日上，既建立在业务发展的基础上，而其社会角色的健全，自也是不可或缺的一个环节。

① 章午云：《商业银行的前途》，《绸缪月刊》1936 年第 2 卷第 5 期，第 5、6 页。

结　　语

回顾1937年前交通银行的历史，可以看到，在交行顽强生长的过程中，始终处于一个略显尴尬的境地，这样的命运，从创立那天起，似乎就已经注定。

晚清时期，一定程度上享有国家银行地位者，一是交通银行，另一个即为中国银行的前身：户部—大清银行。相较而言，由掌握国家财政的户部银行演变而来的大清银行，理所当然地成为国家银行的正牌。如果说户部—大清银行的创办很大程度上反映了政府—国家财政体系的需要，那么交通银行的创办虽然也是建构国家财政体系的重要一环，但更多的还是反映着金融和实业结合的需要。因此，相对于大清银行的发展指向的是中央银行，交通银行的定位则一开始就倾向于发展实业的专业银行。

不过，对应晚清时期刚刚起步的实业，交通银行真正可以在实业上着力的业务实属有限，在一个官本位的社会中，交通银行浓厚的官方背景，也使其和纯粹的商业银行拉开距离。所以，交行成立后，其实更多还是充当邮传部乃至清政府的财政工具，并没有充分发挥专业银行应有的作用。而且，交通银行以其和政府的关系，固然可以获得政府特许权益的支持，但也不得不承担由此带来的枷锁和义务，使其在官、商两路常常都步履维艰。

辛亥革命后，交行的身份变得更加复杂。北京政府内派系林立，掌管交通银行的交通系在北京政府拥有巨大的影响力，由此交通银行和政府间关系变得更加密切。正是借助这样的特殊背景，交行在袁世凯执政时期获得快速发展，业务和盈利一度超过中国银行，这也是中、交两行数十年相争，交行业务总量和发展速度超过中国银行少有的几年。

不过，交行地位的尴尬即便在此期间也没有完全摆脱，交行从北京政府那里获得发行纸币、代理国库、代发公债等数项特许权利，俨然充当国家银行的职能，但代理国库仍是以协助中国银行的名义获得，所以，交行在其最辉煌时期，似乎也未摆脱在国家银行体系内作为中国银行附庸的角色。而且，在北京政府派系相争的时代，交行固然可以因人而兴，但也可能因人而废。由于交行总理梁士诒与袁世凯的密切关系，交行充当了为袁世凯复辟帝制的财政工具，大量的对政府财政垫款及由此而生的超额发行，使交行的利益紧紧和袁世凯绑在一起。随着袁世凯称帝失败，1916 年爆发第一次挤兑危机，交行遭遇重大打击，几有一蹶不振之势。与此同时，中国银行则因其在政争中的相对超脱及商业化方向的努力，很快摆脱窘境，一举奠定对交行的绝对优势地位。正是由此开始，无论从法律意义还是实际运作中，中国银行在业内的龙头老大地位都无可撼动，交行只能屈居次席。

20 世纪 20 年代前后，由于北京政府控制力日渐式微，中国、交通两行都自觉不自觉地逐渐摆脱政府依赖，向商业化方向发展，政府一股独大的局面随着其股份的转让和银行增资扩股得以改变。在这一趋势中，交行虽然作出很大努力，但由于其起步相对较晚，仍然落后于中国银行，而且政府的无力、银行本身的利益追求使交行原有的发展实业的定位荡然无存，其国家银行的特许权利虽有所保存，也已不再像民国初期那样攸关银行命运。交通银行和中国银行一样，正是在这一时期表现出了在市场上生存的能力。1925 年重新执掌交通银行的梁士诒在行务会议上明确谈道："卢协理在该行（中国银行——引者注）为监事，曾亲见其一年来存款增加及账面扩充之数目，若与我行相较，我行诚瞠乎其后矣。惟中交两行所处之地位及股款之多少与夫历年经过夷险之情形均不相同，则彼此成绩之参差固有相当之理论有，在犹未足为病。且近年时局不靖，各处军事借款纷至沓来，而我行摊认之数目恒视中行为少，鄙人甚望此后我行营业之进步，得并驾于中行，而对于此种累死捐输之借款，则仍须于万难避免之中力求减轻负担，不使加增。我行前途庶有望乎。"①

① 《交通银行第五届行务会议》（1926 年），上海档案馆藏，交通银行档案，Q55/2/385。

南京国民政府建立后，交通银行的命运再度起落。比之北京政府，尊奉党国体制的南京国民政府的控制力和执行力都远为强化，具有强烈的统制金融的意图，建立中央银行，通过中央银行驾驭和支配全国金融，是国民党人的一贯主张。因此，南京政府建立后，迅速成立了中央银行作为国家银行，交通银行和中国银行则分别被作为“特许发展全国实业之银行”和“特许国际汇兑银行”，在一定程度上保留其国家银行地位的同时，强调其专业银行定位。

应该说，相对中国银行从原有的国家银行地位下落到专业银行而感到的失落，交行在这样的新定位中，毋宁说是回归本位。尽管南京政府时期，实业的发展也并不顺利，作为专业银行的交行在实业上可以做的事仍然有限，但其发展趋势的确还是体现出了专业银行的本色，这或许是交行成立以来最为实至名归的一段时期。相比业内龙头老大中国银行和国民政府全力扶持的中央银行间存在的明争暗斗，交行较少卷入其中。而对习惯在中国银行阴影下生存的交行而言，是第二还是第三，或许已经并不那么重要。

必须承认，南京政府时期的金融环境明显好于北京政府时期。南京政府战前十年较之北京政府时期，毕竟没有再出现像1916年、1921年那样的严重停兑、挤兑事件。尽管1935年金融业遭遇了非常严峻的局面，但在政府的及时干预下，仍然避免了事态的进一步恶化，金融运行尚在可控状态之中。由此可以看出，政府干预也不能完全和负面形象画等号。交行在北京和南京两个不同政府时期的遭际显示，虽然南京政府时期，交行在国家金融体系中的地位有下降之势，国家干预和控制随着金融统制目标的推进也在逐渐增强，但交行乃至整个国家金融体系的发展态势明显较之北京政府时期健康，这或许也是观察民国两个不同历史时期一个值得借鉴的视角。

事实上，在当年国民政府的认知体系中，国家干预下的金融统制是作为正面事物予以宣扬的。蒋介石曾经在日记中表达其经济理念：“余经济原则，对外吸收其资本，防制其销路，对内发展农村经济，增加国内生产，防制租界操纵。故对农以土地农有为目的，对工分配红利，奖励劳动保险，以增加生产为目的。对商以保护私产，节制资本为目的。但对外贸易由国家经营，金融以分布于农村为方针。五年以内，国家有余之财力，尽向交通事业发展。”[①] 蒋介石的这一思路在20世纪30年代国际大背景及孙中山节制资本的思想源流下，有其脉络可循，正因此，他曾经创造了一个名词：“社会资本主义”，所谓“当在社会主义路线上，谋尽消灭帝国主义，以养成中国社会资本主义，乃是立国大计”。[②]

政治理念背后，当然有利益的现实考量。国民政府控制中国、交通两行，不容讳言，有其借助并囊括两行财力的考量。1928年、1935年，国民政府先后两次改组交行，其一以贯之的举措就是增加官股，相对北京政府后期官股的不断撤出、减少，国民政府时期，则是不断渗透、增加官股，到1935年官股超过半数，实际上已经取得对交行的绝对控股权。国民政府通过这样程序上看起来的合规行为，顺理成章地完成了对交行的控制。交行在北京政府后期逐渐摆脱的政府财政工具角色又有重演之势。1927年至1937的十年间，内战频仍，外患严重，以军费为主的财政支出巨大，政府赤字严重。作为拥有巨大资产的银行，常常成为当政者支撑财政的压榨对象，发行、承销公债甚至直接垫借，仍然是政治强力对待银行的惯有作法。虽然国民政府赋予交行发展实业的重任，但其对交行的压榨本身就在阻挡着这一任务的有效完成。专业银行的定位和实际承担的使命之间，仍然有着巨大的落差。

不过，国民政府对交行和中国银行的控制，毕竟也有服务于中央银行体系的初衷，还有以金融实力支撑新生政权的预期，因此，其对中国、交通两行的控制，尽管对二行的自由发展是莫大的限制，但就国民政府而言，尚不至于动摇到私人经济体系的根本。这也是观察这段时间交行变化不应忽视的背景。而且，随着国内政治、经济乃至财政形势的逐渐好转，总体而言，交行的处境还是在不断好转，20世纪30年代中期，客观而言，的确是银行业以及交行发展最为健康的时期。

1937年爆发的中日战争使国民政府加速了金融统制的步伐。交通银行与中国银行在国家银行体系中的地位再度下降。1942年，交行与中国、农业银行的发行权被取消，单一的中央银行发行体系建立，国民政府金融统制的进一步确立。如果国民政府就此放弃对交行的控制，恢复交行商业银

① 《蒋介石日记》，1932年9月30日。

② 《蒋介石日记》，1932年10月23日。

行的本位，或许倒是交行完全摆脱成立以来定位尴尬的契机。可惜，国民政府当时思路并不及此，在建立、强化中央银行的同时，不愿放弃对交通银行及中国银行的控制，交行的尴尬，仍然未有尽头。

交行的尴尬到底尴尬了谁，在近代中国，的确是一个值得思索的问题。

附录1　交通银行历任总理、协理、帮理姓名

历任总理姓名表

姓名	选派年月	附注
李经楚	1907.11	邮传部奏派
周克昌	1911.03	邮传部派
陆宗舆	1911.11	股东联合会公推，呈准邮传部派
梁士诒	1912.05	股东联合会公举，呈准交通部派
	1914.05	股东总会选举当选
任凤苞	1916.07	董事会公推协理兼代
曹汝霖	1917.01	董事会公推执行总理职务，同年5月股东总会选举当选
蒋邦彦	1922.02	临时股东总会选举当选
张　謇	1922.06	股东总会选举当选
梁士诒	1925.05	股东总会选举当选
卢学溥	1928.05	董事会议按照章程规定暂代

历任协理姓名表

姓名	选派年月	附注
周克昌	1907.11	邮传部奏派
章邦直	1909.05	邮传部派
陆宗舆	1909.12	邮传部派
任凤苞	1912.03	邮传部派

续表

姓名	选派年月	附注
严义彬	1912.03	南京交通部派，未到任
孟锡珏	1921.12	董事会公推暂代
陈福颐	1922.02	临时股东总会选举当选
钱永铭	1922.06	股东总会选举当选
卢学溥	1925.05	股东总会选举当选

历任帮理姓名表

姓名	任职年月	附注
梁士诒	1907.11	邮传部派
巢凤冈	1919.03	邮传部派
叶恭绰	1912.03	邮传部派，6月辞职，7月交通部派，1914年8月部派
吴应科	1915	交通部派，暂充
叶恭绰	1915.11	交通部派
王觳炜	1916.10	交通部派
权　量	1917.05	交通部派
叶恭绰	1917.07	交通部派
曾毓隽	1918.10	交通部派
姚国桢	1919.12	交通部派
徐世章	1920.08	交通部派
谢　霖	1922.01	交通部派代理
劳之常	1922.06	交通部派
孙多钰	1923.02	交通部派
陆梦熊	1924.11	交通部派
刘景山	1924.12	交通部派

附录2　交通银行招考行员部分试题

一　交通银行民国二十年招考职员之商业算术试题

甲乙合伙于民国十九年一月二日开始营业，其出资额甲 4500 元，乙 5000 元，后于同年七月二日乙加入 1500 元，翌年一月二日甲乙又各加入 1500 元，至同年七月二日其合伙解散，计损失 846 元，如按出资比例计算，则各应分担损失若干？

设每月存洋 15 元，期限 5 年，按日息 8 厘，半年获利一次计算，问期满可得本利合计若干？

本日行市，伦敦电汇为一先令三便士一二五，纽约电汇为美金三十元六二五，日本电汇为一百六十一两二五，又据海外电讯，本日英美汇兑行市为四元八角五分，每日汇兑行市为四十九元三七五，问如在沪售出英汇一万磅，日汇十万元，须同时购进美金若干，放款如数抵补？

银元总重库平七钱二分，成色八九，规元一千两合漕平九百十六两又三分之二，漕平一两合库平 9827241 两，求银元一元与规元之平价。

银行放款利率为一分二厘，贴现利率为一分一厘，今以资金二万元专做六个月长期放款，另以资金二万元专做一个月短期贴现，问运用利益两者孰厚，试列式以说明之。

二　交通银行第一届考试乙种试用员题目（1933 年 2 月）

（包括国文、英文、银行簿记、笔算四科）

国文——任选一题

公理强权说。

航空救国说。

英文

Railways in China

银行簿记

日记账各科目收付方之合计数，过入总账（即分类账）时须分别反其收付，其理由何在，试详述之。

银行主要决算表共有几种？

试将下列各例缮制传票：

收到王冠英存入定期存款现洋一万元，订明一年期，年息七厘，出给五十一号存单一纸。

放与德记米行放款洋五千元，订明期六个月，月息八厘，上项放款如数转收该米行往来存款账。

往来存款存户丁家栋开出支票一纸，计洋五百元，来行支取现金。

第十号定期存款存单，洪念慈洋一千元，期六个月，年息六厘，本日到期，该户请续存转期六个月，仍照原利率，换给十七号存单一纸，到期利息付给现金。

笔算

(a) 算术

今有四个月后，八个月后，及一年后，每次摊还二百元之借款，如改为一次偿还八百元，问日期如何？

本金四千元，照复利计算，三年后可得本利六千九百十二元，求年利率？

某日银行收入五元、十元两种钞券共七千六百三十张，合计金额六万四千六百元，问五元券、十元券各几张？

本金若干元，年利二分，定期三年，其利息若照复利计算，则比较用单利计算者多二十四元，求本金？

试化简下列循环小数式（答数用小数）

$(0.23+0.13)\div(0.23+0.14)$

委托银行由甲地汇款至乙地，汇费每千元四元五角，今汇款人交付甲地银行一千六百元，言明汇费向乙地收款人扣除，问收款人实际收到汇款若干？

规银一百两，可买美金二十七元半，每洋一元合规银七钱一分五厘，问美金一千三百五十元合洋若干？

借洋一千元，满一年后为始，三年间，每年摊还相等之金额，年息一分，计每年摊还之金额若干？

（b）代数

某人有期票两纸，其一八个月后到期，计金额六千三百元，其一九个月后到期，计金额七千六百元，今向银行贴现，取得现金一万二千九百十元，问贴现年利率若干？

有存款两宗，分存甲乙两银行，甲行给年息四厘，乙行给年息五厘，每年可共得利息三百六十九元，若将存款互换，（即提出原存甲行之款转存乙行，提出原存乙行之款转存甲行）则所得利息较前减少共十分之一，问原存甲乙两银行之金额各若干？

试解下列各题之方程式：

11. $x^4-16x^3+16x-1=0$

12. $9^{x+1}-3^{x-2}=54$

13. $x^{\frac{3}{4}}+8x-\frac{3}{4}-9=0$

14. 等比级数三项之和为十九，若从首项减去一，则成等差级数，试求此三项之数值。

15. 试化简 $6\times\log\frac{2}{3}-\log 4\frac{10}{9}+2\times\log\frac{25}{6}$

16. $\log12=1.0791812$，$\log8=1.2552725$，试求 $\log9=$？

（c）珠算

1. 试加下列数目共计若干？

954.65

98765.00

1234.33

100053.68

4030.21

75.99

324500.00

81765. 50

110152. 17

\+　268266. 02

?

2. 试在 $598673. 24 内，减去下列数目，净余若干？

152. 00

30040. 05

3165. 46

348956. 00

9170. 80

5056. 50

3. 试以七千二百十五两，按每规元一两合洋一元四角计，共计合洋若干？

4. 试以规元五万三千三百六十四两一钱八分，按每规元七钱一分五厘合洋一元计算，净合洋若干？

三　交通银行第二届招考乙种试用员试题（1934 年 1 月）

第一试　一月二十一日

上午　试国文

下午　口试

第二试　一月二十八日

上午　试英文

下午　试银行簿记，笔算，珠算等科

国文

二题任做一题，即为完卷，限用文言。

（一）礼义廉耻国之四维说

（二）投资投机之分别与利害

英文

二题任做一题，即为完卷

（1） Shanghai Newspapers

（2）Ten Years of My School Life

银行簿记

（一）银行之会计科目共分几类，其性质如何试分述之。

（二）试查下列各条有无错误，其错误者即就题纸条文下（）内记【 - 】之符号，其正确者记【 + 】之符号。

（1）传票以科目为主（　）。

（2）日记账以现金为主（　）。

（3）总账内现金科目之付项数目与同日现金付出账之今日共付数目相同（　）。

（4）收到顾客活期存款时，记入活期存款分户账之收项，付出时记入付项（　）。

（5）现金收入账现金付出账为银行之主要账簿（　）。

（6）决算表系根据日记账编制之（）。

（7）增补日记账之收付两项总数毋庸过入日记账（　）。

（8）总账内各科目收付项金额每月底应连同上月底总数滚结一次（　）。

（9）月计表现金科目收项总数与付项各科目总数之合计相等（　）。

（10）付出款项须先凭支付传票记入日记账后方可付款（　）。

（三）将下列各例题填制传票。

（1）收到王某“活期存款”现洋一千五百元。

（2）前放给刘某“定期放款”洋一千元，订明期限六个月，利息按月息一分，今日到期本利如数收回现金。

（3）汪某持王某本行“活期存款”第一号支票计洋一千元，来行存作“定期存款”期一年，年息七厘，出给第一号定期存单。

（4）以现金买入“有价证券”裁兵公债票面一万元，价洋六千六百元。

笔算

（a）算术

1. 英国善后公债票面金额英金 650 镑，市价 8.5 折，英金一先令四又四分之一便士合银元一元，问上项债票折实合银若干元？

2. 某商号宣告破产，负债项下总计银元 72500 元，资产项下仅得

30800 元，今有该号所出 2030 元之借据一纸，问可摊还若干？

3. 设自一月起，每月一日存洋十元，按年息 8% 计算，年终可得本利若干？

4. 甲乙二人合营商业，共得利银 1463 元，甲出资本比全数的七分之三多 500 元，分得利银 674.5 元。问二人资本各若干？

5. 甲乙二人所有金额相等，甲于其所有金中用去 9 元，又费其余额三分之一，乙以其所有金七分之二购物，又用去 10 元，两人余金之和适与每人原有金额相等，问两人原有金各若干？

（b）代数

6. 甲乙两种商品，原价共计 200 元，甲种商品，照原价加二成卖出乙种商品照原价八折卖出，甲种卖价较乙种卖价多 80%，问甲乙两种商品之原价各若干？

7. 长方形房屋一所，其长为 90 尺，宽为 75 尺，四周环绕等阔之路，路之面积为房屋面积之二倍，问路宽若干？

8. 三角形三边之长为 4 尺、5 尺、6 尺，试求其面积。

9. 试求下列方程式之根。

（从略）

10. 底为 81，试求$\frac{1}{27}$之对数

$\log_{81}\frac{1}{27}=2$

（C）珠算

1. 加下列数目共计若干。

10893.45	165183.36
687197.67	2675.31
8600.00	1412.94
305.73	36057.68
190448.29	563.68

2. 今有存款 \$408674.08，陆续付出 \$45690.09、\$34309.01、\$9833.10、\$302780.88，尚余存款若干？

3. 每上海银元一百元可换港纸九十元零二角五分，现有上海 \$345.26

元，可换港纸若干？

4. 每美金31.50可换上海银元一百元，今有美金一万元，可换上海银元若干？

5. 今买进库券一种，早市买进票面98000，市价每票面一千值洋480，午市买进票面十二万五千元，问其平均价格每千值洋若干？

附录3 1932年北平交行行员基本情况一览*

姓名	年龄（岁）	籍贯	到行年月
李玉燾	42	广东顺德	1915年10月
杨松龄	49	安徽歙县	1918年6月
蒲芬	36	福建闽侯	1921年5月
尚志普	31	河北宛平	1921年5月
王麟趾	56	河北通县	1908年4月
周振湘	43	河北大兴	1914年10月
王华龄	27	江苏镇江	1928年4月
李清安	50	河北通县	1916年3月
徐庆平	36	河北大兴	1913年4月
侯春华	62	山西介休	1907年12月
陈成业	44	广东南海	1913年5月
区 训	37	广东南海	1919年4月
章 宾	39	浙江□县	1924年5月
徐增祥	52	江苏江宁	1915年4月
顾康恒	43	浙江绍兴	1923年1月
顾成林	54	河北天津	1923年4月

* 《北京分行关于职工考绩、年终奖金及职员保证书等事与总管理处来往文书》，交通银行档案，北京市档案馆藏，J032/001/00058。

续表

姓名	年龄（岁）	籍贯	到行年月
夏寿祺	41	河北大兴	1915年6月
王耿桂	43	河北宝坻	1918年1月
陈传	37	福建闽侯	1924年8月
薛宝璋	28	江苏镇江	1925年11月
李树济	32	福建闽侯	1927年12月
杨佐尧	33	山西绛县	1918年11月
陆宝廉	39	浙江余姚	1925年8月
朱积孚	32	江苏镇江	1928年3月
王寿延	35	河北宁县	1925年7月
周宝珍	37	广东三水	1925年10月
胡德民	30	浙江相乡	1927年1月
吴　征	27	安徽歙县	1924年8月
张中	30	湖北钟祥	1925年9月
袁士濂	34	河北通县	1929年2月
魏武藩	34	湖北建始	1927年6月
谈述曾	33	江苏无锡	1926年7月
朱永颐	28	江苏江宁	1927年2月
于振锟	56	河北通县	1908年2月
庄　崇	50	福建闽侯	1919年10月
徐连成	50	安徽庐江	1913年3月
张绍华	49	江苏江都	1919年12月
程乃嘉	54	江苏吴县	1913年7月
潘念祖	40	浙江吴兴	1928年2月
刘秉禄	40	河北安新	1915年11月
范诚已	38	浙江绍兴	1923年1月
李克照	50	江苏镇江	1919年3月
胡惠文	27	江苏江都	1921年1月
蒋鹤奎	29	河北天津	1923年3月
闫振铎	30	河北武清	1923年1月
章效东	41	江苏淮安	1920年9月

续表

姓名	年龄（岁）	籍贯	到行年月
崔兴国	30	河北宛平	1925年3月
戴天健	24	浙江瑞安	1930年8月
周树基	46	江苏吴县	1912年10月
罗吉甫	35	江苏淮安	1922年4月
李檀	35	河北通县	1918年1月
马长民	29	陕西商县	1926年10月

参考文献

一　史料

（一）未刊档案

1. 上海档案馆藏交通银行档案，全宗号 Q55。
2. 上海档案馆藏中国银行档案，全宗号 Q54。
3. 上海档案馆藏上海商业储蓄银行档案，全宗号 Q275。
4. 中国第二历史档案馆藏交通银行档案，全宗号 398。
5. 北京市档案馆藏交通银行档案，全宗号 J032。
6. 北京市档案馆藏中国银行档案，全宗号 J031。
7. 台北“国史馆”藏蒋中正总统档案、国民政府档案等。
8. 台北中研院近代史研究所档案馆藏北洋政府外交部档案、经济部档案等。
9. 美国斯坦福大学胡佛研究所档案馆藏蒋介石日记。
10. 上海市图书馆藏张嘉璈日记等。

（二）档案资料汇编

1. 交通银行总行、中国第二历史档案馆编：《交通银行史料》（第一卷）（1907—1949），中国金融出版社 1995 年版。
2. 交通银行编：《交通银行编制辛亥年前邮传部各路局存欠各款帐略》，1924 年。
3. 交通银行总管理处编：《交通银行总管理处业字通函》（第 1—9 号），1922 年。
4. 交通银行总管理处券务部编：《内国公债库券汇编》，上海光华印刷公司，1929 年。
5. 全国财政会议秘书处编：《全国财政会议汇编》，上海大东书局 1928 年版。

6. 中国人民银行北京市分行金融研究所、《北京金融志》编委会办公室编：《北京金融史料》（银行篇五），1993 年版。
7. 中国人民银行上海分行金融研究室编：《金城银行史料》，上海人民出版社 1983 年版。
8. 中国人民银行上海分行金融研究室编：《上海商业储蓄银行史料》，上海人民出版社 1990 年版。
9. 中国银行总行、中国第二历史档案馆编：《中国银行行史资料汇编》（上编 1912—1949），档案出版社 1991 年版。
10. 谢俊美编：《盛宣怀档案资料之五——中国通商银行》，上海人民出版社 2000 年版。
11. 中国人民银行上海市分行编：《上海钱庄史料》，上海人民出版社 1960 年版。
12. 中国人民银行山西省分行、山西财经学院《山西票号史料》编写组编：《山西票号史料》，山西经济出版社 2002 年版。
13. 中国人民银行总行参事室金融史料组编：《中国近代货币史资料》，中华书局 1964 年版。
14. 中国人民银行总行参事室编：《中华民国货币史资料》（第一、二辑），上海人民出版社 1986、1991 年版。
15. 中国第二历史档案馆编：《中华民国史档案资料汇编》（第三辑“金融”一、二），江苏古籍出版社 1991 年版。
16. 中国第二历史档案馆编：《中华民国史档案资料汇编》（第三辑“财政”一、二），江苏古籍出版社 1991 年版。
17. 中国第二历史档案馆编：《中华民国史档案资料汇编》（第五辑“财政经济”一、二、三），江苏古籍出版社 1994 年版。
18. 中国第二历史档案馆、中国人民银行江苏省分行、江苏省金融志编纂委员会编：《中华民国金融法规档案资料选编》（上、下），档案出版社 1989 年版。
19. 财政部财政科学研究所、中国第二历史档案馆编：《国民政府财政金融税收档案史料（1927—1937）》，中国财政经济出版社 1997 年版。
20. 宓汝成：《近代中国铁路史资料》（上、中、下），沈云龙主编：《近代中国史料丛刊》(391—393),台北文海出版社1977年版。
21. 千家驹:《旧中国公债史资料(1894—1949)》,中华书局1984年版。
22. 财政科学研究所、中国第二历史档案馆编:《民国外债档案史料》,档案出版社1990年版。
23. 严中平等编:《中国近代经济史统计资料选辑》,科学出版社1955年版。
24. 陈真:《中国近代工业史资料》(一、二、三、四辑),生活·读书·新知三联书店1957—1961年版。
25. 严中平:《中国棉纺织史稿》,科学出版社1963年版。
26. 赵靖、易梦虹主编:《中国近代经济思想资料选辑》,中华书局1982年版。
27. 上海市档案馆编:《一九二七年的上海商业联合会》,上海人民出版社1983年版。
28. 荣孟源主编:《中国国民党历次代表大会及中央全会资料》,光明日报出版社1985年版。
29. 天津市档案馆编:《天津商会档案汇编(1903—1911)》,天津人民出版社1989年版。
30. 上海市档案馆编:《旧中国的股份制(1868—1949)》,中国档案出版社1996年版。
31. 上海市社会科学院经济研究所编:《刘鸿生企业史料》(上、下),上海人民出版社1981年版。
32. 《抗战前国家建设史料——货币金融》,秦孝仪主编:《革命文献》第74辑,台北国民党中央党史委员会1978年版。
33. 高素兰编:《蒋中正总统档案·事略稿本》第30册,台北“国史馆”2008年版。
34. 秦孝仪主编:《国父全集》,台北近代中国出版社1989年版。
35. 卓遵宏:《抗战前十年货币史资料》,台北“国史馆”1985年版。

(三)年谱、传记、回忆录、文集

1. 叶恭绰:《遐庵汇稿》,沈云龙主编:《近代中国史料丛刊》(158),台北文海出版社1968年版。

2. 刘振东编：《孔庸之先生演讲集》，沈云龙主编：《近代中国史料丛刊》(820)，台北文海出版社 1972 年版。

3. 陈璧：《望岩堂奏稿（二）》，沈云龙主编：《近代中国史料丛刊》(93)，台北文海出版社 1974 年版。

4. 盛宣怀撰：《愚斋存稿》，沈云龙主编：《近代中国史料丛刊》(122)，台北文海出版社 1975 年版。

5. 沈云龙编：《黄膺白先生年谱长编》（上下），台北联经出版事业公司 1976 年版。

6. 刘绍唐：《梁士诒传记资料》，台北天一出版社 1979 年版。

7. 郭荣生编著：《民国孔庸之先生祥熙年谱》，台湾商务印书馆 1981 年版。

8. 岑学吕编：《三水梁燕孙先生年谱》上、下，沈云龙主编：《近代中国史料丛刊》(743)，台北文海出版社 1966 年版。

9. 姚崧龄：《张公权先生年谱初稿》（上、下），台北传记文学出版社 1982 年版。

10. 姚崧龄：《陈光甫的一生》，台北传记文学出版社 1984 年版。

11. 曹汝霖：《一生之回忆》，春秋出版社 1996 年版。

12. 上海市档案馆编：《陈光甫日记》，上海书店 2002 年版。

13. 天津市政协文史资料委员会、中国银行天津分行合编：《卞白眉日记》第 1 卷，天津古籍出版社 2008 年版。

14. 张孝若：《南通张季直先生传记》，中华书局 1930 年版。

15. 徐堪：《徐可亭先生文存》，台北徐可亭先生文存编印委员会 1970 年版。

16. 薛光前主编：《艰苦建国的十年》，台北正中书局 1971 年版。

17. 孙中山：《实业计划》，《孙中山全集》（第 6 卷），中华书局 1982 年版。

18. 冯耿光等口述：《近代银行业秘辛》，香港中原出版社 1985 年版。

19. 陈奋主编：《北洋政府国务总理梁士诒史料集》，中国文史出版社 1991 年版。

20. 张謇研究中心等编：《张謇全集》（第二卷经济），江苏古籍出版社 1994 年版。

21.《马寅初全集》，浙江人民出版社1999年版。
22. 上海市档案馆编：《上海银行家书信集（1918—1949）》，上海辞书出版社2009年版。

（四）营业报告、年鉴、金融志、文史资料

1.《交通银行报告》（1916—1936年）。
2.《中国银行报告》（1912—1936年）。
3. 中国银行总管理处经济研究室编：《中国重要银行最近十年营业概况研究》，1933年。
4. 中国银行经济研究室编：《全国银行年鉴》（1937年）
5. 沈雷春编：《中国金融年鉴》（1939年），沈云龙主编：《近代中国史料丛刊》（613），台北文海出版社1971年版。
6. 财政部财政年鉴编纂处：《财政年鉴》，商务印书馆1935年版。
7. 实业部银价物价讨论委员会编：《中国银价物价问题》，上海商务印书馆1936年版。
8. 交行总管理处编印：《各国银行制度及我国过去与将来》，1943年。
9. 交通银行总管理处编：《金融市场论》，正中书局1945年版。
10. 邮传部图书通译局官报处编：《交通官报》，沈云龙主编：《近代中国史料丛刊》（262），台北文海出版社1987年版。
11. 江苏地区交通银行志编纂委员会：《交通银行南京分行志》，江苏人民出版社1997年版。
12. 江苏地区交通银行志编纂委员会：《交通银行徐州分行志》，江苏人民出版社1999年版。
13. 江苏地方志编纂委员会：《江苏省志》（金融志），江苏人民出版社2001年版。
14. 洪葭管主编、上海金融志编纂委员会编：《上海金融志》，上海社会科学出版社2003年版。
15. 张明义主编，北京市地方志编纂委员会编：《北京志》（39 综合经济管理类 金融志），北京出版社2001年版。
16. 济南金融志编纂委员会编：《济南金融志（1840—1985）》，内部发行，1989年。

17. 武汉地方志编纂委员会主编：《武汉市志 金融志》，武汉大学出版社1989年版。
18. 杭州市金融志编纂委员会编：《杭州市金融志（1912—1985）》，内部发行，1990年。
19. 中国人民银行沈阳市分行、沈阳市金融学会：《沈阳金融志》，内部发行，1992年。
20. 南京金融志编纂委员会、中国人民银行南京分行：《民国时期南京官办银行》，内部发行，1992年。
21. 天津市地方志编修委员会：《天津通志 金融志》，天津社会科学院出版社1995年版。
22. 韩宏泰：《北洋军阀时期的交通银行》，《中华文史资料文库》（第14卷），中国文史出版社1995年版。
23. 韩宏泰：《记上海交通银行》，《20世纪上海文史资料文库》（5），上海书店1999年版。
24. 韩宏泰：《上海交通银行史实片段》，《旧上海的金融界》，《上海文史资料选辑》（第60辑），上海人民出版社1999年版。
25. 刘家琛：《交通银行发展概述》，《天津文史资料选辑》（第48辑），天津人民出版社1989年版。
26. 史立之：《我服务交通银行的片断回忆》，《文史资料存稿选编》（经济）（上），中国文史出版社2002年版。

二 报纸、杂志

《申报》
《大公报》
《交行通信》
《交通银行月刊》
《银行周报》
《银行月刊》
《钱业月报》
《东方杂志》

《国闻周报》
《工商半月刊》
《经济统计月刊》
《实业部月刊》
《社会经济月报》
《中外商业金融会报》等

三　专著

1. 朱斯煌编：《民国经济史》，银行学会1948年编印，大清银行总清理处编：《大清银行始末记》，1915年。
2. 贾士毅：《民国财政史》（上、下册），商务印书馆1917年版。
3. 周葆銮：《中华银行史》，商务印书馆1919年版。
4. 张家骧：《中华币制史》，民国大学出版社1925年版。
5. 徐寄庼：《最近上海金融史》，华丰出版社1926年版。
6. 张辑颜：《中国金融论》，商务印书馆1930年版。
7. 贾士毅：《国债与金融》，商务印书馆1930年版。
8. 杨荫溥：《上海金融组织概要》，商务印书馆1930年版。
9. 吴承禧：《中国的银行》，商务印书馆1934年版。
10. 王志莘：《中国之储蓄银行史》，人文印书馆1934年版。
11. 贾士毅：《民国续财政史》（1—6），商务印书馆1932—1936年版。
12. 实业部银价物价讨论委员会编：《中国银价物价问题》，上海商务印书馆1936年版。
13. 王世鼐：《新货币政策实录》，财政建设学会1937年版。
14. 王承志：《中国金融资本论》，光明书局1936年版。
15. 刘全忠：《银行学》，正中书局1944年版。
16. 许涤新：《官僚资本论》，南洋书店1947年版。
17. 张郁兰：《中国银行业发展史》，上海人民出版社1957年版。
18. 中国人民银行上海市分行金融研究室编印：《交通银行简史》，1978年。
19. 台北交通银行总管理处编著：《交通银行七十五年》，1982年。

20. 中国社会科学院近代史所中华民国史研究室主编：《中国第一家银行》，中国社会科学出版社 1982 年版。
21. 中国近代经济史丛书编委会编：《中国近代经济史研究资料》，上海社会科学院出版社 1985 年版。
22. 张虎婴：《历史的轨迹——中国金融发展小史》，中国金融出版社 1987 年版。
23. 中国人民银行金融研究所金融历史研究室：《近代中国金融业管理》，人民出版社 1990 年版。
24. 洪葭管：《在金融史园地里漫步》，中国金融出版社 1990 年版。
25. 黄逸峰等：《旧中国民族资产阶级》，江苏古籍出版社 1990 年版。
26. 朱振华：《中国金融旧事》，中国国际广播出版社 1991 年版。
27. 杜恂诚：《民国资本主义与旧中国政府（1840—1937）》，上海社会科学院出版社 1991 年版。
28. 洪葭管：《金融话旧》，中国金融出版社 1991 年版。
29. 朱镇华：《中国金融旧事》，中国国际广播出版社 1991 年版。
30. 孔令仁：《中国近代企业的开拓者》，山东人民出版社 1991 年版。
31. 浙江省政协文史资料委员会编：《浙江近代金融业与金融家》，浙江人民出版社 1992 年版。
32. 马伯煌主编：《中国近代经济思想史》，上海社会科学院出版社 1992 年版。
33. 郭庠林、张立英：《近代中国市场经济研究》，上海财经大学出版社 1992 年版。
34. 贾熟村：《北洋政府时期的交通系》，河南人民出版社 1993 年版。
35. 孔祥贤：《大清银行史》，南京大学出版社 1991 年版。
36. 姜宏业：《中国地方银行史》，湖南人民出版社 1990 年版。
37. 姚会元：《中国货币银行（1840—1952）》，武汉测绘科技大学出版社 1993 年版。
38. 张志超编：《民国中国银行·交通银行·农民银行法币图鉴》，湖南出版社 1993 年版。
39. 黄鉴晖：《中国银行业史》，山西经济出版社 1994 年版。

40. 崔国华：《抗战时期国民政府财政金融政策研究》，西南财经大学出版社 1995 年版。
41. 中国货币史银行史丛书编委会编：《民国小丛书 中国货币史》（银行史卷）（第三册），书目文献出版社 1996 年版。
42. 卜明主编：《中国银行行史（1912—1949）》，中国金融出版社 1995 年版。
43. 寿充一等编：《外商银行在中国》，中国文史出版社 1996 年版。
44. 许涤新、吴承明：《中国资本主义发展史》（第 2 卷），人民出版社 1990 年版。
45. 陆仰渊、方庆秋：《民国社会经济史》，中国经济出版社 1991 年版。
46. 许涤新、吴承明：《中国资本主义发展史》（第 3 卷），人民出版社 1993 年版。
47. 黄逸平：《北洋政府时期经济》，上海社会科学出版社 1995 年版。
48. 吴承明：《市场·近代化·经济史论》，云南大学出版社 1996 年版。
49. 石毓符：《中国货币金融史略》，天津人民出版社 1997 年版。
50. 徐矛等主编：《中国十银行家》，上海人民出版社 1997 年版。
51. 刘慧宇：《中国中央银行（1928—1949）》，中国财政经济出版社 1997 年版。
52. 姚会元：《江浙金融财团研究》，中国财政经济出版社 1998 年版。
53. 吴景平：《宋子文政治生涯编年》，福建人民出版社 1998 年版。
54. 吴景平：《宋子文评传》，福建人民出版社 1998 年版。
55. 洪葭管、张继凤：《近代上海金融市场》，上海人民出版社 1989 年版。
56. 程霖：《中国近代银行制度建设思想研究》，上海财经大学出版社 1999 年版。
57. 汪敬虞：《外国资本在近代中国的金融活动》，人民出版社 1999 年版。
58. 施正康：《困惑与诱惑》，上海三联书店 1999 年版。
59. 沈祖炜：《近代中国企业：制度与发展》，上海社会科学院出版社 1999 年版。
60. 黄逸平、顾文虎主编：《百年沧桑——中国近代企业的轨迹、经验、教训》，山西经济出版社 2000 年版。

61. 洪葭管：《中国金融史》，西南财经大学出版社 1996 年版。
62. 虞宝棠：《国民政府与民国经济》，华东师范大学出版社 1998 年版。
63. 费正清：《剑桥中华民国史》（上卷），中国社会科学出版社 1998 年版。
64. 黄达：《货币银行学》，中国人民大学出版社 1999 年版。
65. 熊月之：《上海通史》第八卷《民国经济》，上海人民出版社 1999 年版。
66. 汪敬虞主编：《中国近代经济史（1895—1927）》（上、下），人民出版社 2000 年版。
67. 张国辉：《中国金融通史》（第二卷），中国金融出版社 2003 年版。
68. 杜恂诚：《中国金融通史》（第三卷），中国金融出版社 2002 年版。
69. 洪葭管：《中国金融通史》（第四卷），中国金融出版社 2008 年版。
70. 曹龙骐：《金融学》，高等教育出版社 2003 年版。
71. 杜恂诚：《上海金融的制度、功能与变迁（1897—1997）》，上海人民出版社 2002 年版。
72. 吴景平主编：《上海金融业与国民政府关系研究（1927—1937）》，上海财经大学出版社 2002 年版。
73. 吴景平、陈雁编：《近代中国的经济与社会》，上海古籍出版社 2002 年版。
74. 张忠民：《艰难的变迁——近代中国公司制度研究》，上海社会科学院出版社 2002 年版。
75. 张忠民、陆兴龙主编：《企业发展中的制度变迁》，上海社会科学院出版社 2003 年版。
76. 张进：《超前、徘徊与困惑——张謇金融现代化的理念与实践研究》，扬州大学出版社 2003 年版。
77. 北京市档案馆：《档案与北京史国际学术讨论会论文集》（上），中国档案出版社 2003 年版。
78. 杜恂诚：《金融制度变迁史的中外比较》，上海社会科学院出版社 2004 年版。
79. 洪葭管：《20 世纪的上海金融》，上海人民出版社 2004 年版。
80. 李一翔：《近代中国银行与钱庄关系研究》，学林出版社 2005 年版。

81. 苏全有：《清代邮传部研究》，中华书局 2005 年版。
82. 薛念文：《上海商业储蓄银行研究（1915—1937）》，中国文史出版社 2005 年版。
83. 徐建生：《民国时期经济政策的沿袭与变异（1912—1937）》，福建人民出版社 2006 年版。
84. 刘永祥：《金城银行——中国近代民营银行的个案研究》，中国社会科学出版社 2006 年版。
85. 文昊编：《我所知道的金融巨头》，中国文史出版社 2006 年版。
86. 复旦大学中国金融史研究中心编：《近代上海金融组织研究》（中国金融史集刊第二辑），复旦大学出版社 2007 年版。
87. 张忠民、朱婷：《南京国民政府时期的国有企业（1927—1949）》，上海财经大学出版社 2007 年版。
88. 南勇：《近代中国公司治理思想演变与制度变迁》，上海世纪出版集团 2007 年版。
89. 吴雨珊、王海明：《变革二十年 交通银行与中国银行业嬗变》，中国金融出版社 2007 年版。
90. 朱荫贵：《中国近代股份制企业研究》，上海财经大学出版社 2008 年版。
91. 刘平：《近代中国银行监管制度研究（1897—1949）》，复旦大学出版社 2008 年版。
92. 江彦、刘美玲、储建国：《宁波帮与中国近代金融业》，中国文史出版社 2008 年版。
93. 李一翔：《近代中国金融业的转型与成长》，中国社会科学出版社 2008 年版。
94. 张天政：《上海银行公会研究（1937—1945）》，上海人民出版社 2009 年版。
95. 王晶：《上海银行公会研究（1927—1937）》，上海人民出版社 2009 年版。
96. 董昕：《中国银行上海分行研究》，上海人民出版社 2009 年版。
97. 石涛：《南京国民政府中央银行研究（1928—1937）》，上海远东出版社 2012 年版。
98. 张秀莉：《币信悖论：南京国民政府纸币发行准备政策研究》，上海远东出版社 2013 年版。
99. 姚崧龄：《中国银行二十四年发展史》，台北传记文学社 1977 年版。
100. 郑亦芳：《上海钱庄（1843—1937）——中国传统金融业的蜕变》，台北“中央研究院”1981 年版。
101. 王业键：《中国近代货币与银行的演进（1644—1937）》，台北“中央研究院”1981 年版。
102. 毛知砺：《张嘉璈与中国银行的经营与发展》，台北“国史馆”1996 年版。
103. 李一翔：《近代中国银行与企业的关系（1897—1945）》，台北正中书局 1997 年版。
104. ［美］杨格：《1927 至 1937 年中国财政经济情况》，陈泽宪、陈霞飞译，中国社会科学出版社 1981 年版。
105. ［美］史蒂芬·麦金农：《梁士诒与交通系》，张玮瑛译，张玉法主编：《中国现代史论集》（第五辑 军阀政治），台湾联经出版事业公司 1980 年版。
106. ［美］道格拉斯·C. 诺斯：《经济史中的结构与变迁》，陈郁、罗华平译，上海人民出版社 1984 年版。
107. ［美］保罗·S. 芮恩施：《一个美国外交官使华记——1913—1919 年美国驻华公使回忆录》，李抱宏、盛震溯译，商务印书馆 1985 年版。
108. ［日］久保亨：《币制改革以后的中国经济》，丁日初、丁明炤译，中国近代经济史丛书编委会编：《中国近代经济史研究资料》（5），上海社会科学院出版社 1986 年版。
109. ［美］帕布斯·M. 小科布尔：《江浙财阀与国民政府》，蔡静仪译，南开大学出版社 1987 年版。
110. ［美］帕布斯·M. 小科布尔：《上海资本家与国民政府（1927—1937）》，杨孟希等译，中国社会科学出版社 1988 年版。
111. ［美］罗纳德·I. 麦金农：《经济发展中的货币与资本》，卢骢译，上海三联书店 1988 年版。

112. ［美］查尔斯·P. 金德尔伯格：《西欧金融史》，徐子健译，中国金融出版社 1991 年版。

113. ［美］易劳逸：《流产的革命：1927—1937 年间国民党统治下的中国》，陈红民等译，中国青年出版社 1992 年版。

114. ［法］白吉尔：《中国资产阶级的黄金时代（1927—1937）》，张富强、许世芬译，上海人民出版社 1994 年版。

115. ［美］史瀚波：《民国时期专业银行职员社会及教育背景研究》，载于中国社会科学院近代史研究所编：《中华民国史研究三十年（1972—2002）》（中卷），社会科学文献出版社 2008 年版。

116. ［美］托马斯·罗斯基：《战前中国经济的增长》，唐巧天等译，浙江大学出版社 2009 年版。

117. ［日］城山智子：《大萧条时期的中国——市场、国家与世界经济》，孟凡礼等译，江苏人民出版社 2010 年版。

118. ［美］高家龙：《大公司与关系网：中国境内的西方、日本与华商大企业（1880—1937）》，程麟荪译，上海社会科学院出版社 2002 年版。

119. ［美］小艾尔弗雷德·D. 钱德勒著：《看得见的手：美国企业的管理革命》，重武译，商务印书馆 2001 年版。

120. Zhaojin Ji, *A History of Modern Shanghai Banking: The Rise and Decline of China's Finance Capitalism*, Armonk, N. Y.: M. E. Sharpe, 2003.

121. Chengli Sun, *Banking in Modern China: Entrepreneurs, Professional Managers, and the Development of Chinese Banks, 1897 - 1937*, New York: Cambridge University Press, 2007.

122. Wen-Hsin Yeh, "Corporate Space, Communal Time: Everyday Life in Shanghai's Bank of China", *American Historical Review*, 1995. 2.

123. F. H. H. King, *The History of the Hongkong and Shanghai Banking Corporation*, Cambridge: Cambridge University Press, 1988.

124. Frederic. E. Lee, *Currency, Banking and Finance in China*, New York: Garland Publishing, 1982.

125. Frank. M. Tamagna, *Banking and Finance in China*, New York, Institute of Pacific Relations, 1942.

四 论文

（一）专题论文

1. 卓遵宏：《国民政府与币制改革（1927—1937）》，《中华民国历史与文化讨论集》（第四册 社会经济史），台北正中书局1984年版。
2. 唐传泗、黄汉民：《试论1927年以前的中国银行业》，《中国近代经济史研究资料》（4），上海社会科学院出版社1985年版。
3. 李宇平：《近代中国的货币改革思潮（1902—1914）》，“国立”台湾师范大学历史研究所专刊（18），1987年。
4. 翁先定：《交通银行官场活动研究（1907—1927）》，中国社会科学院经济研究所学委会编：《中国社会科学院研究所集刊》（第11辑），中国社会科学出版社1988年版。
5. 邓先宏：《中国银行与北洋政府的关系》，中国社会科学院经济研究所学委会编：《中国社会科学院经济研究所集刊》（第11辑），中国社会科学出版社1988年版。
6. 杜恂诚：《抗战前中国金融业的两种集中趋势》，《南京社会科学》1990年第4期。
7. 杜恂诚：《北洋政府时期华资银行业内部关系三个层面的考察》，《上海经济研究》1999年第5期。
8. 杜恂诚：《中国近代两种金融制度比较研究》，《中国社会科学》2000年第2期。
9. 杜恂诚：《近代中外金融制度变迁比较》，《中国经济史研究》2002年第3期。
10. 杜恂诚：《二十世纪二三十年代中国信用制度的演进》，《中国社会科学》2002年第4期。
11. 杜恂诚：《交通系与交通银行》，《银行家》2003年4月。
12. 吴景平：《近代中国金融中心的区域变迁》，《中国社会科学》1994年第6期。
13. 吴景平：《蒋介石与1935年法币政策的决策与实施》，《江海学刊》2011年第2期。

14. 芮坤改：《论晚清的铁路建设与资金筹措》，《历史研究》1995 年第 4 期。
15. 刘云长：《南京国民政府初期的金融控制》，《历史教学》1997 年第 11 期。
16. 李一翔：《论 30 年代中国银行业对棉纺织业的直接经营》，《中国经济史研究》1997 年第 3 期。
17. 李一翔：《论影响近代中国银行资本产业化趋势发展之因素》，《史林》1998 年第 2 期。
18. 李明伟：《中国近代银行业的发展道路》，《社会科学辑刊》1998 年第 5 期。
19. 张秀莉、张帆：《中国银行与南京国民政府的早期关系》，《史学月刊》2001 年第 3 期。
20. 姜虹：《1935 年南京政府改组中国银行原因探析》，《安徽史学》2002 年第 3 期。
21. 朱荫贵：《两次世界大战间的中国银行业》，《中国社会科学》2002 年第 6 期。
22. 赵秀芳：《抗战前十年中国金融业的现代化趋向》，《文史哲》2003 年第 4 期。
23. 诸静：《北洋时期金城银行的铁路放款与投资》，《民国档案》2004 年第 1 期。
24. 宋士云：《1912—1926 年中国银行商业化探析》，《青岛科技大学学报》（社科版）2004 年第 2 期。
25. 易棉阳、姚会元：《1980 年以来的中国近代银行史研究综述》，《近代史研究》2005 年第 3 期。
26. 魏振明：《辛亥革命爆发后四个月间的交通银行》，《历史档案》1981 年第 3 期。
27. 吴景平：《李滋罗斯远东之行和 1935—1936 年的中英日关系——英国外交档案选译》（上），《民国档案》1989 年第 4 期，
28. 戴建兵：《清和民国时期交通银行的纸币》，《中国纸币》1995 年第 1 期。

29. 杭斯：《交通银行创建史考》，《新金融》1995 年第 1 期。
30. 杭斯：《交通银行发行钞券始末》，《新金融》1995 年第 3 期。
31. 杭斯：《旧中国中行、交行的两次停兑风潮》，《新金融》1995 年第 5 期。
32. 杭斯：《民初的两个中央银行及中交两行合并之争》，《新金融》1995 年第 7 期。
33. 杭斯：《交行早期的股份制与资本构成》，《新金融》1995 年第 8 期。
34. 杭斯：《直奉战争和北伐战争期间的交通银行》，《新金融》1995 年第 9 期。
34. 杭斯：《解放前国民党政府对交通银行的两次改组》，《新金融》1995 年第 10 期。
35. 杭斯：《三十年代交行业务的发展》，《新金融》1995 年第 11 期。
37. 杭斯：《抗日战争初期交行的机构和人事变迁》，《新金融》1995 年第 12 期。
38. 周晓红：《钱新之与早期交通银行的经营管理》，《上海金融》1997 年第 11 期。
39. 叶伟奇：《陈璧创办交通银行》，《福建史志》1999 年第 1 期。
40. 邢建榕：《民国银行家唐寿民的一生》（上），《档案与史学》2003 年第 1 期。
41. 洪葭管：《从“中、交”到“中、中、交”——记交通银行》，洪葭管：《20 世纪的上海金融》，上海人民出版社 2004 年版。
42. 洪葭管：《百年交行：1908—1949 年间的变迁》，《新金融》2008 年第 5 期。
43. 徐锋华、高洁：《论国民政府对交通银行的改组缘起和角色定位》，《河北大学学报》（哲学社会版）2007 年第 1 期。
44. 徐锋华：《交通银行的贷款机制和投资方式（1927—1937）》，《中国经济史研究》2008 年第 4 期。
45. 徐锋华：《企业、政府、银行之间的利益纠葛——以 1935 年荣氏申新七厂被拍卖事件为中心》，《历史研究》2011 年第 6 期。
46. 张启祥：《张謇与危机中的交通银行》，《南通大学学报》（社会科学版）2007年第6期。
47. 马建标：《谣言与金融危机：以1921年中交挤兑为中心》，《史林》2010年第1期。

（二）学位论文

1. 李明伟：《中国近代银行业发展研究》，博士学位论文，中国人民大学，1996年。
2. 诸静：《金城银行的放款与投资研究（1917—1937）》，博士学位论文，复旦大学，2004年。
3. 易棉阳：《早期华资银行业研究（1897—1927）》，硕士学位论文，广西师范大学，2004年。
4. 童丽：《近代银行家：中国金融创新思想的先驱（1912—1949）》，博士学位论文，复旦大学，2004年。
5. 张启祥：《交通银行研究（1907—1927）》，博士学位论文，复旦大学，2006年。
6. 徐锋华：《交通银行与实业发展研究（1927—1937）》，硕士学位论文，河北大学，2006年。
7. 陈礼茂：《中国通商银行的创立与早期运作研究（1896—1911）》，硕士学位论文，复旦大学，2004年。
8. 何品：《从官办、官商合办到商办：浙江实业银行及其前身的制度变迁（1908—1937）》，硕士学位论文，复旦大学，2006年。
9. 王科：《清末新政中的邮传部与交通银行》，硕士学位论文，华东师范大学历史系，2011年。
10. 黄德铭：《中国、交通银行的发展与政府的关系（1896—1927）》，硕士学位论文，台湾东海大学历史研究所，1984年。

后　记

明清五百年间，晋商大行于世，山西票号曾闻名遐迩。到我们这一代，似乎已成为遥远的往事。未曾想过，自己居然会和当年山西人最擅长的金融产生关系，只不过当年的晋商是行走江湖志在汇通天下，我则是沉浸于斑斑驳驳的档案和故纸堆里。首先引导我走上金融史研究的，是我的硕士导师李玉教授。他以制度经济学与企业史的研究视野，指导我在硕士学习期间，考察传统金融企业钱庄与票号，完成了以晚清中国传统金融破产清理机制为主题的学位论文。博士学习阶段，研究兴趣更为明确，在导师陈桦教授的悉心指导下，选择交通银行为个案，开始探讨民国时期金融与社会、经济、政治等问题。此书即是在我博士学位论文基础上，大幅补充修改而成。

博士毕业后，有幸进入《近代史研究》编辑部做编辑，日常满满当当的编辑工作过得很是充实，在审稿编稿过程中，受益颇多，同时刚刚上路的研究也不忍舍弃，编辑工作中不断闪出的火花激发我去思考。2012 年，有幸在大师姐刘志英教授的引荐下，进入复旦大学做博士后，师从吴景平教授。这三年，有赖吴老师精心指导，不仅如期完成博后工作站的要求成果，书稿修改也按部就班顺利完成。三位导师的言传身教将使我受益终身。

毕业至今，一晃已经五年了。曾让我诚惶诚恐的《近代史研究》，如今更多感到的是至亲至敬。这里有尊敬的徐秀丽、谢维、葛夫平、曾学白、杨宏老师，也有亲切的胡永恒、贾亚娟、马维洁、刘文楠各位同事朋友。谢谢你们给我这样温暖的大家庭。

本书稿有幸得到院文库资助出版，感谢科研处杜继东处长、许欣舸的帮助，感谢近代史所领导老师的悉心指导和同仁们的热情关怀。点点滴滴，永记在心。

感谢中国社会科学出版社吴丽平女士为本书稿的编辑和出版付出很多心血和努力。

感谢我的家人，谢谢你们对我一直以来的包容与支持！